조선전기 관리등용제도 연구

조선전기 관리등용제도 연구

임용한

혜안

책을 내면서

이 책은 조선 최초의 법전인 『경제육전』에서 시작하여 조선의 국가체제의 완성이라는 『경국대전』까지 조선시대의 대표적 관리등용제도인 과거제, 천거제, 문음제의 성립과정을 추적한 연구이다. 이 연구를 통해서 조선 건국의 주체이며, 소위 급진개혁파로 불리는 정도전·조준 파와 태종대 이후로 집권한 온건개혁파가 추구한 정치체제의 성격과 차이를 파악하고자 하였다. 나아가 이 변화과정을 거쳐 성립한 『경국대전』 체제의 정치체제적 의미를 규명하고자 한다.

본인이 이 주제에 관심을 가지게 된 계기는 1989년부터 시작했던 『경제육전』의 복원과 분석을 위한 세미나에 참석하게 되면서부터였다. 이 세미나에서 본인이 담당한 분야가 이전(吏典)이었다. 이전에서 가장 중요하고, 많은 부분을 차지하는 내용이 관리의 등용과 인사에 관한 규정이었기 때문에 자연스럽게 조선의 정치체제와 관료제의 특성에 대해 관심을 가지게 되었다. 그런데 『경제육전』의 규정을 검토하다 보니 기존의 연구가 대부분 『경제육전』 편찬기의 법규를 소홀히 다루거나 착오가 많다는 사실을 발견하게 되었다. 또한 과거·음서·천거제 정치체제의 형성과 관리등용제도라는 틀 안에서 긴밀한 관련을 맺고 있음에도 불구하고, 개별분산적으로 심지어는 서로 대립적으로 이해되고 있다는 사실을 깨달았다.

그래서 『경제육전』의 규정과 변천과정을 중심으로 해서 과거제와 학교제, 조선전기의 인사제도에 대한 연구를 몇 편 발표하게 되었다. 하지만 이 논고들은 오류도 있었고, 논지 전개도 여러 가지로 만족스럽지 못했다. 당시에는 본격적으로 이 주제에 천착할 수도 없었지만, 과거제와 문음, 천거제라는 독립된 주제를 한꺼번에 고찰한다는 것이 쉬운 일이 아니었다. 무엇보다도 학술지에 발표하는 글은 용량에도 제약이 있고 해서 개념의 재검토나 세 제도가 지니는 연계성, 세 제도를 상호비교해야 하는 이유와 방법론을 피력하기가 어려웠다.

『경제육전』의 중요성이나 내용에 대한 소개가 워낙 불충분했던 것도 적지 않은 어려움이었다. 아직 『경제육전』의 성격과 내용이 불확실한 상황에서 태조대에 만든 『원전』과 태종 이후에 만든 『속전』이 지니는 체제상의 의미나 차이를 제대로 설명할 수가 없었다. 그러다 보니 본고의 논지나 방법론을 설명하는 데도 여러 가지로 어려움이 따랐다.

이에 몇 편의 논고는 발표를 유보하고, 먼저 『경제육전』 자체에 대한 연구와 소개에 주력하기로 했다. 그 성과물이 윤훈표·김인호 두 분 동학과 함께 간행한 『경제육전과 육전체제의 성립』(혜안, 2007)이다. 이 책을 간행하면서 기왕이면 오랫동안 미루어왔던 관료제에 대한 연구도 간행하자고 결심하였다. 그래서 기왕에 발표했던 논문을 전체적인 구조에 맞추어 새로 집필하고, 문음제와 천거제에 대한 미발표 논고를 첨부하여 한권의 연구서로 묶어 내게 되었다.

이 책이 나오기까지 많은 분들의 도움이 있었다. 늘 지도와 격려를 해주신 경희대학교 김태영 교수님과 충북대학교 신영우 교수님, 『경제육전』 세미나에서 시작하여 근 20년간 함께 연구하며 토론해 온 '한국 중세 법제사연구소'의 윤훈표, 김인호, 박진훈, 이정훈, 노혜경, 최숙 님. 그리고 이 책의 출판을 기꺼이 맡아 주신 도서출판 혜안의 오일주 사장님과 김태규, 김현숙, 오현아 님, 마지막으로 어려운 생활을 늘 참아주며 함께 해주시는 부모님, 아내와 예빈이와 예린이에게도 감사의 말을 전한다.

2007년 12월 3일
임 용 한

차 례

책을 내면서 5

제1장 조선전기 관리등용제도 연구에 대한 방법론적 검토 13
  1. 문제의 제기 13
  2. 과거제와 관리등용제도에 대한 이해의 재검토 15
  3. 왕권론과 신권론 18

제2장 과거제와 문음제 31
  1. 과거제의 구조와 용어 검토 31
    1) 과거의 종류와 시행방법 31
    2) 과거제 용어 검토―사마시, 감시, 동당시의 용례분석― 42
  2. 여말선초의 과거제 개혁론 53
    1) 이색의 과거제 개혁안 53
    2) 경제육전 원전의 과거제 개혁안 68
  3. 조선초기 과거제의 성립과 그 의미 91
    1) 태종 초반 과거제의 운영양상과 변화 91
    2) 속육전과 경국대전의 과거법 99
  4. 향교 정책과 재지사족의 등용 124
    1) 관료등용제로서의 학교제 124
    2) 고려후기 학교 정책과 향교 130

3) 경제육전 원전의 향교 정책과 그 성격　138
   4) 태종~세종 연간 학교제 및 교관 파견정책의 변화　155
 5. 조선전기 문음제 개혁과 그 추이　164
   1) 경제육전 원전의 문음제 개혁안　164
   2) 속전의 문음제와 문음자제의 특권 강화　179
   3) 경국대전의 문음법　198

제3장 천거제　205

 1. 조선전기의 유일 천거제　205
   1) 천거제의 개념과 의미　205
   2) 고려후기 유일 천거의 확대 시도　214
   3) 경제육전 원전의 유일 천거제　221
   4) 속전 이후 천거제의 축소와 의미변화　231
 2. 재지사족의 상경숙위와 천거제　241
   1) 상경숙위제의 정비와 한성부 주민의 재편 시도　241
   2) 숙위자의 귀향조치와 향촌세력화　263
 3. 효렴(孝廉) 천거　273
   1) 효렴 천거의 기원과 의미　273
   2) 조선 건국과 효렴 천거의 시행　283
   3) 태종~세종대의 효렴 천거제　299
   4) 문종~성종 때의 서용확대 노력과 경국대전 규정의 성립　314

제4장 인사고과제도　323

 1. 고려시대의 고공법　323
 2. 조선전기 고공제도의 개편　329
   1) 경제육전 원전의 고공법　329
   2) 속집상절의 개정안　338
   3) 경국대전 규정의 성립과 그 성격　346

결론 : 관리등용제도로 본 조선초기의 개혁론과 경국대전 체제의 성격
　　355

　참고문헌　373
　찾아보기　381

제1장 조선전기 관리등용제도 연구에 대한 방법론적 검토

1. 문제의 제기

본 연구는 조선 건국기부터 『경국대전』 편찬기까지 조선의 대표적 관리등용제도인 과거, 음서, 천거제의 성립과 변화과정을 정치세력의 변천과정과 결부하여 살펴보고, 이 과정을 거쳐 성립한 『경국대전』 규정의 성격과 의미를 고찰하기 위한 연구이다. 이는 비단 조선전기 관리등용제도의 성격만이 아니라 조선의 정치체제 및 국가체제의 성격을 이해하는 데에도 큰 도움이 될 것이라고 생각된다.

조선의 관리등용제도에 대한 연구는 조선전기의 제도사 및 정치사 연구에서 가장 많은 주목을 받아온 주제의 하나이다. 관리등용제도는 조선 국가체제의 성격이자 조선 건국의 역사적 의의라고 할 수 있는 집권적 국가체제와 사대부층에 기초한 양반관료제 사회의 형성과 같은 조선시대 연구의 주요한 지표와 밀접한 관련을 지니고 있다. 예를 들어 과거제가 이루어낸 관료제의 개방성은 조선시대 신분제의 의미와 사회성격을 판정하는 준거로까지 확대되기도 하였다.[1]

그런 이유로 조선의 대표적 관리등용제도인 과거, 음서, 천거제에

---

1) 대표적인 사례로 한영우, 이성무 두 분의 조선전기 양반제와 신분제에 대한 견해와 논쟁을 들 수 있다. 이 견해에 대한 개괄적 정리는 유승원, 『조선초기신분제연구』, 을유문화사, 1987 참조.

대해서는 각각의 주제별로 이미 상당한 연구성과가 축적되어 있다. 이 때문에 이 세 제도를 한 번에 아우르는 이 책의 연구방식은 사실 여러 가지 오해를 초래할 소지가 있다.

그럼에도 불구하고 이 같은 연구를 진행한 이유는 조선의 국가, 사회체제를 이해하는 데는 물론이고, 개별 제도에 대한 실증적 한계와 오류를 극복하기 위해서도 통합적인 연구방법이 반드시 필요하기 때문이다.

그간의 관리등용제도 연구의 첫 번째 문제는 관리등용제도 연구가 지나치게 과거제에 집중되고,[2] 과거제만으로 관리등용제도의 성격을 논하거나 음서제와 천거제는 과거제의 역사적 기능과 대립되는 제도로 이해하여 왔다는 것이다. 과거제의 의의를 개방성과 능력본위로 이해하는 것도 재검토해야 할 과제이지만, 과거제에 집중한 연구는 조선 전기 관리등용제도의 성격은 물론이고 과거, 음서, 천거제 각각에 대한 개념과 실증적 이해에도 잘못된 영향을 미쳤다.

두 번째로는 관리등용제도의 배경이 되는 조선의 국가, 정치체제에 대한 견해의 문제이다. 대표적인 견해로 왕권론과 신권론을 들 수 있다. 왕권론과 신권론의 문제는 비단 관리등용제도에만 국한되는 것은 아니지만, 이 견해가 관리등용제도의 연구방법과 이해에 지대한 영향을 미쳤다.

이하에서는 이 두 가지 문제를 차례대로 좀 더 상세히 고찰해 보도록 하겠다.

---

[2] 조선시대 관리등용제도에 대한 연구는 1980년대까지도 거의 과거제에 집중되었다. 음서제에 대한 연구는 대부분이 고려시대의 음서제에 대한 연구였다. 조선시대 음서제와 천거제에 대한 본격적인 연구가 진행된 것은 1990년에 들어서였다. 그러나 이미 과거제 연구를 통해 구축된 관료제와 정치체제에 대한 기본의 이해에서 벗어나기는 어려웠다.

2. 과거제와 관리등용제도에 대한 이해의 재검토

조선시대 관리등용제도의 성격과 기능은 사실상 과거제를 중심으로 진행되었다고 해도 과언이 아니다.3) 과거가 주목받은 이유는 시험에 의한 선발이라는 방법이 혈연(음서)과 주관(천거)을 배제한 객관적이고 공정한, 능력본위의 선발방식이라고 이해했기 때문이다. 이 때문에 과거와 음서·천거제를 서로 대립적인 제도로 이해하면서도 과거의 영향을 받아 조선시대에는 음서, 천거, 무과 등에서도 취재(取才) 제도가 도입되었다는 사실이 주목되고 강조되었다.

그러나 이와 같은 이해가 과연 정당한 것일까? 먼저 과거제의 경우를 살펴보겠다. 관리등용제도에 있어서 능력본위와 개방성으로 상징되는 형식적 평등의 달성은 중세와 근대(또는 근세)를 가르는 지표가 되기도 하였을 정도로 중요한 문제이다.4) 그러나 한편으로 능력본위와 개방성은 어느 시대에서도 결코 간과할 수 없는 중요한 문제였다는 사실도 상기할 필요가 있다. 어떠한 시대든지 관리의 등용조건에서 능력을 배제하는 경우란 없으며, 새로운 정치세력의 유입을 완전히 차단하는 폐쇄적인 제도도 없다. 정치체제란 언제나 신진세력의 일정한 유입과 로테이션을 전제로 한다. 다만 시대와 사회체제에 따라 관리에게 요구하는 능력의 내용과 정도가 달라지고 개방성의 형태도 달라진

---

3) 관리등용제도에 대한 연구의 편향성은 시기별 연구 추세로도 드러난다. 1950년대 이후 조선의 관리등용제도 연구는 과거제 연구가 주류를 이루었다. 과거제 연구도 대체로 1970년대까지는 제도사적 연구가 주를 이루다가 1980년대 이후로는 방목이나 연대기, 족보, 묘지명 등을 이용한 사례연구가 증가하고 있는 추세이다. 무과, 천거제, 음서제 등의 연구는 1980년대 후반~90년대에 본격적으로 시행되기 시작하였다.
4) 이 견해는 사실상 宮崎市定에게서 출발했다고 해도 과언이 아니다. 그러나 宮崎市定의 견해도 한계가 있지만, 宮崎市定의 견해를 잘못 이해한 측면도 있다. 이 점에 대해서는 이 책 3장 1절 '천거제의 개념과 의미'에서 다루었다.

다.

그러므로 능력본위와 개방성이라는 요소는 그러한 현상의 존재유무에 주목할 것이 아니라 그것을 실현하는 방식과 내용에 주목해야 한다. 실제로 과거제도는 결코 근세라고 할 수 없는 수·당 시대에 탄생하였다는 사실을 상기할 필요가 있다.

능력본위와 개방적 관료등용이라는 문제에 대해 또 한 가지 재고해야 할 점은 이 원칙이 과거의 전유물이 아니라는 것이다. 천거제도나 문음 등의 제도 운영에서도 개인의 능력과 검증은 주요한 요소였고, 관리로 등용하는 과정에서 시험을 부과하기도 했다.5)

더 중요한 문제는 시험이 능력본위의 인재등용을 달성하는 유일하고 가장 효율적인 방법도 아니라는 것이다. 중세와 근대를 나누는 능력본위 등용의 본래적 의미는 시험 자체에 있는 것이 아니라 인재등용의 신분적 제약의 탈피와 함께 전문적 능력자의 양성과 등용이라는 내용에 있다. 그러나 과거는 관리로서의 전문적 능력을 검증하는 방식이 아닌 유가적 교양을 시험하는 방법이었다. 물론 관리로서의 능력 검증이 반드시 전문지식을 검증해야만 하는 것은 아니다. 교양과 일반적 학습능력에 대한 검증이 관리로서 인물의 능력과 가능성을 검증하는 데 상당히 유용한 방식이 되는 것도 사실이다.

그러나 이 점을 양보한다고 해도, 과거급제를 통해 관리등용을 보장받는 사람은 최종 급제자의 10%에 불과했다는 사실은 시험을 통한 개방적 인재등용이라는 과거제에 대한 평가를 무색하게 한다. 과거급제자라고 할지라도 실제로 관료로 등용되기 위해서는 음서나 천거의 혜택이 필요했고, 이 같은 사정은 조선후기로 오면서 더욱 심해졌다. 그렇기 때문에 조선후기의 실학자들은 과거제의 폐단을 비판하면서

---

5) 이 책 3장 1절 참조.

과거제보다는 천거제가 오히려 능력본위의 인재선발에 더욱 적합하고 공정하다고 주장하기도 했던 것이다.

조선시대의 대표적인 관리등용제도로는 과거제 이외에도 천거제와 문음제도가 있다. 관리등용제도의 역사적 의미를 판정하는 데 있어서 '능력본위'와 '개방성'이라는 지표에 집착하다 보니 이 두 제도의 역할은 상대적으로 소홀하게 취급되는 경향이 있었다. 그러나 과거제가 관리등용제도에서 가장 권위있고 대표적인 제도이기는 했지만, 조선 전시기를 걸쳐 천거와 문음제도도 중요한 비중을 차지하여 왔다. 조선후기의 경우, 수령, 하급관원, 무관직에서는 음서의 비중이 과거보다 높았으면 높았지 낮지 않았다.6) 이러한 오해는 1990년대 이후로 문음제와 천거제에 대한 연구가 활발해지면서 많이 개선되었지만, 천거제와 문음제가 능력보다는 인맥과 혈연이 중시되는 과거제와는 대립적인 제도라는 인식은 아직도 불식되지 않은 것 같다.

과거와 천거, 문음이 서로 대립적인 성향을 지니고 있는 것은 사실이지만, 조선전기의 어떠한 개혁론에서도 완전히 배척된 경우는 없다. 이 세 제도는 서로 기능이 다르며, 그렇기 때문에 상호보완적인 성격이 더 강하다. 조선초기의 경우에도 『경제육전원전』과 『속전』에서 각각의 제도는 커다란 변화를 보여주는데, 이러한 변화는 각 제도마다 독립적으로 혹은 대립적으로 진행되는 것이 아니라 서로 상호의존적인 인과관계를 형성하며 변모하고 있음을 발견할 수 있다. 이것은 전체 관료제, 정치체제 안에서 각각의 제도가 담당하는 기능과 역할이 다르기 때문이다. 그러므로 조선전기 관리등용제도의 성격과 그것이

---

6) 과거와 음서출신은 정확하게 구분되지는 않는다. 과거급제가 관직을 반드시 보장해 주지 않기 때문에 과거에 급제했다고 해도 관직을 수수하는 데는 음서와 천거의 혜택이 이중으로 필요할 때가 많았다. 특히 조선후기에는 공신층이 증가하면서 공신의 자손들이 관직을 점유하는 비율이 크게 증가했다.

구성하는 정치체제의 성격, 그 체제의 변화과정과 시대별 개혁론을 이해하기 위해서는 이 세 제도의 기능성을 종합하고, 그 상호관련성 속에서 체제의 성격과 특성을 파악해야 한다.

3. 왕권론과 신권론

왕권론과 신권론은 조선시대의 국가체제와 정치사, 제도사, 사상사 연구에까지 강력한 영향을 미치고 있는 구조적 틀이라고 할 수 있다. 그러나 과연 이 개념이 그만한 의미와 합리성을 지니고 있는지는 의문이다.

왕권론과 신권론의 문제는 크게 세 가지를 지적할 수 있다.

첫째, 왕권론과 신권론, 혹은 왕권의 강약을 역사 이해의 주요한 기준으로 삼는 방식 자체가 잘못된 상황에서 시작되었다는 것이다.

둘째, 왕권, 신권이라는 개념 자체가 실체가 명확치 않으며 경계와 범주가 불분명하고 자의적이라는 것이다.

셋째, 왕권과 신권을 강약으로 구분하는 방법도 문제가 있다. 강하고 약하다는 것은 현상적 지표이거나 체제의 속성이지 체제를 나누고 이해하는 기준이 될 수 없다. 강약이란 개념 자체가 피상적 개념이다. 강함과 약함의 경계와 기준도 문제이지만, 권력의 강약을 논하기 전에 강약의 주체와 권력의 내용이 무엇이냐가 중요하다. 실제로 국가체제, 정치체제는 무수히 많은 기능과 임무로 구성되는데, 이 전체를 일관하는 강약이 존재할 수가 있을까?

이외에도 여러 가지 문제를 제기할 수 있지만, 일단 이 세 가지 사항을 좀 더 구체적으로 살펴보도록 하겠다.

왕권론과 신권론의 기원에 대해 명확히 밝혀진 연구는 없다. 그러나 여러 주제의 연구사를 검토해 보면 그 기원은 일제시기 조선사연구회의 활동으로 소급된다고 보여진다. 조선시대사 연구에 이 틀을 처음으로 적용한 사람은 아소[麻生武龜]였다. 아소의 이력은 정확히 알려지지 않았지만, 1914년 조선총독부 임시토지조사국 총무과 서기보로 시작해서[7] 1939년까지 조선총독부 중추원 촉탁으로 근무했던 것이 확인된다.[8] 이 기간동안 그는 조선의 토지제도, 법제사와 정치사에 관한 중요한 논문을 남겼는데,[9] 정치사 분야의 기본 흐름을 국왕권과 신권의 대립으로 파악하였다. 그는 역사상에서 국왕권이 강화되면 신권이 억압받고, 때로는 그 반대가 되기도 한다고 보았다. 나아가 그는 정치기구의 설립이나 제도의 설치 이유를 이러한 시각에서 검토했다.[10]

물론 이와 같은 시각과 연구방법이 아소의 독창적인 것은 아니었다. 왕권론과 신권론이라는 이해방식의 진정한 근거는 일본의 근대사 연구에서 시작한다. 명치유신기에 발현한 일본의 근대 역사학에서는 천황권을 역사발전의 주요한 추동력이자 독립된 단위로 파악하게 되었다. 이는 천황제의 복구를 통해 위로부터의 근대화를 추진한 명치유신 체제를 뒷받침하기 위해 마련한 이론이었으며, 근대화에 대한 일본의 독자적 능력을 증명하려는 시도의 일환이기도 했다.[11] 그리고 이

---

7) 『조선총독부및소속관서직원록』(1914년).
8) 『조선총독부및소속관서직원록』(1939년).
9) 中樞院調査課 編, 『李朝法典考』, 朝鮮總督府 中樞院, 1936 ; 麻生武龜, 「朝鮮中央地方及制度沿革史」, 『朝鮮史講座』, 1923 ; 「李朝の建國と政權の推移」, 『靑丘學叢』 5, 1931 ; 『朝鮮田制考』, 조선총독부중추원, 1940 등.
10) 김인호, 「법제사 연구의 발전방향과 방법론」, 『경제육전과 육전체제의 성립』, 혜안, 2007, 36~37쪽.
11) 메이지유신기 일본의 계몽주의적 역사학자로서 시라토리[白鳥庫吉, 1865~1942]의 스승이기도 했던 나카 미치요[那珂通世, 1851~1908]는 지리결정론을 주장한 버클의 『영국문명사』가 서구적 편견에 사로잡혀 있다고 비난하

역사관을 조선에 적용하게 되면서 각종 제도사 연구에서 강력한 왕권의 부재가 조선이 정체하고, 자립적 근대화에 실패한 원인이 되었다고 설명하는 방식이 유행하였다.12) 아마도 이와 같은 연구경향이 조선사 연구에 적용되면서 천황제와 같은 강력한 왕권의 결여가 각종 제도운영의 미숙과 타락, 조선의 정체성을 낳았다고 설명하는 역사 해석이 자리잡게 된 것 같다.

해방 이후 조선시대 정치사와 제도사, 사상사 특히 조선초기의 개혁론에서 멀리는 실학파, 영·정시대의 개혁론에까지 왕권론이 중요한 지표로 사용되기 시작한 것은 이와 같은 일제시대의 정체론적 역사해석에 대한 반동이자 극복의 시도였다고 생각된다.

그런데 초기 연구에서는 왕권의 신장과 존재를 강조하는 경향이 있었으나 차츰 식민사학에 대한 반동이라는 측면이 잊혀지고, 독재의 타

고, 서구중심론을 벗어나기 위해서 역사를 결정하는 주요인으로 버클의 '지리'에 인종과 왕실계승을 첨가할 것을 주장하기도 했다(스테판 다나카 저, 박영재·함동주 옮김, 『일본 동양학의 구조』, 문학과 지성사, 2004, 78쪽). 여기에서 벌써 일본사의 독특한 발전요인으로서 천황제가 자리잡고 있음을 볼 수 있다. 시라토리와 같은 시기에 도쿄대학 철학과 교수를 지낸 이노우에 데츠지로[井上哲次郎, 1855~1944]는 랑케의 역사의 숨은 정신의 개념을 메이지유신기의 神道에 적용하고 이를 존양왕이의 이론으로 발전시켰다(앞의 책, 94쪽).

12) 일제시기 제도사 연구에서 좀 과장되게 표현하자면 널리 사용되는 포맷이 두 가지가 있다. 하나는 모든 제도의 기원을 중국에서 찾고, 한국에서의 변화과정을 설명한다. 다른 하나는 한국에서의 제도 변화과정을 적절한 토착화 과정이 아니라 한국의 후진성이나 민족의 열등성, 왕권의 부재나 약화에 의한 열등변화로 설명한다는 것이다. 이러한 연구방법은 해방 후 일본인 학자들의 연구방법에도 계승되었으며, 이 책에서 다루고 있는 과거제나 학교제 연구에서도 사용되었다. 이러한 연구경향에 대한 반발로 해방 후의 민족사학에서는 두 가지 경향이 발생했다. 하나는 모든 제도와 문화에 대해 우리 민족의 수용능력을 강조하는 것이고, 또 하나가 민족의 우수성이나 왕권의 강화를 강조하는 것이었다.

도와 민주주의의 성립이 사회의 주요한 이슈가 되면서 초기에는 부정적으로 인식되던 신권론도 독자적인 가치를 가지게 되었다. 현재는 대부분의 연구에서 왕권과 신권의 조화가 이상적 지표이며, 당시의 지향이었다고 설명되고 있다. 그러나 각론으로 들어가 보면 현재까지도 왕권론, 왕권강화를 개혁적, 발전적 지표로 해석하는 경향이 강하다고 보여진다.

한국의 역사학계가 강력한 왕권론에 집착하게 된 사정은 이해할 수 있으나, 이것은 올바른 극복방법이 아니다. 식민사학의 극복은 왕권론의 존재증명이 아니라 역사발전 및 정치, 사회체제에서 차지하는 왕권론의 지위를 부정하는 것을 통해서 이루어야 한다. 그 이유는 왕권론이 식민사학의 유제여서가 아니라 그 자체가 근대사회의 구조와 작동원리에 대한 이해가 짧고, 일본 근대화와 명치유신이라는 특수한 상황에서 등장한 성급한 이론이기 때문이다.

왕권과 신권이 그에 대한 개념적 정의 없이 상황에 사용되었다는 점도 반성할 부분이다. 이 점은 최근에 몇몇 연구에서 지적되기 시작했고,[13] 이러한 반성을 토대로 왕권의 실체와 내용을 규명하려는 연구가 시행되고 있다.[14] 대체로 이들 연구에서는 왕권의 실체를 규명하기 위해서는 국정의 결정과 운영, 법령 제정, 관료제 운영과 행정체제에서 국왕의 활동과 역할을 조명하는 방법을 사용하였다. 그리하여 국왕

---

13) 이 점에 대해서 박재우는 다음과 같이 지적하였다.
"기존 연구의 문제는 역시 국정운영에서 국왕의 비중과 역할 그 자체에 대한 연구는 없이 왕권이 강했으냐, 약했느냐는 식으로 단순하게 이해하는 측면이 컸다는 것이다.……기존의 연구방식으로는 왕권을 독자적으로 놓고 설명할 방법이 없었다."(박재우, 『고려국정운영의 체제와 왕권』, 신구문화사, 2005, 20쪽).
14) 최승희, 『조선초기 정치사연구』, 지식산업사, 2002 ; 박재우, 『고려국정운영의 체계와 왕권』, 신구문화사, 2005.

이 이 모든 분야에서 정점에 있으며 강력한 결정권과 주도권을 행사하였음을 논증하고자 하였다.

이러한 연구는 왕권의 개념적 모호성을 지적하고, 국왕의 형식적, 법제적 기능과 역할을 조명했다는 점에서는 의미가 있다고 하겠다. 그러나 이 연구들은 애초에 그간에 사용되어 온 왕권론과 신권론이라는 방법론을 인정한다는 전제에서 왕권의 실체를 조명하려다 보니 국왕의 형식적 권력을 조명하고 이것을 정치체제로서 왕권의 실체로 이해하는 문제가 발생했다.

고려·조선시대를 통해 국왕은 언제나 법제, 관료제, 국정운영의 정점에 있었고, 분명히 형식적 권력을 갖추고 있었다. 심지어 국왕이 축출되고 살해되기까지 하던 고려의 무신정권 시절에도 국왕의 형식적 권력과 위상 자체는 보존되었다. 그러므로 이와 같은 형식적, 행정적 기능과 위상으로 왕권의 실상을 이해하면, 국가, 사회체제로서 왕권의 실체를 파악하기도 어렵고, 시대적 차이를 발견하기조차 쉽지 않다. 왕권론, 신권론에서 의미하는 왕권의 실체는 국왕의 형식적, 행정적 위치가 아니라 그 체제의 구조와 내용에 의해서 판명되어야 하고, 과연 왕권론이라는 것이 체제적 특성을 규정할 수 있는 개념인가를 확인해야 한다.

이와 같은 오해가 발생하는 이유는 앞서 말한 대로 왕권·왕권강화의 개념에 문제가 있기 때문이다. 개념상의 오류는 여러 가지를 지적할 수 있다. 첫째로 왕권과 국가 기능을 혼동하는 문제를 지적할 수 있다. 왕권과 국가를 동일시하는 사고는 서구 근대 역사학에서의 아시아적 생산양식론과 아시아적 전제군주론에서도 발견된다. 일본의 근대 역사학에서 천황권을 강조한 것도 실제로는 천황의 권력과 국가의 기능을 혼동하거나 고의적으로 도치한 결과였다.

국왕의 권력은 독자적, 초월적으로 존재하는 것이 아니라 경제적,

사회적 구성과 관료제, 군사제도 등에 의해 형성된다. 이것은 국가도 마찬가지인데, 문제는 이때 전제 왕권이 국가를 대체하는 것인가? 아니면 전제 왕권도 국가 기능의 일부인가 하는 점이다. 전제 군주의 권력이 아무리 강하고, 사상적·의례적으로 신과 같은 절대적이고 초월적인 존재로 묘사된다고 해도, 전제 군주와 국가의 기능이 동일시되거나 치환될 수는 없다. 물론 조선시대에 국왕의 존재와 권력이 이념화되면서 국가의 기능이 국왕의 기능과 역할로 치환되거나 국가적, 사회적 과제가 국왕의 자각과 의지에 달려 있는 것처럼 인식되기도 했다. 그러나 왕권의 권력과 성격은 국가체제의 성격에 의해 규정되고, 국왕의 법제적, 행정적 기능은 그 체제 내에서 국왕의 기능과 역할에 해당하는 것이지 왕권의 강약 혹은 왕권의 존재가 체제의 성격을 규정하는 것이 아니다.

국왕의 권력은 법과 국가제도와 관료군에 의해서 형성된다. 즉 왕권은 체제의 계급성과 사회세력의 대표성을 규정하는 독자적 존재가 아니라 오히려 그것에 의해 규정되는 존재이다. 그러므로 국왕의 권력이나 역할, 역사적 성격은 기준도 국가체제의 구성과 그 속에서 국왕의 기능에 의해 판정되어야 한다.

왕권론의 가장 큰 문제는 그것이 전혀 다른 체제적 의미를 표현하기도 한다는 점이다. 하나의 개념이 역사, 정치적 개념으로 성립하기 위해서는 그것이 의미하는 고정적이고, 형식적 의미가 있어야 한다. 그러나 실제로는 그렇지 못하다. 먼저 왕권의 경우 그간의 연구에서 사용된 왕권이라는 내용을 살펴 보면 실제로는 너무나 다양한 내용을 포함하고 있는데, 그 중에는 체제적 의미가 전혀 다른 경우도 있다.

예를 들어 왕권강화라는 표현은 훈구파나 공신의 특권을 강화하는 체제에서도, 국왕이 사림과 결탁하여 훈구세력을 억제하는 데에서도 사용될 수 있고, 실제로 사용되고 있다. 어느 쪽이든 왕권강화이지만 왕권강화의 내용과 체제적 의미는 전혀 다르다. 즉 소수의 특권 공신층에게 권력을 몰아주고 그와 같은 과두체제 하에서 추진하는 왕권강화도 왕권 강화이고, 정치참여계층의 제한을 풀어버리고 계급간의 갈등과 견제에 기초하여 중재자로서 권력기반을 확보하려는 왕권강화도 왕권 강화이다. 그러나 두 왕권의 정치적, 국가적 의미는 전혀 다르다. 그러므로 어떤 체제나 개혁론을 이해하려면 먼저 그 체제가 지향하는 전체 체제의 구조, 관료군의 성격을 파악하고, 그 목표를 위한 기능으로서 국왕권의 기능과 역할을 찾고 설명해야 하지 '왕권강화'라는 표현만으로는 체제적 의미를 포함할 수가 없다.

그러한 사례는 얼마든지 찾아 볼 수 있다. 국왕이 왕실재정의 독자적 집행을 주장한다든가, 재상 혹은 의정부의 의결권을 박탈한다고 했을 때도 우리는 왕이 왕권강화를 추진했다고 표현할 수 있을 것이다. 그러나 이 경우도 국왕이 재정권의 확대를 시행하는 목적이 국왕 개인의 사치와 자의적 권력의 확대를 위한 것인지, 신흥 세력과 손잡고 새로운 관료군을 창출하기 위한 수순인지에 따라 그 정치적, 역사적 의미는 전혀 다르다.

군제에 있어서도 조선초기에 공신, 고위관료의 자제로 구성된 충의위, 충찬위, 충순위의 설립을 통해 시도하는 왕권강화와, 정조의 경우처럼 화성을 축조하고, 화성을 기반으로 자신의 친위군으로 장용위를 설치하는 왕권강화의 체제적 의미는 다르다.

신권의 경우에는 문제가 더욱 복잡해진다. 하나의 집단이 정치적 실체로서 의미를 지니기 위해서는 정치집단의 사회적, 경제적 실체가 분명해야 한다. 그리고 정치사나 관료제 운영의 내부로 들어가면 사회적, 경제적 실체가 동일해도 정치공학적 구조에 따라 여러 대립적인 집단이 발생할 수 있다. 그러므로 연구의 주제와 내용에 따라 이 같은 집단의 범주를 적절히 판정하고 구분하는 것이 정치체제 연구에서 주요한 관건이 된다. 그러나 신권은 용어 자체가 말해주듯이 대단히 포괄적이고 추상적이며 상대적인 개념이다.

조선시대 정치사에서 가장 대립적인 집단이 훈구와 사림이다. 이들은 관료제 상의 특권의 차이라는 수준을 넘어서 중앙의 특권층과 재지사족, 대토지소유와 중소규모토지의 소유, 혹은 농장제 경영과 지주경영, 사상과 학문적 전통의 차이 등 여러 요인을 통해 대립적 존재로 설명되고 있다. 그러나 이들은 모두 신권의 범주에 있다. 조선초기 정치체제 연구에서 흔히 거론되는 국왕중심체제와 재상중심체제의 경우처럼 중앙의 귀족층과 재지사족층이 대립적인 정치세력으로 구분되어 사용되는 경우도 있으나 그렇지 않은 경우도 많으며, 때로 신권은 재상세력, 훈구세력 혹은 사림세력을 지칭하거나 양자를 포용하는 등 다양하게 사용된다. 이 사실만으로도 신권은 체제적 개념은 물론 정치집단의 개념으로도 자격을 상실한다.15)

또 다른 예로 왕권론과 신권론이 대립하는 대표적인 사례로 제시되고 있는 의정부 서사제와 육조직계제의 경우를 살펴보자.16) 의정부 서

---

15) 신권론의 경우 가장 큰 문제는 신권이라는 개념이 지니는 모호성과 포괄성이다. 고려후기로부터 조선시대로 이르는 시기 정치사 이해의 또 하나의 축은 문벌귀족과 신진사대부이다. 사실은 이 개념도 기본적으로는 현실 정치에서 대립적인 두 축의 집단을 대상으로 한 현상적인 지표이기 때문에 정치세력이나 사회세력으로서는 개념과 정체성에서 일관성과 합리성이 결여된 부분이 많다(이 점에 대해서는 김광철, 『고려후기 세족층 연구』, 동아대학교 출판부, 1991, 8~10쪽 ; 김당택, 『원간섭기의 고려정치사』, 일조각, 1998, 184~186쪽 ; 이익주, 「고려말 신흥유신의 성장과 고려건국」, 『역사와 현실』 29, 1998, 15쪽 참고. 특히 정치세력 판정에 대한 개념적 혼동과 중복에 대해서는 김인호, 「고려시대 정치사의 시각과 방법론 연구」, 『역사와 현실』 66, 2007. 12). 어찌되었든 정치세력 연구에서 관료는 정치적, 사회적, 신분적 대립과 균열이 작용하고 있으나 왕권론에 대비될 때는 신권으로 통합되어 버린다. 이는 애초에 국가권력과 왕권이라는 것 자체가 관료군과 이원적으로 분리되어 존재하는 것이 아니라는 사실을 간과했기 때문이다.

사제가 대표하는 재상권, 신권은 체제적인 의미를 지닐 수 있는 것이며, 흔히 말하는 왕권과 대립적인 개념으로 설정할 수 있는 것일까?

육조직계제는 의정부를 구성하던 공신 계열 재상들의 권력을 약화시키고 왕권을 강화시킴으로서 국왕 중심의 집권체제의 정비를 도모한 것이라고 한다.[17] 의정부 서사제와 육조직계제가 국왕과 신하들 간에 대립과 논쟁을 야기한 것은 사실이다. 그러나 그 대립과 논쟁이 체제적 의미로 확대되려면 재상권이 대표하는 신권의 구성요소와 내용이 관건이 된다.

조선 건국기 정도전과 조준이 구상한 재상권은 전체 사대부층의 대표자로서의 재상이었다. 또한 그들은 지방의 전체 사대부층을 대상으로 하는 보다 폭넓고, 개방적인 관료제 운영을 구상하였다. 그러나 정작 의정부 서사제와 육조직계제가 논란이 된 때는 태종, 세종, 세조대였다. 이때는 정도전의 구상과는 반대로 공신과 중앙세가의 특권이 강화되고, 관료군의 범주와 순환성이 크게 약화되던 시기였다.

당시의 의정부 서사제 논쟁에서 등장하는 재상은 의정부 대신이라

---

16) 정치체제 상에서 대표적인 논제가 의정부 서사제와 육조직계제였다. 이에 대해서는 다음의 연구가 참조된다.
末松保和,「朝鮮 議政府考」,『朝鮮學報』9, 1956 ; 한충희,「조선초기 의정부연구(상·하)」,『한국사연구』31, 32, 1980 ; 정두희,「조선건국기 통치체제의 성립과정과 그 역사적 의미」,『한국사연구』67, 1989 ; 남지대,「조선초기 중앙집권제론의 재검토」,『국사관논총』26, 1991 ; 남지대,「정치체제의 변동으로 살펴본 조선 건국의 의의」,『중세사회의 변화와 조선건국』, 혜안, 2005 ; 한충희,「조선전기(태조~선조24년)의 권력구조연구-의정부, 육조, 승정원을 중심으로-」,『국사관논총』30, 국사편찬위원회, 1991.

17) 한영우,『조선전기 사회경제연구』, 63쪽. 육조직계제의 시행이 국왕과 육조의 직결이라는 점에서 왕권의 확장 또는 중앙집권체제의 확립을 뒷받침하는 것이며, 의정부 서사제의 폐기가 재상과 중신들의 왕권에 대한 굴복이었다는 설명을 최초로 제시한 사람은 麻生武龜였다(麻生武龜,「李朝の建國と政權の推移」, 123~127쪽).

는 10명도 되지 않는 소수의 인원이다. 육조의 경우 육조판서는 정2품 직으로 대신급에 해당한다. 이들은 사회적, 신분적으로는 의정부 대신과 가장 가까운 존재들이며, 법적인 특권을 대부분 공유한다.[18] 고려시대의 문벌귀족이나 조선시대의 훈구, 공신집단이라는 개념으로 보면 육조판서 역시 대부분 이 범주에 속하는 인물들이거나 그 그룹에 가장 근접한 인물들이다. 강력한 육조직계제를 시행한 것으로 알려진 세조대의 실상을 보면 세조는 의정부 서사제에 대해 대단한 반감을 보였지만, 외척과 공신의 정치적 역량을 크게 확장했고, 이것이 15~16세기 정치사에서 훈구세력의 득세가 시작되는 계기가 되었다.[19]

왕권과 신권 간의 갈등은 어떤 체제 하에서도 서로 간에 정치적 의미와 내용을 달리하며 존재한다. 국왕과 훈구세력 간의 대립도 있고, 국왕과 사림이 갈등하기도 한다. 사림세력이 훈구세력을 제약하기 위해 국왕권의 강화를 주장할 때도 있고, 사림의 여론정치와 언론권을 주장할 때도 있다. 그렇기 때문에 왕권과 신권은 엄청난 포괄성과 적응력을 지니게 된다. 어떤 개혁론, 어떤 체제론이든 왕권과 관료군의 역할을 부정하는 경우는 있을 수 없다. 반대로 각각의 체제와 지향에 맞추어 왕권과 관료군의 역할을 규정하게 된다. 그래서 왕권론과 신권론은 항상적으로 존재하지만, 그 자체가 체제와 개혁론을 구분하는 지표가 될 수 없고, 각각의 지향하는 체제에 따라 그 내용이 달라진다.

역사연구의 과제는 왕권이냐 신권이냐가 아니라 체제나 제도가 지닌 계급성과 기능성, 메커니즘을 규명하는 것이 되어야 한다. 왕권은

---

18) 조선시대 관료의 특권에서 하나의 획을 이루는 것이 당상관과 당하관의 구분이었다. 그러나 당상관 내에서도 재상급인 2품 이상은 더욱 특별한 특권을 보유하였다(이성무, 『조선초기 양반연구』, 일조각, 1980, 89, 93쪽).
19) 김태영, 「조선초기 세조왕권의 전제성에 대한 일고찰」, 『한국사연구』 87, 1994.

그 지양과 메커니즘 안에서 국왕의 역할을 설정하는 부분적인 문제이다. 신권은 신분, 정치세력, 관료군 등 과학적이고 구체적인 스펙트럼으로 대체되어야 한다.

이상과 같은 문제에도 불구하고 정치사나 의정부 사서제와 같은 최고 행정기구 연구에서 왕권론의 영향이 오래 지속되어 온 이유는 현실적으로 국왕의 권력이 상당한 힘과 의미를 지녔던 탓일 것이다. 그러나 왕권론이 국가 기능과 제도로 확대될 때에는 더욱 심각한 문제를 야기한다. 앞서 왕권과 국가체제, 국가 기능을 혼동하는 것이 왕권론의 가장 큰 문제라고 말했지만, 위에서 언급한 의정부 서사제와 육조직계제의 경우만이 아니라 각종 제도사 연구에 왕권론과 신권론이 제도사 연구에도 지나치게 확대 적용되어 왔다. 이것은 중세국가의 체제와 기능, 메커니즘을 모호하게 만들고, 그 기능성에 대한 탐구를 차단하는 결과를 초래했다.

그러한 예는 수없이 많지만, 이 책의 주제와 관련한 분야로 제한해서 살펴보도록 하겠다. 대표적인 사례로 문음제도가 있다. 왕권론과 신권론의 입장에서 보면 문음은 신권의 이해를 반영하는 대표적인 관리선발제도이고, 왕권강화를 위해서는 반드시 제한, 축소해야 하는 제도이다. 그래서 조선의 대표적인 왕권강화론자인 태종조에서는 문음이 축소되었을 것이라고 생각해 왔다. 그리하여 『경제육전』의 조문 중에서 시험을 강화한다거나 문음을 규제하는 정책은 당연히 태종조의 입법일 것이라고 추측하였다.

그러나 『경제육전』의 판본을 정확히 구분하고, 여타 조문을 면밀히 추출하여 검토하면 태종조에 편찬한 『속집상절』에 수록한 문음법은 오히려 더 보수화하고 문음 대상이 더욱 확대되어 있었음을 발견할 수 있다. 이 사실이 지적되었지만, 왕권론과 신권론의 영향이 강하다 보니 그 현상 역시 태종대까지도 왕권이 미약했기 때문이라고 해석되었다.[20] 이것은 왕권론과 신권론이라는 선입견이 사료의 올바른 판독과 해석에도 영향을 미치는 사례라고 하겠다.

　필자의 개인적인 경험에 의하면 왕권론과 신권론에 대한 회의와 비판의 시각은 실제로는 연구자들 사이에서 오래 전부터 있어 왔다. 그럼에도 불구하고 왕권론과 신권론이 지금까지도 이 시기 정치사를 좌우하는 준거가 되어 온 이유는 이를 대체할 만한 새로운 준거와 분석틀이 없었던 데에도 원인이 있다고 생각된다.
　새로운 틀을 마련하기 위해서는 조선시대의 정치체제와 그 메커니즘, 나아가서는 국가체제와 기능에 대한 보다 면밀한 연구와 분석이 필요하다고 생각된다. 이 책의 주제인 관리등용제도의 경우를 예로 들자면, 왕권론과 신권론이라는 추상적이고 광범위한 장막을 걷고, 각각의 제도가 지니는 기능적 요소와 그것이 현실정치에 적용될 때, 중앙과 지방, 다양한 정치세력과 집단에 적용되는 의미를 구체적으로 규명할 필요가 있다.

---

20) 이 책 2장 5절 참조.

제2장 과거제와 문음제

1. 과거제의 구조와 용어 검토

1) 과거의 종류와 시행방법

조선 건국기의 과거제 논의와 성격을 논의하기 전에 먼저 이 시기 과거제의 기본적 내용에 대한 고찰과 용어에 대한 개념정의가 먼저 필요할 듯하다. 고려시대 과거제도의 운영방식에 대해서도 현재까지 논란이 그치지 않고 있지만, 조선시대의 과거도 종류도 많고, 응시절차도 복잡했다. 관련 용어도 다양한 데다가 고려시대의 제도와 관련되어 착오가 발생하기도 한다. 용어에서도 법제적 용어와 관행적 용어가 섞여 사용되는 것이 과거제도의 이해를 어렵게 하는 요인이 되고 있다. 당장 실록과 법전의 기록에도 용어사용이 엄밀하지 않고, 조선전기와 후기의 용례에서도 차이가 난다. 이 장에서는 먼저 『경국대전』 규정을 중심으로 과거제의 구조를 개괄하고, 논란이 되는 용어의 용례와 정의를 살펴보겠다.

가. 과거의 종류

과거의 종류는 3년마다 정기적으로 행하는 식년시와 부정기시가 있었다. 식년시는 자오묘유년을 식년으로 3년마다 행한다. 자오묘유년을 기준으로 하는 식년제도는 당제(唐制)에서 기원했다. 고려시대에도 시행되었고, 조선에서도 거의 그대로 시행되었다. 부정기시는 전기와 후기가 상당히 다르고, 후기에 크게 증가했다. 『속대전』을 기준으로 보면 국왕의 즉위 같은 국가의 대행사가 있을 때 시행하는 증광시,[1] 기타 국왕의 행차나 문묘참배, 경사를 계기로 개최되는 별시, 외방별시, 알성시, 춘당대시가 있다.[2]

문무관료만을 대상으로 하는 특별한 과거도 있었다. 중시(重試), 정시(庭試)가 그것이다. 중시는 처음에는 급제자를 대상으로 다시 시험하는 제도였다. 고려 충렬왕과 공민왕 때 1, 2회 시행된 사례가 있으나 활성화되지는 않았다.[3] 조선시대에 중시는 당하관을 대상으로 하는 시험으로 정착했는데, 조선에서 중시는 정종 2년에 처음 시작되었다.[4] 『경국대전』에서는 10년에 한 번씩 치르도록 되어 있어[5] 식년시라고도 볼 수 있다. 정시는 고려, 조선초기에는 국왕의 친전에서 시험한다는 의미로 문과의 최종 시험인 전시(殿試)를 의미하는 말로 쓰였으나, 나중에 문무관리를 대상으로 나라에 경사가 있을 때 임시로 시행하는 과거를 정시라고 하게 되었다.[6] 정시가 처음 시작된 시기는 정

---

1) 증광시는 태종 원년에 즉위기념으로 시행한 것이 최초이다. 선조 이전에는 즉위기념 외에는 시행되지 않았으나 후기로 가면 존호, 세자 탄생, 책봉, 가례, 중궁 책봉, 육순기념 등 왕실의 경사 때에 시행되었다(최진옥, 「조선시대 생원 진사 연구 : 사마방목의 분석」, 한국정신문화연구원 한국학대학원 박사학위논문, 1994, 18~20쪽).
2) 이하 각 과거의 특징과 개요에 대해서는 이성무, 『한국의 과거제도』, 집문당, 1994, 115~124쪽.
3) 허흥식, 『고려과거제도사연구』, 일조각, 1981, 24쪽, 69쪽.
4) 『정종실록』 권4, 정종 2년 6월 을미. 단 이때의 중시가 관원을 대상으로 한 것인지 기 급제자를 대상으로 한 것인지는 분명하지 않다.
5) 『경국대전』 예전 제과.
6) 『성종실록』 권136, 성종 12년 12월 병오.

확히 알 수 없다. 조선에서는 성종 12년 12월에 시행사례가 보인다. 응시자격은 당상, 당하관의 제한이 없었다. (단 지방관은 응시할 수 없었으나 아직 부임하지 않은 수령은 응시할 수 있었다.)7)

조선전기에는 부정기시의 폐단을 우려했는지,『경국대전』에는 식년시만 기재하고, 부정기시는 일체 기재하지 않았다. 식년시 이외는 단지 중시만을 기재했는데, 중시는 10년마다 시행하도록 했으므로 식년시와 같은 정규시로 파악했기 때문인 듯하다. 그러나 실록과 방목을 보면 증광시와 알성시를 시행한 사례가 확인되는데,8) 조선후기보다는 시행사례가 엄해서 증광시는 국왕의 즉위시에만 행해졌다.9) 그러나 조선후기에는 증광시가 늘고, 일반 증광시보다 과거합격자의 정원을 7명 늘린 대증광시가 증설되었다.10)

식년시와 부정기시의 비율과 입학정원 역시 조선전기와 후기의 양상이 크게 다르다. 조선후기에는 과도한 별시의 운영이 사회문제가 되지만, 조선전기까지만 해도 부정기시의 실행숫자나 입학정원이 많지 않았다. 기록에 나타난 식년시와 별시의 비율을 보면 태조대부터 성종대까지 시행된 과거 중 식년시가 41.8%(33회), 부정기시가 58.2%(46회)로 부정기시의 횟수가 더 많다. 단 과거급제자는 식년시의 정원이 많은 탓에 식년시의 급제자가 60.5%(1,089명), 부정기시 급제자가 39.5%(710명)으로 나타난다.11) 별시가 증가하는 것은 세종대부터인데, 세종 때

---

7) 『대전회통』 예전 제과(諸科).
8) 원창애,「16~17세기 과거제도의 추이」,『청계사학』9, 1992 ; 심승구,「조선전기 무과연구」, 국민대 박사학위논문, 1994 ; 최진옥,「조선시대 생원 진사 연구 : 사마방목의 분석」, 한국정신문화연구원 한국학대학원 박사학위논문, 1994 ; 김창현,「조선초기 문과의 운영실태」,『사학연구』 55·56합집, 한국사학회, 1998. 9.
9) 원창애, 위의 글, 50쪽.
10) 『대전회통』 예전 증광문과복시(增廣文科覆試).
11) 김창현,「조선초기 문과의 운영실태」, 236~238쪽.

까지도 식년시가 10회, 별시 8회가 시행되어(아래 <표 1> 참조), 식년시의 비중이 높았다. 별시가 식년시를 추월하는 것은 세조대부터이다.

별시는 식년시와 똑같은 체제로 시행되기도 하지만, 사정에 따라 방법과 대상을 제한하기도 한다. 따라서 과거제의 구조는 정규 과거인 식년시를 중심으로 살펴보겠다.

<표 1> 문과의 종류별 시행횟수

과명 왕	식년시	각종 별시					계
		증광시	별시	외방별시	알성시	소계	
태조	2						2
정종	1						1
태종	6	1	1		1	3	9
세종	10	1	5		2	8	18
문종	1	1				1	2
단종	1	1			1	2	3
세조	4	1	4	4	5	14	18
예종		1				1	1
성종	8		11		6	17	25
계	33	6	21	4	15	46	79

* 김창현, 「조선초기 문과의 운영실태」, 『사학연구』 55·56합집, 한국사학회, 1998. 9, 236쪽, <표 3>에서 재인용.

그런데 과거제를 이해하는 데 가장 큰 어려움이 용어의 일관성과 체계성의 부족이다. 과거제의 용어는 법전에서 사용하는 법제적 용어와 고사나 경전에서 비롯한 수사적, 관용적 용어가 섞여 사용된다. 먼저 법전에서 사용하는 용어를 보면 법전용어임에도 불구하고, 전문성과 체계성이 부족하다. 예를 들어 문과는 대과(大科)와 소과(小科)로 구분된다. 대과는 합격자에게 관료자격을 주는 본고사이고, 소과는 성균관 입학자격을 주는 생원시와 진사시를 말한다. 그런데 대과와 소과라는 용어는 『경국대전』에서는 사용되지 않았다. 『경국대전』에서는 대과를 문과로 표기하고, 소과를 생원시와 진사시로 각기 표기했다. 대과와 소과가 법전에서 사용되는 것은 『속대전』부터이다. 즉 『경국대전』 단계만 해도 문과라는 용어가 무과와 대별되는 광의의 문과와 대과만을 의미하는 협의의 의미가 공존한다. 이 글에서는 문과는 협의의 의미(대과)로 사용하겠다. 조선시대 법전의 용어사용과 법조문의 서술방식은 상당히 정제되고 엄격한 편이지만, 유독 과거제에서 용어가 엄밀하게 분화되지 않고, 중복과 혼용이 심하다.

수사적, 관용적 용어는 개념이 엄밀하지 않고, 시대와 장소에 따라 의미가 달라지기도 한다는 것이 가장 큰 문제이다. 또 시간이 흘러 사용이 일반화 되면 법전에서도 사용되기도 했다. 대표적인 용어가 감시(監試)와 동당시(東堂試), 사마시(司馬試)이다. 이 용어는 모두 고려시대부터 사용되었고, 공문서와 연대기 자료에서도 즐겨 사용되었지만, 『경국대전』 단계에서는 법전 용어로는 사용되지 않았다. 단 『속대전』에서부터는 감시가 법전에서 사용되었다.[12]

감시와 사마시는 소과와 동의어로 생원진사시를 의미하고 동당시는 문과를 의미한다. 그런데 그냥 문과 혹은 문과 초시나 복시라고 하면 문과가 소과와 대과를 통합한 광의의 의미도 있고, 대과만을 지칭하는 경우도 있어 의미에 혼동을 일으킬 우려가 있다. 그래서 소과(생원진사시)의 향시와 복시와 대과(문과)의 향시와 복시를 구분하기 위해 대과의 향시를 동당 향시, 복시를 동당 복시라고 쓰기도 했다. 이 역시 문과라는 용어가 혼동을 일으킬 소지가 크기 때문이다.

서로 다른 시험을 동일한 용어로 표현하는 것도 혼동을 야기한다. 식년시는 대개 1차, 2차 시험으로 구성되는데, 1차 시험을 초시, 2차 시험을 복시라고 한다. 복시는 회시(會試)라고도 불렀다. 단 『경국대

---

12) 『대전회통』 예전 제과.

전』에는 복시라는 용어만 사용하고, 회시는 사용하지 않았으나 실록이나 기타 문헌에서는 회시가 복시보다도 더 많이 쓰였다.『속대전』에서부터는 회시도 법전용어로 자리 잡는다. 그런데 문과와 생원진사시의 1, 2차 시험을 모두 초시와 복시라고 불렀다. 그래서 초시 혹은 복시나 회시라고만 하면 생원진사시의 초시와 복시, 문과의 초시와 복시 중 어느 것인지 알 수가 없게 된다. 이 혼동을 피하기 위해 감시 초시, 동당(문과) 초시 등으로 표현하기도 했다.

향시와 한성시도 여러 시험이 있다. 생원진사시의 초시는 한성에서 시험 보는 한성시와 도 단위로 지방에서 시험 보는 향시가 있다. 문과의 초시도 한성시와 향시라고 불렀다. 이 용어는 조선후기 법전까지도 구분되지 않아서 역시 판독에 종종 혼동을 일으킨다. 한편 문과 초시에는 한성시, 향시 외에 관시(館試)가 하나 더 있었다. 관시는 성균관 재학생만을 대상으로 하는 시험이다.

<표 2> 과거 용어의 개념과 시험의 구성

문 과								
생원진사시 (소과, 감시, 사마시)			문과(대과, 동당시)						
초 시		복시(회시)	초 시			복시(회시)	전시
한성시	향시	예조 시험	한성시	향시	관시	예조 시험	친시
초중종	초중종	초중종	초중종	초중종	초중종	초중종	초

한성시와 향시는 각기 그 지역의 호적에 등록되어 있는 사람만이 응시할 수 있는 것이 원칙이지만 사정에 따라 여러 번 바뀌었다. 그러나 대체로 본관이나 거주지 응시만이 허락되었다 단 서울의 유생은 본관이 지방에 있는 경우 지방의 과거에도 응시할 수 있게 되었다.

나. 시험방식

생원시와 진사시는 성균관 입학자격시험이라고 할 수 있다. 조선 건국시에는 진사과를 폐지하고 생원시만을 두었다. 시험도 한성에서의 한 번 시험으로 결정했으나, 태종 14년 권우의 상소에 의해 향시가 시행되었다.

세종 20년(1438)과 23년에 진사시를 복구하여 2번 시행하고는 세종 26년(1444)에 혁파했다. 단종 원년(1453) 2월에 다시 진사시를 복구했고, 이후로는 생원시와 진사시가 늘 함께 시행되었다.[13]

시험시기는[14] 성종 3년 이전에는 모든 시험을 식년의 1~5월 사이에 개최했다. 성종 3년 4월에 이 방식을 개정하여 초시는 식년의 전년 가을에, 복시는 식년의 봄에 하도록 결정했고, 이것이 『경국대전』에 수록되었다.

초시는 식년(자오묘유년)의 전 해에 시행하는데, 생원진사시의 초시는 8월 하순, 문과 초시는 9월 초순에 시행했다. 복시는 식년이 된 해에 시행한다. 생원진사시는 2월, 문과는 3월에 시행했다. 생원시와 진사시는 같은 날 동시에 실시되지 않고 진사시를 먼저 치르고 생원시를 나중에 치렀다.[15] 격일로 치러졌기 때문에 양 시험에 모두 응시할 수 있었다.

전시는 문과 복시가 끝나면 바로 개설되었다. 초시와 복시는 각기 초장, 중장, 종장의 삼장으로 구분되는데 초장을 치른 후 하루 쉬고 중장, 다시 하루 쉬고 종장을 개최했다.

---

13) 최진옥, 「조선시대 생원 진사 연구 : 사마방목의 분석」, 15쪽.
14) 이하 시험시기와 세부사항에 대한 기술은 조좌호, 「이조식년문과고(상)」, 『대동문화연구』 10, 1973, 174~175쪽의 서술과 최진옥의 글을 주로 참조하였다.
15) 최진옥, 위의 글, 25쪽.

<표 3> 과거의 시행시기

초 시		복 시	
생원진사시	문과	생원진사시	문과
식년 전해 8월 하순	식년 전해 9월 초순	식년 2월	식년 3월

중국에서는 초시에 합격하고 복시에서 떨어지면 그 다음부터는 복시부터 응시할 수 있었다. 그러나 조선에서는 생원진사시와 문과 모두 복시(회시)에서 떨어지면 초시에서부터 다시 응시해야 했다. 다만 장례 등 특별한 사정이 있어 회시에 응시하지 못할 경우에는 진무장(陳試狀)을 예조에 올려서 허가를 받으면 그 다음 번의 회시에 응시할 수 있었다.16)

각 시험의 합격정원과 시험과목은 가장 많은 논쟁과 변화를 겪었는데, 『경국대전』의 규정은 다음 <표 4>와 같다.

생원진사시의 향시는 강원도와 황해도를 제외하고는 두 곳으로 나누어 실시했다. 시험장소는 도내의 소속 읍에서 돌아가면서 정했다. 시험관은 도사나 평사(評事)가 감사가 임명한 수령과 함께 담당했다.

복시는 예조와 성균관이 공동으로 주관했다. 복시 응시생은 일종의 예비시험으로서 임문고강(臨文考講)이라고 해서 시험관 앞에서 『소학』과 『가례』를 펴 놓고 읽는 조흘강(照訖講)에 합격한 뒤에야 녹명소(錄名所)에 등록해서 시험에 참가할 수 있었다. 시험은 세종대부터 두 곳에서 나누어서 보았다. 시험관의 자제나 친척이 한 군데서 시험을 보는 것을 피하기 위해서였다. 대체로 일소(一所)는 예조나 성균관, 한성부가, 이소(二所)는 장악원, 성균관, 서학, 동학이 되는 경우가 많았다.17)

---

16) 『대전회통』 예전 제과.
17) 이종일, 「조선후기의 사마방목 분석」, 『법사학연구』 11호, 한국법사학회,

<표 4> 과거 종류별 정원과 시험과목

구 분	시험	정 원	과 목
생원 초시	한성시	200	5경의, 4서의 2편(각 1편)
	향시	경기 60, 충청·전라 각 90 경상 100, 강원, 평안 각45 황해 영안 각 35(계 : 500)	
진사초시	한성시	생원시와 동	시부(試賦) 1편
	향시	생원시와 동	고시(古詩), 명(銘), 잠(箴) 중 1편
생원복시		100	5경의 4서의 2편 * 소학, 가례 임문 강경
진사복시		100	시부 1편 고시, 명, 잠 중 1편
문과초시	한성시	200	5경의 4서의 2편 (각 1편)
	향시		
	관시	50	4서 5경 통략 이상
문과복시 (회시)		33	부(賦) 1편 고시, 명, 잠 중 1편
전시		갑과3 을과7 병과23	대책, 표(表), 전(箋), 잠(箴), 송(頌), 제(制), 조(詔) 중 1편을 제술

시험과목은 생원시는 사서의(四書疑) 1편과 오경의(五經疑) 1편이었다. 경의는 경전 중에서 한 문제를 내어 논문을 짓게 하는 것이다. 진사시는 시(詩) 1편, 부(賦) 1편이었다.

문과 복시의 최종 합격정원은 33명이다. 이 수는 고려시대부터 한말까지 동일했다. 문과 복시의 합격자는 다시 전시를 보았다. 전시는 국왕이 친림하는 시험으로 이전 좌주·문생의 폐단을 제거하기 위해 국왕이 좌주라는 의미에서 설행된 시험이다. 전시는 975년 송나라 태조대에 처음 시행된 후 후대까지 이어졌다.[18] 우리나라에서는 고려후

1990. 12, 5쪽.
18) 오금성, 「중국의 과거제와 그 정치사회적 기능」, 『과거』(역사학회 편), 일조

기 공민왕 17년, 18년의 과거제 개혁에서 시행되었다. 전시에서는 당락은 결정하지 않고 성적만을 결정했다. 이 성적으로 관리등용 여부가 결정되었다. 장원급제란 보통 이 전시의 장원을 말한다.

초시와 복시에서 행하는 각각의 시험은 초장, 중장, 종장의 3장으로 구성되었고, 각각의 시험마다 과목이 달랐다. 성적은 이 세 시험의 점수를 합계하여 결정했다. 단 전시는 초장만 있었다. 비정규시의 경우는 3장제를 준수하지 않아서 시험마다 규정이 복잡했다.

다. 급제자의 대우

생원진사시의 합격자는 성균관에 입학할 자격을 얻었다. 성균관에 재학하면서 원점 300점(하루 2번 급식에 참여하면 원점 1을 주었다)을 얻으면 문과 초시인 관시나 한성시, 향시에 응시할 수 있었다. 그러나 이 규정은 학교의 재학생만이 문과 초시에 응시할 수 있을 때에 운영이 가능한 조항이었다. 조선초기에 잠시 과거제와 학교제를 함께 운영하는 시도를 하지만, 이 정책이 실패하고, 아무나 과거에 응시할 수 있게 되자 성균관 유생들이 거관을 더욱 싫어하게 되고, 이에 원점 300점 규정이 오히려 성균관 유생들에 대한 차별규정이 되어 버려서 점점 무시되어 갔다.[19]

과거에는 누구나 응시할 수 있었기 때문에, 생원진사시의 합격은 일종의 사회적 명예를 얻고, 성균관에 진학하면 성균관 교관의 수준이 우수하다는 점, 향교의 훈도로 채용될 수 있다는 사실 이외에는 과거

각, 1981, 12쪽.
19) 성종 24년의 성균관 생원, 진사, 유학 등 10여 인의 전강 때 겨우 2명이 약(略)과 조(粗)를 받고 모두 불통이었다고 했을 정도로 성균관 유생의 학업의욕이나 성취도가 저하하기 시작했다. 원점도 점점 형식적이 되어 갔다(『성종실록』 권277, 성종 24년 5월 무진).

제 상에서 별다른 의미를 지니지 못하게 되었다. 성균관 유생들이 줄어들면서 관시 합격이 쉬워지고, 후기부터는 성균관 유생이나 사학의 생도 중에서 우수한 자가 왕 앞에서 고강을 하는 전강(殿講) 정도가 성균관 유생들의 특권이었다고 할 수 있다. 그러나 현존하는 방목을 분석한 여러 연구들에 의하면 조선시대를 통해 성균관 출신의 급제율이 가장 높았던 것도 사실이어서 성균관이 지니는 최고 교육기관으로서의 위치는 유지했고, 이것이 성균관이 존속할 수 있는 이유가 되었다고 하겠다. 그리고 성균관에서 쌓은 인맥은 정치적, 사회적으로 중요한 역할을 했다.

문과 복시(회시)에서는 33명의 합격자를 뽑았다. 이들이 왕 앞에서 전시를 치르고 성적을 결정한다. 전시에서 장원 1인은 종6품직에 즉시 서용하고, 갑과 2명(세조 12년 이전에는 을과라고 했다)에게도 정7품직을 주었다. 나머지 을과 7명에게는 관직이 아닌 정8품계를 주었고, 병과 23명에게는 정9품계를 주었다. 이들은 실직을 받지 못하므로 품외관인 삼관의 권지로 분관되었다.

만약 이미 관품을 지닌 현직 관료가 과거에 합격했을 경우에는 장원은 4계를 올려주고, 갑과~병과는 각각 3~1계를 올려주었다. 그러므로 문음으로 관직을 받고 다시 과거에 응시한 사람은 다른 사람보다 훨씬 빠른 승진을 할 수 있었다.[20]

이상이 과거제의 일반적 구조이다. 그러나 이는 『경국대전』 규정을 중심으로 본 것으로 이 규정이 확립되기까지 과거의 과목, 응시절차, 시험방식은 여러 번의 변화를 겪었다. 그 중에는 과거제의 목적과 기능과도 관련된 주요한 변화들도 있었다. 이 내용은 장을 바꾸어 상세하게 검토하도록 하겠다.

---

20) 이성무, 『조선초기 양반연구』, 66~69쪽.

2) 과거제 용어 검토 - 사마시, 감시, 동당시의 용례분석 -

과거제 연구에서 혼란과 어려움을 야기하는 주된 요인이 용어의 해석문제이다. 고려시대 과거제와 관련한 논쟁이 이 용어의 해석과 직결되어 있음은 주지의 사실이다.21) 앞에서 살펴본 대로 법제적 용어는 중복되고, 관용적 용어는 정밀하지가 않다. 특히 시험의 종류와 관련된 용어들이 그러한데, 여말선초의 변환기에는 과거제도 크게 바뀌고, 고려적인 용어와 조선의 사례가 혼용되면서 같은 용어가 다른 뜻으로 사용되는 경우가 있었다. 따라서 실록의 용례를 통해서 용어의 정의와 의미변화를 먼저 정리해 보도록 하겠다.

먼저 소과를 뜻하는 용어인 사마시와 감시의 용례를 살펴보겠다. 사마시라는 용어는 『고려사』 선거지에는 등장하지 않고 문집에서부터 발견된다.22) 조선전기에도 법전이나 연대기 사료에서도 공식적으로는 잘 쓰이지 않고, 인물의 졸기나 문집에 많이 쓰였다. 이런 글에서는 개인의 이력으로서 소과의 급제 사실을 설명하는 것이 중요하므로 굳이 생원시나 진사시는 구분하지도 않았다. 따라서 사마시라고 할 때는 생원시일 경우도 있고, 진사시일 경우도 있다.23)

---

21) 이 논제에 대한 연구사적 정리는 다음의 논저가 참고된다.
조좌호, 「麗代의 과거제도」, 『역사학보』 10, 1953 ; 허흥식, 『고려과거제도사연구』, 일조각, 1981 ; 박용운, 「고려시대 과거의 고시와 체계에 대한 검토」, 『한국사연구』 61·62합집, 1988/『고려시대 음서제와 과거제 연구』, 일지사, 1990 ; 유호석, 「고려시대 과거제의 운영과 변천에 관한 연구」, 전북대학교 대학원 박사학위논문, 1993 ; 이성무, 「한국의 과거제와 그 특성」, 『과거』(역사학회 편), 일조각, 1981 ; 이성무, 『한국의 과거제도』, 집문당, 1994.
22) 고려시대 문집에서 등장하는 사마시의 사례는 허흥식, 『고려과거제도사연구』, 132쪽 참조.
23) 정창손의 졸기에 의하면 그는 영락 계묘년(1423년, 세종 5)에 사마시에 급제했다고 한다(『성종실록』 권199, 성종 18년 1월 무진). 그런데 이때는 진사시가 폐지되고 생원시만 시행되던 시기였으므로 이때의 사마시는 생원시이다.

'감시'라는 용어는 고려시대부터 사용되었다. 사마시와 달리 감시는 공식 기록에서도 자주 사용되었다. 감시라는 표현은 국자감시에서 기원한 용어로 생각되는데, 국자감의 입학시험, 또는 국자감에서 보는 시험이라는 의미가 기원이 되어서[24] 생원진사시(소과, 사마시)를 총칭하는 의미가 되었다.[25] 명종대의 문신 어숙권은 『한고관외사(寒皐觀外史)』에서 감시의 기원에 대해 다음과 같이 설명했다.

나라 사람들이 생원진사시를 감시라고 하는데, '감시' 두 자의 뜻을 알지 못하겠다. 내가 고려사의 현종 때에 설행한 국자감에서 정지공 등 60인을 부와 육운시로 시험하여 뽑았다는 기사를 살펴보니 감시라는 명이 이와 같이 대개 국자감의 시험을 의미하는 것이다.[26]

그런데 조선초기에 이 감시라는 용어는 사마시와 달리 생원시나 진사시 중 하나를 지칭하는 특별한 의미로 사용되기도 하였다. 다음은 감시가 진사시를 지칭하는 경우이다.

A1. 문과와 무과는 모두 폐지할 수 없는 것이다. 안으로는 국학을 두고, 외방에는 향교를 둔다. (중략) 감시는 폐지한다.[27]

---

24) 고려시대에 사용한 감시라는 용어에 대해서 국자감의 입학시험으로 보는 설과 예비고사인 예부시로 보는 견해가 있다. 한편 감시를 국자감시의 준말이 아닌 독자적인 용어로 보는 견해도 있다(유호석, 「고려시대 국자감시에 대한 재검토」, 전북대 대학원 석사학위논문, 1983).
25) 조좌호, 「이조식년문과고(상)」, 173쪽.
26) 어숙권, 『한고관외사(寒皐觀外史)』 권2, "國人以生員進士爲監試而未知監試 二字之義余 按高麗 顯宗 時設 國子監 試取 鄭功志 等六十人 其制試以賦 及六韻詩監試之名如此蓋國子監 之試也."
27) 『태조실록』 권1, 태조 원년 7월, 태조즉위교서, "文武兩科 不可偏廢 內而國學 外而鄕校……監試革去."

A2. 예조에서 상언하였다. "교서의 한 항목에, '과거의 법은 본디 나라를 위하여 인재를 뽑으므로, 삼장(三場)을 통하여 서로 비교해서 합격한 사람은 이조로 보내어 재주를 헤아려 탁용하고, 감시는 혁파해 없애라.' 하였사오니, 원하옵건대, 지금부터는 마땅히 자(子)·오(午)·묘(卯)·유(酉)의 해에만 이를 시험하게 하소서." 임금이 말하였다. "금년에는 또한 고려 왕조의 기유년의 격식에 의거하여 시험하게 하고, 아울러 감시도 행하게 하라."28)

A3. 전조(前朝)의 선비를 시취하는 법으로서 문과 앞에 있는 것을 감시라고 하여 시(詩)·부(賦)로써 시험하고, 이름을 진사라고 하였으며, 문과 뒤에 있는 것을 승보시라고 하여 의·의로써 시험하고, 이름을 대현(大賢)이라고 하였습니다. 그 뒤에 생원시로써 승보시와 대치하였고, 감시도 또한 시행하고 있었습니다.29)

A1은 과거 응시를 학교 생도로 제한하는 『경제육전』 원전의 과거법으로서 조선 건국 후 생원진사시 중 생원시만 남겼다.30) 따라서 여기서 말한 감시의 폐지란 진사시 폐지를 말한다. A2에서도 감시는 진사시를 의미한다. A3에서 문과 앞에 있는 시험이란 곧 대과 이전에 보는 소과를 지칭하는 것으로 고려시대 국자감의 입학시험인 진사시를 의미하는 것이다. 이처럼 위의 세 기록에서는 모두 감시를 진사시를 의미하는 호칭으로 사용하고 있다.

주로 조선 건국 초에 감시가 진사시를 의미하는 용어로 자주 사용된 것은 조선 건국 후에 감시를 폐지하고 생원시로 일원화하는 정책

---

28) 『태조실록』 권3, 태조 2년 3월 신유.
29) 『세종실록』 권40, 세종 10년 윤4월 무술, "前朝取士之法 在文科之前者 曰監試 試以詩賦 號曰進士 在文科之後者曰 升補試 試以疑義 號曰大賢 厥後以生員試 代升補試 而監試亦行焉."
30) 이 책 72쪽 참조.

을 사용했는데, 고려시대에 감시란 곧 국자감시이고, 고려의 과거 자체가 진사시 위주였으므로 감시를 진사시라는 의미로 사용했던 것 같다.

그런데 감시가 진사시가 아닌 생원시를 의미하는 경우도 있다.

> A4. 사간원에서 상소하였다. 오부 교수관은 경전에 능통하고 순근한 선비를 골라 제수해서 교양하고, 생도 가운데 『효경』・『소학』・『사서』・『문공가례』에 능통한 자는 승보하고, 소학은 성균 정록소(成均正錄所)로 하여금 힘써 교양을 더하게 할 것입니다. 삼경(三經) 이상에 능통하고 효제(孝悌)・근후(謹厚)한 이는 감시에 나가는 것을 허락하고 성균관에 올릴 것입니다.[31]

이 기록에서 감시는 성균관 입학시험을 지칭하는데, 당시도 진사시를 시행하지 않던 태종 4년의 기사로 여기서 말하는 감시는 진사시가 아닌 생원시이다. 조선초기에 진사시는 폐지되어 시행되지 않았고, 생원시는 성균관의 입학시험이고 감시는 고려시대 국자감의 입학시험이라는 공통점이 있다 보니, 이때는 감시가 생원시를 지칭하게 된 것이다.

그렇기 때문에 조선초기의 문헌을 해석할 때는 '감시'의 의미에 주의할 필요가 있다. 그러다가 단종 원년 이후로 확고하게 생원진사시가 병설되면서 감시는 생원진사시를 총칭하는 용어가 되었다.

동당시는 동당시, 동당감시, 동당 향시, 동당 초시, 동당 복시 등 여러 용례로 사용되었다. '동당'은 중국 진(晉)나라의 궁전의 한 건물이

---

31) 『태종실록』 권8, 태종 4년 8월 기축, "司諫院疏 ― 五部敎授官 擇除通經醇謹之士以敎養 其生徒之能通 孝經 小學 四書 文公家禮者 升之 小學 令成均正錄所 敦加敎養 其通三經已上 孝悌謹厚 許赴監試 升于成均."

다. 이 동당이 과거시험장으로 사용되기도 했는데, 극선(郤詵)이라는 인물이 이곳에서 급제했다는 고사에서 기원해서 과거시험장을 뜻하는 말이 되었다고 한다.32)

동당시의 의미는 고려시대의 과거제 논의에서 크게 논란이 되었다. 그 이유는 '동당시'와 '동당감시'라는 두 개의 용어가 함께 사용되다 보니 동당시를 문과 본과 즉 예부시를 의미하는 용어로 이해하는 견해와 동당감시에 비중을 두어 국자감시의 별칭으로 이해하는 견해가 있기 때문이다. 때문에 여러 설이 제기되고 있는데, 현재까지는 본고사 즉 문과라는 의미였다고 보는 견해가 힘을 얻고 있는 듯하다. 조선후기의 사례로 보면 동당시는 확실히 문과를 의미하는 용어였다.

집의 심세정(沈世鼎), 장령 이동로(李東老)가 비로소 증광시의 감시와 동당시를 일체 파방해야 한다고 논하면서 아뢰기를, "근래, 사람들이 법을 두려워하지 않고 사심이 횡행하여 이번 증광시의 감시와 동당시의 초시에서 사심을 따라 공정하지 못했다는 이야기가 시끄럽게 전파되어 날이 갈수록 심해지는데, 이러한 비방을 면한 곳은 두어 군데 뿐입니다. 호서우도의 감시와 관동(關東)의 동당시 및 서울 무과 일소의 방은 이미 대간의 아룀으로 인하여 모두 파방했으며, 호서우도의 동당방은 간원이 지금 한창 파방할 것을 연계하고 있고, 고시관은 옥에 가득히 갇혀 있습니다.33)

---

32) 『晉書』 권52, 열전, 극선(郤詵). 박용운, 『고려시대의 과거제와 음서제 연구』, 일지사, 1990, 129쪽에서 재인용.
33) 『현종실록』 권3, 현종 원년 9월 무인, "執義沈世鼎 掌令李東老 始發增廣監試東堂 一倂罷榜之論 以爲近來人不畏法 私意橫流 今此增廣監試東堂初試 循私不公之說 藉藉傳播 愈久愈甚 其得免此謗者 只若干處耳 湖西右道監試 關東東堂及京中武科一所榜 旣因臺啓 而竝拔之 湖西右道東堂榜 諫院今方連啓請拔 至於考試之官 囚繫滿獄."

이 기사는 현종 원년에 시행한 증광시에서 심사 부정이 발생하여 파방한 사건으로 여기서 말한 감시는 생원진사시, 동당시는 문과를 뜻한다. 이런 사례는 조선후기 기록에서는 상당히 많이 발견된다. 굳이 문과를 동당시라고 사용하는 이유는 수사적인 의미도 있지만, 과거의 법제적 용어가 엄밀하지 못했던 탓이 제일 크다. 앞서 살펴본대로 초시, 복시, 한성시, 향시 모두 생진시와 문과 2종류가 있다. 그런데 생진시의 초시, 복시와 문과의 초시, 복시라고 표현해도 문과 자체가 광의와 협의의 의미가 있어 혼동을 일으킨다. 그러므로 대과 즉 협의의 문과를 의미하는 표현으로 동당시를 사용한 것이다.

그러면 조선전기의 경우는 어떠했을까? 조선전기에도 문과(대과)를 지칭하는 경우가 많았다.

> B1. 우리나라의 과거법은 한갓 재주만 시험함에 그치는 것이 아니라 또한 족속을 분변함에서이니, 원컨대, 이제부터는 생원시의 향시와 동당의 향시에 응시하는 자는 각기 그 거주하는 고을의 신명색(申明色)이 그 족속을 상고하여[34]

B1은 태종 17년의 기사이다. 원문은 "赴生員東堂鄕試者"로 되어 있어 "생원시와 동당 향시"로 해석할 소지도 있는데, 전체 문맥으로 보면 향시 응시자의 가계를 고을의 신명색이 검증하자는 의미이므로 "생원시의 향시와 동당시의 향시"라고 해석해야 옳다. 이때 동당시는 생원시(소과)와 대별되는 문과(대과)라는 의미이다.

> B2. "동당 한성시(東堂漢城試)의 액수가 예전에는 20인이었는데, 지금

---

34) 『태종실록』 권33, 태조 17년 2월 경진, "我朝科擧之法 非徒試才 亦以辨族屬 也 願自赴生員東堂鄕試者 各其所居官申明色 考其族屬可赴試者."

은 종사하는 인원과 신생원(新生員)이 부시(赴試)하는 자가 전보다 배나 되오니, 비옵건대, 성균관시(成均館試)의 예(例)에 의하여 30인으로 액수를 정하소서."35)

B2는 태종 8년의 기록으로 "동당 한성시는 정원이 20명이고, 생원도 응시한다"고 했다. 생원이 응시하는 시험이 생원시일 리가 없으므로 여기서 말한 동당 한성시는 문과(대과)의 한성시이다. 여기도 한성시 앞에 굳이 '동당'이라는 수식어를 붙인 이유는 생원진사시(당시는 생원시)의 한성시와 구분하려는 의도였다. 아래의 B3도 이런 사례에 해당한다.

B3. 동당의 향시와 한성시, 관시, 회시, 전시와 생원시의 향시, 한성시, 회시는 모두 등촉 사용을 금지한다.36)

B3에서 동당의 향시와 한성시가 생원시의 향시, 한성시와 대비되고 있다. 그런데 관시는 생진시에는 없고 문과에만 있는 시험이므로 동당 향시, 한성시 등은 곧 문과의 초시인 향시와 한성시를 말한다.
이처럼 대부분의 기록에서 동당은 문과를 의미하지만 언제나 그런 것은 아니다.

B4. 감시는 초학(初學)의 무리를 권장하기 위한 것이므로, 고려에서는 십운시(十韻詩)로 시험하였고, '동당(東堂)에서 1경(一經)에 통달한 자(於東堂通一經者)'에게 부시를 허락하였습니다. 지금 만약 반드

---

35) 『태종실록』 권15, 태종 8년 2월 경자, "禮曹上言 東堂漢城試額數 舊止二十人 今從仕人員及新生員赴試者倍舊 乞依成均館試例 以三十人爲額 從之."
36) 『태종실록』 권33, 태종 17년 윤5월 기사, "東堂鄕試 漢城試 館試 會試 殿試 及生員鄕試 漢城試 會試 竝禁用燈燭."

시 3경에 능통한 자에게 감시에 나가는 것을 허락한다면, 오로지 학문을 권장하는 뜻에 어긋날 뿐만 아니라, 문무자제도 모두 문과의 어려운 것을 꺼려, 글을 읽고 부시할 자는 드물어질 것입니다.37)

B4에서 말한 감시는 앞에서 살펴본대로 진사시를 말한다.38) 그런데 그 다음에 "동당에서 일경에 통달한 자에게 부시하는 것을 허락했다"는 문구가 있다. 즉 감시에 합격한 사람이 다시 동당에서 1경을 통달하면 부시가 허용되었다는 것이다. 여기서 말한 동당은 무엇을 의미하는 것일까? 동당시를 예부시로 보는 견해도 있어서 위의 동당을 문과를 시행하는 주체 즉 예부로 보고 예부에서 1경을 통달한 자에게 부시하는 것을 허락했다는 의미로 해석할 수도 있겠다. 그러나 원문의 "於東堂"이라는 구절이나 "동당"의 일반적 용례도 "문과"를 의미하는 것이지 문과를 시행하는 주체를 의미하는 말은 아니었다는 점을 감안하면, 동당은 진사시 급제자가 공부하던 국자감을 의미한다고 보는 것이 옳다.

그렇다면 왜 갑자기 동당이 문과라는 의미에서 국자감을 의미하는 용어로 전용되었을까? 그것은 동당감시라는 용례와 관련이 깊다고 생각된다. 고려시대의 과거제 논의에서 논쟁의 핵심이 되는 용어가 동당시와 동당감시의 해석이라고 할 수 있다. 고려시대의 기록을 보아도 동당시는 문과 본시험을 지칭하는 경우가 분명해 보이지만, 동당감시는 문과로 보기 곤란하고, 국자감시를 의미한다고 보여지는 기록도 존

---

37) 『태종실록』 권8, 태종 4년 8월 기축, "議政府議 監試所以勸初學之輩, 前朝試以十韻詩 其於東堂通一經者 許令赴試 今若須通三經者 許赴監試 非唯違於勸學之意 文武子弟 亦皆憚於文科之難 而讀書赴試者鮮矣."
38) 고려의 국자감시(진사시)에서는 부와 육운시, 십운시를 출제하였다(『고려사』 권74, 선거2, 국자감시).

재하기 때문이다.39) 그래서 동당감시를 동당시와 감시의 약자로 보아야 한다는 견해도 등장하였다.40) 그런데 동당시와 동당감시의 의미를 둘러싼 논쟁이 복잡하고 난해해진 이유는 동당시의 동당과 동당감시의 동당을 같은 의미로 파악하기 때문이다. 그러나 동당이 국자감을 의미하는 B4의 사례를 보면 동당시의 동당과 동당감시의 동당의 의미가 달라질 수도 있다는 생각이 든다.

실제로 동당감시가 동당시와 감시의 약자라기보다는 국자감시 즉 감시의 의미에 가깝게 보여지는 사례를 실록에서 발견할 수 있다.41)

---

39) 『고려사』 권74, 지28, 선거2 과목2 恩例, "高宗四十年六月詔 諸業東堂監試 各一度 進士明經各十度 已滿者 一度中場入格 許令脫麻."
　이 기사는 제업의 동당감시는 1번, 진사시와 명경업에는 10번 낙방한 사람은 은사로 급제를 허가한다는 명령이다. 1번 낙방한 자에게 급제를 허가한다는 것은 상식적으로 이해하기 어려운 조치인데, 정종 2년의 판문에 의하면 제업의 생도들은 국자감에서 3년을 재학한 후에야 감시에 응시할 수 있다는 규정이 있었다(『고려사』 권73, 선거1, 과업1 정종 2년 7월 판). 이렇게 3년의 공부를 전제로 했기에 1회 낙방한 자에 대한 은사급제가 가능했던 것이다. 이런 사정을 감안하면 제업의 동당감시는 제업생도들의 본고사에 해당하는 시험이 분명하다. 아마도 이들이 시험을 국자감에서 치루었으므로 국자감 입학시험과는 별도로 국자감시라고 부르게 되고, 이것을 입학시험인 국자감시와 구분하기 위해 동당감시로 부르게 되었던 것이 아닌가 한다.
40) 박용운, 『고려시대 음서제와 과거제 연구』, 일지사, 1990, 127~132쪽.
41) 이 주장이 동당감시를 동당시와 감시로 보는 모든 견해가 잘못되었다는 의미는 아니다. 고려시대 과거제의 논쟁이 복잡하게 전개되는 이유의 하나는 모든 용어가 동일한 뜻을 지니고 있다는 가정에서 출발하기 때문인 듯하다. 그러나 법제적 용어와 달리 감시나 동당시, 동당감시 등은 원래 단어의 의미에 따라 얼마든지 수사적인 표현이나 원의에 의한 변용이 가능하다고 생각된다. 따라서 동강감시가 동당시와 감시의 합성어임이 명백해 보이는 사례 역시 긍정할 수 있다. 예를 들어 박용운이 동당감시가 동당시와 감시를 병칭하는 예로 제시한 『목은집』의 기사에 등장하는 동당감시는 동당시와 감시의 합성어라고 볼 수밖에 없다.

제2장 과거제와 문음제 51

권근이 상소하였다.……전조(前朝) 때에 안에는 구재(九齋)가 있고, 밖에는 도회(都會)를 두어서, 매양 하월(夏月)에는 시를 짓는 것으로 과업(課業)을 삼고, 동당감시(東堂監試)에도 또한 시로써 시험하였었는데, 지금은 모두 혁파하고 오로지 경술만을 힘써서, 끝은 버리고 근본으로 향하니 아름다운 법이라 하겠습니다.[42]

이 글은 권근이 경술 일변도로 바뀐 조선의 과거방식의 문제를 지적하고, 사장(詞章) 교육을 부활하자고 건의한 상소이다. 여기서 말한 동당감시는 동당감시로 해석할 수도 있고, 동당시와 감시로 해석할 수도 있다. 그것은 그 뒤에 말한 "지금은 모두 혁파했다"는 말의 주어가 무엇이냐에 달려 있는데, 동당감시를 혁파했다는 의미로 본다면 여기서 말한 동당감시는 곧 고려의 국자감시의 줄임말로 감시와 동의어이며, 진사시를 의미하는 것이라고 이해할 수 있겠다.

반면에 시부라는 과목이 혁파의 주어라면 동당감시는 동당시와 감시라는 의미도 될 수 있다. 고려시대에는 감시(진사시)에서도 시부로 시험을 보았고, 동당시(본시험)의 과목이기도 했기 때문이다.

하지만 이 경우는 앞의 경우 즉 국자감시(진사시)를 의미할 가능성이 높다고 생각된다. 이것이 동당시와 감시의 시부 시험을 혁파했다는 의미가 되려면, 문장을 감시와 동당시의 시부라고 표현하는 것이 더 적절했을 것이다.

다음의 기록에서는 동당감시의 의미가 좀 더 확실하다. 정확한 해독을 위해 원문을 본문에 병기하겠다.

호조에서 군기감의 첩정에 의거하여 계문하였다.……문과 식년마다 서울과 각도의 동당감시, 향시, 관시, 한성시, 회시 등에서 낙방한 시

---

42) 『태종실록』 권13, 태종 7년 3월 무인, 권근의 상소.

험지는 방식(方式)에 따라 군기감에 보내어 쓰게 하소서."

(戶曹據軍器監牒……文科式年 以京中及各道東堂監試鄕館試 漢城試 會試落幅紙 依式送于軍器監用之 從之)[43]

이 기록에서는 동당감시, 향(시), 관시, 한성시, 회시가 차례로 등장하는데, 문맥이나 순서상 각각 국자감시(생원시), 문과의 향시, 관시, 한성시, 회시로 이해해야 마땅하다. 만약 동당감시를 문과의 본시험을 의미하는 동당시와 생원시인 감시의 복합어로 이해한다면 문맥도 어색할 뿐 아니라 과거시험의 서술순서가 동당시(문과)와 감시, (동당시와 감시의) 향시, (동당시와) 관시, (동당시와 감시의) 한성시와 회시가 되어 서술순서도 뒤죽박죽이 된다. 호조에서 보고하는 공식문서에서 이런 식으로 서술했다고 보기는 어렵다.

동당시와 동당은 문과를 의미하고, 동당감시의 동당이 국자감을 의미하게 된 것은 고려시대의 국자감시가 국자감의 입학시험(당시는 진사시)이라는 의미와 국자감에서 행하는 시험이라는 두 가지 의미가 있었기 때문이다. 특히 고려시대에는 국자감에서 보는 수학을 마친 제업생도들의 시험을 국자감 입학시험인 국자감시와 구분해서 동당감시라고 불렀던 것 같다.[44] 설사 고려시대의 동당감시의 의미가 그렇지 않다고 해도 조선시대의 논자들이 동당감시라는 용어를 국자감시로 이해하게 되었던 것은 분명하고, 여기서 다시 파생하여 국자감을 동당이라고 부르는 경우가 발생했다고 생각된다. 이 역시 과거제 관련 용어가 엄밀하고, 세분되어 만들어지지 못하고, 동당이라는 용어가 법제적 용어가 아니고 중의적인 의미에서 조성된 용어란 데서 발생한 문제였다고 하겠다.

---

43) 『세종실록』 권24, 세종 6년 5월 기해.
44) 앞의 주 39) 참조.

2. 여말선초의 과거제 개혁론

1) 이색의 과거제 개혁안

　조선 건국기 개혁파 사대부의 과거제 개혁안을 이해하기 위해서는 고려후기에 진행된 과거제 개혁논의와 변화를 먼저 이해할 필요가 있다. 고려후기에 등장한 과거제 개혁안의 요지는 제도적으로는 학교제가 중심이 되는 과거제로의 전환, 내용적으로는 사장 중심의 과거교육을 경학 중심의 교육으로 전환하는 것이었다고 할 수 있다.

　당시 고려 국가체제의 모순이 증가하고, 지배층의 갈등은 증가하며, 지속되는 외침으로 전통적인 국가운영 방식이 한계에 달한 상황을 타개하기 위해서는 당장 새로운 관료군의 양성과 정치개혁이 필요하다는 인식이 발생하였다. 한편 원과의 교류를 통해 수용한 성리학과 중국 제도에 대한 연구와 인식의 확대도 적지 않은 영향을 미쳤다.

　이 같은 상황인식과 문제제기는 안향, 이제현, 백문보와 같은 고려후기의 유학자들에서부터 찾아지지만[45] 이들이 문제제기가 시도차원에서 그쳤다면 과거제에 대해 새롭고, 구체적인 개혁안을 최초로 제시한 사람은 이색(李穡)이었다.

　공민왕 원년(1352) 4월 부친 이곡(李穀)의 사망으로 원나라 유학생활을 청산하고 귀국한 이색은 공민왕에게 국정 전반에 대한 장문의 상소를 올렸다. 여기에 학교제 및 과거제와 관련한 개혁안도 포함되어 있다.

---

[45] 주자성리학의 수용은 경사(經史)에 대한 강조에서부터 시작한다. 일찍이 허형은 사서와 소학의 중요성을 강조했고, 허형의 영향으로 원나라 과거는 사서를 시험하고, 그 해석은 주자의 경구를 사용하였다. 이러한 경향은 이제현, 백문보를 위시한 고려유자에게 계승되었다(김인호, 『고려후기 사대부의 경세론 연구』, 혜안, 1999, 112~113쪽)

국가가 안으로 성균관과 12도(徒)와 동서 학당을 세우고 밖으로 주군에 이르기까지 각각 학교가 있어서 규모가 굉원(宏遠)하고 절목이 치밀합니다. 조종(祖宗)의 뜻을 살피건대 유도(儒道)를 숭상하고 중히 여김이 깊고 또한 간절한 까닭입니다. 대개 국학은 풍화의 근원이요 인재는 정교의 근본이니, 이를 배양하지 않으면 그 근본이 반드시 견고하지 못할 것이며, 이를 깨끗하게 하지 않으면 그 근원이 맑지 못하리니 옛적 제왕으로서 영명(令名)이 천하에 있는 이가 또한 뜻을 여기에 다하였나이다.46)

이 상소에서 이색은 국학은 풍속의 순화의 원천이며, 인재는 정치와 문교의 근본이라고 말한다. 이는 학교의 목적이 유학의 보급과 교화, 인재양성에 있다는 의미로 해석할 수 있다. 그런데 고려는 국초부터 성균관과 동서학당, 12도와 향교를 설치했으나 고려후기 들어 학교가 쇠퇴하고 학생들이 흩어졌다고 하고, 그 이유로 두 가지를 지적한다.

첫째는 공부의 목적이 도를 깨우치는 것이 아니라 과거준비를 위한 문장연습에 빠졌기 때문이다.

옛적에 배우는 자는 장차 성인이 되려 하였습니다. 그러나 지금 배우는 자는 장차 그것을 벼슬할 목적으로 합니다. 그들은 시를 외우고 글을 읽음에 있어서 도학 공부는 깊지 못하고 화려한 문장을 수식하기에만 노력해 문장과 구절을 탁마하는데 심신을 너무 과히 쓰다 보니 알맹이 공부는 어딘지 찾아볼 수 없습니다.47)

---

46) 『고려사』 권115, 열전28, 이색, "國家, 內立成均十二徒・東西學堂, 外薄州郡, 亦各有學, 規模宏遠, 節目緻密, 觀祖宗之意, 所以崇重儒道者, 深且切矣, 盖國學, 乃風化之源, 人材, 是政教之本, 不有以培之, 其本未必固, 不有以瀞之, 其源未必清, 古之帝王, 有令名於天下者, 亦致意於斯耳."

47) 『고려사』 권115, 열전28, 이색, "古之學者, 將以作聖, 今之學者, 將以干祿,

이색은 여기서 성인이 되는 공부 즉 도학이 진정한 학문이라고 말하고, 과거시험용 공부 즉 사장(詞章)에 치우친 학습경향을 비판한다. 주자성리학이 사장에 비판적이었던 이유는 수신을 격물치지를 위한 학문의 탐구과정으로 파악하고, 이를 위해서는 경서 이해가 중요하다고 보았기 때문이다. 이것이 이전의 유학과는 다른 주자성리학의 특징이었다.48)

그렇다면 학교는 과업기능은 분리하고 순수하게 도학을 추구하는 곳이 되어야 하는가? 그렇지 않다. 바로 다음 구절에서 이색은 관료등용에서 과거의 비중이 낮은 것이 학교가 침체한 원인이라고 주장한다. 이것이 학교가 침체한 두 번째 이유이다.

> 관직에 등용되려면 과거에 급제할 필요가 없고, 급제자는 굳이 국학을 다녀야 할 필요가 없으니 누가 가까운 길을 버리고 먼길로 달려가겠습니까? (국학의) 붕도(朋徒)가 다 학교를 떠나 재사(齋舍)가 기울고 쇠퇴해 버렸습니다.49)

얼핏 모순되어 보이는 이 주장을 이해하려면 애초부터 학교와 과업

誦詩讀書, 嗜道未深, 而繁華之戰已勝, 彫章琢句, 用心大過, 而誠正之功安在."
48) 주자학에서는 수신을 경세의 출발로 보았다. 이러한 사상은 『대학』의 "수신제가치국평천하"로 대표되는데, 『대학』에서는 수신을 格物致知 誠意正心으로 이해하고, 학문의 탐구를 마음의 수양과 일치시키고 있다. 격물치지를 위한 학문의 탐구는 경서의 이해를 통해 달성할 수 있는 것이었다(김인호, 『고려후기 사대부의 경세론 연구』, 112쪽). 이 같은 성리학에 대한 이해를 바탕으로 사장을 배격하고, 경서를 중시하는 사상은 이미 고려후기의 유학자 백문보, 안축, 이제현에게서부터 드러나고 있다.
49) 『고려사』 권115, 열전28, 이색, "況登仕者 不必及第 及第者 不必由國學 孰肯弃捷徑 而趣歧途哉. 朋徒解散 齋舍傾頹 良以此夫."

기능이 분리될 수 없는 성격의 것이라는 사실을 이해해야 한다. 이색이 비판하는 본질은 사장(詞章)에 치우친 과거운영방식이다. 과거가 사장에 치우쳤기 때문에 굳이 학교가 필요 없고, 과거급제자를 관리로 등용하지도 않아 관료등용이나 학업 양자에서 모두 학교의 비중이 낮아지니 과거와 학교가 함께 쇠퇴한다. 학교가 쇠퇴하니 사장학이 더욱 발전하고 선비들은 도학을 연마하지 않으니 인재가 줄어든다는 것이다.

따라서 도학을 진흥시키기 위해서나 과거가 본래의 목적인 인재등용의 취지를 살리기 위해서라도 학교의 재건과 부흥이 중요했다. 이처럼 이색이 학교제를 강조한 이유는 성리학을 부흥시키려는 의도도 있었다고 생각된다. 당시 성리학은 아직 고려에서는 낯선 학문이었다. 이를 보급하기 위해서는 국가가 정책적으로 학교를 재건하고 성리학자를 교관으로 임명하는 것이 가장 좋은 방법이었다.

이처럼 학교의 필요성을 설파한 후에 이색은 학교의 부흥책을 제시한다. 그것은 과거에서 학교의 역할을 높이는 것이었다.

> (중략) 신이 엎드려 바라건대 법제를 반포하여 외방에는 향교를 두고 수도에는 학당을 설치하여 그 학생들의 재주를 고찰하여 12도로 올리고, 12도에서는 또 다시 그들을 총괄, 고찰하여 성균관에 올리게 하소서. 성균관에서는 날짜를 한정하여 그 덕과 재주를 시험하고, 예부로 올려보내 (시험을 보아) 합격자는 예에 따라 관직을 주고, 불합격자도 출신(出身)이라는 계(階)를 지급하게 하소서. 이미 관직에 있는 자를 제외하고 과거를 보고자 하는 사람으로서 국학생이 아닌 자들은 시험을 볼 수 없게 하면 예전에는 불러도 오지 않던 자들이 이제는 가라고 해도 가지 않게 될 것이며, 신은 장차 인재가 배출되는 것을 보게 될 것이고, 전하의 입장에서는 등용할 인재가 마르지 않게 될 것입니다.[50]

이색의 방안은 대체로 세 가지 내용으로 구성된다.

① 성균관 학생에게만 과거 응시자격을 주고, 전국의 학교를 일원적으로 계통화하여 학당·향교에서 서울의 12공도(公徒)로 진학하고 다시 12공도에서 성균관으로 진학하게 함으로써 학교제와 과거제를 일치시키자고 한다. 이때 상급학교로 진학하는 방식에 대해서는 언급이 없지만 고려나 조선의 제도를 참작해 볼 때 향교에서는 계수관시(界首官試)를 통한 공생(貢生), 학당이나 12도에서는 승보시와 같은 시험이나 평소에 주기적으로 학교에서 보는 시험성적을 종합하여 승진시키는 방법을 구상했다고 생각된다.

② 성균관에서는 "날짜를 한정하여 그 덕과 재주를 시험한다(限以日月 程其德藝)"는 것은 오늘날의 학년제처럼 성균관 재학기간을 한정한다는 의미도 되고, 한 번의 시험이 아니라 정기적으로 시험을 보아 학생의 덕과 재능을 고찰한다는 의미도 되는 것 같다. 이렇게 학생을 평가하여 최종적으로는 예부에 보내 최종심사를 한 후 합격자 내지는 성적 우수자에게는 관직을 준다. 불합격자에게도 출신지계(出身之階)는 준다. 즉 예전의 과거급제자의 자격은 준다는 의미로 당장의 과거에서는 떨어졌어도 성균관을 졸업한 사람에게는 급제자격을 부여하자는 것이다. 이 역시 학교제와 과거제를 일치시키기 위해서는 꼭 필요한 제도였다.

그리고 일종의 단서조항으로 이미 관료가 되어 있는 자에 대해서도 원하면 국학에 들어가는 것을 허용하여 과거에 응시할 수 있게 하지

---

50) 『고려사』 권115, 열전28, 이색 ; 『고려사』 권74, 지28, 선거2 학교, "臣伏乞 明降條制 外而鄕校 內而學堂 考其材 而陞諸十二徒 十二徒 又摠而考之 陞之成均 限以日月 程其德藝 貢之禮部 中者依例與官 不中者亦給出身之階. 除在官 而求舉者 其餘非國學生 不得與試 則昔之招不來者 今則麾不去矣. 臣將見人才輩出 殿下用之不竭矣."

만, 그 외는 국학생이 아니면 과거에 응시할 수 없게 하자고 하였다.

③은 교육 내용과 방식에 관한 건의로 사장보다는 경학(經學)을 가르치자고 한다. 사장을 배격하고 경학을 중시하는 것은 성리학의 큰 특징으로 이후 조선시대에도 끊임없이 강조되던 내용이다. 그 배경은 성리학을 수용하면서 치자(治者)의 자격에 대한 인식이 크게 변하여 능력 못지 않게 인격과 수양을 중시하게 되었던 것이라고 할 수 있다. 그것이 학교제에서는 경학 중시로 나타난 것이다.

과거제와 학교제를 일치시키고, 학교 학생들에게만 과거 응시자격을 주는 제도는 북송의 왕안석(王安石)의 개혁 때 처음으로 제시되었다.51) 왕안석의 과거제 개혁안은 왕안석의 개혁안 중에서는 가장 성공적으로 살아 남아 후대로 계승된 정책이었다. 그러나 과거제 개혁안 중 핵심이라고 할 수 있는 과거와 학교제를 일치시키자는 건의는 수용되지 않다가 명나라 대에 본격적으로 시행된다. 하지만 그의 개혁안이 부분적으로는 시행되었고, 명대까지 생명력을 지니는 것으로 보아 원나라에서도 끊임없이 논의되었던 것은 분명하다. 이색도 원나라 유학시절에 이런 논의에 접했던 것 같다.

그러나 아직 왕안석의 개혁안은 실제로 시행되지는 않던 상황이어서 선행 모델이 없었다. 또한 이색 자신도 왕안석에 대한 평가가 좋았다고 볼 수는 없다. 이색의 학통적 사조였던 허형52)은 송의 멸망이 왕

---

51) 왕안석은 명경제과를 폐지하고 진사과로 통일하였다. 그러나 왕안석의 진사과는 이전의 진사과와는 성격이 달랐다. 이전의 진사과는 시부 중심이었으나 왕안석은 시부를 폐지하고 경의, 논, 책을 부과했고, 전시에서는 책만을 부과했다. 왕안석의 과거제 개혁안에서 제일 중요한 부분은 외사제의 시행으로 학교와 과거제를 연계하고자 했는데, 이 구상은 명대에 가서 시행되었다.
52) 이색은 스스로 자신의 학통을 원나라에서 성리학을 부흥시킨 허형(許衡)에게서 찾았다. 이색은 원나라 국학에서 수학했고, 국자좨주(國子祭酒) 구양현(區

안석의 설을 채택하고, 정주(程朱)의 학을 멀리한 데서부터 비롯되었다는 인식을 지니고 있었을 정도로53) 왕안석에 대해 부정적이었다. 허형이 원나라에서 과거를 부활시킨 공로자였으면서도 학교제를 도입하지 않고, 전통적인 송나라 과거제를 시행했던 것도 왕안석에 대한 부정적 인식과 관련이 있을 가능성도 있겠다.

이색 자신도 왕안석에 대해서는 한의 양웅과 당의 유종원과 함께 행실이 올바르지 못하다고 평가했다.54)

그러나 허형도 학교의 부흥은 강조하였던 만큼 이색도 학교의 부흥

陽玄)을 고시관으로 과거에 급제했다. 구양현은 허형의 직계제자는 아니었지만, 그의 도덕과 학문을 인정받아 허형의 신도비문을 지을 적격자로 선발되었다(김태영, 『조선성리학의 역사상』, 경희대학교 출판국, 2006. 12, 22~24쪽). 한편 허형은 원나라 세조를 알현한 뒤 치세를 실현하기 위한 왕도론을 건의했는데, 그 한 조목이 학교 교육의 흥기였다(김태영, 위의 책, 34쪽).
53) 김태영, 『조선성리학의 역사상』, 25쪽.
54) 도현철, 「남송, 원 주자학자의 왕안석 인식과 고려말 사대부」, 『동방학지』 116, 2002, 58쪽. 이제현과 이곡도 왕안석에 대해서는 이색보다도 더욱 비판적인 언급을 남겼으며, 정도전도 『경제문감』에서 왕안석과 신법을 비판했고, 조준의 동료였던 윤소종은 진덕수의 『대학연의』의 영향을 크게 받았기 때문인지 왕안석을 천하만세의 소인이라고 강하게 비판하였다. 그러나 정도전은 『경제문감』에서 왕안석의 생각을 참고하고 인용하기도 했는데, 이때는 '왕씨왈(王氏曰)'과 같은 표현을 사용해서 애매하게 인용하였다(도현철, 같은 글, 59~62쪽). 이는 정도전이 도통론의 입장에서 왕안석을 소인으로 규정한 주자의 비판을 수용하면서도 조선 건국기의 개혁을 위해서는 그의 생각을 받아들일 필요도 있었고, 이것이 사공학의 수용으로 나타났다고 한다. 그러나 이런 부분이 꼭 정도전에게만 있었던 것은 아니다. 이색이 수용한 학교제 개혁안 역시 교묘하게 변형되어 그 본질은 크게 달라지기는 하지만 원형은 왕안석에서 찾을 수 있는 것이었다. 마찬가지로 정도전 역시 왕안석의 방안을 참조하기는 했지만 상당 부분의 내용, 특히 그의 재상론과 같은 부분은 주자에 의존하고 있었다(김태영, 『조선 성리학의 역사상』, 131쪽). 이 점은 고려후기 성리학자들의 왕안석과 왕안석의 개혁론에 대한 태도에서 고려해야 할 부분이라고 생각된다.

이라는 과제에 고려의 상황을 접목하여 독창적인 방안을 마련한 것이었다고 보여진다.

이색의 건의는 시행되지 않았지만, 이후의 과거제 및 학교제 개혁안과 이색의 정치사상을 이해하는 데에 대단히 중요한 내용이므로 자세히 분석할 필요가 있다.

고려의 전통적인 체제와 정국운영 방식은 중앙에 거주하는 소수 문벌귀족들의 연합과 세력균형을 전제로 한 것이었다. 이러한 체제를 뒷받침하는 중요한 장치가 과거제와 음서제(蔭敍制)였다. 흔히 과거는 음서와 상반되는 성격의 제도로 이해되고 있지만 실제 운영상황을 보면 그렇지도 않았다. 조선에서도 그렇지만 과거에 급제해도 관직이 보장되는 것은 아니었다. 관리가 되기 위해서는 다시 몇 단계의 과정을 거쳐야 했고, 이런 과정 역시 문벌귀족들이 장악하고 있었다. 그렇기 때문에 음직의 혜택을 받을 수 있는 사람들이 과거에 급제해서도 초입사직(初入仕職)을 받거나 승진하는 데 훨씬 유리했다. 또한 고려시대에는 각 관서의 장인 대신들이 그 부서의 하급관리의 인사를 실질적으로 장악했으므로 관리들의 승진에서는 이들의 천거와 승인이 중요한 역할을 했다.

물론 과거는 음서보다는 개방적인 관료등용제도였고, 실제로 고려시대를 통해 많은 신진인사들이 관계로 입문하였고, 그것이 누적되면서 고려후기 정치체제의 혼란과 개혁론이 등장하는 요인이 되었다. 그러나 기존의 체제가 한계에 이르기까지는 개방성을 지니고, 새로운 인물이 관계로 진입한다는 것이 정치체제의 바로미터가 되는 것은 아니다. 아무리 보수적인 체제라도 신진인사의 유입을 완전히 차단하는 체제는 없다. 따라서 신진인사를 관료체제로 포섭하는 장치를 마련하게 된다.

과거의 경우도 마찬가지였다. 고려의 과거제도에서는 전통귀족이 아닌 인물이 과거에 급제하고 관계에 들어섰다고 해도 엄격한 좌주(座主)·문생(門生) 관계55)나, 기타 여러 인사관행에 의해 전통적인 귀족중심의 정치질서에 편입되게 되어 있었다. 학교도 이런 구조에 크게 공헌을 했다. 고려의 국자감은 빨리 쇠퇴했고, 과거에 급제하기 위해서는 개경에 있는 사학인 12공도에서 수학하는 것이 중요했는데, '공도'라는 이름에서부터 알 수 있듯이 이 학교에서부터 좌주·문생의 기초관계가 형성되었다. 중도에 학교를 옮긴 학생은 스승을 배반한 것으로 간주하여 아예 국가에서 과거 응시를 제한하는 제재를 가하기도 했다.56)

또한 과거를 볼 때도 좌주가 된 사람은 자기 학교의 학생들을 대거 급제시키는 일이 많았으므로 여기서 맺은 사제관계가 그대로 좌주·문생 관계로 이어지는 경우가 많았다. 이처럼 학교와 과거의 관계는 이미 고려중기부터 긴밀하게 자리잡고 있었고, 설사 이 과정에서 지방의 신진인사가 학교에 들어가 과거에 급제한다고 해도 기존의 정치세력과 질서에 편입될 수밖에 없는 구조를 유지했던 것이다.

그러나 12세기 이후 무신정권, 원간섭기를 거치면서 고려의 전통적인 정국운영 방식에 혼란이 찾아든다. 정가는 전통 귀족과 신흥귀족, 부원배, 국왕의 친위세력, 그리고 지방의 품관·향리 가문 출신의 신

---

55) 좌주·문생 관계는 부자관계로까지 의제되었다. 성혼은 『용재총화』에서 고려조의 실상을 다음과 같이 전하고 있다. "은문(좌주)은 문생을 자제와 같이 보고 문생은 은문을 부모와 같이 보아 데릴사위도 못 들어가는 내실에서 문생은 특별히 상견함을 허락하니, 이는 중히 여기는 까닭이다. 같이 급제한 사람들이 은문의 집에 모여 연회할 때에는 장수를 빌며 술잔을 올리고 더러는 유숙하기도 하였다. 문성공(文成公) 안유(安裕)는 부호(富豪) 집안이어서 새로 과거에 급제한 사람 30명에게 모두 담비털 이불을 주고 또 각각 만루은잔(萬縷銀盞)을 주었다."(『용재총화』 권7).
56) 『고려사』 권74, 지28, 선거2, 학교 사학, "仁宗十一年六月判 各徒儒生 背曾受業師 移屬他徒者 東堂監試 毋得許赴."

홍유신들로 복잡하게 얽혔다. 신진세력의 진출은 장기적으로 보면 발전적인 변화였지만, 당시로서는 정국이 구세력과 신진세력, 개혁지향 세력과 보수세력으로 양분된 것은 아니었다. 신진세력의 상당수는 특권세력과 결탁하여 불법적인 경로로 관계로 진출했다. 과거출신자라도 과거급제가 바로 관직을 보장하는 것은 아니었기 때문에 기존의 정치구조에 편입되는 경향이 강했다. 이들의 입사경로도 과거로부터 첨설직(添設職), 군직, 서리직, 하다못해 모수관직(冒受官職)까지로 다양했고, 인사경로 역시 다양하였다.57)

이런 현상은 전통적인 국가운영 방식과 정치질서를 무너뜨렸다. 고려전기에 만들어진 각종 제도는 소수 귀족세력에게 국가 기능의 상당부분을 위임하고, 대신 그들간의 합의와 견제라는 원리에 의해 안정과 균형을 유지하도록 설계된 체제였다. 그러나 이처럼 다양한 세력이 정가에 진출하게 되면서 각종 제도들은 제 기능을 발휘할 수 없게 되었다. 정쟁은 격화되고, 관료들의 자질은 떨어졌으며, 수조지 분급제를 위시하여 국가운영 전반에 걸쳐 지배층간의 갈등과 경쟁이 치열해졌다. 결과적으로 국가체제 전반에 걸쳐 부정부패와 체제모순이 증가하였으며, 때마침 불어닥친 외세의 침입과 사회혼란에 국가는 제대로 대처하지도 못하게 되었다.58)

고려의 집권층 내부에서도 체제 안정을 위해서는 우선 정국을 안정시켜야 하고, 그러기 위해서는 난맥상을 보이고 있는 인사제도를 정비하고, 관료의 자질을 향상시킬 필요가 있다는 생각을 하게 되었다. 그리하여 등장한 대표적인 이슈가 정방(政房)을 혁파하고, 인사권을 이부(吏部)와 병부(兵部)로 돌리자는 안과 국학을 재건하고 과거제를 개혁하자는 것이었다. 이런 의식은 이미 이색의 장인이었던 이제현(李齊

---

57) 정두희, 「고려말기의 첨설직」, 『진단학보』 44, 1978.
58) 임용한, 『조선전기 수령제와 지방통치』, 혜안, 2002, 37~38쪽.

賢)과 백문보(白文寶) 등에게서부터 나타난다.

 그러나 이제현, 백문보 등의 학교제와 과거제 개혁안은 국학의 재건과 과거를 보다 엄격하고 공정하게 운영하자는 합리적인 운영론 정도에 머무르고 있었다.59) 이에 비해 이색은 과거진흥과 관료제 개혁을 위해 보다 학교제와 과거제를 일치시키자는 좀 더 적극적인 개혁안을 제시한 것이다.

 학교와 과거를 일치시키는 방안은 이색이 사장학을 비판하고 도학 교육을 주장했던 데서 알 수 있듯이 교육적인 측면에서 보면 과거 응시생들의 교육을 강화하고 관료의 자질을 높이자는 의미가 있었다. 이색이 음서나 남행 같은 과거 이외의 입사로를 폐지하려는 생각까지는 하지 않았지만, 과거의 비중을 높이고, 과거출신이 관료세계에서 핵심적인 지위를 차지해야 한다고 생각했던 것은 틀림없다.

 또한 이 방법을 사용하면 과거급제와 학교 교육, 관직수여까지의 과정을 하나의 계통으로 연결함으로써 과거급제와 관료등용이 별개의 과정으로 존재하던 이전에 비해 교육을 강화하고, 관료선발을 보다 공정하고 엄격하게 관리할 수 있으며, 과거의 권위를 높일 수 있었다.

 이 제도는 지방의 향교 교육을 활성화하는 효과도 거둘 수 있었다. 이색의 상소에 구체적으로 언급하지는 않았지만, 이런 방법을 사용하면 향교 생도들에게 보다 많은 기회와 지분이 할당될 것은 분명한 사실이었다.

 성균관에는 학교출신만 입학할 수 있으므로 성균관 입학자를 지방의 향교에 일정한 수의 인원을 배당해야 했다. 성균관에서 수학하면 최소한 급제자의 자격이 인정되어 일단 관료후보자의 자격을 얻고, 이들 중에서 관료를 선발하므로 아무래도 이전 제도보다는 지방사족에

---

59) 김인호, 『고려후기 사대부의 경세론 연구』, 202~219쪽.

게 유리하였다.

　이 같은 혁신성 때문에 이색의 방안 중 과거제와 학교제의 일치, 진사시의 폐지와 생원시로의 일원화, 학교졸업자에게 급제 자격을 주고, 사장 교육 대신 경학 교육을 실시하는 방안은 훗날 정도전, 조준의 과거제 개혁안에 흡수된다.

　그러나 이색의 방안에는 이런 진보적인 의미만 있는 것은 아니었다. 이색의 방안에서 핵심적이면서도 독창적인 부분이 향교출신자는 12공도에서 수학한 후 다시 성균관으로 진출하게 하자는 내용이다.

　성균관과 동서학당·향교는 국학이고 12공도는 사학이었다. 원론적으로 국학과 사학이 하나의 계통으로 연결될 수는 없는 것이었다. 특히 12공도는 개인이 설립한 사학이라는 것이 문제가 아니라 과거급제에서 평생의 관료생활까지 규제하는 강력한 연결고리를 구성하는 계기가 된다는 것이 문제였다. 그런데 이색은 과거제와 학교제를 일치시키면서 그 과정에 12공도를 삽입하는 것은 차후의 모든 관료군이 먼저 12공도로 대표되는 기존의 문벌귀족 세력과 사제의 관계를 맺어야 하며, 모든 관료군을 12개의 지파로 편성하자는 의미였다.

　결국 이색의 구상의 핵심은 신진세력의 진출을 인정하고, 새로운 학문과 학교제, 과거제를 통해 인재를 양성하고, 관료의 자질을 향상시키는 것에는 동의하되, 지연, 인연, 학연으로 연결되는 귀족연립적인 정체(政體)는 유지하자는 것이었다고 하겠다.

　이처럼 이색은 기존의 정치체제와 질서를 옹호했기 때문에 정도전을 비롯한 신진사류들이 격렬하게 비난했고, 정도전 파를 제거하고 이색의 제자들을 중용한 태종도 강력하게 거부했던 좌주·문생관계도 옹호하였다. 옹호하는 정도가 아니라 좌주·문생 제도가 없어지면 국가가 국가의 원기(元氣)를 온전히 배양할 수 없다고까지 단언하였다.

문생과 좌주의 관계는 아들과 아버지의 관계와 같다. 문생과 좌주간의 은의가 온전히 행해질 때 족히 국가의 원기를 배양할 수 있다.60)

이러한 태도는 이색의 특징을 아주 잘 보여주는 것이라고 할 수 있다. 오늘날까지도 이색은 때로는 개혁적 인사로, 때로는 보수적 인물로 조망되곤 한다. 때로는 초기에는 개혁적이었던 그가 만년에는 보수적 성향이 강해진 것으로 이해하는 경우도 있다. 그러나 이 방안을 보면 그는 이미 젊은 시절부터 성리학을 받아들였고, 관료의 자질향상과 체계적 양성, 과거제를 통한 관료 후보군의 확대를 인정하였지만, 소수의 귀족들이 국정과 관료군을 장악하고, 그들의 협의와 견제에 의해 국가를 경영하는 고려정치체제의 기본틀은 훼손하지 않으려고 했던 것이다.61)

그렇기 때문에 이색은 막상 정도전, 조준이 학교제를 중심으로 한 과거제 개혁을 시행하면서 진사시를 폐지하고 생원시만을 남기자 이를 매우 한스럽게 여겼다고 하였다.62) 진사시 폐지와 사장 교육의 폐지 등 외형적으로 보면 정도전·조준의 과거제 개혁안은 자신의 젊은 날의 건의를 반영하고 있지만, 정도전 등은 12공도와 좌주·문생 제도를 폐기함으로써 실제 과거제의 정치적, 관료제적 의미는 크게 달라졌기 때문이다.

그렇다고 해도 그의 방안이 지니는 개혁적 의미를 간과할 수는 없

---

60) 『목은문고』 권26, 시, "門生於座主 猶子之於父也 門生座主恩義之全 足以培養國家之元氣."
61) 이러한 그의 태도는 수조권 분급제에 대한 태도와도 일치한다. 개혁파들이 수조권 분급제의 난맥상을 들어 사전혁파를 주장할 때 이색은 사전혁파에 반대하고, 수조권 분급제를 정상적으로 운영해야 한다는 입장을 고수하였다 (이경식, 『조선전기토지제도사연구』, 일조각, 1986).
62) 『세종실록』 권2, 세종 즉위년, 12월 무자.

을 것 같다. 고려전기 이래의 문벌귀족 중심체제를 옹호하기는 했지만, 세가대족(世家大族) 출신이라고 해도 관리가 되려면 엄정한 교육과 심사를 거치도록 한 점, 지방사족의 자제들이 일단 12공도의 문도가 되어 기성체제로 편입되어야 하며, 중앙의 세가자제들에 비해 차별대우를 받을 소지가 높다고는 해도, 전국에 편제된 학교제를 통해 지방사족들이 관료로 진출할 수 있는 길을 안정적으로 확보했다는 점은 발전적인 부분이었다.

또한 무신정권기와 원간섭기 이래 국가의 운영주체가 복잡다단해짐으로써 정쟁이 확대되고, 조세, 군사 등 각 부분의 운영상도 극도로 문란해졌던 점을 감안한다면, 이색의 방안은 관료 임명에 학교와 과거의 비중을 높임으로써 이 시기에 새롭게 진출한 여러 세력 중에서도 부패의 소지가 높고, 자질도 떨어지는 부원배나 국왕측근세력을 제거하고, 정가가 본래의 모습을 회복하게 한다는 의미도 컸다. 그것이 비록 보수적인 틀을 지니고 있다고는 하여도 현실적으로 만연한 부정부패를 줄이고 국가기강을 바로잡을 수 있다는 기대감을 주는 방안이었던 것은 사실이라고 하겠다.[63) 실제로 학교제와 과거제 개혁안은 전혀 시행되지 않았지만, 그의 개혁안이 지닌 이러한 취지는 조선에 계승되었다.

비록 이색의 방안은 시행되지 않았지만 학교와 과거의 재건책은 시

---

63) 이색의 과거제 및 관리선발제도 개혁안을 왕권강화책으로 이해하는 경우가 있다. 주웅영 교수는 이러한 방안의 목적이 공민왕의 왕권강화책과 능리적인 속성을 지닌 향리와 달리 성리학적 지식을 쌓은 새로운 관료형인 신진사대부의 등장에 따른 흥학운동의 일환이라고 설명하였다(주웅영, 「여말선초의 사회구조와 유교의 사회적 기능」, 경북대학교 박사학위논문, 1993, 100~104쪽). 이성무 교수는 이 사료를 직접 언급하지는 않았지만 전체적으로 관학진흥책은 왕권강화, 사학의 흥성은 귀족세력의 성장을 의미하는 것으로 이해했다(이성무, 「한국의 과거제와 그 특성」, 111쪽).

행되었다. 공민왕 16년에 임박(林樸)의 건의를 계기로 홍건적의 침입 때 불탄 성균관 재건사업이 추진되었다. 사서오경재(四書五經齋)를 두고 생원도 100명으로 증원했고,[64] 또 시부를 버리고 대책으로 시험 보게 하였다.[65]

이때 이색이 판개성부사(判開城府事) 겸 성균관대사성(成均館大司成)으로 취임했고, 여말 개혁파 사대부의 대표주자라고 할 수 있는 정몽주(鄭夢周), 박상충(朴尙衷), 이숭인(李崇仁), 박의중(朴宜中), 김구용(金九容) 등이 교관으로 부임했다.[66] 이들을 교관으로 선발한 사람은 학교진흥책을 주장했고 성균관대사성이던 이색이었다고 보여진다.[67]

또 성균관을 재건하고, 교육기능을 확대하면서 생원시의 합격정원을 증가시켰다. 공민왕 2년에 생원시에서 50명을 뽑은 적이 있지만, 10년에는 8명, 11년에는 5명으로 급속히 감소했었다. 그러나 성균관을 재건한 직후인 공민왕 17년 4월에 왕은 직접 9재에 행차하여 강경(講經)으로 친시하여 이첨(李詹) 등 7인을 선발했고,[68] 8월에는 전백영(全伯英) 등 37인을 선발하였다. 23년 4월에 이취(李就) 등 100인을 선발하면서 생원시의 급제자가 급증하였다.[69] 이후 생원시 정원은 조선시대까지 100명으로 확립되었다. 생원시의 우대는 우왕대까지 지속되었고, 고려후기부터 조선초기에 활약한 주요한 문신들이 이 과정을 통해 관계로 진출하였다.

과거제의 개혁도 탄력을 받아 공민왕 18년에 향시(鄕試)·회시(會試)·전시(殿試)로 구성되는 과거삼층제(科擧三層制)를 실시했고, 23

---

64)『고려사』 권74, 지28, 선거, 학교, 국학, 공민왕 16년.
65)『고려사』 권37, 지27, 선거1, 과목1.
66)『고려사』 권115, 열전28, 이색.
67) 김태영,『조선 성리학의 역사상』, 32~34쪽.
68)『고려사』 권73, 지27, 선거1, 과목1.
69)『고려사』 권74, 지28, 선거2, 승보시.

년 3월에는 본관에 속한 도에서만 향시를 볼 수 있게 하고, 본관에서 향시를 거치지 않은 자는 회시에 응시할 수 없게 하는 조치70)가 취해졌다. 그러나 우왕 2년 과거삼층제가 폐지되고, 교육과 과거방식도 경학에서 다시 사장 중심으로 되돌아갔다.71)

2) 경제육전 원전의 과거제 개혁안

창왕 즉위년에 개혁파 사대부는 다음과 같은 법안을 발표했다.

> 창왕이 교서를 내렸다. 과거법은 기유년의 법에 따라 수시로 거행한다. 주현의 향교에서 공사(貢士)의 액수를 채우지 못하면 수령까지 죄를 준다.72)

여기서 과거는 모두 기유년 즉 공민왕 18년의 법제를 따른다고 하였다. 이것은 공민왕 18년에 제정한 과거삼층법(향시, 회시, 전시)을 의미한다고 볼 수도 있으나 공민왕 16년 이후로 지속된 일련의 조치를 포함한다고 보아야 한다. 그러나 개혁파의 과거제 개혁안은 공민왕대의 복구 수준에 머무르지 않았다. 이 해에 시행한 과거에서 좌주인 고시관이 8명으로 증가했다. 공민왕 기유년의 법에서는 좌주, 문생의 연회도 금지했고, 국왕이 좌주가 되는 전시도 시행했다. 아직 좌주·문생 제도가 공식적으로 파기되지는 않았지만, 실질적으로는 좌주의 권한이 크게 분산된 셈이다.73) 이어 그들은 과거제 개혁안을 다듬어

---

70) 『고려사』 권73, 지27, 선거1, 과목1.
71) 『고려사』 권73, 지27, 선거1, 과목1.
72) 『고려사』 권73, 지27, 선거1, 과목1, "辛昌敎 科擧之法一依己酉年之規以時擧行 州縣之學 貢士不充額數者 罪及守令."
73) 허흥식, 『고려과거제도사연구』, 52쪽.

법으로 반포했다. 첫 번째 법안이 정도전이 찬했다는 태조 즉위교서로서 그 중에는 과거제도 개혁안도 포함되어 있었다.

> C1. 문과와 무과는 모두 폐지할 수 없는 것이다. 안으로는 국학을 두고, 외방에는 향교를 둔다. 생도를 증치하고, 강학을 더욱 권면하여 인재를 양육한다. 과거의 법은 본래 나를 위하여 인재를 취하는 것이다. 그러나 좌주 문생이라고 칭하는 제도는 공거(公擧)를 사적인 은혜로 바꾸는 것이니 과거의 법을 세운 본의에 크게 어긋난다. 금후로는 수도에는 성균관 정록소가, 외방에서는 각도의 안렴사가 그 학교에서 경의(經義)에 밝고 덕행을 닦은 사람을 뽑아, 연령·본관(本貫), 삼대(三代)와 통(通)한 바 경서(經書)를 갖추어 기록하여 성균관에 올린다. 다른 곳[場貳所]에서 통한 바 경서를 시강(試講)하되『사서』로부터『오경』과『통감』이상을 통달한 사람을, 그 통달한 경서의 많고 적은 것과 알아낸 사리(事理)의 정밀하고 소략한 것으로써 그 높고 낮은 등급을 정하여 제일장(第一場)으로 하고, 합격한 사람은 예조로 보내면, 예조에서 표문(表文)·장주(章奏)·고부(古賦)를 시험하여 중장(中場)으로 하고, 책문(策問)을 시험하여 종장(終場)으로 할 것이며, 삼장(三場)을 통하여 합격한 사람 33명을 상고하여 이조로 보내면, 이조에서 재주를 헤아려 탁용하게 한다. 감시(監試)는 폐지한다.[74]

이 글은 세밀하지는 못하지만 개혁파가 추구하는 과거제의 개요는

---

74)『태조실록』권1, 태조 원년 7월, 태조즉위교서, "文武兩科 不可偏廢 內而國學 外而鄕校 增置生徒 敦加講勸 養育人才 其科擧之法 本以爲國取人 其稱座主門生 以公擧爲私恩 甚非立法之意 今後內而成均正錄所 外而各道按廉使 擇其在學經明行修者 開具年貫三代 及所通經書 登于成均館 長貳所試講 所通經書 自四書五經通鑑已上通者 以其通經多少 見理精粗 第其高下 爲第一場入格者 送于禮曹 禮曹試表章古賦爲中場 試策問爲終場 通三場相考 入格者三十三人 送于吏曹 量才擢用 監試革去."

확실하게 제시되어 있다. 먼저 고려의 과거제를 비판한다. 비판의 핵심은 좌주·문생 제도이다. 과거는 본래 나라를 위하여 인재를 취하는 제도인데, 좌주·문생 제도로 인하여 공거(公擧)가 사은(私恩)이 되었다는 것이다. 이러한 인식은 좌주·문생 관계가 곧 국가의 원기라고 보았던 이색의 인식과는 정반대된다. 정도전은 『조선경국전』에서 공민왕대의 과거제 개혁을 평가할 때에도 좌주·문생 제도를 혁파하지 못한 것이 한계였다고 지적하였다.

> 공민왕대에 이르러 일체 원나라의 제도를 따라 사장(詞章)의 비루한 풍습을 제거했다. 그러나 소위 좌주, 문생의 관습은 행한 지가 오래되어 멀리 제거해 버리지 못했으므로 식자들이 이를 탄식하였다.[75]

여기서 정도전은 좌주·문생 제도를 관습의 뿌리가 깊어서 개혁하지 못했다고 말했으나 공민왕대 성균관 재건을 주도했던 이색의 사상에서도 알 수 있듯이 당시에 좌주·문생 제도를 개혁하지 못한 이유는 관습의 저항 때문이 아니라 이색이 구상하는 정치체제 자체가 좌주·문생 제도와 상충하기는 커녕 이를 더욱 절실하게 필요로 하고 있었기 때문이었다. 즉 과거삼층법을 도입하고, 왕안석의 과거법을 도입해도 이색의 방안처럼 좌주·문생 제도가 살아있다면 그 과거제는 고려의 폐쇄적인 정치체제를 극복하자는 목적을 실현할 수 없었다.

정도전·조준 파는 이 부분에서 이색의 구상과는 확고하게 갈라진다. 이색은 신진 관료의 성장과 유입은 인정하되, 고려의 전통적 체제대로 12공도를 장악하는 상층그룹의 주도권을 온존하는 방식으로 정치구조의 안정을 꾀했지만, 정도전·조준 파는 그것을 국가체제 안에

---

[75] 정도전,『삼봉집』권7,『조선경국전』상, 예전 공거(貢擧), "至恭愍王 一遵元制 革去詞賦之陋 然所謂座主門生之習 行之甚久 不能遠除 識者歎之."

존재하는 사적 권력의 형태라고 보았던 것이다.

그래서 정도전은 사은이 공거를 대신해서는 안되며, 과거란 본래 '위국취인(爲國取人)'하는 제도라고 말한다. 그렇기 때문에 그들은 향교→ 12공도→ 성균관으로 이어지는 이색의 방안을 용납할 수 없었다. 개혁파 사대부는 공양왕 3년 6월에 12공도는 아예 폐지해 버렸고,[76] 이어서 위와 같이 향교에서 성균관으로 진학하는 공거제(貢擧制)를 도입했다. 정도전은 『조선경국전』에 과거제도를 수록하면서 항목명도 과거가 아닌 '공거'라고 하였다. 이것은 태조 즉위교서의 과거제의 핵심이 '공거'에 있다는 인식을 반영한다.

정도전이 말한 공거제란 곧 학교제와 연결된 과거제를 말한다.[77] 단 공거의 방법과 절차에 대해서는 C1(태조 즉위교서)의 기록이 부실해서 정확히 알기 어렵다. 원래 공거제를 언급한 다음에는 생원시 곧 성균관 입학규정과 문과 초시에 해당하는 한성시와 향시의 응시절차가 정리되어야 하는데, 이어지는 서술을 보면 이 중간에 내용이 뭉뚱그려진 듯하다. 그래서 지방의 학교에서 안렴사가 선발해서 올려 보내는 학생이 성균관에 진학하고, 복시는 성균관 생원만 응시하게 한다는 것인지, 이 향시 선발자들과 성균관 유생이 함께 성균관에서 복시의 일장 시험을 본다는 것인지 확실하지 않다.

그러나 문맥으로 보나 명나라의 과거제와 비교해 보면 안렴사가 선발한 지방의 학생들이 문과 복시에 바로 응시하는 것을 허용한다는

---

76) 『고려사』 권74, 선거2, 학교 사학.
77) 그간의 과거제 연구에서 가장 부족했던 점이 과거제와 학교제와의 연계성에 대해 별로 주목하지 않았다는 것이다. 태조즉위교서에 제시된 과거제 개혁안에 대해서도 좌주·문생 제도의 철폐, 사장 교육의 폐지, 감시 혁파 등에 주목하는 경우가 많았다(신천식, 「조선초기 성균관 운영과 교육개혁에 관한 연구」, 『관동사학』 3, 1988). 학교제에 주목하는 경우도 유학교육의 증진이라는 관점에서 보는 경우가 일반적이었다.

의미일 가능성이 높다. 즉 과거 응시는 학교 생도로 제한하지만 학당이나 향교의 생도는 생원시를 거쳐 성균관에 들어갈 수도 있고, 문과 초시(성균관 정록소가 주최하는 한성시와 각 도의 안렴사가 주최하는 향시)를 거쳐 문과 복시에 바로 응시할 수도 있었다.[78]

한편 경학 교육과 학교 위주의 과거를 시행함으로써 시부를 주로 하는 진사시(감시)는 폐지하고 생원시만을 남기게 했다.

과거는 삼장제로 하는데, 진사시를 폐지하는 만큼 시험방식은 시부를 버리고 경의와 강경이 중심이 된다. 성균관 학생들은 성균관에서 강경으로 시험을 보아 합격자를 예조로 보낸다. 이것이 일장(초장)이다. 예조에서는 다시 시험을 보는데, 이것이 중장이다. 종장은 책문으로 본다고 했는데, 이것은 마지막 전시(殿試)로 위 기록에는 정확한 언급이 없지만 왕이 친림하는 친시를 구상했던 것이 분명하다. 실제로 태조 2년 보평전(報平殿)에서 태조가 친림하여 전시를 시행한 기록이 있다.[79]

이상이 태조 즉위교서에 수록한 과거제의 대강이다. 그러나 이 법은 시행되지는 못했다. 다음 해인 태조 2년이 계유년으로 과거 식년이었다. 그래서 예조에서 즉위교서의 법대로 과거를 시행하기를 건의했으나, 태조가 감시 혁파를 주저하여 기유년의 법대로 시행하고, 감시도 병행하라는 명령을 내렸다.[80] 태조가 감시를 병행하게 한 것은 한양천도를 추진 중이던 때라 학교와 숙박시설이 불안정했기 때문이라

---

[78] 명나라 과거제에서는 국자감의 생원과 지방학교의 학생이 향시에 응시하고, 합격자가 다시 과시에 응시할 수 있었다. 이때 지방학교 출신이 과시에 실패하면 국자감에 입학하여 공부할 수도 있었다.

[79] 『태조실록』 권3, 태조 2년 6월 정해.

[80] 『태조실록』 권3, 태조 2년 3월 신유, "禮曹上言 敎書一款節該 科擧之法 本以爲國取人 通三場相考 入格者送于吏曹 量才擢用 監試革去 願自今當子午卯酉試之 上日 今年 且依前朝己酉年格試之 幷行監試."

는 견해도 있다. 태조 4년에 한양천도를 단행하고 그 다음 해에 시행한 과거에서 비로소 감시가 혁파되기 때문이다. 하지만 진짜 원인은 구세력의 반발과 저항도 만만치 않았던 탓인 듯하다. 새 과거법의 대안으로 채택한 기유년의 과거제도 고려 전래의 법은 아니어서 우왕대에 바로 폐지될 정도로 보수파들의 반발을 샀던 전례가 있었다.

C1의 규정에 대한 이후의 추이도 이런 유추를 가능하게 한다. 태조 3년에 정도전이 편찬한 『조선경국전』에 과거제도를 수록했는데, 그 항목명이 공거(貢擧)였다. 여기에서 정도전이 "전하께서 즉위하신 후 과거법을 덜어내고 더하여 성균관으로 하여금 사서오경을 시험보게 하고……"운운 한 것으로 보아 정도전이 공거조에 수록한 법은 분명 즉위교서에 수록한 과거법이었다. 하지만 태조 4년에 결국 과거법이 다시 수정되어 태조 5년의 과거를 수정법안으로 치르게 되며, 이것이 태조 6년에 조준이 편찬한 『경제육전』에 수록되게 된다. 이 과정을 보면 태조 2년에 즉위교서의 법을 시행하지 못한 것은 보수파와 온건그룹 전체가 이 법에 반발했기 때문이라고 생각된다.

그런데 태조 4년에 제정한 수정법안은 『태조실록』에는 아래(C2)와 같이 간략하게 기록되어 있어 내용을 알 수 없다.

> C2. 예조에서 과거식을 상정하였다. 이때 비로소 강경을 초장으로 하고, 진사시를 파하고 생원시로 하였다. 왕이 이에 따랐다.[81]

그러나 『세종실록』 23년 7월 을묘조에 『경제육전』 원전의 과거법을 인용하면서 "삼가 『경제육전』을 살펴보니 홍무 28년 12월 모일 예조에서 수판한 내용 중에……"라고 하여 인용되는 구절이 있다.[82] 홍무

---

81) 『태조실록』 권8, 태조 4년 12월 병신, "禮曹詳定科擧式 始以講經書爲初場 罷進士爲生員試 上從之."

28년 12월은 곧 태조 4년 12월이므로 위의 예조 상정안이 『원전』에 수록되었음을 알 수 있다. 그런데 『경제육전』 원전의 과거 규정으로 인용하는 기록은 이외에 몇 군데 더 있으므로 이를 조합하면 이때 반포한 개혁안의 대강은 복원할 수 있다. 다음의 C3~C7까지의 인용문은 실록 세 군데에서 채집한 기록을 조합하여 복원한 것이다.83) 설명의 편의를 위하여 내용을 몇 개로 나누었다.

    C3. 홍무 28년 예조에서 받은 교지이다. 식년과거는 반드시 오경을 통한 자에게 응시를 허락한다. 성균관에 명령하여 사서와 오경재로 나누고, 생도를 널리 모아 열심히 경서를 강습하게 한다. 강경으로 시험보는 방법은 하루 아침에 학생들을 다 모아서 수행하면 강문이 정용하지 못할 뿐 아니라 모람(冒濫)하는 폐단이 있다. 지금부터는 생도가 대학의 재사에 들어가 독서를 마치면 성균관에서 예조에 보고하고, 예조와 대성의 관원 각 1명이 성균관에 나가 성균관의 관원과 함께 강문한다. 학생의 강설(講說)이 상세하고 명확하며 내용과 취지를 밝게 통(通)한 자는 장부를 만들어 성명을 기록하고 논어재로 올리고, 그 불통(不通)한 자는 그대로 본재(本齋)에

---

82) 『세종실록』 권93, 세종 23년 7월 을묘, "兼成均大司成權踶等上疏曰 竊觀比年以來 學徒怠業 不務經學 專事抄集 散業樂群 暫不加意 遊閑四散 不集學舍 是必敎養乖方 勸導失宜故也 臣等謹按經濟六典 洪武二十八年十二月日 禮曹受判內 節該 試年科擧 必須通五經者 乃許赴試 宜令成均館分四書五經齋."

83) 『세종실록』 권49, 세종 12년 8월 경인 ; 『세종실록』 권69, 세종 17년 9월 을미 ; 『세종실록』 권93, 세종 23년 7월 을묘. 이 조문의 복원방식에 대해서는 연세대학교 국학연구원 편, 『경제육전집록』 예전 제과, 185~188쪽. 그런데 이것도 완전한 조문이라고는 할 수 없다. 왜냐하면 실록에서 조문을 인용할 때는 필요한 부분만 간략하게 기록하는 경우가 많기 때문이다. 또 과거에는 문과 이외에 무과, 잡과 등 여러 과가 있었는데, 이에 대한 내용은 발견되지 않는다.

있게 하여 통할 때를 기다리게 할 것이며, 논어재·맹자재·중용
재의 고강(考講)과 승척(升陟)도 모두 이 예대로 한다.
　중용재에서 강이 끝나서 모두 통한 자는 예기재로 올리고, 예기재
에서 읽기를 마치면 성균관에서 예조에 보고하고, 예조에서 대성
관원과 더불어 고찰하는 것을 모두 사서의 예와 같이 하여 차례로
춘추재·시경재·서경재·역경재에 이르게 한다.
(洪武二十八年 禮曹受判 式年科擧 必須通五經者 乃許赴試 宜令
成均館 分四書五經齋 增廣生徒敦加講勸 其試講之法 一朝而群
至則 非惟講問 不能精容 或有冒濫之弊 今後生徒入大學齋 讀訖
成均館報禮曹 禮曹與臺省各一員 詣成均館 與館員講問 其講說
詳明 隔貫旨趣者 置簿 升于論語齋 其不通者 仍在本齋 以俟其通
論語孟子中庸齋 考講升黜 皆用此例 至於中庸 講說皆通者 升于
禮記齋 考講皆如四書例 以此升至春秋試書易齋)

　C3은 성균관 생원의 과거 응시자격을 설명한 내용이다. 성균관은
사서오경의 순서에 따라 9재(齋)를 설치한다. 9재는 대학·논어·맹자
·중용·예기·춘추·시경·서경·주역의 순이었다. 성균관에 진학
한 생원은 9재를 모두 수료한 후에야 과거에 응시할 수 있었다. 승재
(升齋)하기 위해서는 과정을 이수하고 시험에 합격해야 했다. 시험방
식은 강경으로 하되 전체를 모아놓고 한 번에 시험보는 방식을 지양
하고, 생도가 독서를 마치면 그때그때 예조 관원과 대간 1명이 성균관
에 와서 성균관원과 함께 학생과 강문하여 통달여부를 판단하게 했다.
　일괄시험을 배격하고 다소 복잡하고 번거로운 평가방식을 취한 이
유에 대해서도 설명을 달아서 일괄시험 방식은 강문이 정용하게 되지
않을 뿐 아니라 모람의 폐단이 있기 때문이라고 했다. 여기서 말한 모
람의 폐단이 무엇인지 분명하지는 않은데, 시험방식이 강문이다 보니
많은 학생들을 대상으로 일괄로 시험하면 시간에도 쫓기고, 질문이나

정보가 새어나간다거나 부정이 발생할 소지가 크다는 사정 등을 예측할 수 있겠다.

그런데 정도전은 『조선경국전』에서 과거제를 논하면서 사장으로 시험하는 방식은 '부화무실지도(浮華無實之徒)'를 얻고, 경사(經史)로 시험하는 방식은 '오벽고체지사(汚僻固滯之士)'를 얻을 위험이 있다고 하였다.84) 이것은 개인의 능력을 평가함에 있어서도 시험방식이 강경이든 사장이든 간에 한두 번의 시험과 성적만으로는 인간의 자질과 됨됨이를 파악할 수 없다는 인식을 반영한 것이라고 생각된다. 즉 강경이냐 사장이냐는 단순히 시험방식의 문제가 아니다. 강경과 사장의 문제를 시험방법의 문제로 이해하는 것 자체가 강경론의 개혁적 의미를 훼손하는 것이다.

강경과 제술에서 가장 근본적인 차이는 강경 학습이 학교의 재학을 필요로 한다는 것이었다.85)

> 광릉 부원군(廣陵府院君) 이극배(李克培)가 아뢰었다. "근자에 비록 유생을 불러서 학교에 나아가도록 권하였어도 오히려 권유되지 않는데, 비록 백 명의 사장(師長)이 있다고 한들 어찌 거관(居館)하게 할 수 있겠습니까? 세종조에 문과의 관시와 한성시·향시에서는 초장에 경서를 강(講)하였으므로 그때 뜻있는 선비들이 거관하는 것을 좋아하고 모두 경학을 숭상하였으나, 신숙주가 헌의하고서부터 강경을 없애고 제술로 시험하자 선비들이 모두 학문에 마음을 쏟지 않게 되었습니다. 또한 현재 관시·한성시·향시를 가을에 시취(試取)하고 다음 해 봄에 이르러서 경서를 강하기 때문에, 총명하고 민첩한 자는 스스로 기억하고 외겠다고 하여서 몇 개월 사이에 이룰 수 있습니다. 이로

---

84) 정도전, 『삼봉집』 권7, 『조선경국전』 상, 치전 입관.
85) 이 내용에 대해서는 박천규, 앞의 글 ; 최이돈, 『조선중기사림정치구조연구』, 일조각, 1994, 81쪽.

인하여 문장의 장구(章句)에만 골몰한 무리가 만에 하나도 있기 어려운 요행을 바라니, 유생이 거관하는 것을 싫어함은 오직 이러한 이유에서입니다. 현재의 계책으로 적당한 사유(師儒)를 택하여 관관(館官)으로 삼는 것만 함이 없으며, 또 초장에서 경서를 강하던 법을 복구한다면 유생들이 다들 강경하지 않고서는 뽑힐 수 없음을 알고 모두 학교에 있으면서 배우고 익히게 될 것입니다."86)

경학과 강경도 단지 경전과 그 철학적, 각주적 의미만을 암송하는 것이라면 개인교수나 독학을 통해서도 가능하다. 그러나 바로 이와 같은 경전 공부가 오벽고체지사(汚僻固滯之士)를 낳는다. 그래서 교육은 고체화된 경구만을 암송하는 것이 아니라 경학의 실천적 의미와 적응, 치술(治術) 교육과 병행해서 이루어져야 한다. 이것이 학교 교육이 필요한 이유이다.

학생의 평가에서도 일회적인 시험이 아니라 개인개인에 대한 지속적인 관찰과 평가가 필요하다. 이 평가를 행할 수 있는 장이 학교이다. 이것이 과거제가 학교제가 연계되어야 하는 가장 중요한 이유였다.87) 그래도 시험은 필요했는데, 정도전은 이 시험도 시간과 인원을 정하지

---

86) 『성종실록』 권206, 성종 18년 8월 갑술.
87) 정도전·조준의 과거제 개혁안의 원조는 왕안석의 개혁안이었다. 왕안석은 학교 교육의 중요성을 강조하면서 두 가지 이유를 제시했다. 첫째는 관리를 양성하기 위해서는 문장과 경전 교육만이 아니라 치술(治術)을 가르쳐야 한다는 것이다. 둘째 취사(取士)를 정확히 하기 위해 학교가 필요하다고 했다. "선왕의 취인은 반드시 향당이나 향교에서 현능한 자를 많이 추천하여 기록해서 위에 고하면 그를 살펴 정말로 현능한지를 확인한 후에 그의 덕의 대소, 재능의 고하에 따라 관직을 맡게 했다. 덕을 살피려면 의견을 살펴보고 행동과 의견을 살펴본 후에는 실무를 시험한다."(임현숙, 「왕안석의 과거제 개혁에 대한 일고찰」, 이화여대 석사학위논문, 1982, 24~26쪽 참조).
이 생각대로라면 향당과 학교에서 추천한 인재에게 치술을 가르치고, 덕과 재능, 의견과 행동을 살피고, 시험하는 곳이 중앙의 국자감이 될 것이다.

않고 소수 인원을 대상으로 철저하게 강문을 시행하는 방안을 제시하였다.

그런데 강경 시험의 제일 큰 폐단은 평가방식에 수치화된 기준이나 근거가 없어서 권력자의 압력이나 평가자의 주관에 의해 불공정한 사례가 발생할 우려가 있다는 점이다. 그래서 나중에 이 문제가 강경반대론의 주요한 반대근거가 되기도 했지만,[88] 평가를 성균관 교관들에게만 맡기지 않고, 예조의 관원과 대간, 성균관원이 함께 학생을 면접하여 평가하게 한 것은 면식에 의한 부정을 예방하는 조치였다고 생각된다.

> C4. 오부(五部)의 생도는 교수관이 시강(試講)하여 그 통한 자를 성균관으로 보내어, 다시 강하기를 상항과 같이 하고, 그 주·부·군·현의 생도는 각도 관찰사가 매년 춘추로 경서에 통하는 수령과 한량관 2, 3인을 보내어 차례로 도회소(都會所)에 가서 고강하기를 역시 성균관의 예대로 하여, 모인은 모경·모서에 통하였다는 것을 문부(文簿)에 명서하여 다 성균관으로 보내고, 성균관에서는 또 예조에 보고하여 다시 강하게 하기를 성균관의 예대로 한다.
> (五部生徒則 教授官 試其通講者 送成均 更講如上項例 其州府郡縣生徒 各道觀察使 每年春秋 遣通經守令及閑良官二三員 歷至都會所 考講 亦用成均例 某人通某經某書 明書于籍 悉送成均館 成均于報禮曹 更講與館例)

C4는 학당과 향도 생도의 성균관 진학 방법에 대한 규정으로 생원 초시, 또는 승보시에 해당한다. 그런데 이곳에는 시험방식만 규정하고 시험과목이나 자격규정이 없다. C1에서도 이 규정이 모호하다. 승보한

---

88) 『세종실록』 권40, 세종 10년 4월 을해, "初(卞)季良修史春秋館 每語人曰 試官於講經之際 頗多徇私 爲試生者 或其親族 則講雖不切 必掩庇之."

다음에 문부에 "모인은 모경, 모서에 통하였다"라고 기록하는 것을 보면, '사서오경 중에서 몇 경 이상 통한 학생'이라는 식의 규정이 있었던 것이 분명하다. 그러나 그 기준이 몇 경이었는지는 알 수 없다.

오부학당의 생도는 성균관 생도의 예에 따라 교수관이 강경으로 시험보아 다시 성균관에 올려 보낸다. 성균관에서는 상항 즉 C3의 방식으로 시험본다고 하였는데, 강경으로 시험하되 인원을 한 번에 모두 모아 시험보지 않는 방식만을 말하는지, 예조와 대성의 관원을 초빙해서 시험보는 방식까지 포함하는 것인지 분명하지가 않다. 그런데 전자의 경우라면 성균관에서 시험을 담당하는 관원을 명시해야 하는데, 그렇게 하지 않은 것으로 보아 후자의 경우라고 생각된다.

향교 생도는 관찰사가 장소를 지정하여 도회소를 설치하고, 시험관을 파견하여 고강으로 선발하는 방식을 취했다. 시험관은 유학에 능통한 수령과 한량관 2, 3인을 관찰사가 선임하여 파견한다. 조준은 창왕 즉위년에 올린 상서에서 도별로 교수관 1인을 선임하여 도내의 향교를 순찰, 관리하자는 안을 제시했는데,[89] 그의 안대로 라면 향교 생도의 선발도 교수관이 담당했을 것이다. 이것은 생도의 선발은 보다 전문적이고, 객관적으로 하기 위한 방안이었다고 생각된다. 그러나 이 건의는 제대로 시행되지 않고, 『경제육전』에서는 관찰사가 선임하는 방식으로 규정된 것이다.

고시관으로 한량관을 파견하는 방식은 이후에는 등장하지 않는 대단히 독특한 방안이었다. 향교 학생의 평가 방식은 성균관과 똑같은 고강방식이었다. 한 번에 학생을 모아 평가할 수 없으므로 고시일 수가 길어지게 된다. 그래서 2, 3인의 고시관을 선발했는데, 이들은 서울

---

[89] 『고려사』 권118, 열전31, 조준 및 권74, 지28, 선거, 학교, 공양왕 원년 12월, "願自今, 以勤敏博學者, 爲教授官, 分遣五道各一人, 周行郡縣, 其馬匹供億, 委鄉校主之."

처럼 합좌해서 시험을 보는 것이 아니라 교대로 도회소로 가서 시험을 보았다. 그러니 현직 수령을 고시관으로 임명하면 수령이 임지를 자주 비워야 했다.

그러나 한량관 임명이 이런 이유만 있었던 것은 아니라고 보여진다. 재지사족층을 적극적으로 등용하려는 정도전·조준 파의 정책이 여기서는 이런 방식으로 표현된 것이라고 보아야 한다. 정도전·조준 파는 수령 선임과 향교교관 파견정책에서도 이 관직을 재지사족의 등용문으로 이용하려는 시도를 하였다. 수령의 경우 수령권차법을 마련하여 수령이 유고하면 관찰사가 현지에서 재지사족을 수령으로 등용할 수 있도록 했으며, 지방 품관 중에서 발굴, 선임하는 정책을 추진했다. 이 조치 모두 『원전』에 수록되었다.[90]

당시 고강을 담당할 만한 문신 수령이 부족해서 이런 편법을 사용했다고 추측할 수도 있다. 그러나 아무리 그렇다고 해도 한 도의 수령 중에 고시를 담당할 능력을 갖춘 수령 2~3인이 없어서 한량관을 포함시켰다고 볼 수는 없다.[91]

 C5. 성균관과 오부와 외방 생도는 모두 명단을 비치한다. 다만 모인은 모서(某書)·모경(某經)에 통하였다는 것만을 쓰고, 그 고하(高下)는 정하지 아니한다.
 (館及五部 外方生徒 皆置簿 止書某人通某書某經 更不定其高下)

---

90) 임용한, 『조선전기 수령제와 지방통치』, 혜안, 2002, 135~138쪽.
91) 조선시대의 수령은 대략 문신, 무신, 이전 거관자로 구성되었다. 흔히 문신 수령으로 수령직을 채워야 한다고 말하곤 했지만, 수령제의 구조상 이는 불가능했다. 수령의 임무 중에는 치안, 군사적 기능도 있었고, 서리 출신이 필요한 경우도 있었다. 관찰사는 이들을 적절히 운영하며 도내의 문제에 대응했다. 일례로 군사, 치안 문제가 발생하면 관찰사는 주변 고을의 무반 수령을 차출하여 임무를 수행하게 했다.

명단의 비치는 과거 응시자격을 생도에게만 부여하는 이상, 중앙 정부가 항상 학생의 명단을 파악해서, 엄격한 학사관리를 유지하고, 부정승격과 같은 입시부정이나 피역을 방지하려는 의도였을 것이다. 또 명단에 성적은 기재하지 못하도록 했는데, 이는 학생에 대한 평가는 예조와 성균관에서 전담한다는 의도였다. 두 기관이 학생 평가를 전횡하게 된다는 문제가 발생할 수도 있지만, 여러 기관에 맡겨 놓으면 다양한 인맥과 압력에 의한 부정 발생의 소지가 더 높았을 것이다. 또 평가방식이 고강인 이상 일관성을 유지하고, 도학과 인재의 기준을 성균관을 통해 강제로 보급하려는 학문적 의도와 자신들의 개혁이념에 맞는 인재를 선출한다는 정치적 의도도 있었다고 생각된다.

C6. 자·오·묘·유년(子午卯酉年)에 이르러 성균관에서 예조에 보고하고, 예조에서 계문하여, 경중(京中)에서는 성균관과 한성부에서, 외방에서는 각도 관찰사가 상항(上項)의 사서·오경을 통한 자 중에서 전에 정한 정원대로 시취(試取)한다. 사서는 각기 1장을 강하고, 5경도 각각 1장을 강하는 것을 초장으로 한다. 표와 논, 고부 중 하나를 출제하고 이를 중장으로 한다. 경사와 시무 중에서 책문을 내어 시험하는 것을 종장으로 한다. 이 성적을 종합하여 순위를 나누며, 합격자는 회시에 응시하는 것을 허락한다. 회시의 합격정원은 이전의 예와 같이 33인이다. 전시에 응시하면 다시 책문으로 1번 시험하여 그 성적을 나눈다.
(至子午卯酉年 成均報禮曹 禮曹啓聞 令京中成均館漢城府 外方各道觀察使 將上項通四書五經者 以前定額數試取 四書各講一章 五經各講一章 爲初場 表論古賦中出一題 爲中場 經史時務中出策問 爲終場 通考 第其高下 其中者 許令入赴會試 試取如前例 取三十三人 赴殿試更試策問一道 第其高下)

과거의 식년을 정하고, 문과의 시험방식을 구체적으로 정한 것이다. 이때 식년은 자오묘유년으로 했다. 이 식년은 조선시대 내내 준수되었다. 시험시기는 특별한 규정을 찾을 수 없는데, 태조 5년의 첫 번째 생원시는 5월에 거행되었다.92) 그 이후의 경우를 보면 성종대까지는 소과와 대과가 시기 구분 없이 똑같이 5월에 거행되었다. 나중에 성종대에 이런 방식이 짧은 기간에 시험이 너무 많고 수험생들이 한꺼번에 서울로 몰리어 물가가 뛰고, 응시생들이 빈번하게 왕래해야 하며, 시험들 간에 간격이 너무 짧다는 등의 이유를 들어 시험기간을 조정하여 『경국대전』에는 과거 식년 전해의 가을에 생원·진사시와 초시를 보고, 식년의 봄에 복시와 전시를 보는 것으로 조정되었다.93)

그런데 성종대에 이런 문제가 발생한 것은, 이때는 과거 응시자격이 학생으로 제한되지 않았고, 그외에도 여러 가지로 과거 응시자격이 해이해졌던 상황도 고려해야 한다고 생각된다. 태조대에만 해도 생원시로 단일화되었고, 응시자격자를 학생으로 엄격하게 제한해서 응시생이 많지 않았으므로 단기간에 보는 방식이 더 편리했을 수도 있었다.

문과의 시험 규정에서는 태조 즉위교서인 C1과 차이가 발생했다. C6에서는 대과 응시의 자격은 성균관에서 행하는 관시(館試)와 한성에서 시행하는 한성시의 합격자, 외방의 관찰사가 향교 생도를 대상으로 향시를 치러 선발한 공생(貢生)으로 선정된다.

시험의 정원은 전에 정한 기록대로 한다고 했는데, 별도의 법안이

---

92) 『태조실록』 권9, 태조 5년 5월 임술, "禮曹申 請生員試 自今試疑義各一道 取一百人 依前朝進士例 簾前放榜三日 成行以勸後生向學之心 其貢生 令成均正錄所 講四書業經 方許記名赴試 上許之."
93) 『경국대전』 예전 제과 ; 조좌호, 「이조식년문과고(상)」, 『대동문화연구』 10, 174쪽.

있었거나 태조 즉위교서인 C1에 정원을 규정했는데, 실록 기록에서 생략된 것이 아닌가 싶다. 태조 5년에 행한 최초의 생원시 기록에 의하면 생원시의 정원은 100명이었으며, 합격자는 고려의 관례를 따라 3일 동안 방방(放榜)하는 행사를 베풀었다.⁹⁴⁾

태조대의 관시 정원은 30명, 한성시는 20명이었다.⁹⁵⁾ 향시의 정원은 분명하지 않은데, 태종 17년의 기록에 의하면 그 이전에 강원도, 풍해도는 각기 15인, 충청도는 20명, 경상도 30명, 전라도 20명, 평안도와 함길도가 각각 10명으로 총 110명이었다고 한다.⁹⁶⁾ 이것이 태조대부터의 정원인지 그 중간에 한 번 조정이 된 수치인지는 분명하지 않지만, 약간 조정이 되었다고 해도 대략 이 정도 수준이었다고 생각된다.

관시는 성균관 생원을 대상으로, 향시는 향교 생도를 대상으로 한다. 향교 생도가 거주지 이외의 다른 지역의 시험에 응시하는 것은 금지했다.⁹⁷⁾ 한성시는 응시자격자를 명시하지 않았는데, 태종 17년의 기록에 경기지방 향교의 생도도 한성시에 응시를 허락하자는 건의가 있는 것으로 보아⁹⁸⁾ 한성시는 지방의 향시에 비견되는 시험으로 서울의 학당 생도를 대상으로 하는 시험이었다. 그래야 향교 생도와 학당 생

---

94) 『태조실록』 권9, 태조 5년 5월, 임술.
95) 『태종실록』 권9, 태종 5년 3월 정미, "加漢城試額數爲三十 旣而罷之 初成均館上書 前朝開城試 只取從仕員 故額數只二十 近年以來, 非惟從仕員 至於新生員及京居幼學等 皆赴漢城試 其額數尙循舊制 不無遺材之歎 願依館試例取三十人 允之 憲司以鄕館試額數 行之已久 成均館擅加十人 越次申請 論罷之."
96) 『태종실록』 권33, 태종 17년 윤5월 기사, "赴試生徒額數 館試加二十爲五十 漢城試加一十爲四十 江原豐海道各減五人爲十 其餘忠淸道二十 慶尙道三十 全羅道二十 平安道十 咸吉道十 皆仍其舊."
97) 『태종실록』 권33, 태종 17년 5월 기사. 이것은 고려시대부터의 법규였다(『고려사』 권73, 지27, 선거1, 과목1, 공민왕 23년 3월 판).
98) 『태종실록』 권33, 태종 17년 5월 기사, "京畿州郡 本爲直隷 其生徒皆許赴漢城試."

도의 응시자격이 평등해진다. 성균관 생원이 한성시나 향시에 응시하는 것은 금지되었다.99)

그런데 이렇게 하면 성균관 생원의 위상이 애매해진다. 학당이나 향교 생도는 한성시나 향시를 거쳐 바로 복시에 응시할 수 있는데, 생원시 합격자는 성균관에 입학하고 다시 관시를 보니 한 번의 시험을 더 치러야 하고, 한성시나 향시에 응시할 수도 없기 때문이다.

이는 조선시대의 과거제가 내내 지니고 있는 딜레마인데, 과거제와 학교제의 결합을 실현한 명나라 제도에서는 향시 합격자는 회시에 응시할 자격을 주고, 낙방하면 국자감에 입학할 수 있는 자격을 주었다. 이들을 거인(舉人)이라고 했는데, 성균관에 입학했어도 반드시 회시를 거쳐야만 관리가 될 수 있었다. 하지만 성균관의 학생에 해당하는 감생은 향시에 응시한 뒤 회시에 응시할 수도 있고, 학교에서의 성적과 평가를 바탕으로 바로 관리가 되는 길도 열려 있었으므로 이런 모순이 발생할 소지가 없었다.100)

과거제와 학교제의 연계라는 측면에서 보면 명나라 국자감의 감생제도가 핵심이라고 할 수 있으나 정도전·조준 파의 개혁안에서도 성균관 생원을 바로 관리로 등용하는 제도는 채용하지 않았다. 그 이유는 알 수 없지만 조선의 상황에서는 이런 방식이 오히려 기득권층의 특권을 강화시킬 수 있다고 판단했을 가능성도 있다.

관시·한성시·향시의 시험방식은 태조 즉위교서인 C1에서는 사서오경과 통감을 통달한 사람에게 통달한 경서의 많고 적은 것과 경서

---

99) 『태종실록』 권27, 태종 14년 1월 을미. 이날 기사에 이때부터 비로소 생원이 한성시에 응시하는 것을 허용했다는 기록이 있다. 이로 미루어 이전에는 생원의 한성시 응시가 금지되었음을 알 수 있다. 그러나 이때도 한성이나 지방 거주자가 본관 이외의 지역에서 응시하는 것은 금지되어 있었다.

100) 오금성, 「중국의 과거제와 그 정치 사회적 기능」, 『과거』(역사학회 편), 일조각, 1981, 18~19쪽.

의 이해도를 시험본다고 애매하게 서술해 놓았는데, C6에서는 통감을 빼고 사서오경 중 각각 1장만을 시험보게 했다. 시험규정을 명확하게 했다는 의미도 있지만 내용도 완화된 것도 분명하다.

회시는 시험과목이나 방식이 나와 있지 않다. 서술이 없는 것으로 보아 초시와 동일한 방식이었던 것 같다. 합격정원은 33명이었다. 이 33이라는 숫자는 고려시대부터의 유제로 고려시대에 불교를 숭상해서 33천(天)에 맞춘 숫자라고도 하나 조선초기의 관료들도 이미 기원을 정확히 모르고 있었다.101) 개혁파 사대부는 척불론을 주장했지만, 과거 정원은 문제삼지 않았던 것 같다.

회시 합격자 33인은 마지막으로 전시에 응시한다. 전시는 국왕이 친시하는 것으로 국왕이 곧 과거의 좌주라는 의미가 있었다. 이 시험은 당락을 결정하는 게 아니고 33인의 등수를 매긴다. 여기서는 책문 1과목만을 시험본다. 책문으로 부과하는 방식은 송대 왕안석의 개혁안에서 기인한 것이다.102)

    C7. 사서오경을 통했으나 2번 응시하여 합격하지 못한 자는 정문이 비록 율에 적합하지 않더라도 합격을 허락한다.
    (其通四書五經而 二擧不中者 程文雖不中律 亦許入格)

C7은 자칫하면 과거 응시를 2번으로 제한한다는 의미도 될 수 있고, 3번을 응시하면 성적은 나쁘더라도 최소한 급제라는 자격을 얻을 수 있다는 의미도 해석할 소지도 있다. 또 사서오경을 통했다는 조건도 대단히 애매하다. 그러나 아무리 국초라고 해도 이런 엉성한 규정을 두었다고 보기는 어렵다. 『원전』의 법에서 성균관 생원은 9재를 모

---

101) 『세종실록』 권101, 세종 25년 9월 임술.
102) 오금성, 앞의 글, 14쪽 ; 신채식, 『송대관료제연구』, 삼영사, 1981, 354~364쪽.

두 거쳐야 하고, 1재를 통과할 때마다 시험과 평가를 거쳐야 했다. 그러므로 사서오경을 통했다는 막연해 보이는 설명이 가능했다. 사서오경을 통했다는 것은 9재를 모두 졸업한 학생으로 전체 응시자가 아닌 성균관 생원만을 대상으로 한 가능성이 높다고 생각된다. 향교와 학당까지 포함한다면 그 범위가 너무 넓어지기 때문이다.

이 방식은 이색의 건의에도 등장한 방안으로 성균관 졸업생에게는 급제자격을 부여하는 제도이다. 이 제도를 마련한 이유는 두 가지로 생각할 수 있다. 명나라의 과거제와 학교제를 연계하는 방식에서 핵심적 제도는 국자감의 생원은 아예 회시를 면제하고 국자감의 성적만으로 관료로 등용하는 길을 마련하는 것이었다. 사실 이 제도가 있어야만 생원시와 성균관의 존재의의가 분명해진다. 과거 응시를 학교로 제한했다고 해도 지방의 향교나 한성시 출신들은 성균관을 거치지 않고 바로 문과에 응시할 수 있었기 때문에, 성균관 출신들도 동일하게 관시를 거쳐 대과에 응시해야 한다면 성균관 재학은 보다 좋은 환경과 스승을 만난다는 외에는 의미를 지닐 수 없었다.

그러나 조선에서는 성균관 생원을 바로 관료로 등용하는 제도는 시행하지 못했으므로 대신 성균관을 수료하고 2번 과거에 응시한 사람에게는 급제를 허용하여 관료 후보군의 자격은 부여하도록 한 것이다.

또 하나의 이유는 현실적인 문제로서 과거제와 학교제를 연계하는 이상 성균관 생원은 관시에만 응시할 수 있다. 그런데 유생이 과거에 떨어지면 관시부터 다시 보아야 하므로 관시 응시자가 지속적으로 적체된다. 또 지방 유생은 늘 상경하여 관시를 보아야 하는 어려움이 발생할 것이다.

마지막으로 과거급제자의 대우와 등용에 대해 알아보겠다.

C8. 원전의 한 구절에 문과출신은 이미 시행한 과거 격례에 의하여 시

험쳐 뽑는데, 급제자 중에 을과(乙科)의 1명은 바로 종6품에 올리고, 제2인과 3인은 정종 7품에 올리며, 병과는 모두 정종 8품에 올리고, 진사는 모두 정9품과 종9품에 올려서, 서울과 외방의 걸맞는 벼슬자리 빈 곳에 차례대로 임명하고, 원래에 관직이 있던 자는 한 등급 올려 준다고 했습니다.103)

  성적은 을과 3인, 병과, 동진사로 구분되었다. 병과와 동진사의 정원은 기록이 없는데, 나중의 관례로 보면 각기 7인, 23인일 가능성이 높다. 장원인 을과 1등에게는 종6품직을, 나머지 2명에게는 정·종7품을 주고, 병과는 정·종8품, 동진사는 정·종9품계를 주게 했다. 이 방식은 『경국대전』의 포상 규정과 거의 유사하다고 하겠다. 또 원래 관직이 있는 자는 한 등급을 올려주게 했다. 원래 과거 응시를 학생으로 제한하면 유계자(有階者)의 응시는 원칙적으로 불가능해지는 것이지만 문음이나 공음으로 자급을 받은 사람은 과거를 통해 자급을 하나 더 올릴 수 있었다. 이는 『원전』에서도 문음자의 혜택을 완전히 부정하지는 않았음을 보여준다. 그러나 3자급을 올리게 하던 이후의 방법에 비하면 특혜를 최소화한 것이다.

  하지만 이와 같은 규정만으로는 과거제의 혁신성을 담보할 수 없었다. 조선의 사례를 보아도 장원급제 등 상위 3인을 제외하고는 삼관권지로 임명되어 승진에 오랜 시간이 걸리는 등104) 과거에 급제하는 것과 관료로 등용되는 것은 별개의 문제였기 때문이다. 따라서 과거제가

---

103) 『세종실록』권106, 세종 26년 11월 정축, "元典一款節該 文科出身, 依已行科擧格例試取, 其中選者乙科第一人, 直拜從六品, 第二第三人拜正從七品 丙科, 並正從八品 同進士, 並正從九品, 俱於京外相應窠闕, 以次銓注. 元有職者, 陞一等."
104) 이 제도는 세종 26년에 정한 것으로(『세종실록』권106, 세종 26년 11월 정축), 『경국대전』에도 수록되었다.

보다 개방적인 제도가 되기 위해서는 급제자를 등용하는 규정을 만들어야 했다. 그런데 바로 이 급제자의 등용규정에 대해 서로 다른 기록이 전해지고 있다.

C9. 을과 3인을 탁용하는 규정이 육전에 있습니다.
(擢用及第乙科三人 載在六典,『태종실록』권1, 태종 1년 4월 정묘)[105]

C10. 문과 33인은 모두 즉시 서용한다고 원전에 기재되어 있습니다.
(文科三十三人 卽皆敍用 已載元典,『세종실록』권42, 세종 10년 11월 기유)

C11. 문과에 오른 자는 10인 이상을 모두 즉시 서용하는 법이 원전에 있습니다.
(登文科者 十人以上 卽皆敍用之法 載在元典,『세종실록』권44, 세종 11년 4월 갑신)

그런데 C10은 어전에서 세종과 변계량이 토론하는 중에 나온 이야기인데, 왕에게 직접 언급한 내용이니 만큼[106]『원전』에서 급제 33인의 서용을 보장하는 내용이 있었던 것은 분명하다. 그렇다면 C9와 C11의 규정은 이들만을 등용한다는 것이 아니라 성적우수자에 대한 특별 등용규정이 별도로 있었던 것 같다. 즉 을과 3인은 탁용하고, 을

---

[105] 본문에는 단지 육전이라고 되어 있지만 이 기사가 태종 원년의 기록으로 당시에 존재하는『경제육전』은 원전뿐이었다.
[106]『세종실록』권42, 세종 10년 11월 기유, "上謂卞季良曰 議者以爲 文科三人外 皆以權知口傳三館 待次敍用 至七八年 乃得去官 故老於一館 不習世務 其他貴家子弟 則自少分列各司南行 明習吏事 終爲可用之才 此言然乎 季良對曰 誠然 上曰 予亦然之 季良曰 文科三十三人 卽皆敍用 已載元典."

과와 병과(10인 이상)는 즉시 서용하고, 나머지 인원은 모두 서용하는 것을 보장하는 구조였다고 추정된다.

급제자의 전원 등용이라는 규정은 개국 초기라는 분위기에서 마련한 이상적인 규정으로서 현실성이 있었겠느냐는 의문을 제기할 수 있다. 과거급제자의 등용에서 늘 문제가 되는 것이 관직부족이기 때문이다. 안타깝게도 정도전·조준 파의 집권기에 그들의 방안대로 시행한 과거는 태조 5년의 과거 한 번밖에 없어서 이 규정은 실행해 볼 기회도 가져보지 못했기 때문에 『원전』 규정의 타당성을 현실적으로 검증할 방법이 없다. 그러나 후대에 급제자 3인에게만 관직을 수여한 것은 꼭 관직이 부족했기 때문만은 아니었다. 공신자제나 음서, 남행 등에 할당되는 관직이 많았기 때문이었다. 『원전』의 과거법에 대해 비판적이었던 변계량도 『원전』의 33인 모두 서용 규정을 논의하면서 남행직을 이들에게 개방하면 이 수요를 충당할 수 있을 것이라는 의견을 제시한 적이 있었다.[107]

그러므로 이 규정도 국초라는 특수 상황에서 출현한 이상적인 규정으로 간주하기보다는 정치세력의 교체와 관료제의 개방적 운영에 대한 정도전·조준 파의 의지가 반영된 것으로 평가해야 할 것이다.

지금까지 살펴본 『원전』의 과거법을 정리하면 다음과 같다. 과거 응시자격은 학교 생도로 제한한다. 성균관은 생원시를 통해서 또는 향교와 학당의 승보시를 통해서 입학한다. 성균관은 9재로 구성되어 모든 생원은 매회 평가를 거쳐 9재를 차례로 승진한다. 대과인 문과의

---

[107] 『세종실록』 권42, 세종 10년 11월 기유. 조선후기에 정약용도 『전서』에서 과거급제자를 모두 서용하는 방안을 구상하였는데, 조선후기에 증가한 과거의 종류와 급제자 수를 줄이고, 당시 문벌자제에게만 발령을 내던 신분적 차별을 해소하면 이것이 가능할 것이라고 보았다(조성을, 「정약용의 과거제도 개혁론」, 『역사학보』 157, 1998, 88~89쪽).

초시는 한성부가 주관하는 한성시와 관찰사가 주관하는 향시, 성균관에서 시행하는 관시이다. 각각의 합격자는 복시에 응시한다. 성균관 생원도 대과를 보아야 하지만 2번 이상 낙방하면 급제의 자격을 부여하게 해서 생원시와 성균관의 의미를 보장하였다. 복시 정원은 33인이며, 전시를 거쳐 을과와 병과, 동진사에게는 종6품에서 9품계를 수여한다. 을과와 병과는 즉시 서용하고 나머지 합격자에게도 서용을 보장한다.

이상의 과거법은 고려시대의 과거법이나 이후에 행해진 과거법의 성격과 비교해 볼 때 관료직의 개방성이나 순환성이 높고, 재지사족이 과거를 통해 중앙관료로 성장하기에 가장 유리한 제도였다고 평가할 수 있다. 또한 과거와 교육에서 성균관의 우월성이 확보되었다. 물론 전체적으로 보아서는 이런 방식을 사용해도 세가의 영향력은 여전히 작용할 수 있으며, 서울의 학당과 성균관 생원의 특혜가 제일 크다고 할 수 있다.108) 그러나 생원이나 생도들의 한성시나 타 지역 향시 응시가 금지되고, 학교 생도들만을 과거 응시대상으로 제한했으므로 그 어떤 제도보다도 지방 생도들의 지분이 가장 잘 확보할 수 있는 방안이었다.

---

108) 그렇다고 해서 명나라의 과거제가 이상적인 제도였다는 의미는 아니다. 명나라의 제도를 보면 향시 합격 정원이 너무 적었다. 국자감의 감생도 시험을 거쳐 들어오는 감생 외에 음직으로 들어오는 음감(陰監), 일반 백성이 돈을 내고 들어오는 예감(例監)과 생원으로서 돈을 내고 들어오는 납공(納貢) 등 편법이 있었다. 또 학교의 선발과정도 공정하게 이루어지지 않아 결국은 고위관료들이 운영을 장악하는 체제가 되었다.

3. 조선초기 과거제의 성립과 그 의미

1) 태종 초반 과거제의 운영양상과 변화

정도전·조준 파가 몰락하고 태종이 즉위하면서 『원전』의 법들은 수정되기 시작했다.[109] 과거제도 예외가 아니었다. 그런데 정식으로 과거법이 수정되기 전에도 『원전』의 과거법들은 변화를 겪고 있었다. 그 첫 번째 사건이 태종 2년의 과거였다. 이 과거에서 태종의 명령에 따라 장원자는 서울 거주인 중에서 뽑는 관례가 부활했다.

> 정환(鄭還) 등 33명에게 복시를 시행하여 신효(申曉)를 뽑아 제1로 삼았다. 임금이 좌우에 묻기를, "서울에 사는 사람으로서 과거에 응시한 자를 장원으로 삼는 것이 좋겠다." 하니, 대언 이응(李膺)이 대답하였다. "글로써 취재(取才)하는 것이온데 서울과 외방을 어찌 분별하겠습니까?" 임금이 말하기를, "글의 잘 되고 못된 것이 같을 경우에는 서울에 사는 사람을 장원으로 뽑고, 또는 글씨를 잘 쓴 사람을 으뜸으로 함이 옳겠다." 하니, 이응이 대답하기를, "회시의 고하를 가지고 아울러 논함이 옳겠습니다." 하였다.
> 임금이 말하기를 "정환은 어떤 사람인가?" 하니, "그 아버지 정거민(鄭居敏)은 녹사(錄事) 출신이옵니다." 하였다. 임금이 말하기를, "정몽주는 향생(鄕生)으로서 장원이 되어 호방함이 비길 데 없었다." 하니, 이응이 대답하였다. "정몽주 같은 분은 중국에도 드뭅니다."
> 지신사 박석명이 아뢰기를, "새로 급제한 신장(申檣)은 전조(前朝)의 간의(諫議) 신덕린(申德隣)의 손자입니다. 신덕린이 글씨를 잘 썼는데 신장의 필법은 그와 비슷합니다." 하니, 임금이 이를 가상히 여기어 신장을 상서(尙瑞)의 녹사(錄事)로 임명하였다.[110]

---

109) 임용한, 「경제육전속집상절의 간행과 그 의의」, 『조선시대사학보』 25, 2003 ; 윤훈표·임용한·김인호, 『경제육전과 육전체제의 성립』, 혜안, 2007 참조.

이 논의를 보면 태종도 경중의 세가자제를 장원으로 뽑는 과거의 관례를 그대로 복구하지는 못하고, 동점일 경우라는 단서를 달고 후퇴하였다. 또 시골출신으로서 장원을 한 정몽주를 칭찬하는 태도도 보인다. 그러나 이 말에는 정몽주와 같이 되려면 정몽주만큼 특별하고 탁월한 능력을 보여야 하며, 이는 중국에서도 드문 경우라는 생각도 내포되어 있다. 즉 재지사족이나 신진의 유입을 근원적으로 막거나 차단하지는 않지만, 정몽주와 같은 사례가 되려면 중앙의 세가자제보다 탁월한 능력을 보여야 한다는 조건을 달고 있는 것이다. 이것은 태종조 정책의 보수성과 혁신성을 잘 보여주는 사례라고 생각된다.

하지만 태종의 이러한 태도는 보수파에게는 재지사족의 등용과 이를 통한 관료구성의 변혁을 추구하던 『원전』의 과거법을 부정하고, 권문세가와 중앙집권층의 특권을 보존하는 이전의 상태로 회귀한다는 조치로 받아들일 소지도 있었다.

실제로 태종 4년 8월 사간원에서 올린 상소에서는 이렇게 변화된 분위기가 감지되고 있다.

> 사간원에서 상소하였다. "오부 교수관은 경전에 능통하고 순근한 선비를 골라 제수해서 교양하고, 생도 가운데 효경·소학·사서·문공가례에 능통한 자는 소학을 올리고, 성균 정록소로 하여금 힘써 교양을 더하게 할 것입니다. 삼경 이상에 능통하고 효제·근후한 이는 감시(監試)에 나가는 것을 허락하여 성균관에 올릴 것입니다. 오경과 통

---

110) 『태종실록』 권3, 태종 2년 4월 을묘, "覆試鄭還等三十三人 擢申曉爲第一 上問左右曰 居京應擧者爲壯元 尚矣 代言李膺對曰 以文取才 京外何分 上曰 文之工拙等 當取居京者 或以善書者爲首可也 膺對曰 宜以會試高下幷論 上曰 鄭還何如人也 膺對曰 其父居敏 錄事出身 上曰 鄭夢周以鄕生爲壯元 豪放無比 膺對曰 若夢周者 雖中國稀有 知申事朴錫命啓曰 新及第申檣 前朝諫議德隣之孫也 德隣工書 檣之筆法似之 上嘉之 除檣尙書錄事."

감에 능통하고 덕행이 드러나 알려진 자를 골라 또한 부시를 허락하고, 경박하고 근신하지 아니하는 무리는 비록 재주와 학식이 다른 사람보다 뛰어나더라도 물리치고 받아들이지 아니할 것입니다.

 성명을 기록할 때에는 반드시 그 부형이나 친척이나 친우로 하여금 그 실제 덕행을 기록하여 유사(有司)에 고하게 하고, 유사가 그 시험에 합격한 자의 덕행과 보거인의 직명을 헌사에 보내어, 헌사에서 장부에 기록하여 갈무리해 두었다가, 다른 날 시험에 합격한 생도 가운데 근신하지 아니하는 죄를 범하는 자가 있으면, 보거한 사람도 아울러 죄주게 하는 것을 항식으로 삼을 것입니다."111)

 이 건의에서는 먼저 오부 교수관에 합당한 사람을 임명하고, 감시 응시자는 삼경 이상에 능통하고 효제, 근후한 자로 자격 조건을 두자고 했다. 여기서 말한 감시란 당시의 성균관 입학시험이란 의미로 사용한 것으로 여기서는 진사시가 아닌 생원시를 뜻한다.112) '삼경 이상'은 오부학당에서 성균관으로 올리는 자격요건, 즉 승보시 규정을 말하는 것 같다. 태조 즉위교서 규정인 C1에서 바로 이 내용이 명확치 않아서 '삼경 이상'이 『원전』의 법대로 하자는 것인지, 『원전』보다 강화

---

111) 『태종실록』 권8, 태종 4년 8월 기축, "司諫院疏 一五部敎授官 擇除通經醇謹之士以敎養之 其生徒之能通 孝經 小學 四書文公家禮者 升之小學 令成均正錄所 敎加敎養；其通三經已上 孝悌謹厚 許赴監試 升于成均；擇其能通 五經通鑑 而德行著聞者 方許赴試；其輕薄不謹之輩 雖才學出衆 屛斥不納 於其姓名記錄之際 必令其父兄親戚朋友 錄其實德 告于有司 有司以其中試者德行 保擧人職名 送于憲司 憲司籍記而藏 異日中試之徒 如有犯不謹之罪者 幷坐保擧之人 永爲恒式 外而州縣鄕校 亦擇通經老成之士 以充敎授 令守令考其勤怠 守令以爲餘事 而不加敦養者 監司隨卽譴責 其守令褒貶之際 生徒成材 有無多少 竝載守令名下；其赴監試, 鄕試者 一遵上項條式."
112) 이전에 쓴 논고에서 이 글의 감시를 진사시로 이해하고 당시 진사시가 부활되었던 상황을 의미하는 것이라고 서술한 적이 있으나(임용한, 「여말선초의 학교제와 과거제」, 298쪽) 이는 감시의 의미가 상황에 따라 바뀐다는 사정을 이해하지 못한 데서 비롯한 오류였다.

하고자 하는 것인지, 약화시키고자 하는 것인지 알 수가 없다.113)

어느 경우든 이런 건의를 한 의도는 분명하다. 정종대에서 태종 즉위 초반은 『원전』의 법이 사문화되기도 하고, 개혁안에 대한 반동적 분위기가 강한 시기였다. 일부 제도에서는 고려의 방식으로 복귀하자는 주장까지 있어서 이색 계열의 온건파까지도 불만을 느낄 정도였다. 반면에 일부는 여전히 『원전』의 법을 지지했다.

과거 및 학교제 운영에서도 그런 경향이 나타나고 있었는데, 오부학당의 경우는 생도의 성균관 진학에 대한 규정을 완화하거나 진학심사가 느슨해지는 경향을 보였던 것 같다. 이런 사정은 사간원의 건의에 대한 의정부의 답변에서도 드러난다.

> 감시는 초학(初學)의 무리를 권장하기 위한 것이므로, 고려에서는 십운시(十韻詩)로 시험하였고, 동당(東堂)에서 1경(一經)에 통달한 자에게 부시를 허락하였습니다. 지금 만약 반드시 3경에 능통한 자에게 감시에 나가는 것을 허락한다면, 오로지 학문을 권장하는 뜻에 어긋날 뿐만 아니라, 문무자제도 모두 문과의 어려운 것을 꺼려, 글을 읽고 부시할 자는 드물어질 것입니다.114)

사간원의 건의에 대해 의정부는 감시는 초학을 권장하기 위한 것이라고 정의하고, 이미 폐지된 고려의 진사시의 규정과 느슨하던 국자감

---

113) 태종 원년에 문과의 고강법이 변경되었다. 그런데 이 규정은 문과 초장의 강경법은 사서오경 중 각1장에서 각3장으로 강화되고, 회시는 반대로 사서오경 각1장에서 사서 중 1장, 오경 중 1장으로 약화되었다(『태종실록』 권1, 태종 원년 윤3월 경술). 이 변화의 배경이나 의미는 당시의 학생들의 실정, 중앙과 지방의 차이를 정확히 알지 못하기 때문에 평가하기 어렵다.
114) 『태종실록』 권8, 태종 4년 8월 기축, "議政府議 監試所以勸初學之輩, 前朝試以十韻詩 其於東堂通一經者 許令赴試 今若須通三經者 許赴監試 非唯違於勸學之意 文武子弟 亦皆憚於文科之難 而讀書赴試者鮮矣."

학생의 부시 자격관례까지 들어가면서 반대하였다. 국자감시를 초학을 권장하는 제도로 느슨하게 생각하는 태도는 전형적인 고려시대의 사고로 이색도 이와 같은 생각을 피력한 적이 있다.[115]

『원전』의 과거법에서 진사시를 폐지하고 생원시만을 남겨 놓았던 것은 성균관에 입학하여 과정을 수료한 자가 2번 과거에 떨어지면 급제를 인정해 줄 정도로 성균관 입학을 거의 준관료를 선발하는 수준으로 파악하고, 엄격하게 관리하기 위해서였다. 의정부가 이를 모를 리가 없음에도 이들은 고려의 기준을 근거로 감시를 초학의 학문을 권장하는 수단으로까지 격하시키고 있는 것이다.

또 의정부는 '삼경'이라는 기준을 사용하면 문무자제가 과거를 꺼려하여 과거 응시자가 드물어진다고 반대했다. 이 역시 이들의 주된 관심이 기존의 문무관료의 자제에 있으며, 초학을 권장한다는 것이 학당의 재학과 승보과정을 문무관원 자제에 대한 특혜로 간주하는 태도를 보여준다. 사간원의 상소는 바로 이와 같은 분위기 내지는 정책적 움직임에 대한 불만에서 제시된 것이었다.

사간원의 두 번째 건의는 덕행에 대한 보거제였다. 오경에 통달하고, 성적이 좋더라도 성품이 경박하고 근신하지 않는 자는 과거 응시

---

115) 『목은문고』 권8, 「십운시서(十韻詩序)」. 허흥식은 이 시를 소개하면서 이러한 태도는 고려시대 연소자가 예부시에 급제하던 폐단을 반영하는 것으로 고려시대 사람들은 대부분 이를 비판하기보다는 명예로 여겼고, 이는 문벌사회의 욕구를 충족시키는 일면이 있었다고 하면서도, 이러한 태도를 지닌 근본적인 이유는 국자감시가 예비고시로 출발한 데서 찾아야 할 것이라고 하였다(허흥식, 『고려과거제도사연구』, 135쪽). 이는 국자감시를 예부시의 전 단계인 예비고시로 파악하고 있기 때문이다. 그러나 국자감시는 잡업 등 여러 시험이 있지만 문과의 경우는 국자감의 입학시험으로 보는 견해가 정당하다고 생각된다. 따라서 감시를 초학을 권장하는 제도로 간주하는 자세는 중앙 관료군 중심으로 운영되던 고려시대 과거제와 학교제의 현실을 잘 반영하는 것이라고 생각된다.

를 금지하고, 부시하는 자에게는 보거제와 연좌제를 시행하자는 것이다. 의정부는 이 주장에 대해서 다음과 같이 반대했다.

그 부시(赴試)하여 성명을 기록할 때, 부형(父兄)이나 친척이나 친우로 하여금 그 실제 덕행을 기록하여 유사에 고하게 하고, 뒤에 만약 범죄하는 바가 있어 보거한 자를 아울러 죄준다면, 사람들이 모두 문과에 견디지 못하여, 장차 문학을 폐절하게 만들 것입니다. 그 경박하고 근신하지 아니하는 무리는 비록 재주와 학문이 다른 사람보다 뛰어나더라도 배척하고 받아들이지 아니한다면, 대저 성기(性氣)가 가볍고 쾌활한 자가 학문을 능히 통해도 (등용하지 못하고), 미치고 고집스러운 선비만 성문(聖門)에서 취하게 됩니다. 만약 사람이 다 함께 아는바 경박하고 근신하지 않는 자라면 배척할 수 있으나, 그 재주를 시기하는 무리가 문학에 능히 통하는 자를 경박하다고 일컫고 배척한다면, 장차 현자를 상실하고 재주 있는 선비를 폐색(蔽塞)하는 데 이르게 될 것이니, 그 폐단이 작지 않을 것입니다.116)

의정부의 반론은 누가 보아도 합리적이고 적절하다. 덕행 보거제는 보거자가 피보거자의 행동에 대해 무한책임을 져야 하기 때문에 시행할 수도 없고, 시행한다면 폐단이 더 많을 수밖에 없는 제도였다. 그렇다면 사간원은 왜 이렇게 누가 보아도 비합리적인 제도를 건의했던 것일까?

그것은 전반부의 승보시 논의와 마찬가지로 승보 규정과 심사체제가 느슨해지고, 승보를 문무관원의 자제에 대한 특혜로 만들어 가려는

---

116) 『태종실록』 권8, 태종 4년 8월 기축, "其赴試記名時 令父兄親戚朋友 錄其實德 告于有司後 若有犯 幷罪舉者 則人皆不堪於文科 而將使文學廢絶矣 其輕薄不謹之輩 雖才學出衆 屏斥不納 則大抵性氣輕快者 能通學問 狂狷之士 聖門所取 若人所共知輕薄不謹者 在所屏斥 其妒才之徒 以能通文學者 稱爲輕薄而屏斥之 將至於失賢蔽才 其弊不小."

분위기가 우세해지던 데에 원인이 있다고 보여진다. 사간원은 보거제를 도입하여 지나치게 질 낮은 학생들이 성균관에 진학하는 것과 이들이 무절제하게 행동하여 성균관의 분위기를 훼손하는 것을 막아보려고 했던 것 같다.

마지막으로 사간원 상소의 특징은 학당교육에 『문공가례』와 『소학』을 추가한 것이다. 이 건의는 『속육전』의 과거제 수정안에 반영되는데, 권근 등 이색 계열의 학자들이 정도전 파에 비해 소학교육을 강조하는 배경에 대해서는 별도의 고찰이 필요하다고 생각된다.

다음 해인 태종 5년 3월에 시행한 과거에서는 사간원의 우려가 현실로 나타났다. 한성시에는 오부학당의 생도만 응시할 수 있다는 원칙이 무너져 관원, 생원 및 거경유학(居京幼學) 등이 닥치는 대로 응시하였다.[117] 이것은 생원시도 마찬가지여서 함께 시행한 생원시에는 무려 1천 명이 응시했고, 현직 관원까지도 응시했다. 나중에 이 문제가 논란이 되자 참상직 이상의 관직을 받은 사람도 직첩을 돌려받을 수 없다는 전제 하에 직첩을 바치면 생원시에 응시할 수 있는 관례를 새로 만들었다.[118] 이후 성종 때까지 유계자(有階者)의 합격률은 전체 합격자의 34.4%에 해당할 정도로 크게 높아졌다.[119] 급제자에 대한 대우도 『원전』 때는 1자급을 올리던 것을 4~1자급을 올리는 것으로 상

---

117) 『태종실록』 권9, 태종 5년 3월 정미, "初 成均館上書 前朝開城試 只取從仕員 故額數只二十 近年以來 非惟從仕員 至於新生員及京居幼學等 皆赴漢城試 其額數尙循舊制 不無遺材之歎."
118) 『태종실록』 권9, 태종 5년 3월 경자, "生員試員右代言金科 成均大司成鄭以吾 取趙瑞老等百人 初 瑞老以前監察 納職牒赴試 司憲府上疏言 生員入學之門 及第入仕之路 故布衣學生入鄕試 而後赴試 近來參以上人 不思名器之重 納牒而赴試 ,顚倒失序 士風不美 自今參以上員 毋令赴試 下議政府擬議 政府議得 參以上員 許令赴試 以勸後學 勿論中否 其職牒 不許還給 從之."
119) 김창현, 『조선초기 문과급제자연구』, 일조각, 1999, 36~42쪽.

승했다. 이것은 과거제의 기능과 역사적 성격에 대한 평가를 변화시킬 정도로 대단히 중대한 변화이다.

또한 시험 자체도 문란하게 진행되었다.

> 사헌부에서 우대언 김과(金科)와 대사성 정이오(鄭以吾)를 탄핵하였으니, (이들이) 생원시를 관장하여 세력가의 어린 자제들을 많이 뽑았기 때문이다. 당초에 시험에 응시한 생도가 1천여 명이었는데, 나이가 장성하고 재주가 있는 자는 많이 떨어지고, 나이가 어린 아이들은 합격된 자가 많이 있었으므로, 좌의정 하륜이 그 공정치 못함에 화가 나서 사헌부에 이관하여 추핵(推劾)하게 하였다. 사헌부에서 삼관원(三館員)으로 하여금 시험에 떨어진 여러 생도들의 권자(卷子) 중에서 가히 뽑을 만한 것을 고르게 하니, 임금이 사헌부 장무(掌務)를 불러 그만두도록 타일렀다.[120]

이처럼 응시자가 대거 증가한 것은 그간 개혁파 사대부의 감시 폐지와 학교 중심의 정책 때문에 과거 응시를 못해 적체되었던 인원이 한꺼번에 몰렸던 때문인 듯하다. 그러나 이런 부작용을 떠나 세력가의 어린 자제들이 뽑히는 등 과거의 운영상 자체도 고려적인 양상으로 복귀했다. 태종의 총신이며 새 법령을 마련하여 『원전』의 정책을 수정하는 임무를 총괄하고 있던 좌의정 하륜마저 격노하여 재심을 하게 만들 정도였다. 그들이 비록 『원전』의 정책에 반대한다고 해도 고려의 제도로의 복귀를 주장한 것은 아니었기 때문이다.

그러나 한편으로 이 기사는 태종 이후 과거제 수정법안의 핵심이

---

[120] 『태종실록』 권9, 태종 5년 3월 정사, "司憲府劾右代言金科 大司成鄭以吾 以掌生員試 多取勢家幼弱子弟也 初赴試生徒一千餘人 年壯成才者 多見棄 而童蒙之輩 多有中者 左議政河崙 怒其不公 移關憲府 使之推劾故也 司憲府令三館員 於落試諸生卷子中 擇其可取者 上召憲府掌務, 諭止之."

과거제와 학교제의 분리에 있고, 이를 분리시키는 배경에는 문무관원의 자제 즉 기존 관료군을 위한 특혜에 대한 생각의 차이가 있었음을 보여준다.

태종 5년의 과거 이후로 학교 생도로 과거 응시자격을 제한하는 법은 완전히 무너졌다. 이는 『원전』의 2번 이상 낙방한 생원에게 급제를 지급하는 규정(C7)이 폐기된 결과였다. 이 법이 언제 폐기되었는지는 알 수 없지만, 정도전 파의 몰락 이후 바로 폐기된 것 같다. 태종대에 성균관 생원이 거주지 시험 즉 한성시와 향시에 응시하게 된 것은 이 법의 폐기와 관련이 있는 것이 분명하기 때문이다.

2) 속육전과 경국대전의 과거법

가. 학교제와 과거제의 분리와 응시규정의 개정

태종조에 들어서 이미 『원전』의 법들은 실효성을 상실하고 있었다. 특히 『원전』의 과거제 개혁안의 핵심이었던 학교 생도에게만 과거 응시자격을 부여하는 규정이 사문화하고, 경중의 세가자제와 과거에 응시하는 기성 관료에 대한 특혜가 음으로 양으로 증가하고 있었다. 이러한 양상은 이제부터 발생할 과거제 개정안의 방향과 내용을 암시하는 것이었다.

『원전』 방안의 개정은 여러 차례에 걸쳐 행해졌는데, 이 중 『속집상절』에 수록되거나 과거제 변화에 결정적인 영향을 끼친 조치들로는 태조 7년에 『원전』의 과거방식과 학교제 전반의 개정을 요구한 권근의 상소, 태종 11년 외학제 시행을 건의한 허조의 상소, 태종 13년 문과 초시의 향시 시행을 건의한 권우의 상소,[121] 태종 17년에 상정한 예조의 과거제 개혁안[122]을 들 수 있다.

---

121) 『태종실록』 권25, 태종 13년 6월 정축.

그 시작은 태조 7년에 올린 권근의 상소였다. 주요 내용을 적출하면 아래와 같다.

D1. 문과초장 강론대신 의의 부과
D2. 중장의 고부(古賦)는 초학의 선비가 지을 수 없고, 쓸 데도 없으니 대신 판(判)을 시험
D3. 이문(吏文)은 사대에 중요한데, 장려하는 제도가 없으니 문과 종장에 추가하고 한리과 생도가 함께 시험보게 할 것.
D4. 문신에게도 예문관에서 제술을 시험하여 승진하게 할 것.
D5. 삼관의 인원은 매월 고강해서 승진에 참고할 것.
D6. 향교의 수업과목에 소학을 추가하고, 성균관 입학시험에도 반영할 것.
D7. 지방 유신이 설립하는 사학을 허용할 것.
D8. 문신 3품 이하 관원이 춘추로 예문관에서 시제(詩製)하여 승진에 참고하고, 지방 학교에서도 춘추 과시(課詩)의 법을 행하고 감사, 수령이 감학(監學)할 때도 과시할 것.[123]

권근의 상소는 모두 8개조로 이루어졌는데, 이 중 D1, D3, D5, D7의 4개 조항이 『속집상절』에 수록된 것이 확인된다.[124] 이로 미루어 보면 이 상소의 전체가 수교로 내려졌던 것은 분명한 것 같다. 『속집상절』에도 모든 조항이 채록되었을 가능성이 높다고 생각되지만 편집 과정에서 일부가 누락될 수도 있으므로 현재 그 부분까지 확언할 수

---

122) 『태종실록』 권33, 태종 17년 기사.
123) 『태종실록』 권13, 태종 7년 3월 무인.
124) 이 조문들이 『속집상절』에 수록된 사실은 D1은 『태종실록』 권33, 태종 17년 1월 병오, D3은 『중종실록』 권94, 중종 35년 11월 을묘, D5는 『세종실록』 권18, 세종 4년 11월 정묘, D7은 『세종실록』 권75, 세종 18년 10월 경오의 기록에서 확인할 수 있다.

는 없다.

　권근의 상소는 내용적으로 보아도 『원전』의 과거법 개정의 방향과 성격을 지시하는 중요한 건의였다. 이 중 『원전』의 방침과 대립하는 주요 규정을 살펴보면 크게 3가지로 구성된다.

　첫째, 강경 일변도였던 시험과목에 제술을 첨부한다. (D1, D2)
　둘째, 문신 즉 기존관료를 대상으로 하는 시험을 신설하고, 시험과목은 제술로 한다. (D4, D8)
　셋째, 지방의 사숙을 폐지하고, 모든 학생은 향교로 통합하는 정책을 다시 폐지한다. (D7)

　강론과 제술의 문제는 중국에서도 논란이 되었고, 조선후기까지 지속적인 논쟁의 대상이 되는 것으로 논쟁의 의미를 정확하게 평가하기가 쉽지 않다.[125] 사실 권근의 스승이던 이색조차도 학교 교육에서 사장을 폐지할 것을 주장했던 것을 감안하면 권근의 강경론 비판은 의외의 행동이기도 했다.
　당시의 논쟁을 살펴보아도 원론적인 논쟁을 벌이는 경우도 있고, 『원전』 방식의 강론시험은 너무나 오랜 시간이 소요된다는 등 실무적인 문제를 지적하는 경우도 있다.[126] 또 제술이 많은 독서를 요구하므

---

[125] 강경론과 제술론의 대립에 대해서는 논쟁의 추이를 정리하는 연구가 대부분이다. 조좌호, 「科擧 講經考－近朝鮮 初期의 士風에 對하여－」, 『曉城趙明基博士華甲記念 佛敎史學論叢』, 1965 ; 박천규, 「문과 초장 강경시비고」, 『동양학』 6, 단국대부설동양학연구소, 1976.
[126] 권근은 강경법을 비판하면서 강경법을 시행하자 학생들이 구독과 훈고에 구애되어 암송에만 급급하여, 경서의 심오한 도리를 탐구하지 않게 되니 경학에 뛰어난 인재를 배출하지도 못하고, 제술을 익히지 않아 관원의 문장력이 떨어져 사무를 볼 수 없을 정도가 되었다고 비판했다(『태종실록』 권13, 태종

로 세가자제에게 유리한 방법이었다는 해석도 있다.127) 제술법은 『원전』의 법이 생기기 전부터 과거준비를 할 수 있었던 기존의 관료층이나 세가자제들에게는 보다 익숙하고 유리한 방법이었다. 단기적이고 정치적인 의미이기는 하지만 강경법은 시험관과 응시생 간의 토론으로 이루어지므로 정도전·조준 파에게 강경법은 그들의 개혁구상에 찬성하고, 자신들이 바라는 인물을 관계로 끌어들이기에 제술보다는 훨씬 좋은 방법이었다는 사실이다.

그러나 앞 장에서 살펴본대로 『원전』의 강경론의 핵심은 시험방식이 아닌 경학 및 치술, 인재평가를 위한 학교제의 강화였다. 그러나 태종조의 논쟁에서는 이 의미는 사라지고 시험방식으로서의 강경론과 그 실무적 어려움이 주된 논쟁이 되고 있다. 이것은 『원전』의 의미를 몰라서가 아니라 의도적이고 고의적인 행동이라고 생각된다.

강경론과 제술론의 대립은 『경국대전』까지 이어졌고, 성종 18년(1487) 이극배 등에 의해 강경과 학교의 중요성이 강조되기도 했으나,128) 이 역시 채택되지 않았다. 단지 『속전』에서 채택한 대로 문과 초장에서 강경을 밀어내는 데는 성공했다. 그래서 이 결과를 무승부적인 혹은 타협적인 결과로 이해하기도 한다.129) 그러나 법의 취지로 보

7년 3월 무인). 강경법에 대해 보다 철저한 비판을 가했던 사람은 변계량이다. 그는 세종 10년에 9가지 항목을 거론하여 강경을 비판했는데(『세종실록』권40, 세종 10년 2월 갑자, 갑술), 그는 사람마다 강경, 제술 등 다양한 재주가 있다는 원론적인 언급에서부터 하륜이 고강관이 되었을 때 1달 동안 성균관에서 고강했을 정도로 강경법이 고시에 엄청난 시간을 소요하고, 얼굴을 마주대고 강론하니 사정을 쓰게 된다는 등 실무적인 측면까지 거론하며 강경법을 비판했다(박천규, 앞의 글, 118쪽 참조).
127) 이성무, 「주자학이 14, 15세기 한국교육, 과거제도에 미친 영향」, 『한국사학』 4, 1983.
128) 『성종실록』 권206, 성종 18년 8월 갑술.
129) 박천규, 앞의 글, 131~132쪽.

면 『원전』의 방안이 철회된 것이었다고 할 수 있다. 이색의 사례에서 보듯이 권근과 변계량도 강경과 경학수업의 가치 자체를 부정한 것은 아니었다. 사실은 강경법의 운영방식을 둘러싼 논쟁이었다고 할 수 있는데, 태종 17년에 『원전』의 강경법 중에서도 핵심인 고강치부법이 폐지된다.

> 고강치부의 법은 구애되어 시행하기 어려우니, 마땅히 관시·한성시·향시에서 사서와 사경 이상을 통한 자에게 부시하도록 허락하소서. 초장의 강문할 때에는 경서마다 한 장씩 묻게 하되, 부시자가 반드시 외우도록 하지 말고 임문(臨文)하여 대답하게 하며, 뜻[旨趣]을 융관(融貫)하는 것만 요구하고 그 중에서 두 장[二章]을 불통(不通)한 자는 부시에 들어오는 것을 불허하되 중장인 회시(會試)의 강문(講問)하는 법도 또한 이 예(例)에 의하소서.[130]

이후로 강경법 자체는 『경국대전』까지 지속되지만 『원전』에서 구상했던 고강치부법이 아닌 임문방식으로 변경되었다. 고강치부법은 시험방식이 임문보다 평가에 시간이 오래 걸린다는 기술적인 문제도 있지만, 임문보다는 훨씬 어렵다는 특징도 있다. 위의 기록에서 "부시자가 반드시 외우도록 하지 말고 임문하여 대답하게 하며, 뜻을 융관(融貫)하는 것만 요구하고"라는 구절에서 알 수 있듯이 임문방식은 이전의 고강법에 비해 상당히 완화된 것이었다.

고강치부법은 성균관 재학 중에 지속적인 평가를 하여 성적을 기록하고, 이를 급제나 인사에 반영한다는 의미도 있었다. 반면에 임문방

---

130) 『태종실록』 권33, 태종 17년 기사, "考講置簿之法, 拘而難行, 宜於館試, 漢城試, 鄉試通四書及四經以上者, 許令赴試. 初場講問之時, 每經書各問一章, 赴試者不必成誦, 臨文以答, 只要融貫旨趣. 其有二章不通者, 不許入赴, 中場會試講問之法, 亦依此例."

법은 최종 시험 당시의 성적을 평가한다는 의미가 강하다. 과거제와 학교제가 분리된 이상 현실적으로 고강치부법을 시행하기도 어려웠지만, 이 역시 성균관 재학보다는 한 번의 시험 성적이 더 중시되는 결과를 초래하는 요인이 되었다.

　다음으로 권근은 문신들을 대상으로 하는 시험을 신설하였는데(D4, D8), 이것은 중시와 정시의 활성화로 이어진다. 이는 조선의 과거제도의 성격까지도 바꾸어 놓을 수 있는 중요한 변화였다. 좋게 보면 관료들의 지속적인 학습을 강요하고, 이들의 능력을 평가하여 승진에 반영한다는 합리적인 인사제도의 시작으로 볼 수도 있다. 그러나 실제로 태종대부터는 『원전』의 급제자는 모두 서용한다는 규정이 폐기되었다는 사정과 태종대 이후로 유계 급제자에 대한 포상이 증가하고, 과거 응시에 기존 관료군의 급제가 증가한다는 사실을 감안하면, 이 규정은 신진을 등용하기보다는 기존의 관료층을 활용하겠다는 의도가 강한 것이었고, 문음출신들에게도 매우 유리한 제도였다. 게다가 이들의 시험은 오직 시부와 제술을 사용하게 하였는데, 이 역시 과거를 통과하지 못한 문음출신이나 강경법을 시행하기 이전에 과거로 진출한 기성 관료를 배려한 조치였다.

　이 규정과 직접적인 관련은 없지만, D5의 건의안도 이러한 분위기를 반영하는 법안이다. D5는 삼관의 관원은 고강해서 그 성적으로 승진을 결정하자는 것이다. 권근은 이 방법을 구체적으로 제시해서 임기 만료 후 삼관 관원이 읽은 경서의 다과를 따져 상등인 자는 청요직에, 중등인 자는 전례대로 천질하고, 하등인 자는 외임에 서용하자고 했다. 여기서 제술이 아닌 고강법을 사용한 이유도 삼관의 관원에 신진 급제자들이 많았던 사정을 감안한 것이다. 그런데 이 규정만을 보면 권근은 춘추과시를 시행하여 기존의 관료, 혹은 문음출신 유계자(有階者)만을 우대한 것이 아니라 삼관 관원에게도 똑같은 배려를 하고 있는 것 같다. 즉 관료군을 제술을 공부한 기존 관료와 문음출신과 강경 위주의 공부를 한 삼관 관원으로 양분하고 이들 각각에게 시험평가에 의한 승진제도를 마련한 것이라고 볼 수도 있겠다.

그러나 전체적인 사정을 보면 그렇지 않다. 태종 3년 하륜은 삼관 및 이전(吏典)의 천전법131)을 새로 제정했다.『원전』에서는 삼관의 관원은 임기만료 후 거관을 보장하게 되어 있었는데, 이것을 관서마다 매년 1, 2명씩으로 제한한 것이었다. 그리고 거관 대상자는 통경의 다소로 평가하도록 했다. 다만 이 법안은 내용이 구체적으로 전하지 않고, 삼관원과 이전의 거관법이 섞여 있어 삼관원이 삼관의 이전, 녹사를 말하는지, 삼관의 관원 전체를 포괄하는지는 분명하지가 않다. 그런데 하륜이 만든 천전법의 취지는 이들의 거관을 보장했던『원전』의 이전 천전법에 대응하여 삼관의 관원과 성중관・녹사의 관직 진출을 제한하기 위한 것이었다. 이 역시 표면적으로는 관직 부족이 이유였지만, 그 배경에는 공신, 음자제의 성중관직 진출과 관료군의 경색이라는 요소가 내재하고 있었다.132)

그런데 삼관원의 거관을 보장하던『원전』의 규정이 무시되면서 삼관원들은 근무연한에 따라 서열순으로 승진하게 되었고, 이들이 적체되고 이들의 대기연한이 길어지면서 일종의 매너리즘에 빠졌던 것 같다.133) 이런 상황을 타개하자면 이들의 승진로를 열어주어 근무의욕을

---

131)『태종실록』권3, 태종 2년 6월 을축.
132) 임용한,『조선전기 수령제와 지방통치』, 158쪽.
133) 이 법을 당시 편찬 중이던『속집상절』에 상정하던 태종 7년에 삼관원들이 이 법에 반대하여 집단청원을 하는 사례가 있었다. 이들로서는 승진도 적체된 상황에서 또 시험까지 보아야 한다는 것이 큰 불만이었을 것이다. 이에 대해 황희는 이들의 집단행동은 바로 이 법 때문으로 이 법을 시행하여 시험으로 승진할 자와 외관으로 방출할 자를 정하면 연공서열에 따라 관직을 수수하던 관례가 깨어지는 것을 싫어해서라고 하였다. 이 기록은 당시 삼관원이 정체되고 대기일수가 길어지면서 삼관원들이 오직 연공서열만을 기다

고취해야 했는데, 『원전』의 방안처럼 이들에게 관직을 보장해 줄 수는 없었으므로 권근이 다시 시험제를 도입했던 것이다.

　지방사숙의 복구는 사실상 지방 학교의 주도권을 향교에서 사숙으로 넘기고 정부의 향교 육성책을 약화시키는 것으로서 학교제와 과거제를 연계하는 것을 골자로 하는 『원전』의 방안에 가장 결정적인 타격을 입히는 조치였다. 아직 권근의 상소만을 보아서는 과거제와 학교제를 분리하자는 구체적인 의견표명은 보이지 않는다. 하지만 과거제와 학교제의 분리는 권근의 상소가 있기 이전에 이미 포기되고 있었다. 앞서 살펴본 대로 태종 5년의 과거에서는 이미 학교 생도에게만 과거 응시를 허락하는 『원전』의 응시제한 규정이 무너지고 있었다. 그런데 이 문제는 향교 정책 및 교관등용 정책과도 밀접한 관련이 있으므로 다음 향교 편에서 좀 더 자세히 고찰해 보도록 하겠다.

　나. 외학제의 시행과 학당 승보시의 특권 강화

　태종대에 들어서 학교 생도만이 과거에 응시할 수 있다는 원칙이 무너졌다. 그런데 이처럼 학교와 과거를 연계시키는 정책이 무너지자 이에 대한 비판도 적지 않았던 것 같다.

　학교의 중흥은 경전의 공부와 수양을 강조하는 성리학의 입장에서는 대단히 중요하고 필수적인 정책이었다. 권근과 하륜으로 대표되는

　리며 일종의 매너리즘에 **빠졌던** 상황을 보여준다(『태종실록』 권14, 태종 7년 11월 을해, "上曰 已成之法 不可改也 十學之中 若不許三館考講 則廢其一矣 且諸科之內 若吏科陰陽科譯科之類 豈盡是賤人 而恥與之爲伍乎 若伶人樂工 則雖均曰十學 而所業甚賤 與儒學異矣 黃喜啓曰 三館之意 非只爲此也 見今詳定條例 有曰 試其所讀 上等超遷 其次隨例遷轉 又其下者外敍 若果如新制 則久次當遷者 淹滯而未伸 新進居下者 僥倖而超擢 是以利祿誘人 似難示後 上曰 可東可西之事 不可信浮言而毁法 若聽此輩之言 是亦毁法之一端也 其可乎.").

온건파 사류가 『원전』의 정책에 반대하여 과거와 학교를 분리시키고, 제술을 다시 과거시험과목에 포함시켰다고 해서 이들이 경학공부와 학교 중흥의 중요성까지 무시한 것은 아니었다. 온건파 사류들은 학맥으로는 이제현과 이색의 학통을 잇고 있었는데, 이색이야말로 고려후기에 성균관을 재건하고, 성균관을 통해 성리학자를 배출한 주역이었다. 그런데 이색이 공민왕 원년에 올린 상소에서 지적하였듯이 학교가 쇠퇴하는 중요한 요인의 하나가 "학교제와 과거제의 분리"였다. 이색의 말처럼 급제자가 굳이 국학을 다닐 필요가 없다면 학교는 쇠퇴할 수밖에 없었다.

『원전』의 과거법을 개정하면서 이색의 후예들은 바로 이색이 지적했던 문제에 봉착했다. 그래서 이들이 고안해낸 제도가 외학제였다. 외학제를 기안한 사람은 예조참의이자 의례상정소 제도였던 허조(許稠)였다.134) 이에 태종 11년 11월에 예조에서 상정한 내용을 올렸다.

예조에서 외학제를 올리었다. 계문은 이러하였다. "송나라 제도에 나라 남쪽에 외학을 세워 천하의 공사(貢士)를 받아서 행실과 재예(才藝)가 표적(表的)에 맞은 뒤에 태학으로 승진시키고 국자좨주(國子祭酒)로 학사를 총괄하여 다스리게 하고, 그 관속은 태학박사 정록을 감하여 외학으로 돌리었습니다. 이제 오부학당을 빌건대, 이 제도에 의하여 성균관으로 하여금 사(司)를 나누어 가르치게 하고 6품 두 사람으로 교수관을 삼고, 7품 이하 5인으로 훈도를 삼아 반드시 하비하여 임명하며, 그 직임을 전담하게 하소서. 무릇 학문의 도는 마땅히 시간을 아껴야 하는 것이니, 교수·훈도를 아울러 본사의 임무를 면하게 하고 조회에 참석하는 것도 또한 성균관의 예에 의하여 매월 초하루 외에는 조회에 나오는 것을 허락하지 마소서."135)

---

134) 『세종실록』 권87, 세종 22년 12월 임인, 허조 졸기.
135) 『태종실록』 권22, 태종 11년 11월 계유, "禮曹上外學制 啓曰 宋制國南建外

허조가 마련했다는 이 상소에서 외학제는 송의 외학을 본 딴 것이라고 한다. 여기서 말하는 송의 외학제란 곧 송의 삼사법(三舍法)으로 왕안석이 추진하여 건립한 것이다. 그 내용은 송의 수도에 삼사를 건립하고 전국의 향학에서 학생을 선발하여 채우는 제도였다. 삼사는 학생의 성적에 따라 배분하는데, 처음에는 외사에 들어가고 다시 성적에 따라 내사로, 다시 내사에서 상사로 진급하게 했다. 상사에 들어간 학생은 우리나라의 향시격인 해시(解試)와 해시 합격자를 수도에 모아 놓고 시험하는 예부시(禮部試)를 면제하고 바로 회시에 응시할 수 있게 했다.

학생은 관비로 생활하게 했다. 학생수는 처음에 외사 600명, 내사(內舍) 200명, 상사(上舍) 100명이었는데, 신종(神宗) 원풍 2년에 외사 2,000명, 내사 300명, 상사 100명으로 증원하였다. 이들은 80동의 건물에 나누어 1동에 30인씩 수용하였다.[136]

이 내용을 보아 알 수 있듯이 송의 삼사법은 취지와 의미상으로 보면 학교제와 과거제의 일치를 주장한 왕안석의 과거제 개혁안과 직결되는 내용으로 명나라의 과거제나 정도전, 조준이 구상한 『원전』의 과거제와 오히려 부합하는 것이었다. 그런데 이색이 왕안석의 과거제 개혁안을 수용하면서 12공도를 거쳐가는 독창적인 변형을 가했듯이 허조도 왕안석의 외사제를 수용하면서 교묘하게 제도를 수정하였다.

허조의 외학제의 핵심은 서울의 오부학당을 송의 외학으로 간주하

學 以受天下貢士 行藝中率 然後升于大學 以國子祭酒總{總}治學事 其官屬減 大學博士正錄歸于外學 今五部學堂 乞依此制 使成均館分司 而敎以六品二員爲敎授官 以七品以下五人爲訓導 必須下批 以專其任 凡學問之道 當惜分陰 其敎授訓導 並免本司之任 其衆朝 亦依成均館例 每月初一日外 不許赴朝."

136) 이광린, 「선초의 사부학당」, 『역사학보』 16, 1961, 36쪽 ; 傅樂成 저, 辛勝夏 역, 『중국통사』, 우종사, 1981, 686~687쪽.

는 데에 있다. 즉 허조의 외학은 전국에서 선발한 학생들을 모은 학교가 아니라 경중의 자제들이 모인 서울의 학당이다. 이 학당에 대해 허조는 송의 외학에 부여했던 교육지원책과 국자감(성균관) 입학에 대한 특례조항을 학당에도 시행해야 한다고 주장했다. 물론 학당의 입학자격은 문무관료의 자제로부터 평민에게까지 개방되어 있었지만,137) 이 조치의 가장 큰 수혜자가 문무관료의 자제들이 될 것은 뻔한 일이었다.

> 또 말하였다. "예전에 10세가 되면 외부(外傅)에게 나갔으니, 원컨대 10세 이상으로서 학당에 나오게 하고 15세가 되어 소학의 공부가 성취되면 차례로 성균관에 승진시키고, 성균관에는 항상 1백 사람을 양성하여, 만일 궐석이 있으면 본조관원이 성균관원과 함께 학당에 나가서 읽은 것을 강하여 세 곳을 통하는 자는 승진 보충하게 하소서."
> 또 말하였다. "권과(勸課)하는 법을 또한 송나라 제도에 의하여 성균관으로 하여금 그 학을 총괄하여 다스리게 하여, 성균관식에 의하게 하고, 성균관의 분교학당(分敎學堂)은 오로지 교훈만을 위임하여 다른 사무는 겸하지 말게 하소서."하니 임금이 그대로 따랐다.138)

허조의 외학제는 『속집상절』에 수록되었다.139) 세종 8년에 편찬한 『신속육전』에서는 내용이 조금 수정되어 "성균관원이 부족하면 가히 스승이 될 만한 자를 택하여 군직(軍職)을 주어 겸대하게 한다"는 규

---

137) 이광린, 위의 글, 51쪽.
138) 『태종실록』 권22, 태종 11년 11월 계유, "又言 古者十歲 出就外傅 乞以十歲 以上 令赴學堂 及其十五小學之功已就 則以次升于成均 成均常養百人 如有其闕 本曹官同成均館員 詣學堂 講所讀三處 通者升補 又言勸課之法 亦依宋制 使成均總治 其學令 依成均館式 成均館分敎學堂 則專委敎訓 毋兼他務 從之."
139) 연세대학교 국학연구원 편, 『경제육전집록』, 28~29쪽.

정이 중간에 첨가되었다.140) 이것은 세종 4년의 조치를 채택한 것이다.141)

허조의 외학제 규정에서는 학당의 승보규정이 명확하게 정리되지 않았는데, 태종 13년 당시 성균관 대사성이던 권우에 의해서 구체적인 방안을 갖추게 되었다. 권우의 상소안은 그대로 확정되지 않고 의정부 재상들과 논의를 거쳐 일부 규정을 수정한 끝에 확정되었는데, 주요 내용은 다음과 같다.

E1. 학당의 입학연령을 8세로 하고, 소학과 사서와 일경을 차례로 배운다.
E2. 15세가 되면 사서와 일경을 강송과 의의의 성적이 우수한 자를 고시하여 생원시에 나가게 한다.
E3. 학당과 향교 생도 가운데 40이 넘도록 생원시에 급제하지 못한 자로 자원자는 내시와 3도감의 지인으로 임명한다. 성균관 생원으로 급제하지 못한 자는 교수관, 감무, 현령에 서용한다.
E4. 학당과 성균관 생원의 성적을 소성, 대성으로 구분하여 생원 대성자는 회시에 나가게 하고, 중등 이하는 관시에 나가게 하며, 학당 승보생은 생원시에 나가는 것을 허락한다.
E5. 3품 이상 자제로 15년 이상 학당에 재학하면서 사서와 일경을 조독(粗讀)한 자는 식년을 기다리지 않고 국학으로 승보시킨다.
E6. 외방 향교는 춘추로 상등 약간 명을 선발하여 계수관에 보내고 식년에 계수관에서 향시 정원의 2배를 선발하여 생원시에 나가게 한다.
E7. 생원에게는 본가의 요역을 면제(단 동거도 없고 형제도 없고 노비도 2, 3구에 불과한 자에 한해 면제한다)

---

140) 위의 주와 같음.
141) 『세종실록』 권18, 세종 4년 12월 을미, "吏曹啓 五部學堂生徒多 而教誨者少 請選閑散文官 除西班職 仍兼正錄所錄官 每部各加差一人 從之."

E8. 양현고의 재정이 부실하므로 사재감에서 적절히 보조한다.

E1에서 학당의 입학연령이 허조 안의 10세에서 8세로 낮아졌다. 이 안은 『신속육전』에도 수록되었다.142) 권우의 건의안에서 가장 주목할 부분은 E6으로 이 건의를 계기로 생원 한성시와 향시가 시작되었다.

> 비로소 생원 한성시·향시의 법을 행하였으니, 전주 교수관 정곤(鄭坤)의 말을 따른 것이었다. 이에 앞서 권우(權遇)가 (성균관)대사성이 되어 일찍이 이러한 의논을 건의하여 하륜이 깊이 옳게 여겼는데, 이 때에 이르러 시행하였다. 과거 액수를 두 배로 증원하였다.143)

이 기사에서 말한 생원 한성시·향시의 법이란 생원시의 초시로서 한성시와 향시를 시행하는 것을 말한다. 『원전』에도 생원시의 초시에 해당하는 시험이 있었다. C4 조문에 있는 학당의 승급시험과 도회소에서 행하는 시험이다. 세종대 이전에는 승보시라는 용어가 발견되지 않아 이 시험을 승보시라고 불렀는지는 확인할 수 없지만 내용적으로 보면 이 시험은 학당과 향교 생도만을 대상으로 하는 시험이기 때문에 승보시에 해당한다.

그런데 학당과 향교의 생도만이 성균관으로 승보하던 『원전』의 방안이 철폐되었다. 태종 7년 권근의 건의에 의해 지방의 향교 육성책도 철회되고, 사숙이 부활하였다. 이렇게 과거와 학교제의 결합이 해체되면서 생원시의 초시인 한성시와 향시가 탄생하게 된 것이다.

---

142) 『문종실록』 권7, 문종 원년 4월 계사, "續六典云 八歲以上皆赴學堂 敎之 以小學之道 十五歲以上."

143) 『태종실록』 권27, 태종 14년 1월 을미, "始行生員漢城試 鄕試之法 用全州敎授官鄭坤之言也 先是 權遇爲大司成 嘗建此議 河崙深以爲然 至是乃行之 依科擧額數加二倍."

이 법의 주동자가 권우와 하륜, 정곤이었다는 것도 의미심장하다. 하륜은 『속집상절』의 편찬 책임자로 태종대의 입법에서 주도적인 역할을 했다. 권우는 권근의 동생으로 성균관 대사성이 되어 활약했으며, 권근과 함께 『원전』의 과거제와 학교제를 수정하는 데에 핵심적인 역할을 했다. 정곤은 세종 10년 경에 성균관 사성으로 승진했고, 성균관 사성 시절 비록 받아들여지지는 않았지만 진사시의 부활을 상소하기도 했던 인물이다.144)

이때 생원 초시를 신설하면서 과거 액수를 두 배로 늘렸다고 했는데, 생원시 합격정원(100명)의 두 배를 초시 합격정원에 배당했다는 의미라고 생각된다. 단 그 200명이 한성시와 향시에 어떻게 분배되었는지는 알 수 없다.

한편 문과 초시에 있어서는 현직 관료도 한성시에 응시하게 되고, 이전에는 관시에만 응시할 수 있던 성균관 생원들도 자유롭게 한성시와 향시에 응시하게 되면서,145) 한성시의 경쟁률이 높아졌다. 이에 태종 8년에 한성시의 정원을 20명에서 30명으로 늘렸다.146) 태종 17년에 다시 종합적인 과거제 개정안을 내놓으면서 경기도는 한성의 직속지역이라고 하여 경기 유생의 한성시 응시를 허가하면서 한성시의 정원에 10명을 더해서 40명으로 늘렸다.147) 이때 관시의 정원도 30명에서 50명으로 늘렸다. 반면에 향시정원은 경기도는 한성시에 응시하게 했

---

144) 『세종실록』 권40, 세종 10년 윤4월 무술.
145) 생원들이 한성시와 향시에 응시하고 있던 사정은 태종 11년 6월 계사조에 지방에 거주하면서 향시에 응시하고자 하는 생도는 원점 200점을 채운 후에 향시에 응시하게 하자는 건의에서 확인할 수 있다(『태종실록』 권21, 태종 11년 6월 계사).
146) 『태종실록』 권15, 태종 8년 2월 경자, "命增漢城試額數爲三十 禮曹上言 東堂漢城試額數 舊止二十人 今從仕人員及新生員赴試者倍舊 乞依成均館試例 以三十人爲額 從之."
147) 『태종실록』 권33, 태종 17년 윤5월 기사.

으므로 없애고, 강원도와 풍해도에서 5명씩 축소하고 나머지 지역은 동결해서 10명을 감소시켰다.

　이때 정한 관시와 한성시의 정원은 『경국대전』까지 이어졌다.[148] 다만 향시의 정원은 『경국대전』에서는 총 150명으로[149] 태종 17년 규정에 비해 40명이 증가했는데, 경기도에 향시 20명이 다시 신설되었고, 경기도의 향시 정원이 한성시로 이관되기 이전에 10명이었다고 본다면 실제 증가액은 30명이 된다.

<표 5> 향시(문과 초시) 정원의 변화

	태조대(원전)	태종17년(속전)	경국대전
관시	30	50	50
한성시	20	40	40
향시	경기 : 10명(추정) 강원·풍해도 : 각15 충청도 : 20 경상도 : 30 전라도 20 평안·함길도 : 각10 계 : 130명	경기 : 한성시로 이관 강원·풍해도 : 각10 충청도 : 20 경상도 : 30 전라도 20 평안·함길도 : 각10 계 : 110명	경기도 : 20 충청·전라도 : 각25 경상도 : 30 강원·평안도 : 각15 황해·영안도 : 각10 계 : 150명

　이처럼 태종조에 들어 학교제와 과거제가 분리되었지만, 이 같은 추세와는 반대로 서울의 학당과 성균관의 연계는 더욱 깊어졌다. 그래서 권우는 지방 향교의 승보제도를 생원 한성시와 향시로 대체하면서도 더 많은 규정을 학당의 승보규정에 할애하고 있다.

　그 내용이 E2~E5이다. 전체적으로 학당에 대한 특전이 구체화되고 있는데, 이는 태종 11년 외학제 시행에 조응하는 것이다. 특히 E5의

---

148) 『경국대전』 예전 제과.
149) 『경국대전』 예전 제과.

규정은 3품 이상의 자제 즉 문음의 대상이 되는 자제에 대한 상당한 특권으로 문음승보의 시작이라고 할 수 있다. 권우의 원안에서는 학당 생도 중에서 2품 이상관의 자제로 15세 이상이 된 자는 식년에 관계없이 시험을 쳐서 국학에 올라가게 하자고 건의했다. 정부는 이를 3품 이상 자제로 확대하고, 시험방법도 더 쉽게 해서 사서일경을 조독(粗讀)한 자로 낮추었다.150) 과거도 보지 않고 겨우 사서와 일경을 강독하는데, 그것도 평가의 최하등급인 '조독'만으로 성균관 생원이 되게 하였다.

이후 학당 생도에게 성균관 진학 특혜를 주는 제도는 더욱 발전하였다. 세종 11년에 성균관 정원을 이전의 100명에서 200명으로 증원하면서 아예 성균관을 상재(上齋)와 하재(下齋)로 나누어 상재(上齋)에는 생원, 진사시 합격자 100명, 하재(下齋)에는 학당 승보자(升補者) 100명을 두게 했다.151) 즉 성균관 생원 절반을 학당에서 충당하게 한 것이다. 상재생과 하재생의 대우와 권리는 똑같았다.

『신찬경제속육전』을 편찬 중이던 세종 15년경에 문음승보의 대상은 다시 확대되었다. 세종 15년 8월의 기록에 4조(四祖) 내에 3품 이상관, 의정부, 육조, 대간의 관직을 지낸 자의 아들은 모두 승보시조차 거치지 않고 국학에 입학한다는 기록이 있다. 이것은 너무 심하다 하여 당시 대사성이던 권채(權採)도 하재생 정원 100명 중 30명만 문음승보생에게 할당하자는 건의를 했다.152) 이 건의에 대해 당시 육전 편

---

150) 『태종실록』 권25, 태종 13년 6월 정축, "依古者公卿大夫元士之適子 皆入大學之法及近代以門蔭入學之例 二品以上子弟在部學年十五以上 不待式年 講其書試其文 升于國學 右條三品以上子弟年十五歲粗讀四書一經者 皆升國學何如."
151) 『세종실록』 권44, 세종 11년 6월 임인.
152) 『세종실록』 권61, 세종 15년 8월 임인, "古者公卿大夫元士之適子 與凡民之俊秀 皆入太學 我朝於國學 設幼學一百之數 名曰寄齋 有闕則禮曹成均館

찬을 주도하던 의례상정소에서도 동의하였으나[153] 그 후의 추이는 알 수 없다. 이 규정은 『경국대전』에는 수록되지 않았다.

한편 지방의 학교는 교관도 제대로 파견되지 않고 퇴락하고 있었지만 서울의 학당의 경우는 특권이 증가했다. 『경국대전』의 규정으로 보면 향교 생도의 정원은 14,950명인데 반해 학당의 정원은 불과 400명이었다.[154] 학당출신들이 다 승보시를 거쳐 성균관으로 진학하는 것이 아니고 생원시에 급제하여 성균관에 들어갈 수도 있었다는 사실과 학당의 교원들은 성균관에서 직접 충당하여 향교의 교원들과는 비교할 수 없을 정도로 우수했다는 사실까지 감안하면[155] 성균관 생원 절반을 학당 승보자에게 배당한 것은 엄청난 특권이었다.

『경국대전』에서는 이상의 내용들이 조금 수정되어 다음과 같이 정리되었다.

同試學堂生徒而升補 合於古者由小學入太學之義也 自門蔭子弟入學之法 立 而四祖內三品以上及曾經臺省政曹者之子 無問適子衆子 皆不由升補而 入學 襲蔭之門旣多 將來元額一百內 皆有蔭子弟 而升補之法永廢矣 今觀 門蔭子弟 率皆年少 或昏蒙不通文理者 或狂妄傷毀學風者 悠悠囂囂 樂則 赴之 違則去之 去者旣多 來者無窮 更出迭入 曾未有經月而學習者 是則徒 費廩粟 而無國學之模樣 願自今申明升補之法 而門蔭之數 毋過三十 且適 子外衆子 皆令赴學堂 則庶合古者公卿之適子 凡民之俊秀皆入太學之意 而 學不至於猥濫矣."

153) 『세종실록』 권61, 세종 15년 9월 경인.
154) 이성무, 「한국의 과거제와 그 특성」, 『과거』, 124쪽.
155) 정도전·조준의 개혁안과 그 후의 추세를 비교할 때 향교에 파견하는 교원의 자질과 대우문제도 큰 차이가 난다. 세종 때에 군현단위로 교관을 파견하는 시책을 복구하기는 하지만 교수관의 품계나 자격요건은 대폭 낮추었다. 그것은 이 시대에 경관에 비해 외관을 차별하기 시작한 것과 마찬가지로 정계의 핵심으로 진출할 수 있는 관직의 수효를 가능한 한 낮추어 지방사족의 정가 진출을 억제하고, 소수의 훈구세력이 대를 이어 정권을 차지할 수 있게 하려는 의도가 있었기 때문이다.

생원, 진사가 부족하면 사학 생도 중에서 나이가 15세 이상이고, 소학과 사서일경에 통한 자나 유음적자(有蔭嫡子)로서 소학에 통한 자나 일찍이 문과의 생원·진사시, 향시, 한성시에 합격한 자를 뽑아서 보충한다. 조사(朝士)로서 입학하기를 원하는 자도 또한 들어준다.156)

　대체로『경제육전』의 규정을 그대로 받아들였지만 상재생과 하재생의 할당비율마저 없어졌다. 이때는 훈구세력의 기반이 안정되고, 충의위, 충찬위 등을 통해서 훈구자제들은 과거를 보지 않아도 관리가 될 수 있는 길이 많이 열려 있었다. 그렇기 때문에 고관자제들은 성균관에 거주하기를 즐겨하지 않아 생원의 수가 항상 부족한 상태였다. 그러므로 굳이 정원제를 운영하지 않아도 자신들의 특권을 누릴 수가 있었으며, 학당 생도에 대한 할당제를 운영함으로써 괜히 지방사족들의 반발감을 유발할 필요가 없었기 때문이라고 생각된다.

　결과적으로 태종대에 행한 문과 초시(한성시, 관시, 향시)의 정원 조정과 외학제 시행의 최대 수혜자는 성균관 생원과 서울 거주민이었다. 그런데 성균관 생원의 혜택이 늘었다고 하지만 이것이『원전』의 정책과 일맥상통하는 것은 아니다.『원전』에서는 2번 이상 낙방한 생원에게 급제를 허용하는 규정(C7)이 있어서 생원은 사실상 급제를 보장받았고, 급제자가 그들로 한정되었기 때문에 관료군으로 진출하고, 정치세력을 형성하기도 더욱 쉬웠다. 또한 후술하겠지만 태종대부터는 학교 정책의 변화로 향교출신의 성균관 진출은 억제되고, 서울 거주자나 학당 생도가 문음승보를 통해 성균관에 진학하기가 더욱 쉬워졌기 때문에 성균관 생원의 성분이 크게 달라지기 시작했다. 그러므로 겉으로 보면 성균관 생원에 대한 혜택이 증가하는 것 같지만, 학교제를 시행한 근본목적인 지방 유생과 관료제의 개방과 순환이라는『원전』의 취

---

156)『경국대전』예전 생도, 성균관.

지와는 무관한 것이다.

『속육전』에서 『경국대전』으로 이어지는 이러한 변화는 방목을 통한 급제자의 변화를 통해서도 드러난다.

<표 6> 조선전기 급제자 성분분석(태조~성종)

전력	과거급제자 수	비율
생원	858	47.7%
진사	214	11.8%
유학(幼學)	99	5.5%
유계자(有階者)	618	34.4%
기타	10	0.6%
계	1799	100%

위의 표[157]에서 볼 수 있는 바와 같이 전체적으로는 생원의 비율이 가장 높다. 그러나 『원전』 단계에서 생원의 비율이 100%에 육박하는 것을 감안하면 생원의 비율이 엄청나게 감소한 것이다. 그리고 성균관 유생의 반 이상이 학당에서 문음승보로 입학한 학생들이었다.

유계자의 비율이 무시 못할 정도로 높아진 점도 주목할 점이다. 이들은 음직이나 충순위와 같은 특수한 군직을 통해 관로에 들어서고 과거에 응시하는 경우가 많았다. 이들은 이미 관계를 보유하고 있어 급제했을 때 포상도 크고, 승진에서도 크게 유리하였다. 이들의 응시와 합격이 늘어난다는 것은 그만큼 신진급제자는 관직을 얻기조차도 힘들어지며, 과거가 기존의 권력층에게 유리하게 적용되며, 기존의 관료군을 유지, 재생산하는 데 기여하게 된다는 것을 의미한다. 그리고 이들은 기존의 관료군과도 관계를 맺고 있으므로 권력과 인연에 의한 부정이 발생할 소지도 더 높아졌다고 하겠다.

---

157) 이 표는 김창현, 『조선초기 문과급제자연구』, 일조각, 1999, 36~42쪽의 내용을 참조하여 재정리하였다.

다. 급제자의 대우와 성균관의 활성화 대책

앞 장에서 살펴본 권우의 안에서 특이한 부분이 E3과 E7~8이다. 『속집상절』이후로 과거 및 관료등용에서 성균관의 비중이 감소하는 가운데 『원전』에서도 시행하지 못했던 성균관 생원의 등용과 요역 면제, 성균관의 재정 지원책이 갑작스럽게 제기되기 때문이다.158)

그러나 이는 그간의 정책경향과 전혀 어긋나는 것이 아니다. 이색의 구상과 건의에서 보았듯이 이색 계열의 유학자들도 학교진흥을 통한 인재양성과 교육의 강화라는 이념에 대해서는 전혀 이의가 없었다. 다만 자신들이 지향하는 정치체제에 과거와 학교제를 적용하다 보니 과거제와 관리등용에서 성균관이 보유하는 특권이 지나치게 약화되었다.

권우의 방안은 이 같은 문제의식에서 나온 것이었다. 그러나 권우의 건의 중에서 가장 심한 반대에 부딪힌 것이 이 내용들이기도 했다. E3의 방안은 그날의 논의에서는 통과되었지만 실록의 사례를 보면 감무나 현령으로의 등용은 거의 시행되지 않았다. 다만 태종 16년 이전부터 생원과 진사를 군현의 교관인 교도로 임명하는 관례가 생겼고,159) 이것이 『경국대전』에 수록되었다.160) 단 세종 5년부터는 나이가 40세 이상인 자로 제한되었다.

---

158) 성균관과 학당의 정비과정에 대해서 태조대는 국초라는 특수 상황으로 학교가 정비되지 않아 지원책도 마련되지 않았고, 태종~세종조에 걸쳐 크게 정비되는 것으로 이해되고 있다. 이는 태종대부터 건물의 설치, 양현고와 노비, 학전의 정비 등이 이루어진다고 보기 때문이라고 생각된다(신석호, 「이조 초기 성균관의 정비와 그 실태」, 『대동문화연구』 6・7합집, 1970, 35~46쪽 및 신천식, 「조선초기 성균관 운영과 교육개혁에 관한 연구」, 『관동사학』 3, 1988, 3장 1절 참조). 그러나 이는 표면적인 현상으로서 이러한 정비과정과 성균관의 기능과 역할은 분리해서 파악해야 할 것이다.
159) 『태종실록』 권32, 태종 16년 8월 기사.
160) 『경국대전』 이전 취재, 외교관.

권우는 또 생원에게는 요역을 면제해 주고, 양현고에 어량을 떼어 주자는 건의를 했으나 제대로 받아들여지지 않았다. 그 결과가 E7과 E8인데 요역 면제자의 단서가 너무 많고, E8은 미봉책에 불과해서 제대로 시행될 수가 없었다.

태종~세종조에 문음의 혜택이 증가하고, 충의위와 충찬위와 같은 양반 특수군이 활성화되면서 과거와 성균관의 위상은 더욱 하락하였다. 여기에 더욱 결정적인 타격을 입힌 조치가 급제자 33인을 모두 등용한다는 『원전』 규정의 파기였다. 이 규정이 언제부터 사문화되었는지는 알 수 없다. 그러나 세종 10년에 세종이 변계량과 의논하는 자리에서 『원전』에 33인을 모두 서용하는 규정이 있었냐고 질문하는 것을 보면 태종대 초반부터 이미 사문화되어 시행되지 않았던 것 같다. 『속육전』 단계에서 이를 대체하는 새로운 규정이 무엇이었는지도 확실하지 않다. 『경제육전』의 편찬이 모두 끝난 세종 26년에 급제자 3인에게만 즉시 관직을 수여하고, 나머지는 3관 권지로 임명한다는 법안이 마련되었는데,[161] 이 법은 『경국대전』에서 다음의 제도로 정리되었다.

문과의 경우 최종 합격자 33인 중에서 관직이 보장되는 경우는 정6품직을 수여하는 장원급제 1명과 정7품직을 주는 갑과 2인, 도합 3명 뿐이었다. 나머지 30인은 정8품 산계(을과 7명), 정9품 산계(병과 23인)만을 받았다. 단 참상관으로 급제한 자와 50세 이상된 급제자들은 즉시 서용하게 되어 있었다.[162] 물론 이들도 품외관인 삼관권지로 발령하였으므로 명분적으로는 관리가 된 것이고, 순자법에 따라 승진할 수 있었다. 그러나 실제로는 6품까지 승진, 거관하는 데만 10~15년이 걸렸고, 거관한 후에 관직을 받는다는 보장도 없었다.[163] 반면 유계자인

---

161) 『세종실록』 권106, 세종 26년 11월 정축.
162) 이성무, 『조선초기 양반연구』, 일조각, 1980, 69~71쪽.
163) 이성무, 위의 책, 70쪽.

경우는 장원이면 4계를 올려주고, 갑과는 3계, 을과는 2계, 병과는 1계를 올려주었다.164)

이렇게 되자 성균관 생원의 의욕은 크게 꺾일 수밖에 없었다. 세종 7년에 벌써 성균관에 기숙하는 생도의 수가 40명도 안 된다는 보고가 올라올 정도였다.165) 과거제의 편파적 운영, 문음승보, 문음제의 확대 등으로 문음자제의 특혜가 늘어나면서 서울의 문무관료 자제들은 성균관 생활을 고단해 하고, 지방출신 학생들은 그들대로 학업의욕이 저하하였기 때문이다.

이 앞서 경중(京中)의 호세자제(豪勢子弟)들이 다행히 생원시에 합격하면, 성균관에 있은 지 얼마 안 되어 그 거처와 음식이 제 뜻에 적합하지 못함을 꺼려하여 모두 부형의 음덕으로 종사하고자 하므로 그 외방에 있는 자가 모이기도 하고 흩어지기도 하였다. 간혹 학문에 뜻을 둔 선비가 있다 하더라도 모두가 향곡의 한미한 사람이라, 항상 관에 있기 때문에 왕왕 풍습병을 얻게 되는 까닭에 사람들이 많이 이를 싫어하였다. 그 거관자는 늘 3, 40미만이었다. 임금이 진려(軫慮)하여, 유사(攸司)에 명하여서 온돌방을 재(齋)의 한 모퉁이에 지어, 병 앓는 자의 휴양하는 장소로 하였고, 또 의원으로 하여금 병후를 진찰 약으로 치료하게 하였으니, 선비를 기르는 방법이 구비되었다. 그러나, 과거하는 때에 이르러서도 관시의 정원도 차지 못하였다.166)

---

164) 『경국대전』 이전 제과.
165) 『세종실록』 권27, 세종 7년 2월 갑인.
166) 『태종실록』 권33, 태종 17년 윤5월 기사, "先是 京中豪勢子弟 幸中生員試 居館未幾 憚其居處飮食之未適其意 因父兄之蔭 皆欲從仕 其在外方者 或聚或散 間有志學之士 皆鄕曲寒生 恒居于館 往往得風濕之疾 故人多厭之 其居館者 常不滿三四十 上軫慮 命攸司作堗於齋之一隅 以爲患病者休養之所 又使醫員候療藥 其養士之方備矣 及其科擧之時 尙不滿館試之數."

이 글에서는 경중의 자제는 음식과 거처가 불편해서, 한미한 지방 출신 생원은 풍습병에 걸려 거관자가 줄었다고 했다. 그러나 진정한 원인은 그러한 불편을 이겨낼 동기부여가 되지 않기 때문이었다. 호세가의 자제는 거관하는 고생을 하지 않아도 과거에 급제하거나 관직에 진출할 수 있고, 한미한 가문 출신은 급제를 해도 관직을 얻을 가능성이 적기 때문이다.

이렇게 되자 정부에서 기댈 수 있는 방법은 생원에 대한 강제적인 기숙제도, 즉 원점제(圓點制)밖에 없었다. 조선의 원점제와 동일하다고 볼 수는 없으나 국학생이 일정 기간을 복학해야 과거에 응시할 수 있게 하는 제도는 고려시대부터 존재하였다.[167]

『원전』에서는 9재를 모두 수료해야 과거 응시자격을 부여하는 제도를 시행했으므로 원점 제도가 필요 없었다. 그러다가 태종 11년경에 다시 원점제가 도입되었는데, 태종대에 『원전』의 과거제를 개정하면서 벌써 거관 생도의 감소라는 위험성을 예측하였다는 증거이다. 원점의 수는 태종 11년의 200점[168] 안을 거쳐 태종 17년에 300점을 받아야 관시와 향시(문과 초시)에 응시할 수 있게 확정되었다. 또 수령과 관찰사가 직접 응시자의 원점을 고찰하게 하는 등 행정절차가 강화되었고, 원점제를 위반하는 자는 교지부종률(敎旨不從律)로 처벌하게 했다.[169] 이 원점제는 『경국대전』에 그대로 계승되었다.[170]

---

167) 고려 예종 5년 9월의 판지에 의하면 제술업과 명경업의 합격자는 국자감에 3년 간 소속해야 했다(『고려사』 권73, 지27, 선거1, 과목1 예종 5년 9월 판, "製述明經諸業新學者 屬國子監三年").
168) 『태종실록』 권21, 태종 11년 6월 계사, "國家擇師長 設養賢庫以敎養之 而赴學生員 常不過二十 其於敎養之道如何……仍將各年榜目 京外生員 定期招集 而赴鄕試者 亦依館試圓點三百之例 曾居館滿二百點者 許令赴試."
169) 교서부종은 『대명률』의 제서유위율이나 교서부종을 의미하는 것 같다. 이 형량은 장100으로 장형으로는 최고형이었다.
170) 『경국대전』 예전 제과액수, 문과 초시.

원점제의 시행은 『원전』의 과거법과 『속전』의 과거제의 차이를 보여주는 단적인 지표이다. 조선초에 진사시를 폐지하고 생원시로 단일화한 목적이 철저한 학사관리를 통해 인재를 양성하고, 생원의 능력을 평가하는 데에 있었기 때문이다. 흔히 진사시와 생원시의 차이를 시험과목에서 찾지만, 생원시와 진사시의 진정한 차이는 여기에 있었다. 세종 10년에 진사시를 복구하자는 건의에 대해 의정부는 지금의 생원시는 이미 전조(前朝)의 진사시의 예에 따라 시행하고 있다는 이유를 들어 반대했는데,[171] 이는 시험과목은 진사시와 다르다고 해도 성균관의 운영방식이나 전체 과거제 의미는 진사시와 다름이 없다는 의미였다.

『경국대전』의 과거법은 『속집상절』 이후의 방침을 계승한 것이라고 할 수 있다. 그러나 상황은 『경제육전』 당시보다 더욱 나빠졌다. 단종대에 진사시가 복원되면서 생원진사의 수는 배로 증가하였다. 그만큼 과거급제자의 등용문은 더욱 좁아지고, 성균관의 기능도 하락하였다. 세조대를 거치며 공신과 문음자제의 혜택은 더욱 증가하면서 성균관은 더욱 부실하게 되었다. 일제시대부터 성균관이 과거준비기관화 한 것이 성균관의 쇠퇴요인이 되었다는 지적이 있었고, 성균관이 15세기까지는 제 기능을 다하다가 16세기부터 변질된다는 견해도 있다. 그러나 성균관의 과업기능은 성균관의 쇠퇴 요인이 아니다. 반대로 성균관과 향교가 과거제에서 관료군의 확대와 재지사족에 대한 기회의 확대, 관료군의 개방성과 순환이라는 제 기능을 하지 못한 것이 학문연구기관으로서의 성균관 교육의 부실화까지 초래한 원인이 되었던 것이다. 그리고 성균관의 쇠퇴는 16세기부터가 아니라 사실은 『원전』의 방안이 철폐되면서부터 예견되었던 것이었다.

---

171) 『세종실록』 권40, 세종 10년 윤4월 무술.

그렇다고 해서 조선초기 과거제 개혁과 정비가 전혀 성과가 없었다는 의미는 아니다. 조선에서는 과거제가 관료등용의 제일의 관문이 되었고, 과거 준비과정에서 학교가 차지하는 역할도 높아졌다. 특히 성균관의 역할은 절대적이어서 15세기의 과거급제자 통계를 보면 성균관 출신이 거의 85%를 차지한다는 통계도 있다.172) 그만큼 15세기의 과거제에서는 성균관의 비중이 높았다는 의미이다. 이것은 고려말부터 진행되어 온 학교제와 과거제 개혁이 이룬 성과였다고 할 수 있다.

그러나 성균관이 과거급제자의 주공급원이 되었지만, 그것이 『원전』의 구상과 같이 학교제와 과거제 간의 균일한 결합을 통해 달성한 것은 아니었다. 반대로 15세기 성균관의 위상 강화는 성균관의 교육환경을 차별적으로 높이고, 성균관 입학과정에서 학당 생도들, 그 중에서도 고관자제들에 대해 대단한 특혜를 부여함으로써 성균관을 지적인 엘리트만이 아니라 최고 문벌가의 자제들을 교육하는 곳으로 만들면서 이룬 것이었다. 결과적으로 그것이 과거제와 학교제가 지녔던 가장 개혁적이고 근본적인 목적을 이루지 못하게 만들었다. 그렇다고 해서 과거제가 신진인사의 등용과 기용에 전혀 기여하지 못한 것은 아니었다. 하지만 전체적으로 보면 16세기 훈구파의 성립과 조선의 관료체제의 모순은 이미 『속전』 단계에서 시작되고 있었던 것이고, 이것이 16세기 이후 과거제의 타락과 성균관의 쇠퇴, 훈구파와 사림파의 대립을 낳는 원인이 되었다.173)

---

172) 송준호, 「이조 생원진사시의 연구」, 『국회도서관』 10, 1970, 37쪽.
173) 성종대 후반부터 성균관의 활성화 문제가 경화사족 자제들에게 과거가 절박하지 않기 때문이라는 논의가 발생하고 그 대안으로 지방사족의 상경과 거관이 이야기되기 시작한다(최이돈, 『조선중기 사림정치구조연구』, 82~85쪽). 이것은 당시 훈구세력의 성장에 따라 『원전』에 수록한 관료제도가 다시 주목받는 경우라고 할 수 있다. 과거에는 이 원인을 훈구세력의 성장에 뒤이은 재지사족과 사림세력의 성장이라는 요소에서 찾았으나 성종~중종대의 사

4. 향교 정책과 재지사족의 등용

1) 관료등용제로서의 학교제

유교가 국가의 통치이념으로 자리잡은 삼국시대 이래 국가에서는 중앙과 지방에 학교를 설치하고 운영하였다. 학교의 목적은 유학을 보급하고 유학적 사회질서를 창출하는 교화기능과 관료 및 국가통치에 필요한 전문인력을 양성하는 관리양성 기능에 있었다고 할 수 있다. 특히 성리학을 수용했던 여말선초에는 학교에 대한 관심이 높아져 성균관이 정비되고, 지방 학교인 향교가 보급되었으며, 이런 추세는 조선에 들어서 더욱 가속되었다.[174]

또한 고려후기 이후 유학적 소양이 관료의 자질을 판단하는 일차적인 기준이 되어 가고, 과거가 어떤 입사로보다도 중시됨에 따라 과거준비기관으로서 학교의 비중도 크게 높아졌다.

이런 사정 때문인지 학교제는 일찍부터 관심의 대상이 되어 일제시대부터 연구가 시작되었다. 대표적인 연구로 유홍렬(柳洪烈)의 연구가 있다.[175] 유홍렬은 조선이 중국으로부터 학교제를 도입하였으나 조선

림파의 핵심세력 중에는 서울출신 명문가의 자제들도 많았다. 따라서 이 시기 사림세력의 대두와 새로운 논의의 원인은 훈구세력이 자기분화하고,『속전』에서『경국대전』으로 이어지는 폐쇄적인 관료제 운영의 모순이 증가한 데 따른 것으로 이해해야 할 것이다. 그러나 이 시기에도 성균관 거관의 중요성이 강조되면서 강경법이 거론되고, 유일천거와 효렴천거제가 다시 논의되었지만,『원전』의 학교제와 결합한 과거제 논의는 재연되지 않았다.

174) 정확한 통계는 알 수 없지만 14~15세기에 군현마다 향교 설립과 건축이 널리 행해졌다. 이런 분위기는 이 시기의 문집에 수록한 향교건축기를 통해서도 알 수 있다. 대표적인 글로 다음의 글들이 참조된다.
권근,『양촌집』권4, 기,「이천신치향교기」; 권12,「제주(堤州)향교기」; 권14,「영홍부향교기」; 안축,『謹齋集』권1,「양양신학기」; 남수문,「옥천군향교루기」,『동문선』권81; 최항,「인천향교중수기」,『동문선』권82.
175) 柳洪烈,「麗末鮮初の私學」,『靑丘學叢』24, 1936 및「朝鮮において書院の成

은 국왕권이 미약하고 국가기구가 제 기능을 못하여, 조선의 학교도 학교 본연의 기능을 다하지 못하고, 과거시험 준비기구로 왜곡되었다고 한다. 이 때문에 관학이 교육의 발달과 보급에 주도적인 역할을 하지 못하고 사학(私學)이 그 기능을 대신하게 되었다고 고찰하였다.

동시에 사학의 발달이란 것도 새로이 주자학을 도입한 신흥유신 계층에 의해 적극적으로 주도되었다는 점에서 긍정적인 측면이 있다고 보지만, 그것이 지역적, 개인적 범주를 극복하지 못하는 한계를 지니고 나중에 학연과 지연에 기초한 당쟁을 유발하는 요소가 되었다고 설명한다.

유홍렬의 연구는 학교제에 대한 선구적 연구이며, 이후에 진행된 학교제 연구가 매진하게 되는 논점을 제공하였다는 점에서 연구사적 의미가 있다. 그러나 이 연구는 식민사학의 문제의식과 방법론을 답습하였다는 문제가 있다.

일제하의 제도사 연구에서 가장 일반적인 패턴은 한국의 제도의 기원을 먼저 중국에서 찾고, 중국의 제도와 한국의 제도와 운영방식을 비교 분석한 뒤, 한국에서 발생한 제도의 독특한 현상을 '중국의 제도를 도입은 하였지만 제대로 운영하지 못한 결과'로 설명하는 방식이었다. 그리고 이와 같은 변형이 발생한 원인으로 조선의 왕권 미약, 민족의 자질부족과 같은 정체론적 요인으로 설명하고, 또 이를 정체론의 근거로 삼곤 했다. 유홍렬의 연구도 이와 같은 구조와 논리로 구성되어 있다.

그런데 식민사학의 본질적 문제는 그것이 정체론이라는 결론을 내리고 있다는 여부에 있는 것이 아니라 개념적, 실증적으로 잘못된 개념과 방법에 근거하고 있다는 점이다. 학교제라는 주제와 관련해서는

立」,『靑丘學叢』 29·30, 1937.

먼저 학교의 본질을 유학의 연구와 수양으로 설정하고, 과업(科業)기능을 학교의 학원화 내지는 조선적인 학교제의 타락현상으로 이해한 부분을 지적할 수 있다.

유학의 입장에서 보면 관리로서의 자질을 양성하는 것과 유학을 연구하고 수양하는 것이 서로 분리된 기능이 아니다. 유학에서 수신(修身)과 치국(治國)은 별개의 덕목이 아닌 것이다. 또한 유자의 직분은 곧 관료가 되어 통치에 참여하는 것이므로, 학교가 관리후보생을 양성하는 것은 당연한 기능이었다. 그러므로 학교 교육이 타락해서 입시준비기관이 되었고, 그것이 조선국가의 무능함을 증명한다고 설명하는 방식 자체가 잘못된 것이다.

둘째로 그렇기 때문에 학교가 과거시험 준비기관으로 변하는 것은 조선의 타락한 현상이 아니라 중국에서도 동일하게 발생하는 당연한 현상이었다. 그러므로 그 이유도 왕권 미약과 같은 비과학적 개념이 아니라 조선 관료제의 특징과 구조 속에서 구체적으로 모색해야 할 것이다.

셋째로 이 시기의 연구는 학교제에 대한 총론적 형태로 진행되어 성균관, 향교, 사학, 서원과 같은 다양한 학교와 학교의 운영방식에 대한 세부적인 연구는 수행되지 못했다.

1950년대에서 1980년대까지의 연구는 여러 종류의 학교와 학교제 운영의 다양한 측면에 대해 세분화되고 각론적인 방향으로 진행되었다. 그리고 이런 연구와 병행하여 일제시기의 부정적 해석을 극복하려는 시도가 행해졌다. 극복의 논리는 크게 두 가지로 대별할 수 있다.

첫 번째 시도는 조선초기 학교 건설과 운영에 국가가 적극적으로 개입하고, 주도했다는 것을 논증하려는 노력으로 표출되었다. 그리고 이는 조선을 건국한 신흥유신들의 성리학 수용과 성리학의 이념에 기초한 국가와 사회를 건설하려는 노력의 결실이었다고 보았다.[176] 이 같은 주장은 왕권 혹은 국가기능의 미약, 국가정책의 부실로 교육정책과 교육기관이 쇠퇴, 타락하였다는 논리에 대응하기 위한 것이었다고 생각된다.

한편 위와 같은 이유로 조선초기 향교 육성책을 중앙집권적 왕권강화와 유교이념의 보급, 이를 위한 적극적인 농민교화책이라는 관점에서 보는 연구도 등장하였다.[177] 거시적 관점에서 향교 정책을 유교이념의 보급과 분리시켜 생각할 수는 없을 것이다. 그러나 조선초기 향교의 사정이나 규모를 고려하면 향교 정책의 추이를 농민교화책과 직접적으로 연결시켜 파악하기에는 무리가 있다고 생각된다.

한편 조선의 학교는 단순한 과거 준비기관이 아니라 학문연구와 교육이라는 학교 본연의 사명에 충실했다는 것을 논증하기 위한 연구도 수행되었다. 이 같은 논지는 대체로 교육사적 입장에서 조선시대 교육기관을 다룬 대부분의 연구에서 찾아볼 수 있다. 이를 증명하기 위하여 학교제도만이 아니라 교관제도, 재정, 권학방식, 학규, 장학정책에까지 이르는 세밀한 연구가 많이 행해졌다.[178]

---

176) 이범직, 「조선전기 유학교육과 향교의 기능」, 『역사교육』 20, 1976 ; 이범직, 「조선초기의 교생신분」, 『한국사론』 3, 서울대, 1976.

177) 이성무, 「조선초기의 향교」, 『이상옥화갑기념논총』, 교문사, 1970, 240~241쪽. 도현철도 이 시기 학교 건설의 목적이 사회교화에 있다고 하였다(도현철, 『고려말 사대부의 정치사상연구』, 일조각, 1999, 44쪽, 147쪽). 한동일은 조선전기 국가주도의 향교 건설정책은 왕권강화와 성리학적 이념의 보급이 주된 목적이었고, 관료자원의 확보라는 의미도 있었으나 이것은 사회교화책에 비해서는 이차적인 목적이었다고 하였다(한동일, 「조선시대 향교교육 퇴폐의 원인에 관한 연구」, 『대동문화연구』 19, 1985, 236쪽).

178) 이성무, 「선초의 성균관 연구」, 『역사학보』 35·36, 1967 ; 이성무, 「조선초기의 향교」, 『이상옥화갑기념논총』, 교문사, 1970 ; 신천식, 「조선전기의 향교직관 변천고」, 『관동대 논문집』 6, 1978 ; 신천식, 「조선초기 성균관 운영과 교육개혁에 관한 연구」, 『관동사학』 3, 1988 ; 한동일, 「조선시대 학교 교육제도의 연구」, 성균관대 교육학과 박사학위논문, 1982 ; 서신석, 「15세기 성균

그런데 조선초기의 학교 정책을 이와 같이 설명한다면 16세기 이후 학교 기능의 변질과 성균관 및 향교 교육의 쇠퇴와 서원의 발달을 어떻게 설명할 것이냐는 문제가 따르게 된다. 이 문제에 대해서는 몇 가지 상이한 해석이 등장하였다. 조선초기에 의욕적으로 시도한 관학 정비과정에 의미를 두는 논자들은 이러한 이 정책 자체가 성리학을 이념으로 하는 신진사류들의 개혁운동의 일환이었다는 사실을 강조한다. 그러나 15세기 후반 중앙에 훈구파가 성립하고, 초기의 이상이 타락하면서 성균관의 기능 또한 변질되고, 집권귀족층 자제들의 출세의 도구로 변질되었다고 하였다. 이에 지방에서 사학이 발달하여 지방 양반자제들의 학교로 자리잡게 되었다고 한다.[179]

한편 조선초기의 학교제가 과거제와 직접적 관련이 있다는 사실에 착안하여 명나라의 과거제와 같이 과거제와 학교제를 결합한 제도를 시행하지 않은 것이 학교제가 타락한 원인이었다는 지적도 제시된 바 있으나,[180] 아직은 이것이 기능적 요소로 지적되고, 그 배후에 놓인 관료제와 개혁론적 배경까지는 지적되지 못하였다. 또 학교의 입시교육 기능을 학교 교육의 왜곡된 형태로 이해하는 분위기 때문인지 이 해석은 그렇게 적극적으로 활용되지 못하였다.

한편 관학의 쇠퇴와 사학(서원)의 발달에 대한 견해는 관학과 사학에 대한 논자들의 태도에 따라서도 달라지고 있다. 대체로 관학의 역할을 강조하는 논자들은 관학에 대한 재정지원의 미흡이 사학의 융성과 학교의 발전을 저해하였다고 해석한다. 반면에 사학의 중요성을 강조하는 논자들은 관학의 지나친 정부주도성, 관학이 지닌 경직성을 오

관의 기능연구」,『한국학논집』 2, 1982 ; 서신석,「조선초 관학의 학규정비과정연구」,『한국학논집』 5, 1984.
179) 이성무,「선초의 성균관 연구」,『역사학보』 35·36.
180) 이성무,『한국의 과거제도』, 집문당, 1994 참조.

히려 학교발전의 중요한 폐단으로 지적한다.[181] 또한 지방문화의 발전이란 관점에서 길재 이후 정통 주자학의 흐름은 지방의 사림들을 통해 이어졌으며, 이들의 활동이 사학의 발전으로 귀결되었다는 점을 강조하기도 한다.[182]

이상의 연구들은 조선전기의 학교에 대한 상세하고 풍부한 사실을 밝혀 주었다고 평가할 수 있다. 그러나 학교제의 의미를 설명함에 있어서는 일제시기의 비난을 지나치게 의식하여 오히려 학교제 연구의 본질에서 어긋나는 경향이 적지 않다.

대표적인 사례로 과거 준비기관으로서의 학교라는 모습을 여전히 학교제의 실패 내지는 타락한 형태로 인식하는 경향을 들 수 있다. 그로 인해서 현대적 의미에서 학교의 제도와 측면만을 강조하거나 증명하려다 보니 엄연히 존재하는 학교의 과업(科業)기능을 설명하기도 곤란해지고, 학교제 개혁과 운영을 둘러싼 논쟁과 제도개혁의 본질을 놓치고, 일면적으로 해석되는 경우가 종종 발생하였다.

더욱 중요한 문제는 이러한 연구경향이 학교제와 과거제를 애써 분리하여 연구, 이해하는 경향을 낳았다는 것이다. 중국의 경우로 보면 중국 송나라에서 명나라로 이어지는 과거제 개혁안에서 제일 핵심적인 부분이 과거제와 학교제의 일치였다. 그리고 이와 같이 학교제를 포괄한 과거제야말로 과거제에서 가장 발전한 형태이고, 정치적, 사회적 기능도 최고조로 달성하였던 제도로 이해되고 있다.[183]

여말선초의 개혁론자들은 송, 원, 명의 개혁정책을 깊이 참조하였

---

181) 서신석은 관학의 과도한 통제와 엄한 규범이 관학을 기피하고 자유로운 사학설립과 발전을 촉구하는 계기가 되었다고 해석하기도 하였다.
182) 이병휴, 「여말선초의 과업교육」, 『역사학보』 67, 1975.
183) 오금성, 「중국의 과거제와 그 정치사회적 기능」, 『과거』(역사학회 편), 일조각, 1981, 62쪽.

다. 이는 과거제의 경우도 예외가 아니다. 정도전과 조준은 주자의 개혁론은 물론 왕안석과 명의 개혁안을 널리 참조하였다. 그런데 관료의 양성이란 필연적으로 전체 관료제의 구도, 즉 어떤 계층의 어떤 인물을 어떻게 교육시키며, 이들을 국가운영에 참여시키는가라는 문제를 포함하게 된다. 따라서 학교제와 과거제는 이 문제와 무관하게 진행될 수 없다. 따라서 여말선초의 학교제 개혁론의 역시 개혁파 사대부의 정치관과 개혁론의 입장에 따라 달라졌을 것이다. 이 부분을 무시하고, 이 시기의 개혁논의를 단지 교육행정 상의 기술적인 문제거나 시행착오의 과정으로 파악한다면 이 역시 각 제도와 개혁론이 가지는 의미를 놓치게 될 것이다.

2) 고려후기 학교 정책과 향교

고려시대의 학교는 크게 개경에 세운 국자감과 동서학당, 12도, 지방의 향교와 사숙(私塾)이 있었다. 『고려사』의 기록은 거의 국자감에 한정되어 있어서 학당과 향교에 대한 실상을 파악하기가 쉽지 않다. 그러나 고려시대에도 학당이나 향교에 교관을 파견하고 관리하는 정책이 있었던 것은 분명하다. 그리고 고려말에 사숙이 피역의 수단으로 이용되었다는 기록이 있는 것을 보면,[184] 향교 생도는 군역면제를 받을 정도의 지위와 특권을 인정받는 위치였다.

하지만 고려시대 향교의 설치 범위나 숫자, 설치기준은 정확히 알 수 없다. 특히 하급 군현의 향교는 매우 부실하거나 제대로 운영되지 않았던 것 같다. 고려의 지방제도가 정비되는 현종대를 기준으로 할 때 수령이 파견된 지역은 전체 군현의 1/3에 불과하였다. 이후 꾸준히 감무 파견계획이 시행되어 고려시대에만 195개의 군현에 감무가 파견

---

184) 『고려사』 권118, 열전31, 조준 및 권74 지28, 선거, 학교, 공양왕 원년 12월.

되었다.185) 그러나 고려후기까지도 속현의 절반 정도는 감무도 파견되지 않는 곳으로 남아 있었다.186) 감무가 파견된 지역도 특별한 변화를 기대하기는 어려웠다. 감무가 수령으로서의 기능을 수행하기도 했지만, 조선시대적인 수령으로 보기는 어려운 점이 많았다. 이들은 군현의 문제를 총괄하는 수령이라기보다는 단기간 동안 특정 업무에 종사하거나, 특정 관사의 수조나 조세원의 관리, 확보에 급급한 형편이었다.187) 품계도 낮고 임시적인 관원이다 보니 임명과정이나 인사관리 절차도 부실했다. 수조권 관리체제가 문란해지는 후기로 갈수록 감무의 임명에 특정한 이해가 작용하면서 각사의 하급관원이나 서리, 권세가의 하수인들이 자주 임명되었다. 그래서 원천석 같은 인물은 스스럼없이 고려말의 감무를 "각사에서 파견하는 인물"이라고 단언하기도 하였다.188)

그러니 수령이 없는 고을이나 감무가 파견되는 지역에서는 향교의 진흥이나 건축은 기대하기 어려웠다. 따라서 군현 중에서 수령이 파견되는 영현(領縣)에서나 제대로 된 향교 건립과 운영이 가능했었다고 생각된다. 일례로 정도전의 부친 정운경은 봉화현의 호장 가문출신이

---

185) 이 수치는 『고려사』의 기록에 따른 것이다. 윤경진의 조사에 의하면 『고려사』에 없는 파견기록도 발견되므로 실제 수치는 이를 상회한다(윤경진, 「고려군현제의 구조와 운영」, 서울대학교 박사학위논문, 2002. 2).
186) 조선의 군현은 약 330여 개 정도인데 반해 고려시대의 군현은 기록에 나타나는 것만 해도 500개가 넘는다. 고려시대에는 군현의 변동도 심하고, 오늘날의 면 규모에 불과할 정도로 작은 곳도 많았기 때문이다. 그러므로 조선적인 기준으로 본다면 고려후기까지도 감무를 제외하고 수령이 파견되는 지역이 전체 군현의 절반이 되지 않았다고 볼 수 있다.
187) 임용한, 『조선전기 수령제와 지방통치』, 혜안, 2002, 63~87쪽.
188) 원천석, 『운곡시사』 권4, 「송원승봉부이천감무시병서(送元承奉赴伊川監務詩幷序)」/『고려명현집』 권5, 342쪽 ; 임용한, 「원천석이 본 지방현실과 수령제」, 『지방지식인 원천석의 삶과 생각』(이인재 편), 혜안, 2007, 351~353쪽.

었는데, 10세에 영주(榮州)의 향교에 들어갔다가 다시 안동의 향교로 올라갔다고 한다.189) 봉화현은 안동부의 속현으로 공양왕 2년에야 감무가 파견되었다. 영주는 고려 인종 때 현령이 파견되고 고종때 지군사(知郡事)로 승격했고,190) 안동은 도호부였다.

그렇다고 해도 향교에 건물, 학교에 관한 설치기준이 있었던 것은 아니기 때문에 속현 지역에 향교가 전혀 없었다고 볼 수는 없지만,191) 있다고 해도 시설이나 수준은 매우 낮았을 것이다. 다음은 이곡(李穀)의 글인데, 당시 향교의 실상을 잘 보여준다.

이군[李國香]이 고을(김해부)을 임시로 맡게 되었다. 부임한 후, 문묘(文廟)에서 선성(先聖)을 배알하고 물러나와 제생(諸生)들에게 말하기를, "모든 임금을 섬기고 부모를 섬기고 자신을 닦고 남을 다스리는 것은 모두 배우는 데에서 얻는 것인데, 배우는 것은 농사꾼의 일과 같은 것이니, 진실로 그 일을 게을리 하여 그 때를 놓치면 후회하여도 소용이 없을 것이다. 그러니 제생들은 힘써야 할 것이다. 또 이 학교가 좁고 누추하니 마땅히 넓게 만들리라."고 하였다.

---

189) 정도전, 『삼봉집』 권4, 행장, 「고려국봉익대부검교밀직제학보문각제학상호군 영록대부형부상서 정선생행장(高麗國奉翊大夫檢校密直提學寶文閣提學上 護軍榮祿大夫刑部尙書鄭先生行狀)」.
190) 『신증동국여지승람』 권25, 경상도, 영천군.
191) 이규보가 남부 지방을 순행할 때 보안현에 사는 진사 이한재(李翰材)의 집에서 향교 생도들과 연회를 가진 기록이 있다(『동국이상국집』 권17, 고율시). 보안현은 고부군의 속현으로 감무도 파견되지 않아 부령현의 감무가 겸임하는 곳이었다. 우왕대에 가서야 감무가 파견되었다(『고려사』 권57, 지11, 지리, 전라도 고부군). 이런 작은 고을에까지 향교가 있었다면 고려시대의 향교는 상당히 많은 군현에 있었다고 판단된다. 그러나 이때 찾아온 향교 생도들이 보안현의 생도였는지 고부군의 생도였는지는 확실하지 않다. 당시 고부 태수는 이규보의 동년 오천유(吳闡猷)였고, 이규보는 고부군에 머물다가 이한재의 집으로 옮겼으므로 고부의 생도들이 찾아왔을 가능성도 있다.

예전에 시내를 건너서 학교 동쪽에 작은 정자가 있었는데, 매년 여름 공부할 때면 손님들이 와서, 제생들을 그 아래에 앉히고 초에 금을 그어서 그 금이 타기 전에 시를 짓게 하였는데, 날씨가 덥다든지 비가 올 때면 사람들이 모두 곤란하게 여겼다. 이군이 그 까닭을 묻고는 고을 아전들에게 명하여 농한기에 부역을 하게 하여 재목을 충분히 장만하고 터를 넓게 잡고 새로 지으니, 예전에는 겨우 무릎을 들여놓을 수 있었던 것이 이제는 함장(函丈 : 스승과 제자의 자리를 일장(一丈)의 간격으로 떼어 놓는 것)을 두어 손님의 자리와 스승과 제자의 위치가 널찍하여 여유가 있게 되었다. (중략)

　내가 생각하건대, 성스러운 원나라의 문화 정치가 크게 보급되어 이제 천하에 조칙을 내려 새로 학교를 짓게 하였다. 내가 외람되게 천자의 조정 진신(搢紳)의 대열에 참여하여서 그 조서를 받들고 동방에 와서 선포하게 되어 여러 고을을 두루 시찰하였는데 문묘와 학교가 허물어지고 무너졌으며 생도들도 학업을 게을리하여 가는 곳마다 모두 그러하니, 누가 성스러운 원나라의 유교를 숭상하는 아름다운 뜻을 알았다고 하겠는가. 그런데 지금 이 부(府)에서만이 어진 수령을 만나 문화의 풍조를 진흥시키고 있으니 내가 비록 학문이 없으나 감히 그 실상을 기술하여 뒷사람에게 보이지 않을 수 있겠는가.192)

　이곡이 학교 건설을 명령하는 원나라의 조서를 받아 선포하고 국내를 시찰했다는 기사는 당시 조정에서도 향교 진흥에 관심을 가지고 있었음을 말해준다. 하지만 이곡이 국내를 시찰하면서 향교가 무너진 곳을 보고도 별다른 대책을 세우지 못했고, 가는 곳마다 향교가 무너지고 생도들은 학업에 의욕이 없었다. 도호부인 김해부에서도 수령의 개인적인 노력에 의해 겨우 향교가 건물을 갖추게 되는 것을 보면 향교 진흥정책이 표방은 되었지만 국가의 정책적 뒷받침을 받지 못했음

---

192) 이곡, 『가정집』 권2, 기(記), 「김해부향교수헌기(金海府鄉校水軒記)」.

을 알 수 있다.

더욱이 김해부에서조차도 향교건물이나 교육사정은 부실하기 짝이 없었는데, 감무 파견지역이나 속현 지역에서는 정식 관사가 없는 지역도 상당히 많았다. 이런 지역에서 정상적으로 향교를 세우고 운영한다는 것은 거의 불가능했을 것이다. 따라서 제대로 된 향교는 최소한 정식 수령이 파견되는 군현에나 설립이 가능했다고 보여진다.

이런 사정을 보면 향교가 널리 설치되었다고 해도 수준은 천차만별이었을 것이다. 향교 교육이 의미를 가지고, 제대로 진행되려면 향교를 세웠다는 것만으로는 부족하고 교관 파견이나 관리정책이 수반되어야 한다.

고려시대의 교관 파견정책을 보면 고려 성종 때에 12목에 박사를 파견한 기록이 있고, 학교 중흥책을 시행하던 예종과 인종 때에도 여러 주군 학교에 대한 대책이 보인다. 그런데 예종 즉위년의 기사에 "3경(京) 8목(牧)의 통판(通判) 이상 및 지주사(知州事)와 현령으로 문과 출신자는 학사(學事)를 겸하여 주관케 했다."는 기사가 있다. 좀 후인 의종대에 바로 이 정책을 평하면서 다음과 같이 언급하였다.

> 백성을 교화하고 풍속을 이룸은 반드시 학교로 말미암은 것이므로 조종(祖宗) 이래로부터 외관에 문사 1명을 차견하고 또 유신(儒臣)이 수령이 되면 곧 겸하여 학사(學士)를 관리하여 권학(勸學)하였다.[193]

이 기록으로 보면 현령 이상의 수령 중에서 문사의 비율은 극히 낮았던 것 같다. 물론 문사 외관 1명이 어느 단위를 기준으로 했는지, 무슨 업무를 맡았는지도 알 수 없다. 그러나 관행적으로 보면 도내 혹은 계수관 단위였을 가능성이 높다. 그리고 이들은 도 혹은 계수관계 내

---

193) 『고려사』 권74, 지28, 선거, 학교, 국학, 예종 22년 3월.

의 유생의 선발이나 향교관리, 각 향교 생도의 학력평가, 인재선발 같은 권학정책을 담당했을 것이다. 유신이 수령이 되었을 경우에는 학생을 관리하는 업무를 맡았다는 것은 아마도 향교 교관을 겸했거나 향교에서 가르치는 임무를 직접 맡게 했다는 의미인 듯하다. 문사 외관이 도 혹은 계수관에 1명이고, 문신 수령이면 교관까지 겸했다는 것은 주군에 설치된 향교의 수가 적고, 교관의 수나 지위도 약했다는 사실을 보여주는 것이라고 하겠다.

반면에 일반 수령에게 학교 업무는 주된 업무는 아니었다. 고려시대 수령의 기본업무 규정은 고려전기인 현종 9년 2월에 정한 제주부원(諸州府員) 봉행 6조[194]와 고려후기인 우왕 원년(1375)에 제정한 수령오사가 있는데,[195] 양자 모두에서 학교는 빠져 있다.

고려후기 들어 원나라에 수학하여 성리학을 수용한 학자들에 의해 학교의 중요성이 강조되면서 국학의 부흥이 추진되었다. 이색은 공민왕 원년에 올린 상소에서 향교→ 12공도→ 성균관으로 이어지는 과거제의 시행을 주장하기도 했다. 이 안은 시행되지 않았지만, 이 구상을 시행하려면 지방 향교의 재건정책도 수반되어야 했다. 그러나 이때까지도 학교 정책은 국학에 집중되었고, 지방 향교의 상황은 여전히 열악하였다.

당시의 열악한 재정상황이나 부실한 군현제, 거듭되는 전란이 향교정책을 어렵게 한 요인이 되기는 했을 것이다. 하지만 이들이 지방의 신진세력을 육성하고, 유입하는 데에는 그만큼 관심이 적었던 것이 보

---

194) 『고려사』 권75, 선거3, 전주(銓注) 선용수령(選用守令). 6조의 내용은 ① 민서(民庶)의 질고(疾苦) ② 흑수장리(黑綬長吏)의 능부(能否) ③ 도적(盜賊)·간활(奸猾) ④ 민중의 법금(法禁) ⑤ 민(民)의 효제(孝悌)·염결(廉潔) ⑥ 향리(鄕吏)의 전곡(錢穀) 산실(散失)이다.
195) 『고려사』 권75, 선거3, 전주 선용수령, 우왕 원년 2월. 수령오사는 전야벽(田野闢), 호구증(戶口增), 부역균(賦役均), 사송간(詞訟簡), 도적식(盜賊息)이다.

다 근본적인 이유였다.

　공민왕 원년에 올린 이색의 상소에서도 드러나듯이 이 시기 학교진흥책은 과거 및 관료양성이라는 과제와 밀접한 관련이 있었다. 그런데 이곡이나 이색이 학교 정책을 이야기하면서 향교의 진흥까지 주장한 것은 분명하지만, 교관 양성이나 파견문제에 대한 관심은 거의 보이지 않는다는 것도 그 반증이다. 향교가 유학교육의 보급이나 사회교화책 이상의 의미를 가지고 과거와 인재양성에서 경쟁력을 지니려면 교관정책이 반드시 수반되어야 하기 때문이다. 당시는 국학 재건이 급하고 지방의 여러 열악한 사정 때문에 교관 문제까지는 생각할 수 없었다고 볼 수도 있다. 그러나 다음 장에서 살펴보겠지만 교관 파견정책을 충분히 수행할 수 있었던 조선시대에 들어서도 권근 이하 이색 계열의 문신들은 의외로 지방 향교의 교관 파견 문제에는 상대적으로 소극적이거나 반대하기까지 했다. 이것은 향교를 통한 지방 인재의 등용이라는 측면은 이들의 관심에서 멀어져 있었기 때문이다.

　당시 고려 정치체제의 문제는 고려 전래의 국가운영체제가 권력이 소수 귀족에게 집중되고 이들의 합의와 타협에 의해 운영되는 비교적 협소한 구조였던 데 반해, 12세기 이후로 정치참여층은 크게 증가하였다는 데 있었다. 이 같은 상황에서 이제현이나 이색은 새로운 정치세력의 유입이나 정치세력의 교체는 생각하기 어려웠다. 그들은 문벌이나 원의 세력에 의지한 무능력자나 부적격자의 관료군 진출을 억제하고, 합법적 제도 운영과 교육과 과거를 통해 이들을 유신으로 대체함으로써 관료군의 질적 향상을 이루는 것을 목표로 하고 있었다.

　교육제도와 과거제의 확대는 필연적으로 신진세력의 유입과 정치세력의 교체를 유발하기 마련이지만, 이제현이나 이색이나 기존의 정치적 틀 안에서 이들을 포용하려고 하였다. 이는 이제현이나 이색 모두 좌주·문생 제도를 지지했고, 이색의 학교제 개혁안은 지방출신의 유생들도 기존의 정치세력과 좌주・문생 제도로 유지되는 12공도로 흡수하여 관료군으로 재생산해 내는 구조를 갖추고 있었던 점에서도 찾아볼 수 있다. 이러한 생각이 그들로 하여금 향교의 진흥보다는 국학의 정비와 교육받은 관료의 양성과 등용이라는 과제에 집중하게 했던 것이다.

오히려 고려말에 향교는 크게 쇠퇴하였다. 1350년 왜구의 침공을 시작으로 고려사회가 남북의 외침에 시달리게 되었기 때문이다. 성균관마저 홍건적의 침공으로 불에 타서 공민왕 16년에 겨우 재건되는 상황이었다. 권근의 『양촌집』에는 연안부와 영해부의 향교도 이 시기에 무너져서 다시 중수했다는 기록이 나온다.196) 이곳이 왜구의 피해가 극심했던 해안지방이기는 했지만, 도호부에 이미 세워져 있던 향교마저 그러했다면 다른 군현의 사정은 말할 것도 없었다. 조준은 이 시기 군현 향교의 실상에 대해 다음과 같이 묘사했다.

> 학교는 풍화의 근원이라 국가의 치란과 정치의 득실은 이에 말미암지 않음이 없습니다. 근자에 전쟁이 일어남으로 인하여 학교가 폐이(廢弛)하여져서 풀이 자라 무성해지며 향원(鄕愿)이 선비 이름을 칭탁하여 군역을 피하는 자가 5・6월 간에 이르러 동자를 모아 당송인의 절구를 읽고 50일 만에 곧 파하니 이를 하과(夏課)라 말합니다. 수령된 자가 이를 보고도 범연히 여기고 일찍이 개의치 않으니 이와 같이 하고도 경에 밝고 행실이 닦인 선비를 얻어 이로써 국가의 성한 다스림을 돕고자 하나 어찌 얻을 수 있겠습니까.197)

---

196) 권근,『양촌집』권11, 기류,「영해부 서문루기(寧海府西門樓記)」; 권12, 기류,「연안부 향교기(延安府鄕校記)」.
197)『고려사』권118, 열전31, 조준 및 권74, 지28, 선거, 학교, 공양왕 원년 12월, "學校, 風化之源, 國家理亂, 政治得失, 莫不由斯, 近因兵興, 學校廢弛, 鞠爲茂草, 鄕愿之托儒名避軍役者, 至五六月間, 集童子, 讀唐宋人絶句, 至五十

3) 경제육전 원전의 향교 정책과 그 성격

조선 최초의 법전인 『경제육전』 원전은 정도전·조준 파의 개혁안을 집대성한 책이기도 했다. 『원전』에 수록한 법령 중에서 핵심이 되는 교서는 고려말에 올린 조준의 상서[198]와 정도전이 작성했다는 태조 즉위교서였다. 이 중에서도 학교(특히 향교)와 교관 문제는 조준 쪽에서 좀 더 구체적인 방안을 제시하고 있다.[199]

조선 건국 2개월 후인 태조 원년 9월 도평의사사에서 좌시중 배극렴과 우시중 조준의 명의로 22개조의 상소를 올렸다. 이 상서는 태조 즉위교서에 이어 조선의 정책과 개혁안을 담은 중요한 상서로서 이 상소에서 언급한 유일 천거제가 『경제육전』『원전』과 『조선경국전』에도 수록된 것이 확인된다.[200] 이 상소의 첫 번째 조항이 바로 농상과

日, 乃罷, 謂之夏課, 爲守令者, 視之泛然, 曾不介意, 如此, 欲得經明行修之士, 以補國家之盛理, 其可得乎."

[198] 조준의 상서는 엄밀히 말하면 조준을 대표자로 한 상서로서 조준 세력의 개혁안을 집대성한 상소였다. 지금까지 이 상서는 단지 상서로 이해되어 왔지만, 이 상서는 교서로 반영되었고, 경제육전 원전에도 대거 수록되었다. 『고려사』에 이 기사가 단지 상서로만 기재된 이유는 조선시대를 통해 법령과 수교는 법령이나 수교를 반포한 기록보다도 원안이 된 상서를 기록하는 것을 더 중시했기 때문이다. (물론 둘 다 기록하는 경우도 있다) 이것은 『고려사』만이 아니라 실록도 마찬가지였다.

조준은 신돈 집권기인 우왕 10년부터 위화도회군까지 은퇴생활을 하면서 학자들을 모아 국가체제 전반에 대한 개혁안을 준비하고 논의했던 것 같다. 고려의 역대 제도를 집대성했다는 『주관육익』의 저자이며, 『대명률』을 번역하여 『대명률직해』를 편찬한 김지가 조준의 동서이며, 정도전과는 동년이었다는 사실은 이런 점에서 시사하는 바가 크다(김인호, 「고려후기 주관육익의 편찬과 성격」, 『경제육전과 육전체제의 성립』, 67~69쪽, 77~78쪽).

[199] 그렇다고 해서 정도전이 학교제에 무관심했다는 의미는 아니다. 특히 『원전』의 과거제도는 학교제와 밀접한 관련이 있는데, 『원전』에 수록한 과거법은 조준의 상서에서는 언급되지 않고 태조 즉위교서에 등장한다. 다만 학교 중에서도 향교와 교관 문제는 조준이 주로 다루고 있다.

학교였다.

> 학교는 풍화(風化)의 근원이고, 농상(農桑)은 의식(衣食)의 근본이니, 학교를 일으켜서 인재(人才)를 양성하고, 농상을 권장하여 백성을 잘 살게 할 것이다.201)

학교와 농상이 상언의 첫 번째를 차지했다는 것은 가시적인 의미가 있다. 실록에 자세한 내용을 기재하지 않은 것이 안타까운데, 원래 구체적인 정책이 없었던 것이 아니라 실록에 기재할 때 서두 부분만 올렸기 때문일 것이다. 그런데 학교 진흥을 위한 정책은 이미 4년 전인 공양왕 원년에 올린 조준의 상소를 통해 건의되었다. 그 내용은 아래와 같다.

① 원컨대 이제부터는 근면하고 민첩하여 박학한 자로 교수관을 삼아 5도에 각 1인씩 나누어 보내 군현을 두루 돌아다니게 하되
② 그 마필의 공억(供億)은 모두 향교에 맡겨 주관케 하소서.
③ 또 주군에 한가히 있으면서 유학을 업으로 하는 자로 본관의 교도(教導)를 삼아
④ 자제로 하여금 항상 사서와 오경을 읽게 하되 사장(詞章) 읽기를 허락치 말 것입니다.
⑤ 교수관은 1도를 순시하여 엄하게 과정을 세우고 몸소 스스로 논난하고 그 통하고 통하지 않음을 상고하여 이름을 서적에 올리고 유도하고 권장하여 실용의 인재를 이루어야 할 것입니다. 그 인재가 많아서 성과를 이룬 자가 있으면 차서를 밟지 않고 탁용(擢用)하며 만약 능히 교회(教誨)하여 효과를 이루지 못하는 자는 또한 이를

---

200) 이 책 223쪽 참조.
201) 『태조실록』 권2, 태조 원년 9월 임인.

논죄할 것입니다.202)

이 상소가 『경제육전』에 수록된 증거는 발견되지 않지만, 태종 7년에 권근이 올린 상소에 태조대에 사숙을 철폐하고, 모든 생도는 강제로 향교로 출석하게 했으며, 주군에 은거하는 인사를 등용하여 교도로 임명하는 조치를 비난하는 내용이 있는 것을 보면203) 조준의 건의안이 시행된 것은 분명하다고 하겠다.

여기서 조준 상소의 내용과 의미를 차례로 살펴보도록 하겠다.

① 5도에 도당 1명의 유학교수관을 파견한다. 이 제도는 시행여부를 떠나 조선시대에서 유래를 찾아보기 힘든 아주 독특한 구상이었다. 그렇기 때문에 그들이 추구했던 학교 정책의 목적과 절실한 의도가 담겨있는 구상이기도 하다.

유학교수관의 파견지역은 5도로 한정하고, 양계 지방은 제외했다. 그 이유는 양계가 군사지역이라는 특수상황 때문이겠지만, 군현 단위의 교관 파견 역시 양계 지역에는 아직 힘들다고 보았던 것도 주요한 원인이었던 것 같다. 도내를 순행하는 유학교수관을 설치하기 위해서는 군현 단위의 향교 설치와 교관 파견이 전제조건이 되기 때문이다. 그렇다고 양계 지역은 군현 단위의 교관 파견을 포기했다는 의미는 아니다. 오히려 교수관 파견정책은 양계 지방이 먼저 시행되었다. 조준의 상소가 있은 다음 해인 공양왕 2년 2월에 서울에 오부학당을 설

---

202) 『고려사』 권118, 열전31, 조준 및 권74, 지28, 선거, 학교, 공양왕 원년 12월, "願自今, 以勤敏博學者, 爲敎授官, 分遣五道各一人, 周行郡縣, 其馬匹供億, 委鄕校主之, 又以州郡閑居業儒者, 爲本官敎導, 而令子弟, 常讀四書五經, 不許讀詞章, 而敎授官巡視一道, 嚴立課程, 身自論難, 考其通否, 登名書籍, 誘掖獎勸, 以成實材, 其人材衆多, 有成效者, 擢以不次, 若不能敎誨而無成效者, 亦將論罰."
203) 『태종실록』 권13, 태종 7년 3월 무인, 권근의 상소.

립하면서 서북면의 부와 주에 유학교수관을 두었고, 나머지 도는 공양왕 3년 정월에 파견되었다.204) (이 유학교수관은 조준 상소에 있는 도 단위의 유학교수관을 말하는 것은 아니고 향교를 담당하는 교수관을 지칭하는 것 같다.)

서북면에 먼저 교수관을 파견한 것은 5도 지역에는 어느 정도 기존의 학교가 설치되어 있지만, 서북면은 학교 사정이 더욱 열악했기 때문이 아닌가 한다. 이것은 조준이 5도에만 도 유학교수관을 파견하자고 했던 이유도 설명해 준다. 도 유학교수관을 운영하려면 군현 단위의 향교가 잘 형성되어 있어야 했는데, 양계의 향교 사정은 어려웠고, 5도 수준의 교육을 시행하기도 쉽지 않았다고 보았기 때문이 아닌가 한다. 특히 교관 수급에서 어려움이 많았을 것이고, 전비와 군역 부담이 큰 양계 지방에서 도 교수관의 순행은 오히려 향교의 발전을 저해하고, 순행에 위험도 따랐을 것이다.205)

도 유학교수관의 임무는 관찰사와 마찬가지로 도를 순시하면서 향교에 관한 모든 업무를 고찰하는 것이었다. 유학교수관의 주요 임무는 ⑤의 부분에서 다시 언급되는데, 생도 교육의 관리, 인재선발, 향교 교관의 포폄이었다.

이 방식은 고려중기에 문사 외관 1명을 파견해서 학사업무를 전담시키던 제도를 연상시킨다. 그러나 고려의 제도와는 완연히 다르다.

---

204) 『고려사』 권74, 지28, 선거, 학교, 국학, 공양왕 2년 2월, "置京中五部, 及西北面府州儒學敎授官, 三年正月, 各道牧府, 亦置之."
205) 태종 6년에 서북면 도순문사 조박(趙璞)의 청원에 따라 의주, 이성, 강계 등지에 유학교수관을 설치했다는 기록이 있다(『태종실록』 권11, 태종 6년 갑인). 의주, 강계는 서북면의 대읍이지만 이때야 비로소 유학교수관이 설치되고 있는 것이다. 그런데 이 지역은 하나같이 국경에 위치한 군사요충이다. 이것은 군사적 특수 상황이 교수관 파견정책의 저해요인의 하나였음을 짐작하게 해 준다.

먼저 고려의 제도는 문사 수령 1명이 도 혹은 계수관 단위의 학사업무를 겸임하는 것이지만 조준의 방안은 학교 정책을 일반행정에서 완전히 분리해서 도 유학교수관이 전담해서 순행하는 체제를 만들자는 것이었다.

조준은 위의 상소에서 유학교수관 체제가 필요한 이유와 효용성까지는 언급하지 않았다. 그러나 신속한 향교의 재건이 첫 번째 이유였을 것이다. 학교제에 기초한 『원전』의 과거제가 전국적으로 제대로 공정하게 기능하기 위해서도, 정도전·조준 파가 의도하는 대로 지방사림의 등용과 정치참여세력의 확충이라는 목적을 달성하기 위해서도 군현 단위 향교의 신속한 재건과 향교 교육의 충실화가 필수적이었다. 그런데 군현의 재정이 열악하고, 수령의 자질과 수준도 제각각인 상황에서 군현 향교 재건사업을 예전처럼 개별 수령의 의지와 능력에 맡겨 놓아서는 성과를 기약할 수가 없다. 더욱이 학교제에 기초한 과거제를 시행하면서 군현별로 향교의 편차가 심하거나 심지어 없는 곳도 있다고 한다면 오히려 심한 불평등과 불만을 야기할 것이다.

도 단위 교수관의 설치 목적이 『원전』의 과거제와 밀접한 관련이 있었다는 사실은 ⑤의 내용, "교수관은 1도를 순시하여 엄하게 과정을 세우고 몸소 스스로 논쟁하고 질문해서 학문이 통하고 통하지 않음을 상고하여 이름을 서적에 올리고 유도하고 권장하여 실용의 인재를 이루어야 할 것입니다."라는 서술을 통해서도 짐작할 수 있다. 『원전』의 과거법 중 향교에서 생도를 공생(貢生)하는 방법이 생도가 공부하고 통달한 경서를 적(籍)에 기록하고, 이 학사기록을 근거로 우수학생을 선발하여 성균관으로 올리는 것이었기 때문이다.[206] ④에서 서술한 도 교수관의 임무는 바로 이 학사업무를 가르치고 감독하는 것을 의미한

---

[206] 『세종실록』 권49, 세종 12년 8월 경인.

다.

 이와 같이 학교행정만은 관찰사에게서 분리해서 도 유학교수관에게 맡긴다는 발상은 그들 스스로의 주장과 모순될 정도로 파격적이며 특별한 것이었다. 정도전·조준 파의 개혁안 중에서 대단히 중요한 정책이 고려시대의 안찰사 제도를 대체하는 관찰사 제도였다. 그들이 구상한 관찰사 제도의 핵심은 관찰사는 국왕의 대행자로서 한 도를 전제할 수 있는 권한을 주어야 한다는 것이었다.207) 이는 도평의사사의 개혁과도 연결된 것으로 고려시대 각 관서의 사신 파견과 관서별로 분할된 행정체제를 일체 불식하고, 모든 행정체제와 조세, 군사의 집행체제를 도평의사사-관찰사의 체제로 일원화하는 것이었다.208)

 그러나 유독 학교 행정과 향교 교관의 포폄권을 관찰사에서 분리시켰다. 이 조치를 그들이 그만큼 학교 부흥을 중시하였다거나 성리학의 보급과 사회교화책을 중시했다는 의미만으로 해석해서는 납득하기가 곤란하다. 그런 의미라면 정치와 교화의 일체를 주장하는 성리학의 이념으로 보나 현실적으로 보나 국왕의 대행자인 관찰사를 통해 일원적으로 시행하는 것이 마땅하였다.

 교수관의 순행과 향교재정의 확보는 향교의 인재를 발굴하고, 생도 교육과 인재선발 과정에서 수령이나 지방세력의 간섭을 차단해 줄 수

---

207) 정도전,『삼봉집』권14, 감사요약 ;『고려사』권75, 지29, 선거, 전주, 선용감사, "辛昌位之年七月, 趙浚言, 按廉之職, 國初節度使也, 摠攝軍民, 專制方面";『태종실록』권26, 태종 13년 7월 기축, "監司 專制一方, 以行黜陟." 뒤의 기록은 태종대의 기록이지만 사간원에서 태조대의 법을 준수하자는 취지의 상소에서 나온 구절로 창왕대에 행한 개혁파의 개혁 이후로 재정립된 감사의 개념을 표현하고 있다. 이외 관찰사의 전제권에 대한 연구는 장병인,「조선초기의 관찰사」,『한국사론』4, 서울대, 1978. 3, 153~155쪽.
208) 고려의 안찰사와 조선의 관찰사의 차이에 대한 연구사적 검토와 새로운 견해에 대해서는 임용한,『조선전기 수령제와 지방통치』, 혜안, 2002, 21~22쪽 참조.

있다는 효과도 있었다. 후술하겠지만 향교 교관 역시 지방에서 관료세력을 양성하는 방법인 동시에 지방의 사대부를 관료로 등용하는 중요한 통로이기도 했다.

② 조준은 교수관의 순행비용도 전적으로 해당 군현의 향교에서 충당하게 했다. 이는 군현 재정이나 민간에 부담을 주지 말라는 배려일 수도 있겠으나, 그 이상의 숨은 의도가 있다고 보인다. 교수관의 순행비용을 독자적으로 제공하려면 향교가 자립자족할 수 있는 이상의 충분한 재정을 확보하지 않으면 안 된다. 더욱이 개혁파는 지방의 향교도 중앙의 성균관과 마찬가지로 생도에게 식사를 제공하는 체제를 구상하고 있었다.209) 이로 미루어 보면 향교에서 기숙사 제도를 구상했던 것 같다. 교통사정이 좋지 않은 이 시기에 교육이 충실히 되려면 기숙사 제도가 반드시 필요했다. 식사만을 감당하려고 해도 충분한 재정이 필요하였다.

이후 조선시대의 사례를 보면 군현의 향교는 『경국대전』을 기준으로 5결 정도의 학전을 보장받았으나 재정자립도가 취약했고, 학전도 안정적이 아니어서 수령의 배려와 관심에 대한 의존도가 높았다.210) 조선초기에는 지방 관아나 수령의 숙소도 없는 군현이 많아 관아 건설을 하기에도 벅찬 상황이었다. 이런 사정을 감안하면 조준의 상소는 교수관의 순행제도와 결부하여 향교재정을 독립시켜 재정 자립성을 높이고 교수관의 관할 하에 향교 건설을 촉진하려는 의도가 있었다고 보여진다.

---

209) 정도전, 『삼봉집』 권7, 『조선경국전』 상, 치전 입관, "外而州郡鄕校 各置敎授生員 瞻其廩食".
210) 이범직, 「조선전기 유교교육과 향교의 기능」, 25~26쪽.

③ 조준의 상서에서 구체적으로 언급하고 있지는 않지만, 이 건의안은 군현 단위의 향교 건설을 전제로 하고 있다. 이미 여러 연구에서 지적된 대로 군현 단위의 향교 건설은 고려시대의 향교 정책과 대별되는 이 시기 학교 정책의 가장 큰 특징이자 성과였다.211)

그러나 정도전·조준 파가 구상한 학교제와 과거제 개혁안이 성공을 거두기 위해서는 군현 단위로 향교를 확대하는 것만으로는 부족했다. 향교 교육의 수준이 과거를 담당할 수 있는 수준으로 상승해야 했다. 이를 위해서는 우수한 교관의 파견이 필수적이었다.

교관 자원의 선발방식으로 조준은 지방의 한거유업자(閑居儒業者)를 활용할 것을 건의했다. 한거유업자란 현직이 없는 지방의 품관층 중에서 유학의 소양이 있는 인물을 말하는 듯하다. 이 구상에 대해 지금까지의 연구에서는 아직 제도가 정비되지 않은 상황이라 교관의 자격요건을 정하지 못하고, 요원도 확보하지 못해 임시적으로 채택한 방안이라고 보는 것이 일반적이다.212)

그러나 아무리 국초라고 해도 임명할 사람을 확보하기 어려웠다는 해석은 타당성이 적다고 생각된다. 고려시대부터 과거제도는 이미 오랫동안 시행되어 왔다. 과거에 급제하고 등용되지 못하거나 지방에 은거하는 인사들도 상당수가 있었고, 피역기관이 되었다고는 하지만 이미 지방에는 곳곳에 사숙이 설립되어 있었다. 물론『주자집주』나 주자성리학은 아직 도입 초기여서 주자학에 대해서 깊은 이해를 갖춘 사람이 부족했다고 해도, 향교에서 초학의 생도를 교육할 지식인이 부족

---

211) 이범직,「조선전기 유교교육과 향교의 기능」, 9쪽.
212) 김명우는 당시 교관의 자격은 일정한 제한이 없었고, 경에 능하고 나이 든 선비 중에서 선발했다고 한다. 이후 과거제가 보편화되고 중앙집권적 관료체제가 정비되면서 태종 3년부터 유신 중에서 교관을 겸직하게 되었다(『태종실록』권6, 태종 3년 3월 경진)고 보았다(김명우,「조선시대의 향교교관」,『중앙사론』10·11합집, 1998, 85쪽).

할 정도였다고 보기는 어렵다.

사숙을 철폐하고, 과거와 학교를 결합시키며, 모든 생도는 향교로 통합하는 강제적인 조치를 시행하는 상황에서 향교 교관의 직책과 직위에 대한 규정이 존재하지 않았다고 보기도 어렵다.『태조실록』과『고려사』를 편찬한 세력들은 정도전 파를 몰아내고 그들의 개혁정책을 수정한 주역들이다. 후술하겠지만 이들은 특히 정도전, 조준의 정책 중에서도 군현 단위의 향교 건설과 교관 파견정책에 대해서 심한 거부감을 보였고, 기록의 삭제와 왜곡도 서슴치 않았다. 이 때문에 군현 향교의 교관에 대한 기록이 소략해진 듯하다.

『경국대전』에 의하면 종6품인 교수는 주부(州府)에만 두었으며, 군현에 파견하는 훈도(訓導)는 종9품직이었다.213) 그런데 교수와 훈도의 구분이 발생하는 것은 태종 16년부터로 이때부터 문과 출신으로 6품 이상의 관원을 교수관으로 하고, 참외관으로 임명된 자를 훈도관, 생원과 진사 출신을 교도라고 구분했다.214) 이런 구분이 발생한 이유는 태종조부터『원전』의 향교 정책이 쇠퇴하고, 교관의 질이 저하함에 따라 생원, 진사를 교관으로 파견하게 되었기 때문이다. 이 이전에는 군현 교수관과 훈도의 명칭이나 구분이 엄밀하지 않았다. 그렇다면 태조조에 군현 교관의 자격이나 품계는 어떠했을까? 이에 대한 분명한 기록은 없지만, 태조 4년의 유일 천거령에 다음과 같은 내용이 있다.

> 도평의사사에서 왕지(王旨)를 받들어 각도에 이첩하였는데, 그 내용은 이러하였다. "6품 이상으로 나이 70세 이하의 한량관은, 향교의 훈도와 기선군관(騎船軍官)을 제외하고는 일체로 방문하여 갖추어 기록하여 아뢰라."215)

---

213)『경국대전』이전, 외관직.
214)『태종실록』권32, 태종 16년 8월 기사.

이 기사는 6품 이상의 한량관 중에 향교 훈도, 기선군관으로 재직하는 인물들이 있다는 사실을 말해준다. 아마 동반 6품은 향교 훈도, 서반 6품은 기선군관으로 많이 차출되었던 것 같다. 서반 6품 이상의 품계를 지닌 사람이 겨우 기선군관을 맡는다는 것이 이상하지만 고려시대에 서반직이 매우 낮게 취급되었고, 첨설직 등으로 관작의 남용이 심했던 사정 때문인 듯하다.

물론 이 기록은 6품 이상의 한량관들이 향교 훈도로 선출되었다는 사실을 말해 주는 것으로 향교 교관직이 6품직이었다는 근거는 되지 못한다. 그러나 당시는 교수와 훈도가 엄밀하게 구분되지 않았으므로 훈도나 교수나 명칭의 차이일 뿐 품계나 직위는 동일했을 가능성이 높다. 그리고 위의 기록에 따르면 향교 교수관의 선발 기준이 6품이었을 가능성이 높다.

한거유업자를 교관으로 임용하려고 정책에는 단순히 교관 자원을 마련하자는 의도만이 있었던 것은 아니라고 생각된다. 정치적으로는 지방에 거주하는 사대부들을 관료로 등용하려는 의도가 숨어 있었다고 보아야 한다.

그러면 교관 파견정책은 어떻게 시행되었을까? 『고려사』 기록에 의하면 공양왕 2년 2월에 서북면의 부와 주에 유학교수관을 설치하고, 이어 3년 정월에는 각도의 목과 부에 교수관을 두었다고 한다.[216] 이 기록에 의하면 조준이 주장한 도 단위의 교수관은 설치되지 않았고, 군현 단위의 교관 파견도 시행되지 않은 듯하다.

하지만 『고려사』 백관지의 외직 조에는 부, 주만이 아니라 도에도 유학교수관을 파견했다고 기록해 놓았다.[217] 그러므로 위의 기사는 무

---

215) 『태조실록』 권8, 태조 4년 11월 신미.
216) 『고려사』 권74, 선거2, 학교.
217) 『고려사』 권77, 지31, 백관2, 외직, 유학교수관, "儒學敎授官, 恭讓王三年, 置

언가 고의적인 왜곡이 있다고 볼 수밖에 없다. 다만 이 기사에도 군현 교수관의 파견기록은 없는데, 일단 도 유학교수관의 파견 사실부터 확인해 보겠다.

권근의 『양촌집』에 다음과 같은 기록이 있다.

> 나의 동년 김군 돈(篤)은 청렴 개결한 지조를 지켜 불우하게 세상을 지내는데, 일찍이 스스로 한탄하기를, "현달하면 도를 펴고 궁곤하면 농사에 힘쓰는 것이, 선비의 떳떳한 길이다." 하고, 세상에서 물러나 이산(尼山)들에서 농사지으면서 스스로 호를 농은(農隱)이라 하였다. 국가가 개옥(改玉)한 뒤 문치를 숭상하여, 군에게 공주도(公州道) 유학교수의 소임을 제수하였다.218)

김돈은 조선 건국 후에 유학교수관으로 파견되었다. 그것은 조선 건국 후의 사건이었지만, 그에게 부여된 직위는 공주 유학교수관이 아닌 공주도 유학교수관이었다. 조준이 구상한 5도 단위의 유학교수관과는 조금 차이가 있지만 이는 분명히 공주도 전체를 순찰하는 직임으로서의 교수관이 분명하다고 생각된다.

그러면 군현 향교의 교관 파견정책은 어떻게 추진되었을까? 『고려사』와 『고려사절요』에서는 침묵하고 있지만, 정도전·조준 파의 집권기에 군현 단위로도 교수관을 파견한 사실이 여러 사료에 의해 확인이 된다.

> 우리 전하께서는 즉위 초에 획을 긋고 기강을 떨쳐 옛 법을 일으키셨는데, 특히 용인(用人)의 도에서는 더욱 뜻을 다하셔서 인재를 양성

各道牧府儒學敎授官, 四年罷, 尋復之."
218) 『양촌집』 권13, 기, 「농은기(農隱記)」.

하지 않으면 안 된다고 말씀하셨습니다. 그리하여 안(수도)에는 성균관과 사부학당을 두고, 외방에는 주군마다 향교를 두고, 각각 교수와 생도를 두고 그 늠식(廩食)을 공급하게 하였습니다.219)

밀성 수(密城守) 여공(余公)이 은어(銀魚)를 보냈으므로, 삼가 영남루(嶺南樓) 위에 있는 목은 시의 운을 써서 두 절구를 지어, 하나는 여공에게 바치고 하나는 군교수관(郡教授官) 동년(同年) 박군에게 바친다.220)

첫 번째는 『조선경국전』의 기사이다. 『조선경국전』이 정도전의 사찬법전이라는 사실 때문에 흔히 정도전의 개인적 창작품으로 간주하는 경향이 강하지만, 『조선경국전』도 『경제육전』과 마찬가지로 기존의 교서를 모아 편찬한 법전이었다.221) 따라서 위의 서술은 주군 향교의 설치와 교관 파견을 증명하는 증거가 된다.

두 번째 사례는 권근이 공양왕대에 남부 지방에서 유배 생활을 할 때 쓴 시로서, 당시에 군현에도 교수관이 파견되었음을 명확하게 보여주는 사례이다.

이외에도 여러 증거가 있다. 태조가 즉위한 직후에 내린 명령 중에 고려조에 임명했던 각도의 수령과 유학교수관과 역승을 잉임(仍任)시킨다는 기사가 있다.222) 여기서 도의 유학교수관이 도 유학교수관을 지칭하는 말일 수도 있지만, 수령 및 역승과 대비시키는 것으로 보아

---

219) 정도전, 『삼봉집』 권7, 『조선경국전』 상, 치전 입관, "惟我主上殿下 卽位之初 立經陳紀 動法古昔 而於用人之道 尤致意焉 謂人才不可以不養 於是 內而成均館部學 外而州郡鄉校 各置教授生員 贍其廩食."
220) 『양촌집』 권7, 시, 남행록.
221) 김인호, 「조선경국전과 경제육전의 성격」, 『경제육전과 육전체제의 성립』(윤훈표·임용한·김인호 공저), 혜안, 2007, 153쪽.
222) 『태조실록』 권1, 태조 8월 병진, "仍授各道守令 儒學教授官 驛丞本職."

서는 군현 단위의 유학교수관을 말하는 것 같다. 이 역시 군현의 유학교수관 파견정책이 시행되고 있었음을 보여준다.

마지막으로 『고려사절요』 공양왕 4년 6월 조에 "여러 도 주군의 유학교수관을 다시 설치하였다"223)는 기록이 있다. 이 표현이 자신들의 개혁이 고려의 구제를 회복하는 것이라는 의미일 수도 있지만, 본문에서 살펴본 권근의 「남행록」이 공양왕 4년 이전에 쓰여졌던 것을 감안하면 이 표현이 고려 구제의 복구를 의미하는 것이 아니라 공양왕대에 군현 교수관 파견이 잠시 중단되었다가 다시 설치된 것을 의미한다고 보여진다.

이를 증명하는 기사가 위에서 살펴본 『고려사』 백관지 외직조의 유학교수관을 공양왕 4년에 폐지했다가 다시 두었다는 기사이다. 공양왕 4년의 폐지와 복설은 공양왕 4년 4월에 있었던 이성계 낙마사건과 관련이 있음에 틀림없다. 이 사건으로 정도전과 조준이 바로 유배되고 개혁파는 위기를 맞았다가 두 달 만에 정권을 회복했다. 바로 이때 유학교수관이 폐지되었다가 복구되었던 것이다.

다만 군현 단위의 유학교수관의 파견은 수령과 달리 일괄적으로 시행된 것 같지는 않다. 교수관을 파견하기 위해서는 향교를 신축하고 재정기반을 마련해야 하는데, 중소 군현에서는 그런 제반여건의 마련이 여의치 않았기 때문일 것이다. 그렇기 때문에 이 시기에 몇 명의 교수관을 새로 파견하였는지는 분명하지 않다.

교관직이 참상직으로 승격했다고 보고, 아직 군현 향교가 정비되지 않아 전체의 1/3~1/2 정도의 군현에만 파견했다고 해도 100~200명의 참상관이 필요하게 된다. 여기에 수령직 임명자와 합치면 300~400명의 참상관을 새로 임명하는 것이 된다. 『경제육전』 당시의 관직수는

---

223) 『고려사절요』 권35, 공양왕 4년 6월, "復置諸道州郡儒學教授官."

정확히 알 수 없으므로『경국대전』을 기준으로 할 때 참상직 이상 전체 동반직의 숫자를 약 1,100개로 잡아도 100에서 200명의 교관을 새로 등용한다면 교관직을 이용하여 전체 참상직의 10~20%를 지방에 거주하는 신진에게 개방하는 것이다. 여기에 이들이 추진한 수령, 역승, 찰방(정도전·조준은 역승, 찰방도 참상직으로 구상하였다.224))까지 합하면 상당한 규모의 신진세력의 유입이 이루어진다.

다만 이들은 한거유업자를 교관으로 등용할 때는 본관지가 아닌 타지에 임명하도록 하였다.225) 이것은 향교 생도에게만 과거 응시자격을 부여했기 때문에 지역에서 연고가 있는 사람을 교수로 임명하면 생도 관리와 선발에 사정이 작용하는 것은 물론 이런 권한을 무기로 지역 내에서 토착적인 권력을 확대하는 것을 방지하기 위한 조치였다고 생각된다. 아울러 향교가 곧 그 지역 출신 과거급제자나 관료들의 결집처가 되므로 후일의 서원처럼 지방 사족들의 결집처가 될 가능성도 있었다. 개혁파 사대부는 중앙에서 뿐만 아니라 지방에서도 사적 권력구조가 국가기구와 결탁하는 것을 경계하였던 것이다.

한편 정도전·조준 파의 군현 향교 육성 정책에서 주목해야 할 부분이 향교에 유학교육만이 아닌 병률(兵律), 서산(書算), 의약, 상역(象譯)까지 설치하고, 이 분야에도 교관을 파견하도록 했다는 사실이다.226) 이 시도는 지금껏 별다른 주목을 받아오지 못했다. 그러나 관리등용이라는 관점에서 보면 관료군의 하부단위를 구성하는 군관, 녹사, 서리, 기술관도 군현에서 직접 양성하여 등용하겠다는 것으로 정

---

224)『고려사』권131, 열전31, 조준, "願自今 每驛置五六品丞一人 其薦擧 如守令 例."
225)『태종실록』권13, 태종 7년 3월 무인, 권근의 상소.
226) 정도전,『삼봉집』권7, 예전, 학교, "於州府郡縣 皆有鄕學 置教授生徒 曰兵律 曰書算 曰醫藥 曰象譯 亦倣置教授 以時講勸 其敎之也 亦至矣."

도전이 구상한 이과(吏科) 및 기술관의 천거제도와도 연결되는 방안이었다.227) 정도전은 이과 설치를 통해 녹사, 서리직도 재지사족의 등용문으로 이용하고자 했고, 실제로 그렇게 했다. 그 중에는 정도전이 직접 지방에서 양성한 인물도 있었다. 실제로 고려후기부터 조선초기에 지방의 사족 가문에서 중앙관료로 성장한 가문들을 조사한 연구에 의하면 신흥가문들은 과거급제를 통해 단번에 사족으로 진출하기보다는 단계적인 성장을 이루는 경우가 많다. 과거급제를 통한 사환도 급제를 통해 바로 관료로 승진하는 것이 아니라 어느 정도 이런 과정을 거쳐 성장한 가문적 바탕이 있어야 했다.228)

그런데 고려시대는 하급관원, 서리, 군관 등에 대해서는 관서별로 인사 재량권이 강하고, 구전(口傳) 임명제도가 발달하는 등 인사제도가 느슨해서, 이 성장과정에서 권세가와 결탁하거나 비리가 발생하는 경우가 많았다. 그리고 이렇게 포용된 세력은 가문적으로는 신진 혹은 지방사족이나 향리층 출신이라고 해도, 기존의 체제나 권문세가의 지배에 대해 오히려 협조적이 될 수밖에 없었다. 그러므로 이와 같은 구조적 모순을 제거하고, 지방의 신진세력을 중앙의 관리군으로 온전하게 흡수, 양성하기 위해서는 하급관원, 서리, 군관, 기술관들의 양성과 등용체제도 공적 관리체제 안으로 흡수해야 했다.

---

227) 『삼봉집』 권3, 序 送楊廣道按廉庾正郎詩序 및 임용한, 『조선전기 수령제와 지방통치』, 127쪽.
228) 고려후기에서 조선초기에 성장한 지방사족 가문의 성장과정을 보면 제술, 명경과와 같은 과거로 진출하는 경우도 많지만, 잡과나 은사급제도 많았다. 또 여말 신흥사족의 출사로는 동정직, 첨설직, 군직 출신이 많았다. 이들은 한미한 가문에서 일단 첨설직, 동정직 등을 이용해 사족으로 기반을 구축한 다음에 그 아들, 손자대에 와서 문과 또는 청환(淸宦)으로 나아갔다(이수건, 『한국중세사회사연구』, 일조각, 1984, 342~345쪽).

정도전・조준 파의 학교제는 이와 같은 혁신적 의미를 지니고 있었다. 그렇기 때문에 기존의 관료층으로서는 도저히 받아들일 수 없는 것이었다. 그 반감은 공양왕 4년 이성계 낙마사건을 계기로 보수파의 반격이 시도되었을 때 바로 표출되었다. 당시 수시중(守侍中) 배극렴과 심덕부가 다음과 같은 상소를 올렸다.

  (심덕부가) 수시중 배극렴 등과 더불어 상소하여 여러 도의 관찰사를 폐지하고 안렴사를 회복할 것이며 절제사와 경력, 도사를 파하고 장무녹사를 회복할 것이며 새로 정한 감무, 여러 역승, 제도유학교수관(諸道儒學敎授官), 자섬저화고(資贍楮貨庫), 인물추변도감(人物推辨都監), 동서체운소수참(東西遞運所水站) 및 호구성적(戶口成籍), 우마낙인(牛馬烙印), 주군의 향사리장(鄕社里長) 등의 법을 폐지하고 또 여러 관사가 수품할 일이 있으면 모두 도당으로 직보(直報)하고 6조에 예속시키지 말도록 하였다.229)

여기에서 유학교수관 파견정책과 함께 언급된 관찰사의 신설, 경력, 도사의 파견, 장무녹사의 폐지, 감무・역승의 파견은 창왕 즉위 후 조준 상소에서 언급한 사안들로 이 시기 참상직의 증설과 외관직과 서리직을 통한 신진 세력의 등용이라는 목적 하에서 추진되던 정책들이다.230) 향사리장의 제도는 확실하지는 않지만, 『조선경국전』에 향음주

---

229) 『고려사』 권116, 열전29, 심덕부, "後與守侍中裵克廉等 上請罷諸道觀察使 復按廉使 罷節制使 經歷都事 復掌務錄事 罷新定監務・諸驛丞・諸道儒學敎授官・資贍・楮貨庫・人物推辨都監・東西遞運所水站及戶口成籍・牛馬烙印・州郡鄕社里長等法 又諸司有受事 皆直報都堂 勿隷六曹."
230) 장무녹사는 안렴사의 보좌관으로 파견하던 서리이다. 개혁파는 안렴사제를 관찰사로 대체하고 품계를 6품에서 2품으로 높였다. 공양왕 2년에는 관찰사의 보좌관인 장무녹사도 서리가 아닌 경력, 도사로 교체했다(『고려사』 권77, 백관2, 외직 안렴사). 이것은 지방통치를 강화한다는 의미도 있고, 관료제 상

례의 법이 실린 것으로 봐서231) 이와 함께 시행된 것이 아닌가 한다.

이처럼 배극렴과 심덕부의 상소에는 개혁파 사대부의 핵점적 정책들이 망라되어 있다. 그런데 여기에 유학교수관의 파견도 포함되어 있음이 주목된다. 학교의 진흥과 사회교화책의 시행은 성리학에서 가장 중시하는 정책으로 주자도 강조한 바가 있다. 더욱이 배극렴과 심덕부는 후에 조선에 들어서의 활약상에서도 알 수 있듯이 극단적인 보수파는 아니었다.232) 그러므로 정도전·조준 파의 학교와 교관 파견정책이 순수한 유학진흥과 사회교화책이었다면, 이색·정몽주 계열의 온건파들도 반대할 이유가 없는 것이었다. 혹 재정 부족 때문이라고 한다고 해도 그것은 정도전 파의 실각과 함께 당장 추진해야 할 정도로

으로는 서리가 바로 관료로 진출하는 것을 차단하는 의미도 있었다. 조준은 서리 거관자는 먼저 권무로 진출한 뒤에 품관직을 받을 수 있게 했다. 이것은 신분제적으로 서리를 억압하는 것이 아니라 고려시대에 문음자제나 세가의 연줄로 등용된 인물들이 서리직으로 통해 관리로 진출하던 폐단을 시정하기 위한 것이었다. 대신에 정도전 등은 이과(吏科)를 설치하고 서리 거관자의 등용을 넓히는 등 정당한 절차에 의해 신진 세력을 등용하는 통로로 서리직을 활용하고자 했다(임용한,『조선전기 수령제와 지방통치』, 124~125쪽).

231) 정도전,『삼봉집』권7,『조선경국전』예전, 향음주례.
232) 심덕부는 이성계의 신임을 얻은 인물이었고 조선 건국 후에는 태조대에 청성백으로 봉해지고, 영삼사사를 지냈다. 그러나 윤이·이초 사건에 연루자로 지목되었던 경력으로 보아 개혁파와의 관계는 좋지 않은 측면이 있었던 것 같다. 그래서 왕자의 난 이후에는 오히려 등용되어 태종의 신임을 받았다. 배극렴은 조선 건국 후 도평의사사의 문하시중을 지냈다. 개국공신 중 가장 나이도 많고 지위도 높았는데, 전통적인 문벌가 출신은 아니었다(한영우,「조선 개국공신의 출신에 대한 연구」,『조선전기 사회경제사연구』, 119~120쪽). 배극렴 역시 적극적인 개혁파는 아니었고 국왕의 지침에 충성하는 전형적인 관료였다. 그렇더라도 조선 건국 후에 재상직을 역임한 인물들도 정도전·조준의 개혁정책, 그 중에서도 정치세력의 재편성과 관련된 정책에 비판적이었다는 사실은 당시 정도전·조준 파의 개혁론이 처했던 상황을 짐작하게 해 준다.

심각한 사안이 되기에는 부족하다. 그러므로 만약 공양왕 4년 4월 반(反)개혁파가 집권하면서 군현 교관 파견정책을 당장 중시시키고자 하는 시도는 당시의 교수관 파견정책이 단순히 유학진흥이나 사회교화의 정책 차원에서 추진된 것이 아니라 재지사족의 육성과 등용이라는 정책적 목표를 지니고 있었음을 보여주는 증거이다.

④ 사장(詞章) 교육 및 사숙(私塾)의 철폐
조준은 사장 교육의 철폐를 주장했는데, 이는 서두에서 말한 사숙 철폐와 연결되는 것이었다. 그 이유로 조준은 사숙이 군역회피의 수단이 되며, 실제 교육도 형식적으로 이루어진다는 사실을 지적한다. 그러나 진짜 이유는 향교를 교육과 인재양성의 중심으로 삼고, 이를 국가의 관리체제 안으로 흡수하기 위해서였다고 보아야 한다. 조준과 정도전의 구상대로 학교 중심의 과거제를 시행하려면 교육과정이나 과목, 내용에 대한 통제가 필요했다. 더 중요한 것은 학교와 과거를 연결시켜 공거제를 운영하면서 사숙을 용인하면 사숙은 서울의 12공도나 조선시대의 서원과 같이 지방의 학맥과 정치적 인맥을 형성하는 요람이 될 수 있었다. 정도전·조준 파는 집권 즉시 개경에서 12공도를 폐지하고 학당만을 남겼는데,233) 지방의 사숙 폐지도 같은 맥락의 조치였다고 하겠다.

4) 태종~세종 연간 학교제 및 교관 파견정책의 변화

태종 5년에서 8년 사이 『원전』의 과거 응시규정이 수정되는 동안 과거제 및 학교제 전반에 걸친 수정안이 제기되었다. 그 발의자는 권근(權近)이었다. 태종 7년 3월에 올린 권근의 상소는 총 8개 항으로 구

---
233) 『고려사』 권74, 선거2, 학교 사학.

성되어 있다. 이 중 제7항이 지방사숙의 부활을 건의한 것이었다.

전조(前朝) 때에는 외방에 있는 한량유신이 사사로이 서재를 두어서 후진을 교훈하여, 스승과 생도가 각기 편안함을 얻어서 그 학업을 이루었었는데, 지금에는 사유(師儒)가 간혹 다른 고을의 교수가 되어, 가족과 떨어지게 되고 생업을 폐하게 되므로, 모두 구차히 면하려 하고, 생도는 강제로 향교에 나오게 하여 편안히 공부를 하지 못하고, 수령이 혹은 서사(書寫)의 일로써 사역을 시키니, 이름은 권학이라 하나 실지는 폐이(廢弛)됨이 많습니다. 이제부터는 외방에 있는 유신이 사사로이 서재를 두고 교훈하는 자는 감히 다른 고을의 교수로 정하지 말도록 하고, 생도도 강제로 향학에 나오게 하지 말도록 하며, 감사와 수령이 권면을 가하여, 각기 편안히 살면서 강학하여 풍화를 돕게 하소서.234)

이 건의는 『속집상절』에 수록되었다.235) 이 조문은 단순히 사숙의 부활만을 추구한 것이 아니다. 정도전·조준 파가 추구했던 지방의 학교 교육을 향교로 일원화하고 향교로 강제 등교시키는 정책도 파기하고, 재지유신의 교관 등용정책까지도 무효화하였다. 이것은 『원전』이 추구했던 학교제에 기초한 과거제의 시행과 군현 교관의 파견정책, 또 교관직을 매개로 재지사족과 신진유신들을 중앙 정계로 흡수하려는 정책도 일거에 파괴하는 것이었다.236)

---

234) 『태종실록』 권13, 태종 7년 3월 무인, "前朝之時 在外閑良儒臣 私置書齋 敎訓後進 師生各得所安 以成其學 今者師儒 或爲他州敎授 違離家屬 廢棄生業 皆欲苟免 生徒逼令赴其鄕校 不得自便受業 守令或役以書寫之務 名爲勸學 實多廢弛 自今在外儒臣, 私置書齋敎訓者 毋敢定爲他州敎授 生徒毋令强赴鄕學 監司守令乃加勸勉 使各安居講學 以裨風化."
235) 『세종실록』 권75, 세종 18년 10월 경오.
236) 지금까지는 이때 사학 설립을 허용한 이유가 관학을 육성하기에는 국가재정

이 부족했기 때문이라고 보는 해석이 지배적이다(이성무, 『한국의 과거제도』, 집문당, 1994, 99쪽). 여기에 더해서 국가적 차원의 향교, 학교의 설립보다는 주자학을 익히고 지방관으로 나간 사대부가 자율적으로 학교를 세우고 교화하도록 하자는 정책 운영방식의 차이였다고 보는 견해도 있다. 이는 정도전, 권근 모두 학교제의 목적이 사회교화에 있었다고 보기 때문이다. 원래 주자의 학교론은 삼대의 학교를 모델로 해서 향촌에서 수도까지 공식적인 학교를 세우는 것이었다. 단 현실적으로 학교를 세울 수 없는 곳은 개별지주가 독자적으로 농민을 교화하여 농민을 지배하고 통제하도록 제한했는데, 정도전 계열은 이 생각을 받아들인 반면, 이색 계열의 사대부는 현실적으로 국가가 전국적인 차원에서 시행하는 것이 불가능하다면 의식 있는 몇몇 사대부가 자율적으로 학교를 세우고 농민을 교화해야 한다고 생각했다고 한다(도현철, 『고려말 사대부의 정치사상연구』, 147~148쪽 ; 홍영의, 『고려말 정치사 연구』, 혜안, 2005, 320~323쪽).

이러한 견해에는 세 가지 문제가 있다고 생각된다. 첫째는 재정문제란 언제나 가장 예민한 사안인데 권근의 상소에는 재정문제에 대한 언급이 전혀 없다. 물론 당시의 기록을 보면 군현에서 향교를 건설 또는 재건하는 데에 부담을 느끼는 것은 사실이었다. 그런데 현실적으로 그런 어려움이 팽배하다면 권근은 더더욱 재정문제를 거론해야 했을 것이나 전혀 거론하지 않고 있다. 둘째, 학교의 설립목적을 사회교화에 둔다는 것이다. 이런 목적에서 본다면 국가 주도의 학교나 지방관이나 사족 주도의 학교나 별 문제가 없다. 그러나 명분적으로 사회교화가 학교 설립의 제일 목적이라고 해도 인재교육이나 과거교육이라는 실질적 측면을 무시할 수 있는 이유가 되지는 않는다. 학교를 통한 공거제를 운영하는 상황에서 군현 향교의 부실화와 군현별 차이는 주민에게는 심각한 문제가 되기 때문이다.

세 번째로 주자의 이론은 정도전 계와 이색 계열의 사대부가 일부분씩 선택적으로 받아들일 수 있는 이론이 아니라는 것이다. 주자의 주장은 학교의 국가운영을 주장하는 것이라고 이해해야 한다. 지주층의 학교 설립은 말 그대로 학교 주도의 국가 설립정책을 수행할 때 야기될 수 있는 불평과 불균형의 문제를 보완하기 위한 대책이었다. 그래서 이색도 전국 단위의 학교설립과 이를 기초로 한 과거제 운영을 주장했던 것이다. 태종대의 정책은 주자의 두 교육론 중 개별적 향촌교화책을 수행한 것이 아니라 주자는 물론 이색의 학교론의 전통에서도 벗어나 있는 것이었다. 세종조에 바로 태종대의 정책에 대한 비판이 발생하고 군현 단위의 향교 설립이 추진되는 것은 이 때문이다. 정도전과 『속집상절』 이후의 학교제의 핵심적 차이는 과거제와 학교제의 연결, 학교제와 정치참여 세력의 형성이라는 요소에 달려 있었다고 보그런데 권근의 상소가 있기 전에 이미 군현의 교수관 정책에는 변화가 일고 있었다. 조준의 도 교수관 체제는 폐기되어서 조선시대를 통해 다시는 등장하지 않았다. 향교 교관의 파견정책도 벌써 폐지되어 교관 대신 학장이 파견되고 있었다. 학장이 언제부터 시작되었는지는 알 수 없지만 태종 원년에 이미 학장이 군현에 파견되어 있다.[237] 이들은 임기도 승진 규정도 없는 것으로 보아 정식 관원이 아니다. 또 태종 10년에 자기 고장에 거주하지 않는 학장에 대해 식사를 지급[廩給]하자는 논의가 있는 것으로 보아[238] 타지의 인사를 임명하는 경우도 있지만, 그 고을에 사는 인물을 학장으로 인사를 임명하기도 했던 것 같다. 이것은 향교도 사숙 수준으로 관리하는 것과 마찬가지였다.

전라도 지고부군사(知古阜郡事) 유유령(柳維寧)이 상서하였다. 상서는 이러하였다. "그윽이 생각하건대, 인재는 풍속을 교화하는 근원인데, 인재를 교양하는 것은 학교에 있습니다. 그러므로, 본조에서 주부(州府)에는 교수관을 파견하고, 군현에는 학장을 두었는데, 학장이 된 자가 혹은 부임하지 않으니, 또한 효력이 없습니다. 드디어 군현으로 하여금 한갓 학교라는 이름만 있고 실효가 없으니, 그 까닭은 다름이 아니라 교수와 학장은 공이 조금도 다를 바가 없으나 학장은 곧 종신토록 천전하는 길이 없습니다.……바라건대 문관 6품상으로 하여금 각각 아는 바『삼경(三經)』에 능통한 데도 두 번이나 과거에 급제하지 못하였으나 남의 스승이 될 만한 자를 천거하게 하여 유학 훈도(儒學訓導)가 되는 자격을 허락하고, 그 개월(임기)을 정하고 감사는 교수관의 예에 의하여 공적을 살펴서 포폄하소서. 공적이 있고 고만인 자는

아야 할 것이다.
237) 태종 원년 최초의 등문고 설치 기사에, 등문고 설치가 안성의 학장 윤조, 전 좌랑 박전 등의 상소가 계기가 되었다는 기록이 있다(『태종실록』권2, 태종 원년 7월 기사).
238)『태종실록』권19, 태종 10년 4월 갑진.

혹은 천전하거나 혹은 가자하고, 또 교수관으로 하여금 옛날 내외사의 예를 몸받게 하여 기사(記事)의 임무를 겸하여 띠우고, 무릇 풍속의 미악과 수령의 득실을 세초를 당할 때마다 춘추관에 보고하여 권계를 보이소서."

이조에 내려서 의논하여 시행하니, 한상경(韓尙敬)이 아뢰었다. "육조 당상이 모두 학장이라고 하고, 훈도로 임명하면 관작을 남발하는 것이라고 합니다."239)

이것은 태종 14년 고부군수 유웅령(柳雄寧)이 올린 상소인데, 당시 학장의 실태를 잘 말해준다. 또 육조당상이 군현에 훈도를 파견하는 것을 관작의 남발로 간주하는 태도는 『원전』의 정책과 분명하게 대비된다. 한편 정도전·조준 파는 향교 부흥을 추진하면서 교관과 학생에게 식사[廩食]를 제공하게 했었다. 그러나 향교 교관이 학장으로 대체되면서 늠식조차도 폐지되었는데, 태종 10년에 겨우 타지에서 부임해 온 학장에 한해 봉록은 복구해 주었다.240) 하지만 태종 16년에 식사 제공 조치마저도 다시 혁파되었다.241)

---

239) 『태종실록』 권27, 태종 14년 6월 계묘, "全羅道知古阜郡事柳維寧上書 書曰 竊念 人材風化之源 敎養人材 在於學校 故本朝於州府則遣敎授官 郡縣則 置學長 爲學長者 或不赴任 亦不効力 遂使郡縣 徒有學校之名 而無實效 其 故無他 敎授學長功不差殊 而學長則終身無遷轉之路也 古語曰 有功不賞 雖唐虞之治 不可有爲 敎授學長功同賞異 誠盛代之一欠也 乞令文官六品以 上 各擧所知通三經 再擧不中 可爲人師者 許資階爲儒學訓導 定其箇月 監 司依敎授官例 考績褒貶 其有功績考滿者 或遷轉或加資 且使敎授官 體古 者內外史之例 兼帶記事之任 凡風俗美惡與守令得失 每當歲抄 報于春秋館 以示勸戒 下吏曹擬議施行 韓尙敬啓曰 六曹堂上 皆云學長 拜爲訓導 則官 爵濫矣 敎授官兼記事 則監司將可記事 移文春秋館例也 何必兼之 上曰 僉 議若是 則維寧之言 不可從也."
240) 『태종실록』 권19, 태종 10년 4월 갑진, "又郡縣學長供億之廩 今皆停罷 於殿 下崇學之意 有所嫌矣 伏惟殿下 復學長之廩 以示盛朝勸學之意 議得 依所 申施行 但學長之廩 除居其郡者外 皆給之何如."

이런 사정은 서울의 오부학당의 교관에게도 마찬가지였다.242)

> 오부학당의 교수·훈도관은 생도를 모아 매일 가르치고 지도하는데, 해가 다하여 파하여도 점심이 없고 또한 사령(使令)도 없어서, 도리어 주·군의 향교만도 못하니, 마땅히 전토와 노비를 주게 하소서.243)

이것이 국초부터 지속되던 현상인지는 정확히 알 수 없다. 그러나 『원전』단계에서 군현 향교의 교관에게까지 늠식을 제공하게 했던 정책에 비추어 보면 서울의 교관에게도 같은 대우를 했었다고 생각된다. 결국 위의 상소처럼 오부학당의 교관의 대우가 소홀해진 현상도 정도전 파가 제거된 후 향교의 위상과 지원정책이 급속히 쇠퇴하면서 발생한 현상이라고 볼 수 있다.

『고려사』에서 고려말에 군현 단위로 교관을 파견했던 사실을 숨기고 주부에만 유학교수관을 두었던 사실만 기록한 것도 이 당시 국정운영자들의 생각을 합리화하기 위한 행위였을 가능성도 있다고 생각된다.

다만 태종대의 향교 정책에서 두드러지는 시책이 학전(學田)과 학노(學奴)의 지급이다. 학전은 태종 6년에 유수관에서 군현까지 늠전 50결~10결, 제전 6결~2결을 지급하게 했다. 태종 13년에는 노비를 20호에서 5호까지 차등지급했다. 이 수는 태종 17년에 약 10호씩 증가했고, 세종 27년에 향교의 제위전이 15~10결 정도로 증액되었다.244)

---

241) 『태종실록』 권31, 태종 16년 6월 신유.
242) 단 이때는 오부학당이라고 하지만 오부에 모두 학당이 있던 것은 아니었다. 처음에는 남부학당만이 있다가 세종 4년에야 비로소 중부학당이 추가되었다 (이광린, 「선초의 사부학당」, 『역사학보』 16, 1961).
243) 『태종실록』 권12, 태종 6년 윤7월 계해.

이 조치 역시 국초에는 교관조차 파견하기 어려웠던 군현 향교가 태종대부터 재정을 확보하게 되고, 이것이 『경국대전』까지 향교 정책이 강화되어 가는 단서로 파악하는 경우가 일반적이다. 그러나 이는 『원전』 단계의 향교 재정정책이 분명히 기록되어 있지 않은데 따른 오류이다. 앞서 살펴본 것처럼 태종대의 학전과 학노 지급은 군현 향교가 학장제로 되돌아가면서 경영와 운영여건이 치명타를 입은 상황에서 일종의 복구책으로 마련된 것이었다.

향교 재건에서 가장 중요한 문제는 역시 교관이었다. 군현 단위로 교관을 파견하는 정책은 이후 여러 차례 복잡한 논의를 거쳐 세종 원년에 비로소 500호 이상의 군현에 교관을 파견하기로 결정되었다. 이것은 정도전의 아들 정진(鄭津)의 건의가 계기가 되었던 것이다.

> 충청도 관찰사 정진(鄭津)이 계하였다. "선비를 가르칠 스승은 반드시 널리 두어서 인재를 교육하여야 하는데, 지금 지군사(知郡事) 이하 각 고을에 교수관이 없어서 배우는 사람들이 걱정하고 있습니다. 생원 등은 모두 원점(圓點)을 얻기 위하여 성균관에 올라갔습니다. 유학(幼學)으로 학장을 삼는다 할지라도, 학생들이 모두 가볍게 여기니, 원컨대 교수·훈도관을 두어서 학교를 일으키기를 바랍니다." 하니, 조말생은 불가하다 하고, 허조 및 원숙은 가하다고 하였다. 임금이 명하기를, "5백 호 이상되는 각 고을에 훈도관을 두되, 우선 3관(三館)의 권지(權知)를 파견하고, 생원·진사로서 남의 스승이 될 만한 자는 다른 사람으로 하여금 보증을 서고 천거하게 하여, 서울은 예조에서, 지방은 관찰사가 『사서』와 『이경(二經)』으로 시험하여, 후보자를 보고한 다음 (교수관에) 임명하여 보내는 것으로 영구히 정식으로 삼으라." 하였다.245)

---

244) 이범직, 「조선전기 유학교육과 향교의 기능」, 20쪽.
245) 『세종실록』 권6, 세종 원년 11월 을묘 및 『세종실록』 권50, 세종 12년 10월

이 규정은 세종 8년에 편찬한 『신속육전』에도 수록되었다.246) 그러나 관료제적 입장에서 보면 『원전』의 취지는 살아난 것은 아니었다. 교관의 질에서 문제가 발생했기 때문이다. 향교 교관으로 문관 대신 생원, 진사가 파견되기 시작한 것은 태종 후반 무렵이다. 그래서 태종 16년에는 문관 출신은 교수관으로 하고, 참외관으로 임명된 자를 훈도관, 생원과 진사 출신을 교도라고 구분하게 하였다.247)

세종대에 500호 이상인 군현에 교관을 파견하게는 되었지만 생원, 진사가 교관으로 파견되는 비율이 늘어가면서 군현 교관의 수준이 더욱 낮아졌다. 이것을 걱정했는지 세종 2년에 생원, 진사 중에서도 회시의 초장 강경에 합격한 사람을 파견한다는 보완 규정을 만들었다.248) 세종 4년(1423)에는 성균관 교서와 권지를 훈도라고 명명해서 파견하는 조치가 추가로 시행되었고, 예조에서 취재한 자, 관찰사도 지방에서 취재한 사람도 임명할 수 있게 하였다.249) 그러나 교도도 관직이어서 생원들이 임명되려고 노력하자 세종 5년에 나이가 40세 미만인 자는 교도로 임명하지 않는다는 법을 세웠다.250) 이 조치도 『신속육전』에 수록되었다.251)

경인.
246) 『세조실록』 권15, 세조 5년 1월 임자, "今考續六典 知官以上及縣官 滿五百戶 皆置敎官." 이 법안의 원안이 세종 원년의 수교이므로 『신속육전』에 수록한 것으로 추정된다.
247) 『태종실록』 권32, 태종 16년 8월 기사.
248) 『세종실록』 권8, 세종 2년 5월 무인.
249) 『세종실록』 권20, 세종 5년 4월 임신.
250) 『세종실록』 권22, 세종 5년 11월 병술, "禮曹啓 生員等 急於仕進 年少者不肯赴學 亦邀敎導之職 非唯不合爲師 自己學業 專不加勉 有違國家敎養人才之意 請自今 生員年未滿四十者 不許差敎導 其京外受職生員內 自願入學者 幷令赴學."
251) 『단종실록』 권1, 단종즉위년 6월 임오.

『경국대전』에서는 대략 세종조의 조치를 따라갔다. 목(牧) 이상은 종6품의 외교관을 문신출신으로 파견하고, 도호부와 군현에는 종9품의 훈도로 낮아졌다.252) 생원, 진사는 40세 이상자로서 외교관 취재에 합격한 자를 파견하고, 문과 복시의 강경 합격자는 취재시험을 면제해 주었다.253) 또 훈도가 잘 가르쳐 성과가 있으면 임금에게 보고하여 포상한다는 규정이 있으나,254) 실제 훈도직을 거쳐 중앙관료는 커녕 수령직을 얻기조차 힘들었다.

단종대의 기록에 의하면 삼관권지 등이 경관에 자리가 없거나, 경중의 참외관이나 삼관권지가 부모가 노쇠하여 부모 봉양이나 간병 등의 일로 귀향해야 할 때 그 고을이나 인근 고을의 훈도로 임명해 주는 관행이 자리 잡고 있었다고 한다. 이때 훈도의 임기는 15개월이었다.255) 이렇게 하면 생원, 진사보다는 격이 높은 참외관을 교관으로 임명할 수 있지만, 부모 봉양이라는 이유로 고향으로 돌아가는 것이 사실상 좌천이나 중앙의 승진 경쟁에서 탈락을 의미하기도 해서256) 이렇게 훈도로 임명되는 인물이 교관의 직임에 열성을 다하기란 쉽지 않았다고 생각된다.

군현 단위로 서산, 의약, 역학 등의 교육을 실시한다는 정도전의 방안 역시 바로 폐지되었다. 『경국대전』을 기준으로 보면 이런 과목들은 대략 도내지는 계수관 단위로 설치되었는데, 도나 계수관 단위로도 정

---

252) 『경국대전』 이전, 외관직.
253) 『경국대전』 이전 취재, 외교관.
254) 『경국대전』 예전 장권.
255) 『단종실록』 권5, 원년 1월 임술, 윤헌의 상소.
256) 위의 주와 같음. 윤헌의 아들 윤흠은 성균관 학교로 재직하다가 부친 윤헌이 80이 넘었다는 이유로 귀향하여 옆 고을의 훈도로 임명되었는데, 윤헌이 사망하기까지는 경관으로 복구할 가망성이 없었다. 그런데 윤헌의 집안은 장수 집안이어서 이렇게 하다가는 10년 이상 윤흠이 훈도에서 거관하여 경관으로 복구할 수 없다고 생각해서 윤헌이 윤흠의 거관을 상소했던 것이다.

도전 파가 구상했던 과목들이 빠짐없이 설치된 것은 아니었다.257) 결국 서리, 기술관의 양성은 중앙에 집중되었고, 이 관직들 역시 경중의 자제들에게 장악되었다.

이처럼 군현 향교의 구조가 완전히 달라짐에 따라『원전』의 학교제와 과거제는 기저에서부터 흔들리게 되었다. 앞에서 살펴 본 대로 다음 해인 태종 8년부터 생원의 한성시 응시를 허용하고, 정원을 조정하는 등 과거제에서 변화가 일기 시작하는 것은 이 같은 향교 정책의 수정이 과거제의 수정과 관련되어 진행되었음을 보여주는 것이다.

5. 조선전기 문음제 개혁과 그 추이

1) 경제육전 원전의 문음제 개혁안

음서란 왕족, 공신, 고위관료의 자제에게 관직을 수여하는 제도이다. 중국의 경우 음서제는 임자제(任子制)라고 하여 한나라 때부터 시행되었다. 이후 당대에 이르러 제도적으로 정비되었고, 청나라 때까지도 시행되었다.258) 우리나라에서는 음서제의 기원을 삼국시대부터 찾기도 한다.259) 사료상으로 정비된 형태를 발견할 수 있는 것은 고려 성종대부터이다.260)

음서의 기원 내지 근거는 조상의 공덕, 공훈에서 찾는 것이 일반적이다.『증보문헌비고』에서 최초의 음서라고 기록하고 있는 사건도 신라 진평왕 33년(611) 백제군과 싸우다가 전사한 찬덕(贊德)의 공로를

---
257)『경국대전』이전, 외관직.
258) 김의규,「고려조음직소고」,『유홍렬박사화갑기념논총』, 1971/김의규 편,『고려사회의 귀족제설과 관료제설』, 지식산업사, 1985, 24쪽.
259)『증보문헌비고』권200, 선거고17, 음서.
260) 박용운,『고려시대 음서제와 과거제 연구』, 일지사, 1990, 5쪽.

기려 그 아들 해론을 발탁한 사례였다. 고려 성종대의 인물인 최승로도 그의 상소에서도 삼한공신의 후예들에게 가문을 이어갈 수 있도록 관작을 수여해야 한다고 하였다.261)

하지만 음서제의 진정한 기원은 고대의 세습제라고 보아야 할 것이다. 사회와 국가가 발전하고 관료제도가 정비되면서 세습에도 기준과 절차를 갖추게 된 것이 음서제라고 할 수 있다. 그렇기 때문에 음서제는 모든 관료등용제도 중에서 가장 보수적이고 특권적인 제도로 인식되었다.

고려시대 음서는 5품 이상 관료에게 자격이 부여되었다고 이해되고 있다. 이는 음서의 시행사례를 통해 유추한 것으로 법제적으로 명시된 규정은 남아 있지 않다.262) 하지만 6품 이하의 관원에게 음서를 내리는 사례도 발견되어서 5품 규정이 법제적 규정이었다는 사실에 대해서는 회의적인 견해도 있다. 이 5품이 실직을 기준으로 하는지 자급을 기준으로 하는지는 더더욱 확실하지 않다.263)

음서는 부정기적인 음서도 있었지만, 정기적인 음서도 있었다. 이것은 정기인사 때마다 음직 수여가 함께 이루어졌다는 사실을 의미한다. 음직 수여에는 연령제한도 없었으며, 한 명의 관료가 여러 자손에게 음직을 줄 수 있었고,264) 음서의 대상도 자·손·제·질·여서(子孫弟

---

261) 『고려사』 권93, 열전 최승로.
262) 김용선, 『고려음서제도연구』, 일조각, 1991, 54쪽.
263) 김용선은 실직을 기준으로 한다고 보았다(김용선, 「고려시대의 음서제도에 대한 재검토」, 『진단학보』 53·54합, 1982/『고려사회의 귀족제설과 관료제설』, 296쪽 재수록).
264) 고려시대의 음서에 "1인 1자"의 원칙이 있었다. 이 규정의 해석을 두고, 1인당 1명에게만 음직을 줄 수 있다는 의미라고 보는 경우와 한번에 여러 명의 자녀에게 음직을 줄 수 없다는 1회 1자의 의미라는(노명호, 「고려시의 승음혈족과 귀족층의 음서기회」, 『김철준박사화갑기념사학논총』, 지식산업사, 1983) 두 가지 해석이 대립하고 있다. 그런데 사료상으로 보면 1관료가 2명

姪女婿)로 대단히 넓었다. 자손의 경우는 수양자와 외손까지도 허용이 되었다.

음직자의 초음직은 법제적으로는 이속(吏屬) 및 동정직(同正職)으로 규정되어 있었다.265) 고려전기에는 이 규정이 비교적 잘 지켜졌지만, 후기에는 권무직이나 무관 실직을 받는 경우가 늘어서 오히려 과거급제자의 초사직과 유사해졌다.266) 고려시대 관료제 운영상을 보면 일반 관료의 경우 서리직을 거쳐 품관 동정직까지 이르는데 상당한 시간을 요구했다. 서리직과 품관 동정직은 하나의 단절이라고 할 수 있을 정도로 질적인 차이가 있어서 이 벽을 건너 뛰기가 쉽지 않았다.267) 그러나 음직자는 바로 이 벽을 넘어 동정직으로 진출할 뿐 아니라 10세 이전에 음직을 받는 경우도 많으므로 일반 관료에 비하면 몇십 년은 앞서 가는 셈이었다. 특히 초음직을 받는 나이는 고려전기에는 평균 17.2세 정도였으나 고려후기로 올수록 더욱 낮아지는 경향을 보여준다. 그리하여 공민왕에서 공양왕대에는 평균 12.3세로 떨어졌다.268) 이것이 개혁파가 음서제의 폐단을 비판하는 주요한 요소가 되기도 하였다.

고려의 관직세계에서 음서제의 비중은 매우 높았다. 고려시대 음서출신자의 관력을 조사한 연구에 의하면 음서출신자 대부분이 5품 이상으로 승진하고, 반수 가량이 재상에 올랐다는 결과도 있다. 물론 이는 문헌기록과 묘지명을 대상으로 한 즉, 사회적으로 성공한 인물들을 대상으로 한 연구이기 때문에 실제 음서자의 출세비율은 이보다 훨씬

이상의 자녀에게 음직을 주는 경우가 발견된다(박용운, 앞의 책, 105쪽 참조).
265) 『고려사』 권75, 선거2, 전주, 음서.
266) 김용선, 『고려음서제도연구』, 173쪽.
267) 김광수, 「고려시대의 서리직」, 『한국사연구』 4, 1969.
268) 김용선, 앞의 책, 172쪽.

낮았을 것이다.269) 그러나 그렇다고 해도 고려시대에 음서제가 관료의 입사와 승진, 권문세가의 형성과 유지에 커다란 역할을 하였던 것은 부정할 수 없으며, 그 폐단은 후기로 올수록 심해졌다.

관료군이 협소하고 폐쇄적인 고려의 관료제를 개혁하고자 했던 개혁파 사대부에게 고려의 음서제는 개혁의 대상이 되지 않을 수가 없었다. 그리하여 개혁파가 집권한 창왕 즉위년부터 당장 음서제의 개혁이 시도되었다. 다만 그렇다고 해서 개혁파가 음서제 자체를 부정한 것은 아니었다. 정도전은 『조선경국전』에서 음서의 당위성에 대해 다음과 같이 말하였다.

> 장상과 대신은 모두 백성에게 공덕이 있고, 또 그들의 자손은 가훈을 이어받아서 예의를 잘 알고 있으므로 모두 정치에 참여[從政]할 만하다 하여 문음제를 두었다.270)

이 글에서 정도전은 장상과 대신층에 대한 문음제를 인정하고 있다. 그러나 고려시대의 문음제와 비교하면 중요한 차이가 발견된다.

첫째, 음서의 대상을 장상과 대신으로 제한하고 있다는 것이다. 고려의 제도와 비교하면 먼저 종친이 제외되었다. 이는 종친의 정치참여를 제한하고자 하는 개혁파의 사상을 반영한다.271) 이러한 사상은 태종조에 편찬한 『속집상절』에도 반영되었고,272) 후대까지 이어졌다.

---

269) 박용운, 앞의 책, 87쪽.
270) 정도전, 『삼봉집』 권7, 『조선경국전』 치전, 입관.
271) 박홍갑, 「조선초기 문음의 성립과정」, 『국사관논총』 39, 1992, 183쪽.
272) 『문종실록』 권13, 문종 2년 4월 무자, "六典云 宗親尊位重祿 不任以事 以盡親親之道." 이 조문은 정종 2년 4월과 5월에 대사헌 권근과 좌산기(左散騎) 김약채 등이 올린 상소(『정종실록』 권4, 정종 2년 4월 계축)를 토대로 한 것이므로 문종 2년 기록의 육전은 『속집상절』일 가능성이 높다.

정도전은 공신에 대해서는 언급하지 않았는데, 장상과 대신에는 공신도 포함되어 있다는 의미로 해석해야 할 것 같다. 또 일반 문무관료도 제외되어 있다. 이는 현실적으로 문음 대상을 축소하는 의미도 크지만, 원론적으로도 문음이 문무관료에 대한 보편적 특혜가 아니라 백성에게 공덕이 있다는 특별한 조건에서 존재의 명분을 찾는다는 의미가 있다.

둘째, 문음출신의 등용 이유로 정도전이 이들이 "예의를 잘 알아 정치에 참여할 만하다"고 말하는 부분이다. 여기서 말한 '예의'가 오늘날처럼 예의범절이나 가정교육을 지칭한다고는 생각되지 않는다. 조선시대에 '예의'를 안다는 말이 예의범절을 뜻하는 경우도 있지만, '예의염치'의 준말로도 사용된다. 예의염치 역시 개인의 성품이 아니라 나라의 사유(四維)라고 지칭할 정도로 관료로서의 자질과 성품을 총칭하였다.

> 어제 성임(成任)이 뇌물을 받고 벼슬을 판 일을 가지고 국문하기를 청하였던 바, 윤허를 받지 못하였으니 분격(憤激)함을 이기지 못하겠습니다. 신 등이 그윽이 생각하건대, 예의염치(禮義廉恥)는 나라의 사유(四維)인데, 이것이 잘 시행되면 나라가 다스려지고 해이하면 나라가 어지러워지니, 다스려지고 어지러워지는 것이 항상 여기에 달려 있습니다.[273]

또 예의는 가례만이 아니라 오례까지 포함하는 용어인데, 오례는 겉으로는 의식절차이지만 그 내용으로는 국가의 통치관과 사회질서,

---

273) 『성종실록』 권5, 성종 원년 5월 기해, "昨日 將成任受賄賣官狀請鞫 未蒙允可 不勝憤激之至 臣等竊惟 禮義廉恥 國之四維 張之則治 弛之則亂 治亂之分 恒由於斯."

통치규범을 포함한 것이었다. 게다가 유학의 개념으로 보면 인물의 자질과 성품과 용모와 예의는 별개의 것이 아니었다. 따라서 예의를 알고 행한다는 것은 그만한 교육과 훈련, 자질과 성품을 구비했다는 의미가 된다. 결국 장상과 대신의 가문에서 가훈을 받아 예의를 안다는 것은 장상과 대신 수준의 국가관과 통치경험, 통치술에 대한 훈련을 받았다는 의미가 내포되어 있다고 하겠다. 오늘날에도 그렇지만 이러한 경험은 통치와 실무에 직접 참여하지 않고는 체득하기 힘든 교육이었다. 정도전이 말한 '예의'를 안다는 것은 곧 이러한 경험과 훈련을 갖추었다는 의미라고 생각된다. 동시에 이 말은 장상, 대신의 자제라 할지라도 관료로 등용하기 위해서는 통치에 필요한 조건 내지는 자격을 갖추어야 한다는 의사의 완곡한 표현이라고도 할 수 있다.

음서제에 대한 구체적인 개혁안은 창왕 즉위년에 올린 조준 등의 상서를 통해 피력되었다.

> 춘추에 천왕(天王)이 잉숙(仍叔)의 아들을 사신으로 보냈다고 했는데, 이는 대개 공자가 주나라에서 부형의 연고로 인해 그 유약자제(幼弱子弟)들을 벼슬시켜 봉록을 허비하고 관직을 헛되게 한 데 대한 상심의 표시였습니다. 우리 문종께서 33년간 나라를 다스려 태평성대를 이룬 것은 모두 노성한 사람들을 등용했기 때문입니다. 원컨대 지금부터 공경대부의 유약자제들은 동반의 9품 이상관에 임명하지 마시고, 모수자(冒受者)는 부형을 처벌하소서.274)

조준의 주장은 음서자의 초입사에 나이제한을 두자는 건의인데, 전체 문맥으로 보면 단지 어린 자제를 등용해서는 안 된다는 의미가 아니라 정도전의 생각과 마찬가지로 관료로서의 능력을 검증할 수 있는

---

274) 『고려사절요』 권33, 창왕 즉위년 8월 ; 『고려사』 권131, 열전31, 조준.

170

나이의 자제를 능력을 검증해서 등용해야 한다는 의미라고 이해해야 할 것이다.

그러면 이와 같은 그들의 견해는 구체적으로 어떠한 내용으로 표출되었을까? 정도전의 『조선경국전』에는 음서제에 대한 구체적인 서술이 없다. 그러나 『경제육전』 원전에 수록한 조문은 실록에서 일부가 발견되고 있다.

> F1. 이조에서 계하였다. "육전(六典)에, 무릇 문음출신은 홍무 25년 7월 이후부터 그 조부가 실직(實職)을 받았던 자이면 이미 작고했거나 퇴임했거나를 불문하고, 정·종(正從)1품이었던 자의 맏아들은 정·종7품을, 정·종2품이었던 자의 맏아들은 정·종8품을, 정·종3품이었던 자의 맏아들은 정·종9품을 주고, 만일 맏아들이 유고할 것 같으면 맏손자에게 한등 낮은 품을 주고, 둘째 아들에게도 그리하며, 경직(京職) 외직(外職)을 분간하지 않았습니다."275)

> F2. 형조에서 아뢰었다.……『원육전(元六典)』에 "홍무(洪武) 25년 7월 일에 상정(詳定)한 입관보리법(入官補吏法)에, 문음출신자는 본년 본월 일 이후부터 실직(實職) 3품 이상을 받은 자의 자손에게 음직(蔭職)을 받는 것을 허용한다." 하였습니다.276)

> F3. 원전에 이르기를 무릇 문음출신은 모두 본조의 관작을 사용하며

---

275) 『세종실록』 권29, 세종 7년 7월 임오, "吏曹啓 六典 凡門蔭出身 自洪武二十五年七月以後 其祖父受實職者 無問已故致仕 正從一品長子 許正從七品 正從二品長子 正從八品 正從三品長子 正從九品 如長子有故 長孫減一等 次子亦同 然無分京外職."

276) 『세종실록』 권46, 세종 11년 12월 을해, "刑曹啓……元六典 洪武二十五年七月日 詳定入官補吏之法 凡門蔭出身者 自本年本月日以後 受實職三品以上子孫 許令蔭受."

전조의 관작은 허용하지 않는다.

F4. 원육전 문음조에 조부가 일찍이 파직에 해당하는 죄를 지은 자로 (파직조치가) 개정되지 않은 자는 음직을 허락하지 않는다.

F1과 F2는 동일한 조문이다. 홍무 25년 7월에 상정한 입관보리법이란 『태조실록』 원년 8월 2일(신해)조에 기록된 입관보리법을 말한다.[277] 날짜가 서로 조금 다른 것은 소관부서가 상정하여 보고한 날짜와 교서로 반포한 날짜에 차이가 있기 때문인 듯하다. 이날에 정한 입관보리법은 문과, 문음, 무과, 이과(吏科), 역과, 음양과, 의과로 구성된 7과(科)의 입사경로를 제정한 것이다. 원래는 각 과별로 구체적인 운영규정이 있었던 것 같은데, 『태조실록』에서는 개별적인 운영규정은 생략하고 기록하지 않았다.

F3에 의하면 고려시대에 받은 관작은 인정하지 않고 조선에서 받은 관작만 대상으로 한다. 관직의 기준은 조부 중에 실직 3품 이상을 역임한 자로 한정되었다. 조부의 관직을 기준으로 한다고 했지만, 뒤의 기록을 읽어 보면 손자의 경우는 맏아들이 유고(有故)할 때에 한해 받을 수 있는 것이어서 실제는 부친의 관직이 기준이 된다.

승음자는 부친의 품계에 따라 차례로 정·종7품에서 9품직을 받았다. 그런데 여기는 품계만을 기록해서 이것이 실직을 수여하는 것인지, 산직을 수여한다는 것인지 확실하지 않다. 그러나 입관보리법에서 문음을 설정한 것은 어디까지나 입사로(入仕路)를 규정한 것이다. 또 세종대에 승음자는 많고 관직은 한정되어 있기 때문에 승음자를 모두

---

277) 『태조실록』 권1, 태조 원년 8월 신해, "定入官補吏法 凡初入流品作七科 曰蔭 曰文科, 曰吏科 曰譯科 曰陰陽科 曰醫科 吏曹主之 曰武科 兵曹主之 其出身文字 如前朝初入仕例 明寫年甲本貫三代 署經臺諫 不由七科出者 不許入流品 每除拜 所可考其出身文字 方許署謝."

일시에 임명할 수가 없으니 자원에 따라 성중처에 입속시키자는 내용이 있고,[278] 건국 초의 문음 사례에서도 실직에 임용하는 사례가 있는 것으로 보아 실직임이 분명하다.[279]

음서수혜자의 범위도 자식으로 제한되었다. F1을 보면 손자에게 전해지는 것은 맏아들이 유고할 경우에 한해서였다. 문제는 그 다음 구절의 둘째 아들에게도 그리한다는 구절의 의미인데, 둘째 아들에게도 맏손자처럼 한 등급을 낮추어 준다는 의미인지, 둘째 아들에게 음직을 줄 때 둘째 아들이 유고하면 둘째의 아들에게 전수하되 이때 한 등급을 낮춘다는 의미인지, 맏아들이 유고하고 맏손자도 유고할 때, 둘째 아들에게 한 등급을 낮추어 전수한다는 의미인지 확실하지 않다.[280]

그런데 조선초기의 문음 사례를 보면 한 집안에서 여러 아들이 문음을 받는 사례가 확인된다. 그리고 문음 관련 기사에서 여러 아들이 문음으로 종사하는 경우에 대해 논쟁하는 기록이 전혀 발견되지 않는다. 이런 사례로 보면 장자에게만 문음을 허용하고, 유고시 둘째 아들로 간다는 의미는 아니었다고 생각된다. 단 이 혜택을 자손대대로 이어갈 수는 없으므로 자식에게로 제한하되 승중(承重)의 의미에서 장자가 유고할 경우는 장손에게 1등을 낮추어 제수할 수 있게 했던 것이라고 생각된다.

그런데 이렇게 추정한다면 둘째 아들에 대한 규정만 있는 것이 의문스럽다. 또 둘째 아들에게 1등을 낮추어 지급한다면 셋째나 넷째 아들의 경우에 대한 규정도 있어야 한다는 추측이 가능하다. 그러나 굳

---

278) 『세종실록』 권32, 세종 8년 4월 기축.
279) 김창현, 「조선초기의 문음제도에 관한 연구」, 『국사관논총』 56, 1994, 9~10쪽.
280) 이성무, 박홍갑은 장자가 유고할 경우에 둘째 아들로 승계한다는 의미라고 보았다.

이 이런 규정을 달 필요는 없는 것이, 3품관의 장자가 정종9품의 관직을 받는다면 2자, 3자에게는 1등을 내릴 방법이 없다. 따라서 품계별로, 아들별로 모든 규정을 세세히 만들어 놓으려면 너무나 복잡해질 것이다. 그러므로 대체로 이런 원리를 제시하고 운영의 묘를 살리려고 했던 것 같다.

　문음은 부친의 품계를 기준으로 하는데, 부친이 이미 유고한 경우에는 어쩔 수 없지만, 부친이 생존해 있을 때는 부친의 관직이 계속 변한다는 문제가 발생한다. 예를 들어 한확의 두 아들 한치인과 한치의는 모두 문음으로 종사하였다. 한치인은 1444년(세종 26)에 문음으로 정9품 우세마의 직을 받았다. 당시 한확의 관직은 정2품 병조판서였다. 2자인 한치의는 1455년에 문음출사했는데,[281] 이때 한확의 관직은 부원군이었다. 물론 이때는 『경제육전』의 문음규정이 변경되어서 『원전』처럼 초입사의 품계를 지정하는 방식을 사용하지 않을 때였고, 한치의가 더 높은 관직을 받은 것은 본인의 능력에 따른 결과일 수도 있다. 그러나 이런 사정을 『원전』 조문에 대입한다면 문음을 운영할 때 다양한 변수가 발생한다는 사실을 짐작할 수 있다. 그러므로 문음 규정은 지나치게 엄밀하게 규정하는 자체가 더 불합리한 상황을 초래할 수 있는 것이다.

　F4는 파직된 사람은 새로 관작을 받거나 사면을 받아 관직을 복구한 사람이 아니면 음서를 인정하지 않는다는 내용이다. 이 규정이 있는 것을 보면 고려시대에는 파직이 되었더라도 품계를 보유하고 있으면 음서를 인정하는 관행이 있었을지도 모르겠다. 만약 고려시대의 문음이 실직이 아닌 산관을 기준으로 했다면 더더욱이 이런 규정이 필요 없었다. 파직되었어도 직첩을 반납한 경우만 아니라면 산계를 보유

---

281) 『성종실록』 권33, 성종 4년 8월 계유.

하므로 자제가 문음 대상이 될 수 있기 때문이다.

   F5. 경제이전에 젖비린내 나는 어린 자제[乳臭子弟]에게 관직을 주면
   부형을 죄주라고 했다.282)

　　F5는 조준 상서의 일절이다. 조준 상서의 상당부분이 『경제육전』에 수록된 것이 확인되므로 앞에서 인용한 조준 상서의 부분이 그대로 『원전』에 수록된 것이 틀림없는 것 같다. 그런데 이 조문은 법조문으로서는 치명적인 약점이 있다. 유취자제라고만 했을 뿐, 구체적으로 나이를 지정하지 않았기 때문이다. 또 조준 상서에 의하면 이것은 동반직에만 해당하는 단서조항이었다.
　　그러나 법조문이 이처럼 구체적이지 않다는 것은 아무래도 이상하다. 그래서 『원전』의 제한규정이 18세였다고 보는 견해도 있다.283) 하지만 태종 4년에 18세 규정을 만든 기록이 있고,284) 18세 나이제한법을 만든 사람이 태종이라는 세종의 언급도 있으므로285) 18세 규정이 『원전』의 법은 아니다.
　　이상한 일이기는 하지만 『고려사』, 『고려사절요』에 기록된 조준 상서와 위의 기록에서 모두 나이가 발견되지 않고, 일관되게 '유취자제'라고 서술하고 있다. 또 F5는 태종 2년 14세의 정발(鄭發)이 문음으로 전농직장(典農直長)에 임명되자, 사간원에서 조부 정요(鄭曜)를 탄핵하면서 『원전』의 문음규정을 인용한 것이다. 만약 18세라는 나이규정이 있었다면 탄핵을 하고, 법조문을 인용하면서 유취자제(乳臭子弟)라

---

282) 『태종실록』 권3, 태종 2년 2월 무오, "經濟吏典 有乳臭子弟拜職者 罪其父兄."
283) 김창현, 「조선초기의 문음제도에 관한 연구」, 6쪽 및 주 16).
284) 『태종실록』 권8, 태종 4년 8월 갑오.
285) 『세종실록』 권85, 세종 21년 4월 병신.

는 애매한 표현으로 바꿔서 조문을 인용했을 리가 없다.

　법조문이 이처럼 애매하고, 불합리하게 된 자체가 당시의 정치적 상황과 문음제에 대한 기존 정치세력의 태도를 보여주는 주요한 증거라고 생각된다. 문음 출사의 연령제한은 특히 고위관료들에게는 대단히 예민하고 중요한 사안이었다. 당시 정치적 기반 특히 고위관료층 내에서 기반이 약했던 정도전·조준 파로서는 과전법 개혁안을 밀어붙이기도 벅찬 상황이었다. 그러므로 문음의 연령제한이라는 원칙까지는 공감대를 형성할 수 있었지만, 구체적인 연령을 설정하는 부분에서는 합의를 끌어내지 못했거나 혹은 여러 가지 개혁을 추진하는 과정에서 가능한 한 기성 세력의 반발을 최소화하기 위한 정치적 수단으로서 『원전』을 편찬할 때까지도 이 부분을 미정으로 남겨 놓았던 것이 아닌가 한다. 그러나 음직 수여에 연령제한이 필요하다는 사실 자체는 당시에 공감대가 형성되어 있었으므로 오히려 온건파가 집권한 태종·세종대에 연령이 구체적으로 제정되었다고 볼 수 있다.

> F6. 『원전』에서는 말하기를 예문관 춘추관에 보내 시험하여 경에 능통한 자를 뽑고 문과의 예에 따라 패를 지급한다고 하였다.[286]

　F6은 문음취재의 규정이다. 『원전』의 문음법에서 가장 획기적인 내용이 문음취재의 신설이라고 할 수 있다. F6에서는 시험방식을 정확하게 기록하지는 않았다. 그런데 태종 13년 사간원의 상소에 다음과 같은 내용이 있다.

> 대저 문음출신(門蔭出身)의 법은 승음자제(承蔭子弟)로 하여금 모두

---

[286] 『중종실록』 권25, 중종 11년 5월 경자, "元典則云 下藝文館春秋館 試經能通者 依文科例給牌."

예문관에 나아가 1경을 강하여 시험보아 대의에 능통하면 문과의 예에 의하여 패를 지급한 뒤에 바야흐로 사진(仕進)하는 것을 허락합니다. 지금은 그렇지 않고 나이가 많고 어린 것을 묻지도 않으며, 경에 통하고 통하지 않는 것조차 살피지도 않고 아울러 조정에 벼슬시키니, 비단 관직을 폐하는 폐단뿐만 아니라, 특히 문음의 법을 잃게 됩니다. 엎드려 바라건대, 승음자제는 벼슬하고 벼슬하지 아니한 것을 논하지 말고 모두 시험에 나아가게 하여서, 그 능한 자를 취하여 쓰고 그 능하지 못한 자는 곧 학궁(學宮)으로 돌려보내어 경을 통한 뒤에 쓴다면, 모람되게 사진하는 무리는 저절로 물러가게 되어 거의 태조의 입법한 뜻에 합할 것입니다.287)

위의 기사에서 문음취재의 법은 사서오경 중 1경을 시험보는 것이고, 승음자제를 모두 이 규정에 따라 강제로 시험보게 하여 태조가 입법한 뜻에 따르자고 하였다. 이 기사로 미루어 보면 이것이 곧 『원전』의 규정이었다고 생각된다.288)

이상이 문무관원의 문음에 대한 규정이다. 그런데, 실록에서도 공신에 대한 규정이 발견되지 않는다. 다만 태종 5년에 올린 이조판서 이

---

287) 『태종실록』 권26, 태종 13년 7월 기축, "夫門蔭出身之法 使承蔭子弟 皆就藝文館 講試一經 能通大義 依文科例給牌 然後方許仕進 今也不然 勿問年之壯幼 不考經之通否 竝仕于朝 非唯曠官之弊 殊失門蔭之法 伏望承蔭子弟 勿論仕未仕 皆令就試 取其能者而用之 其不能者 乃還學宮 通經而後用之 則冒進之徒自退 庶合於太祖立法之意矣."
288) 태종 15년 기록에 18세 이상자는 1경을 시험보아 등용하자는 규정이 육전에 있다는 기록이 있다. 이것은 태종 12년에 만든 『속집상절』 규정으로 18세라는 연령제한을 신설한 것이다. 그런데 다음의 1경을 시험보는 규정이 『원전』의 규정을 답습한 것인지, 이것도 새로 신설한 것인지가 확실하지 않아서 본문의 1경을 강경하는 규정이 속집상절의 규정일 가능성도 없는 것은 아니다. 하지만 태종 13년 사간원 상소에 "태조의 입법 운운"하는 내용이 있는 것을 보면 1경 강경이 『원전』일 가능성이 더욱 높다고 생각된다.

직(李稷)의 상서에 "문음과 공음자제를 서용하는 법은 이미 만들어진 규정이 있으나"라는 구절이 있다. 이 내용에 의하면 당시의 음서제에는 문음과 공음이라는 두 계통의 규정이 있었다는 의미가 된다. 이것은 『고려사』의 음서 규정이 조종묘예, 공음, 문음이라는 세 분류로 이루어진 것[289]과도 대비가 된다.

이직이 말한 공음자제를 서용하는 법이 공신에 대한 별도의 규정이 있다는 의미인지는 분명하지 않다. 개국공신인 이화(李和)의 공신녹권에 의하면 1등공신의 직자(直子)는 초3등음직(超三等蔭職)하고, 직자가 없으면 생질과 여서(女壻)에게 초2등하며, 2등·3등공신은 이 규정에서 각기 1등씩 낮추어 가는 것으로 되어 있고, 정사공신, 좌명공신 등의 녹권에도 거의 같은 내용이 수록되어 있다. 여기서 초등음직한다는 것은 원래의 관품 규정에 따른 음직 규정에 대해, 초등해서 음직을 지급한다는 의미라고 생각된다.[290] 이는 공신 자손에 대한 음직 수여 방법에 일정한 틀이 있었음을 보여주는데,[291] 『원전』에 수록한 문음 규정과는 확실히 다른 내용이다.

그러나 이 공신자제에 대한 특별 규정이 『경제육전』에도 수록되었

---

289) 『고려사』 권75, 지29, 선거, 전주.
290) 박홍갑도 이와 같은 견해를 제시하였다(「조선초기 문음의 성립과정」, 193쪽). 단 이렇게 해석할 경우 현재 관직이 3품이 되지 않아 문음대상이 되지 않는 관원이 문제가 된다. 박홍갑은 4품 이하의 공신은 3품 이상으로 승진해서 허음자격을 갖추어 허음권리를 행사했다고 보았다. 그러나 모든 공신이 3품 이상으로 승진하기도 어렵고 만약 그렇게 한다면 품계가 낮은 관원은 포상도 적고, 음직혜택도 적은 이중의 피해를 입게 된다. 필자의 생각으로는 음직의 대상이 되지 않는 관원이 3등공신이 되었을 때, 초1등 규정을 적용하면 음직 수여 대상이 되어 녹용 내지는 최하급 음직을 수여받는 혜택을 받을 수 있다. 그러므로 공신에 대한 초등 음직 규정은 3품관 이상만이 아니라 모든 대상에게 적용되었다고 생각된다.
291) 박홍갑, 위의 글, 192쪽.

는지는 확실하지 않다. 공신이란 특별한 상황에서 발생하는 것이고, 초법적인 대우를 하므로 법전에서 상규(常規)로 만들어 놨다고 보기도 어렵다. 그러므로『경제육전』에 공신자제를 위한 별도의 법이 있었던 것은 아닌 듯하다.

문음법은 아니지만『원전』단계의 문음제 운영과 관련해서 주요한 정책의 하나가 문음자제의 서리직 진출을 차단하는 것이었다. 고려시대의 서리직은 지방향리나 첨설직 수직자들이 진출하여 중앙관료로 성장하는 통로가 되기도 했지만, 한편으로는 문음자제나 권문세가의 하수인으로 채워지는 양상도 보이고 있었다. 고려후기 정치가 혼란해지고, 인사제도가 문란해지면서 후자의 경향이 더욱 강해졌다. 과거 신진세력의 배출로였던 서리직에 문음자제들이 진출하면서 신진세력의 성장이 억제되었다. 권문세가의 하수인에는 첨설직 수직자나 향리가문의 인물도 있었지만, 이들이 권문세가와의 결탁을 통해 성장하고, 인사부정이 심해지는 이상, 기존의 정치와 체제를 개혁하는 신진세력으로서의 역할은 퇴색될 수밖에 없었다.

이에 정도전은 먼저 서리직 역시 사인(士人)이 담당해야 하는 관리직임을 선포하였다.292) 이것은 첨설직이나 향리출신의 무절제한 서리직 진출을 차단해야 한다는 의미였다. 이어 이러한 근거하에 이과(吏科)를 신설하였다. 이과는 태조 즉위년의 7과의 입관보리법에도 반영되었고,『원전』에도 수록되었다.293) 정도전은 이 7과 중에서도 기술관인 역과, 의과, 음양과를 제외하고, 관료의 출사로는 문과, 무과, 문음, 이과 4가지라고 규정하였다.294) 이렇게 해서 문음과 이과가 별개의 입

---

292)『조선경국전』상, 치전(治典) 보리(補吏) ; 韓永愚,「朝鮮初期 上級胥吏 成衆官」,『東亞文化』10, 1971, 18∼23쪽 참조.
293)『세종실록』권46, 세종 11년 12월 을해, "元六典 洪武二十五年七月日, 詳定 入官補吏之法."

사로로 분리됨으로써 문음자제가 문음으로 서리직을 받을 수 있는 길
은 차단되었다. 실제로 이 시기 문음자제의 서리직 진출을 법적으로
금지했다는 사실은 다음 장에서 살펴보겠지만, 태종, 세종조에 문음자
제의 녹사 진출을 허용하고, 이 사실을 새로이 법전에 기재하는 것을
통해서도 확인할 수 있다.

　이렇게 보면 이과(吏科)의 신설은 능력 검증을 통해 서리를 충원하
자는 의미도 있겠지만, 문음자제의 서리 진출을 차단하는 것이 가장
주된 기능이었다고 보여진다. 그래서 태종대 이후 문음자제의 서리직
진출이 합법화되면서 이과도 유명무실해져 버렸던 것이다.295)

2) 속전의 문음제와 문음자제의 특권 강화

『속집상절』에서 문음 규정의 변화는 별로 발견되지 않는다. 오히려
애매하던 『원전』의 나이 규정을 18세로 확정하였다.

　　G1. 육전에 문음으로 관직을 제수하는 것은 나이 18세가 되면 1경을
　　　　시험하여 대의에 능통하면 전주를 허락한다는 내용이 있습니다.296)

---

294) 『고려사』 권75, 선거3, 첨설직, "(恭讓王 二年 正月) 王謂鄭道傳曰 罷僞朝添
　　 設職 其術如何 對曰 古之用人之法 有四 曰文學 曰吏科 曰門蔭 以四科擧
　　 之 當則用之 否則舍之."
295) 『원전』에서는 이과의 신설과 함께 서리로 일정기간 근무한 자는 모두 거관
　　 시키게 했다(『태종실록』 권13, 태종 7년 6월 계미). 이 조문은 태종 2년에 하
　　 륜에 의해 개정되어 관서에 따라 근무연한 순으로 1, 2명씩 거관하는 제도로
　　 바뀌었고, 문음자제들이 진출하면서 서리와 성중관의 거관은 거의 이들이
　　 독점하게 된다.
296) 『태종실록』 권30, 태종 15년 8월 갑술, "六典載 門蔭拜官者 亦令年十八 試
　　 以一經 能通大義 方許銓注."

이 규정은 태종 15년의 기록으로 이때까지 『경제육전』은 『원전』과 『속집상절』뿐이었다. 그러나 『원전』에는 나이제한이 유취자제라고만 표현되어 있었으므로 G1의 육전은 『속집상절』을 의미한다.

G1은 추상적이던 『원전』 조문을 구체적 조문으로 수정했다는 의미가 있다고 할 수 있다. 그러나 그것만이 개정의 원인은 아니었다. 문음제 규정 중에서 이 조문을 먼저 수정하게 된 배경에는 다음과 같은 사정이 있었다.

의정부에서 공신과 종친의 후손이 가관(加冠)하고 종사하는 법(法)을 세우기를 청하였다. 정부의 상소는 이러하였다. "사간원에서 수판(受判)한 조목에, '지금 부유한 집의 자제가 더벅머리 어린아이 때부터 이미 현달하게 제수를 받게 되니, 어찌 민사의 간난(艱難)을 알겠으며, 어찌 치체(治體)의 완급(緩急)을 알겠습니까? 원하건대 이제부터 공신과 종친의 후손 가운데 나이가 성년이 되지 아니한 자는 아울러 모조리 정파(停罷)하고, 그 나이가 장성하여 글을 읽어 재기(才器)를 이룩하기를 기다린 뒤에, 재주를 헤아려 직임을 제수하소서.' 하였고, 이달 23일에 지신사(知申事) 박석명(朴錫命)이 왕지(王旨)를 받들어 전하기를, '고례(古禮)에는 20세에 관례(冠禮)하였고, 『문공가례』에는 15세에 관례하였는데, 지금 자제의 종사하는 나이는 16, 17세 이상이니, 상량하고 의논하여 신문하도록 하라.' 하였습니다. 본부(本府)에서 의논하니, '옛날에는 20세에 관례하고 30세에 장가들며, 40세에 벼슬에 나간다고 하였습니다. 대저 사람의 도리는 고금에 시의(時宜)가 다르니, 후세의 사람은 관례・혼인・종사를 모두 20~30세에 하였습니다. 관례는 『문공가례』에 의하여 15세에 하고, 종사는 고금을 참작하여 18세 때에 입사하도록 허락하고, 그 어리석고 게을러서 배우지 아니하는 자는 그 학문이 예의를 알 만하기를 기다린 뒤에 입사하는 것을 허락하자.'고 하였습니다." 임금이 이를 윤허하였다.[297]

『원전』 조문이 "유취자제"로 되어 있어서 당시에 나이의 상한을 어느 정도로 적용했는지 알 수 없다. 그러나 위 건의가 있은 태종 4년 무렵에는 16, 17세 정도에 종사하는 풍조가 발생하고 있었고, 나이제한에 대한 논의가 있었음을 알 수 있다. 태종 2년 정발이 14세로 종사했던 사건은 점차 『원전』의 법이 해이해져 가던 분위기의 소산이었는데, 그 사건이 하나의 판례가 되어 태종대에는 16, 17세 정도로 관행적 나이가 형성되었던 것 같다. 이에 태종 4년에 종사자의 나이를 18세로 확정했고, 이것이 『속집상절』의 문음 규정에 반영되었다.

태종대에는 G1 외에는 별다른 개정이 없었지만, 실제 문음의 운영 방식은 많이 달라지고 있었다. 18세 규정이 있었음에도 잘 지켜지지 않았고,[298] 겨우 1경을 강하는 문음취재마저 형식적이 되어 가서 문음의 법이 상실된다는 비평까지 나올 정도였다.[299]

이런 상황 속에서도 문음법이 정식으로 수정되지 않았던 것은 과거와 천거법 등 보다 우선적인 관리등용제도를 먼저 수정해야 했고, 이것이 쉽지 않은 작업이었기 때문인 듯하다. 과거법만 해도 규정이 많고 학교 규정까지 손을 보아야 하는 등 상황이 복잡했기 때문에 태종 12년 『속집상절』을 간행할 때까지도 부분적인 수정만이 산만하게 전

---

297) 『태종실록』 권8, 태종 4년 8월 갑오, "議政府請立勳親之嗣加冠從仕之法 政府疏曰 司諫院受判內一款 今者膏粱子弟 自居髫稚 已蒙顯授 豈識民事之艱難 焉知治體之緩急 願自今 勳親之嗣 年未踰冠者 竝悉停罷 俟其年長 讀書成才 然後量才授任 今月二十三日 知申事朴錫命奉傳王旨 古禮二十而冠 文公家禮十五而冠 今子弟從仕年歲 以十六七歲以上 擬議申聞 本府議得 古者二十而冠 三十而有室 四十强仕 大抵人道 古今異宜 後世之人 冠婚從仕 皆於二三十 冠禮依文公家禮十五歲 從仕 參酌古今 十八歲時 許令入仕 其愚懦不學者 待其學問能知禮義 然後方許入仕 允之."

298) 태종 7년에도 공신자제들이 어린 나이에 관직으로 진출해서 사간원에서 논박했으나 태종은 비난을 무시했다(『태종실록』 권13, 태종 7년 6월 경술).

299) 『태종실록』 권26, 태종 13년 7월 기축.

개되었을 뿐, 체계적인 정리가 되지 않다가 태종 17년에야 과거, 학교, 승보, 고과목 등을 종합한 전반적인 골격을 갖춘 수정안이 나올 정도였다.

문음법도 태종 16년이 되어서야 개정안을 만들기 시작한다.

> 이조·병조에서 자제를 서용하는 법을 올리었다. 임금이 "공신과 2품 이상은 아들·사위·아우·조카와 아는 일가 사람으로 천거하는 것은 가하고, 알지 못하는 사람을 천거하는 것은 청탁과 같으니, 한 사람의 단자로 서용할 수가 없다. 그러나 벼슬길이 통하지 않기 때문에 일찍이 이조·병조에서 보고하라고 명하였는데, 만일 취재하면 벼슬길이 통하지 않을 것이니, 반드시 취재할 것은 없는 것 같다." 하니, 김여지(金汝知)가 아뢰기를, "각각 아들과 아우를 천거하면 혹은 재주가 없는 사람이 있을 것이니, 청컨대, 태조의 성헌에 의하여 칠사(七事)로써 취재하여 서용하소서." 하였다. 임금이 "써 보아서 능하지 못하면 그만두게 하고, 또 재주가 없는 자는 대간에서 고신에 서경(署經)하지 않으면 가하다." 하고, 이조·병조에 명하여 다시 의논하게 하였다.300)

이 기록은 태종조의 분위기를 잘 보여준다. 우선 일가친척이 아닌 사람을 천거하는 것은 청탁이라는 논리를 내세워, 공신과 2품 이상은 자서제질까지만 천거하게 하자는 것이다. 이 천거는 일반적인 천거가 아니라 문음자제의 천거를 말하는 것인데, 고위관료 집단이 경직되고

---

300) 『태종실록』 권32, 태종 16년 7월 정유, "吏兵曹上子弟敍用之法 上曰 功臣與二品以上 以子壻弟姪及所知一族薦舉 則可矣 以其非所知人薦舉 則是有似請謁 不可以一人單子敍用 然仕路不通 故曾命呈于吏兵曹 若取才則仕路不通 似不必取才也 金汝知啓曰 各以子弟薦舉 則或有不才者 請依太祖成憲 以七事取才敍用 上曰 用之而不能 則已之 且其不才者 臺諫不署告身可也 乃命吏兵曹更議之."

공신과 소수가문이 관료제 운영과 관료인사를 장악하게 되자 이들의 천거권을 자서제질로 한정하는 것이 오히려 이들의 권력남용과 부정을 제한하는 방법으로 간주되게 된 것이다.

또 이 논의는 문음 대상이 직계자손으로 한정하던 『원전』의 규정을 벗어나 자서제질로 확대되려는 징조를 보여주고 있다. 이런 상황에서 태종은 문음취재법도 불필요하다는 입장을 보였다. 이에 태종의 총신이던 김여지마저도 태조의 성헌에 따라 7사로 취재하자는 건의를 했던 것이다. 7사란 태조대의 입관보리법인 7과일 것이다. 그러나 태종은 이도 거부하고 있다.301)

---

301) 태종의 정책, 특히 관료등용제도와 관련해서는 공신과 권문세족의 세력을 억압하고, 왕권을 강화하려 했던 것으로 이해하는 경우가 많다. 그러다 보니 문음취재가 태종대에야 비로소 신설된 것으로 이해하기도 했던 것 같다(한영우, 『정도전 사상의 연구』, 130쪽). 그러나 본문에서 살펴본 대로 태종조에 문음취재는 오히려 폐지되는 상황이었다. 한편 이런 경향을 인정하면서 태종이 취재에 반대한 것은 아직 왕권이 안정되지 않고, 관료체제가 정비되지 않은 상황에서 비롯된 것으로 이해하는 견해도 있다. 따라서 왕권이 안정된 세종대에 가서야 문음취재가 다시 강화된다는 것이다. 그리고 그 증거로 문음취재 제도의 변화와 문음취재가 부정기시에서 정기시로 바뀐 것을 증거로 들었다(김창현, 「조선초기의 문음제도에 관한 연구」, 4~5쪽). 그러나 문음제도의 변화는 왕권의 문제가 아니라 태조대와 태종 이후의 주도 세력들이 지향하는 정치체제와 관료군의 성격에서 기인한 것이다. 그리고 후술하겠지만 세종대의 문음취재 역시 강화된 것이라고 볼 수는 없다. 오히려 전체적으로 보면 고위관료의 자제에 대한 특혜는 크게 증가하고 있다.
태종과 세종의 태도에서 공신과 훈구의 세력을 제약하고 국왕의 권력신장을 위해서 노력하는 듯한 모습이 보이는 것은, 사실은 이 시기의 관료등용제도 및 관료제 운영규정이 태조대에 비해 신진세력이나 지방사족에 대해서는 폐쇄적이 되고, 중앙세가에 대해서는 이들의 특권을 확대, 보장하는 방향으로 나갔기 때문이다. 태종과 세종은 이러한 개혁을 인정한다는 토대 하에서 폐단이나 과용을 경계했던 것인데, 이런 부분이 왕권과 공신과 훈구세력의 대립이 이 시기 관료체제의 핵심 주제이자 서로 대립적인 체제라는 오해를 불러오게 된 것 같다.

이에 이조와 병조가 각각 문반과 무과취재의 수정안을 냈다. 이 중 이조의 안을 살펴보면 다음과 같다.

> G2. 이조에서 계문하였다. "2품 이상의 자손과 사위를 나이와 재간을 자세히 써서 본조에 바치면, 성명을 등록하고 그 나이의 장성하고 어린 것을 상고하여 문무관직 중 적합한 곳에 따라 계문하여 서용하는 이외에 2품 이상의 칭신 단자(稱臣單子)는 일체 금하고, 3품 이상과 일찍이 대간·정조(政曹)의 관직을 역임한 사람의 자제는 한결같이 『속전(續典)』에 실린 것에 의하여 나이 18세 이상이고 재간이 있는 자는 대소 관원으로 하여금 천거하게 하되, 내외조부(內外祖父)의 직명(職名)을 아울러 기록하여 본조에 바치면, 본조에서 서(書)·산(算)·율(律)로써 그 능하고 능하지 못한 것을 시험하여 바야흐로 서용하도록 허락하여 청탁의 문을 막으소서. 서·산·율을 모두 통한 자는 1등으로 하고, 두 가지 재주를 통한 자는 2등으로 하고, 다만 한 가지 재주만 통(通)한 자는 3등으로 하되, 또한 서용하도록 허락하소서."302)

이 수정안은 문음의 대상을 크게 2품 이상과 3품관으로 나눈다. 2품 이상관은 자손과 사위가 대상이 되는데, '자손서'라는 범주는 상식적으로도 맞지 않는다. 원문은, '자손서제질'일 것이다. 이들은 명단과 재간을 자세히 적은 문서를 이조에 비치한 뒤에 천거와 취재 모두 없이 이조에서 인사 때에 알아서 등용한다는 것이다. 이는 공신과 고위관료

---

302) 『태종실록』 권32, 태종 16년 7월 정유, "吏曹啓 二品以上子孫及壻 詳書年甲才幹呈本曹 謄錄姓名 考其年之壯弱 隨其文武所宜 啓聞敍用外 二品以上稱臣單子一禁 三品以上及曾經臺諫政曹子弟 一依續典所載 年十八歲以上 有才幹者 令大小官薦擧 幷錄內外祖父職名 呈本曹 以書算律 試其能否 方許敍用 以杜請謁之門 俱通書算律者爲一等 通二藝者爲二等 只通一藝者爲三等 亦許敍用."

의 문음자제의 천거라는 것이 공정하게 이루어질 수 없다는 사실을 전제로 한 것이다. 그러니 아예 명단을 받아 놓고 인사담당자가 판단해서 등용하자는 것이다. 여기에는 2품 이상의 자제들은 별도의 취재나 천거가 없어도 인물과 능력을 알 수 있다는 전제도 숨어 있다고 보여진다. 이 역시 당시 관료제의 구조나 이들이 지향하는 정치체제의 성격을 짐작하게 하는 부분이다. 이에 법안에 대해 태종은 별도의 특명을 내려 공신과 2품 이상 관원은 제질(弟姪)이 없으면 동생제(同生弟)와 삼촌질(三寸姪)도 단자에 기록하도록 했다.303)

2품 이하의 경우는 3품 이상과 대간과 정조의 관직을 역임한 사람이라고 하여 문음 대상에 "대간과 정조의 역임자"가 추가되었지만, 허음 대상은 자와 손으로 제한했다. 이들은 천거를 받고 취재를 하는데, 서·산·율로 시험한다고 했다. 이것은 문음자제를 성중관으로 보내려는 시도로서 주목된다.

한편 이날 병조에서도 문음을 통한 서반직 등용제도를 상소하였다.

> G3. 병조에서 또한 아뢰었다. "공신과 2품 이상의 자손과 사위로서 무재(武才)가 있는 자는 단자(單子)를 바치게 하여 성명을 등록한 뒤 계문하여 서용하고, 3품 이하 각품의 자제는 나이가 18세 이상이고 무재(武才)가 있는 자는 또한 대소 관원으로 하여금 천거하게 하여, 내외조부의 직명을 아울러 기록하여 본조에 바치면 기사(騎射)·보사(步射)·농창(弄槍)·무경(武經)으로써 그 능부(能否)를 시험하여 모두 능한 자는 1등으로 하고, 두 가지 재주가 능한 자는 2등으로 하고, 한 가지 재주가 능한 자는 3등으로 하여 매년 춘추(春秋)에 취재하여 성명을 등록하여 군직에 빈 곳이 있으면 계문하여 서용하고, 2품 이상 '신(臣)이라 칭한 단자'는 일절 금하소서."304)

---

303) 위의 주와 같음.
304) 『태종실록』 권32, 태종 16년 7월 정유, "兵曹亦啓 功臣及二品以上子孫及壻

여기서도 공신과 2품 이상의 아들과 사위(이 역시 실록의 오기로 실제로는 자서제질일 것이다.)는 이조의 방법과 마찬가지로 단자를 바치게 한 뒤 병조에서 선발하여 서용하게 했다. 그리고 동반직에서는 3품관까지만 문음의 특혜를 허용했지만, 서반의 경우는 동반직 문음의 대상이 되지 않는 3품 미만의 각품 자제에 대해서도 18세 이상으로 무재가 있는 자는 다른 관원이 천거하면 병조에서 매년 봄, 가을 2차에 걸쳐 시험을 보아 성적별로 군직에 등용하자는 것이다.

태종 16년의 조치를 종합하면 각품 관원의 자손에게 문음의 특혜를 개방하고, 문음 대상의 자격을 크게 3분하여 동반직과 기술직, 서반직에 체계적으로 분속하도록 한 것이었다. 다만 3품 이하관의 자제들에 대해서는 형식적인 시험이 아닌 실무능력을 테스트하게 했고, 무반직 같은 경우는 등수를 매겨 선발했다는 점에서 거의 취재에 가까운 제도였고, 고려시대의 문음제에 비해서는 발전된 형태라고 할 수 있겠다. 이제 고위 관료나 대간, 정조의 관직을 역임하지 못한 하급품관의 자제들은 문관으로 갈 수 없고, 문관직으로 진출하기 위해서는 과거에 합격해야 했다.305) 그러나 그렇다고 해서 문음제도의 성격이나 의의가 달라진 것은 아니다. 취재제도는 직임에 적합지 않거나 전혀 능력도 없는 인물이 문음의 혜택으로 관직을 차지하는 것을 방지한다는 의미가 있을 뿐이었다.306)

　　有武才者 令單子進呈 謄錄姓名 啓聞敍用 三品以下各品子弟 年十八以上 有武才者 亦令大小官薦擧 幷錄內外祖父職名 呈本曹 以騎步射 弄槍 武經 試其能否 俱能者爲一等 能二藝者爲二等 能一藝者爲三等 每年春秋取才 謄錄姓名 軍職有闕 則啓聞敍用 二品以上稱臣單子一禁 皆從之."

305) 윤훈표,「여말선초 신분제의 개편과 무반층의 변화」,『중세사회의 변화와 조선건국』, 혜안, 2005, 238~239쪽. 이 글에서는 태종조의 문음정책을 신분제에 입각한 계서화라는 측면에서 고찰하였다.
306) 고려시대와 조선시대의 문음제를 비교하는 데에 있어 "취재제도의 도입"이 중요한 지표의 하나가 되어 왔다. 이는 시험제도를 능력본위의 인재등용방

그렇다면 이 법안의 목적과 의미는 무엇이었을까? 이 법의 입법취지와 목적에 대해서 명시적으로 언급한 기록은 발견되지 않는다. 그러나 법안의 내용으로 보면 일반적으로 생각해 왔듯이 문벌귀족의 억제와 왕권강화를 위해서가 아니었던 것은 분명하다. 그런데 고려말과 조선초기의 정치적 상황과 관료제 운영에 대한 논의를 살펴보면 당시에 공통적으로 존재했던 난제가 관료군 또는 관료예비군의 과도한 팽창이었다. 그 원인으로는 과거만이 아니라 첨설직, 무반직이나 서리직을 통한 향리층의 성장 등이 거론된다. 양적으로는 과거보다도 이러한 경로를 통한 성장이 더욱 많았을 것이다. 또한 이러한 경로를 통한 성장은 한 번에 이루어지는 것이 아니라 점진적인 성장을 이루는 과정이 되었다. 과거급제자도 과거를 통해 단번에 관료로 진출한 것이 아니라 이와 같은 가문의 성장을 바탕에 깔고 있는 경우가 많았다. 즉 성중관, 기술직, 서리, 무반직은 그 자체로는 정치적 의미가 약할 수 있으나 양적으로는 많은 비중을 차지하며 고려시대를 통해 신진세력, 지방사족이나 향리층의 성장기반이 되어 왔다. 실제로『원전』에서도 이와 같은 기능을 인지하고, 이를 지방사족의 진출로 적극 활용하고자 하였

식으로 이해하기 때문이다. 그러나 취재제도의 도입이 문음의 성격까지 바꿀 수는 없다. 고대 혹은 고려시대의 문음이라고 해서 대상자의 능력에 대한 심사나 판단을 하지 않는다는 의미는 아니다. 단지 지배층이 확대되고, 정계의 세력구도가 복잡해지거나 국가의 관리체제가 동요했을 때, 악용되거나 타락하기 쉬운 소지가 있었다. 이에 문음취재라는 방식이 도입된 것이다. 하지만 과거급제가 관리등용을 보장하지 않듯이 각종 취재 역시 관료 진출을 보장하는 것은 아니고, 대부분 선발자격을 주는 것에 불과하였다. 그러므로 문음취재란 어디까지나 문음대상자들 간의 경쟁이고, 현실적으로 취재합격자가 관리로 선발되는 것은 일반 합격자에 비해 훨씬 유리하였고, 모든 관료군의 자손에게 문음제도가 적용되므로 전체 관료군이라는 범주에서 볼 때는 문음직을 통해 기존 통치세력의 자제들이 동서반의 관료직 계승하는 것은 충분히 가능하였다.

다.307)

태종 16년의 문음법은 바로 이 하위 관리군에 기존 관원의 자제들을 강제적으로 투입할 수 있는 방법을 마련한 것이었다. 즉 문관, 무관, 성중관과 녹사 등 모든 관리군에 문음자제를 골고루 투하함으로써 고려시대의 첨설관이나 신흥무장세력과 같이 신진세력이 특정 관직대를 점유함으로써 이를 기반으로 지속적으로 성장하는 것을 방지하게 된 것이다. 또한 『원전』에서 시도한 신진세력의 유치와 양성책에 대한 대책이기도 했다. 『속집상절』에서는 『원전』의 서리거관법을 수정하고, 정도전 파가 상경종사시킨 효렴천거자와 수전품관들을 향리로 돌려보냈지만,308) 그것만으로는 부족했다. 또한 『원전』에서 이러한 방식을 시도했다는 것은 같은 방법이 재발할 수도 있다는 것을 의미했다. 이에 태종대의 집권층은 문음제에서 확실한 대응방안을 발견했던 것이다. 이것이 태종 16년의 개정안이 문음제도에 부여한 새로운 기능이었으며, 태종대에 지향한 정치체제의 성격을 잘 보여주는 것이라고 하겠다.

다만 이 조치는 문음제를 확대 시행하고, 관료등용 전반에서 세가와 고위관료의 특권을 강화한다는 전제 하에서 세가자제가 문무관직에서 녹사, 군직까지 장악하는 것을 방지한다는 기능도 있었다고 하겠다.

그런데 지금까지의 연구를 보면 문음자제를 성중관으로 투입하는 방침에 대해서 일반적으로 문음자에게 줄 관직이 부족한 데 따른 고

---

307) 이러한 사례로 『원전』에 수록한 이과(吏科)와 서리 거관법(임용한, 『조선전기 수령제와 지방통치』, 125~126쪽)과 재지사족의 천거제를 들 수 있다. 무반직의 경우에도 숙위제를 통해 지방의 한량품관을 상경시켜 군전을 지급하고, 숙위에 활용하려는 시도를 하였다(이 내용에 대해서는 본서 3장 2절 「재지사족의 상경숙위와 천거제」 참조).

308) 이 책 3장 1절, 2절 참조.

육지책이었다고 이해한다. 또한 태종대에 정국이 안정되고 왕권이 강화됨에 따라 문음자제의 대우를 하강시킨 결과라고 이해하기도 한다. 그러나 태종 16년의 문음법(G2)은 2품 이상 관원의 자손서제질에 대해서는 문음이라는 절차조차도 필요 없는 대단한 개방을 하고 있다.

『원전』에서는 문음자제의 초음직을 실직으로 했고, 성중관 입속을 허락하지 않았다. 이는 사용하기에 따라서는 문음자제가 관직을 대규모로 점령하는 방법도 될 수 있다. 그러나 당시 이들이 구상하는 정치체제나 과거제와 같은 다른 관리등용제도나 관료제의 규정을 보면 그럴 가능성은 없었다. 심지어 공신과 고위관료의 특권과 세력이 훨씬 강화되고, 문음출신이 재상까지 역임하는 사례로 있었지만, 전체적으로 보면 문음출신이 정계에서 차지하는 비중은 아무래도 과거출신보다는 낮았다.

문음이란 부친의 관작에 따라 당연히 세습되는 권리가 아니라 관료가 될 수 있는 자격의 하나였기 때문에 인사제도와 평가체제가 엄격하고, 정권이 소수가문이나 집단에게 독점되지 않는 이상 이들에게 실직을 부여하는 방법은 오히려 이들의 관직 진출을 소수로 제한하는 방법이 될 수도 있었다. 그러나 태종조부터 관직부족을 이유로 이들의 성중관 진출을 허용하기 시작했고, 세종조에 이 제도가 확실히 자리잡았다. 이들이 성중관으로 진출하면서 지방사족이나 비명문가 출신의 인재들이 관리로 성장할 수 있는 통로가 급속히 줄어들었다. 신진인사가 중앙정계로 진출하기 위해서는 과거에 급제해서 엘리트 코스로 진출하는 방법도 있지만, 그보다는 군직이나 하위실무직, 성중관 등을 통해 천천히 성장하는 방법도 있었다. 특히 중앙 정계에 기반이 약했고, 재지사족을 포함한 보다 폭넓은 관료제 운영을 구상했던 정도전·조준 파는 외관직, 군직, 성중관이 신진세력을 유입하는 방편이자 관료군의 순환을 보장할 수 있는 하부구조가 되기를 원하였다. 이러한 구상은 이들의 과거제나 천거제, 수령제, 이과(吏科) 신설 및 서리등용 제도에 잘 나타나 있다.

그러나 문음자제들이 성중관, 체아직을 점유하기 시작하면서 이와 같은 구상이 단절되었다. 성중관으로 진출한 문음자제들은 청요직이나 고위관직으로 진출하기는 곤란했지만, 하위관직과 외관직에서 차지하는 비중은 대단히 높았다. 공신 및 문음자제들은 성중관을 거쳐 수령직, 하급 실무행정직, 부호군, 호군 같은 서반직, 사복시, 사섬시와 같은 궁관이나 종친부(돈령부)와 같은 공신, 종친들의 관서로 많이 진출했다. 이런 현상은 이미 16세기부터 등장하지만 조선후기로 가면 이 분야에서 공신 및 세가자제의 관직독점 현상은 더욱 심해져서 실학자들의 주요한 비판대상이 되었다. 이와 같은 조선시대 관료제의 중요한 모순이 『속전』 단계에서 시작되고 있었던 것이다.

태종 16년에 만든 법안들은 세종이 즉위하자마자 법전 개정작업을 시행하는 바람에 제대로 시행되지는 않았다. 그러나 그렇다고 해서 이 법안의 취지가 사라진 것은 아니다. 이후의 결과를 보면 태종의 취지를 계승하되 이를 수행하는 방법론에서 변화를 준 것이었다. 먼저 세종대의 개정안을 차례로 살펴보면서 그 이유와 내용을 고찰해 보도록 하겠다.

위의 G2 규정 중에서 제일 먼저 바뀐 조항은 초입사의 나이제한 규정이었다. 정확한 시기는 알 수 없지만, 세종 즉위 초에 18세 종사 규정을 20세로 늦추었다.[309] 이 규정이 『경제육전』에 수록되었다는 기록은 없지만, 내용의 중요성으로 보아 당연히 세종 8년의 『신속육전』에 수록되었을 것이다. 이와 같은 입사 나이의 상승 조치를 문음을 축소,

---

309) 『세종실록』 권85, 세종 21년 4월 병신, "上曰 年少稚兒 勿令除職之法 在太宗之時 限以十八歲 及予卽位 又限二十歲 因此幼稚之人 不得濫受職事 誠美法也."

제한하는 조치로 이해할 수도 있다. 세종도 스스로 말하기를 나이제한을 높인 이유가 어린 자제에게 관직을 남발하는 것을 막기 위해서였다고 했다.310) 그러나 실제로 나이제한을 올린다고 해도 초입사의 시기가 늦추어질 뿐이지 문음 수혜자의 범위나 대상이 줄어드는 것도 아니다. 오히려 태종 16년의 조치로 문음 대상자가 크게 늘었다. 20세로 나이 상한을 올린 것은 문음 수혜자를 크게 증가시킨 만큼 관리와 능력검증은 보다 엄격하게 하자는 일종의 자정책으로 이해해야 할 것이다.

G2에서는 문음 대상자를 3품 이상관이라고만 언급했는데, 그러다보니 이 규정이 경관만을 의미하는지 경외관을 포함하는지가 분명하지 않았던 모양이다. 그래서 세종 7년에 『원전』 규정을 검토하여 문음 규정은 경외관을 모두 포함하는 것이라는 유권해석을 내렸다. 이때 공신과 2품 이상 자제에게 문음취재를 면제했던 것을 취소하고, 다시 『원전』에 따라 2품 이상의 관원에 대해서도 문음취재법을 부활시켰다.311)

다음 해인 세종 8년에는 기왕 『원전』의 규정을 수용하는 김에 G2에서 시도한 음자제의 성중관 파견을 철회하고, 초음사직의 규정까지도 수용하려고 했던 모양이다. 그러나 관직이 부족하다는 이유를 들어 자원자에 한해 성중관 입속을 허용하게 했다.312)

---

310) 위의 주와 같음.
311) 『세종실록』 권29, 세종 7년 7월 임오, "吏曹啓 六典 凡門蔭出身 自洪武二十五年七月以後 其祖父受實職者 無問已故致仕 正從一品長子 許正從七品 正從二品長子 正從八品 正從三品長子 正從九品 如長子有故 長孫減一等 次子亦同 然無分京外職 請自今京官實行三品以上及外官三品以上守令等子孫 取才承蔭."
312) 『세종실록』 권32, 세종 8년 4월 기축, "吏曹啓 經濟六典內 凡門蔭出身者 正從一品長子 許正從七品 正從二品長子 許正從八品 次子亦同 敬此敍用 然子孫衆多 官職有限 一時盡用爲難 因此閑散 欲於內(待)[侍]茶房 宣差房等 成衆處 從仕者有之 從其自願 量才定送 從之."

이러한 검토와 변화를 거친 후에 세종 15년에 반포한『신찬경제속육전』에서 문음법은 아래와 같이 정비되었다.

> H1.『속육전』문음조에 공신 및 2품 이상의 아들, 손자, 사위, 동생, 조카, 경관으로 실직으로 행3품과, 외관으로 3품 수령의 아들과 손자, 대간과 정조의 관직을 역임한 사람의 아들은 나이가 20세 이상이 되면 조부, 친당숙 백숙 형제인 대소 관원에게 천거하게 하고, 내외조부의 직명을 기록하여 이조에 보고하면 이조에서 예문관에 서류를 보내 1경을 시험하여 합격자에게 패를 지급하고, 이조에 다시 보내면 공신 및 2품 이상의 아들, 손자, 사위, 동생, 조카는 사온직장동정에 임명하고, 경외관으로 실행 3품자손과 대간, 정조를 역임한 자의 아들은 사온부직장동정에 임명하고, 재능에 따라 서용한다.313)

나이 규정과 천거방식을 보면 세종 초반에 수정한 20세 규정을 계승하고, 나머지 문음의 대상, 천거방식은 G2의 규정을 그대로 채용했다. 단 세종 8년의 조치를 받아 모든 대상자에게 문음취재를 부과하도록 했다.

H1에서 가장 두드러진 변화는 문음 대상자와 초입사직의 변화였다.

---

313)『성종실록』권4, 성종 1년 3월 계미, "續六典 門蔭條 功臣及二品以上子孫壻弟姪 京官實行三品 外官三品守令子孫 曾經臺諫政曹者之子 年二十以上 令祖父親堂伯叔兄弟 大小官薦擧 並錄內外祖父職名 呈吏曹 移文藝文館 試一經 中格者給牌 還報吏曹 功臣二品以上子孫壻弟姪 差司醞直長同正 京外實行三品子孫 及曾經臺諫政曹者之子 差司醞副直長同正 隨才敍用";『성종실록』권4, 성종 1년 3월 계미, "續六典 門蔭條 功臣及二品以上子孫壻弟姪 京官實行三品 外官三品守令子孫 曾經臺諫政曹者之子 年二十以上 令祖父親堂伯叔兄弟 大小官薦擧 並錄內外祖父職名 呈吏曹 移文藝文館 試一經 中格者給牌 還報吏曹 功臣二品以上子孫壻弟姪 差司醞直長同正 京外實行三品子孫 及曾經臺諫政曹者之子 差司醞副直長同正 隨才敍用."

문음 대상을 각품 자제에게까지 확대한 후 전체 관원을 품계에 따라 3분하고, 중하급 관원의 자제는 녹사와 무반직에 진출하게 했던 태종 16년법을 폐기했다. 3품 이하 관원은 문음 대상에서 제외하고, 문음자의 초음직을 구분하는 방식도 폐기한 뒤 초음직으로 산직인 동정직을 주게 했다. 이것은 고려시대의 방법을 딴 것으로 고려시대에는 양온서 직장동정직을 수여했는데, 조선에 들어 양온서가 사온서로 바뀌면서 관직명만 바뀐 것이었다.

이상 『원전』에서 『신찬경제속육전』까지 문음법의 변화과정을 정리한 것이 아래의 <표 7>이다.

<표 7> 『경제육전』 문음제의 변천과정

구 분	문음자격	나 이	문음취재	초음직
원전	3품 이상	유취자제 금지	사서오경 중 1경	7품계~9품계 (실직)
속집상절	3품 이상	18세 이상	사서오경 중 1경	7품계~9품계 (실직)
태종16년	공신~2품 : 자손서제질 3품이상 및 대간 정조 경력자 : 자제 3품~9품 : 자제	18세 이상	2품이상 : 무 3품이상 : 시·서·산 3품~9품 : 무재취재	2품이상 : 동서반 3품 이상 : 녹사 3품~9품 : 군직
신찬경제속육전	공신~2품 : 자손서제질 3품 이상 : 자손 대간·정조역임자 : 자	20세 이상	사서오경 중 1경	2품이상 : 사온직장동정 3품, 대간 정조 역임자 : 사온부직장동정

<표 7>을 통해서 보면 세종조의 『속전』에서는 『원전』, 『속집상절』의 문음법을 적절히 절충하고 있는 것으로 보인다. 그러나 실제 내용을 따져보면 그렇지 않다. 이제부터 이 점을 살펴보도록 하겠다. 세종조의 문음법이 이룬 가장 큰 진전은 태종조의 문음법이 지닌 형식적

차별을 철폐했다는 것이다.

　G2 규정은 법조문 자체가 심각한 차별을 노정하고 있다는 문제가 있었다. 문음자제의 대우를 부친의 직품에 따라 양분해서 상위그룹은 문음취재도 없이 관료로 진출할 수 있게 하고, 하위그룹은 기술관으로 임명하게 한다는 규정은 누가 보아도 명백한 차별이었다. 문음법 자체가 관료군 내에서도 고위관료와 하위관료의 차별적 대우를 전제로 하는 차별법이기는 하지만, 이처럼 차별적인 대우를 세밀하게 법조문화 한다는 것은 법률의 일반적 원리에도 어긋나는 방법이었다. 물론 당시에 문자로 정리된 법률이론은 없었지만, 세종 13년에 신상(申商)이 군사와 천민의 삼년상에 대한 차별법에 반대하여 제기했던 주장과 이에 대한 세종의 응답을 보면314) 법전에 지나치게 차별적 규정을 수록하는 것에 대한 문제의식과 비판이 분명히 존재했다고 하겠다.315) 더욱이 G1은 문무관료 간에 차별을 두는 법안이어서 관료군 내에서 대립과 분쟁을 조장할 우려가 있었다.

　세종조에 속전을 다시 편찬하면서 태종조의 문음법이 지닌 차별 조항에 대한 문제를 자각했던 것 같다. 그래서 법률상의 형식적 평등을 이루기 위하여 H1에서는 양자에 문음취재를 모두 도입하고, 초음직을 동정직으로 수여하게 했던 것이다.

---

314) 『세종실록』 권51, 세종 13년 3월 병자. 당시에 군인과 노비에까지 삼년상을 허용하자는 주장이 있었는데, 일부 관료들은 상번군인의 귀향으로 숙위가 허술해지고 노비들이 역을 피하기 위해 삼년상을 악용할 소지가 있다는 이유로 이들의 삼년상을 불허한다는 내용을 법전에 수록하자고 했다. 여기에 대해 예조판서 신상은 그와 같은 차별적인 법조문을 만들어서는 안된다는 취지로 반대하였다. 세종도 신상의 건의에 전적으로 동의하여 이 규정은 수록되지 않았다.

315) 임용한, 「경제육전의 편찬과 판본별 특징」, 『경제육전과 육전체제의 성립』, 191~192쪽.

그러나 법조문 상의 평등은 이루었지만 이것이 실제 운영에서의 평등성을 달성한 것은 아니었다. 우선 문음취재는 사서오경 중 겨우 1경을 시험하는 것이었다. 『경국대전』으로 가면 시험방식도 가장 쉬운 임문이며, 성적도 최하급인 조독(粗讀)만 맞으면 되었다.316) 이처럼 문음취재의 내용이 그리 어려운 것이 아니어서 관료로서의 최소한도의 기준이나 교양을 묻는 수준도 되지 않았다.

형식적 평등을 위한 보다 획기적인 조치는 초음직을 동정직으로 수여하는 방안이었다. 법제사적 관점으로 볼 때 이런 차별적 조문을 폐기하고, 관료군 내에서라도 형식적 평등성과 융통성을 열어 놓은 것은 대단한 진전으로서 세종조의 법전편찬이 지니는 중요한 역사적 의의라고 하겠다. 문음제의 시행방법에서도 투박한 태종의 방법보다는 세련되고 부작용을 크게 줄일 수 있는 방안이기도 했다.

그러나 여기에는 함정이 있었다. 동정직은 이름만 있고 직사는 없는 형식적 관직이었기 때문에 순자법에 구애받지 않았다. 그러므로 이렇게 산직을 수여한 후에 필요한 사람은 자유롭게 등용할 수 있었다. 문음자제를 성중관으로 배치하는 방법도 마찬가지로 살아 있었다. 위의 세종 8년 기사에서 보듯이 이미 문음자제가 성중관으로 입속하는 관례는 활성화되어 운영되고 있었다. G2 규정처럼 3품관의 자손은 무조건 성중관으로 가야 하는 제한은 없어졌지만, 실제 운영상에는 양자 간의 차별이 상당히 현실화되어 있었던 것은 분명하다. 그러므로 이러한 취지와 배합은 굳이 법조문이 없어도 인사권자가 원리를 명심하고 있다면, 얼마든지 실행과 조정이 가능하였다. 따라서 문무관원은 물론 성중관직에까지 문음자제를 투입해서 하위세력의 독자적인 세력형성을 막는다는 태종조의 입법취지는 전혀 훼손되지 않았다.

---

316) 『경국대전』 예전 취재 음자제.

그런데 세종조 문음법의 의의를 이와 같이 정의하려면 태종 16년의 입법에 있던 4품 이하 각품 자제가 문음 대상에서 빠지고, 이들을 투입하기로 했던 무반직에 대한 문음자제의 투입이 제외되는 상황을 설명해야 한다.

이 문제의 대안이 양반특수군으로 불리는 충의위와 충순위였다.317) 충의위는 세종 즉위년에 설치되었는데, 3공신(개국, 정사, 좌명공신)의 자제를 입속시켰다. 이들의 입속연한은 『속집상절』의 문음 규정과 마찬가지로 18세 이상이었고, 1년 4번으로 숙위하였다. 세종 27년에는 충순위를 설치하여 3품 이상 문무관원의 자제가 입속할 수 있게 하였다. 정원은 600명이며, 입속 자격은 『신찬경제속육전』의 문음자격 규정(H1)과 같았다. 단 너무 입속자가 많아 창설 2달 후에 나이를 25세로 상향조정하였다.318) 근무조건 역시 충의위와 같은 4번제였다.

세종은 태종 16년의 4품 이하 자제들을 군직에 등용하는 정책을 고위관료들의 자제로 별도의 병종을 창설하는 방법으로 전환한 것이다. 사실 3품 이하 각품 관원의 자제를 군직에 등용하는 방안은(G3) 문제가 있었다. 이들 자제들을 별도로 군직에 편성하면 거꾸로 그들의 세력화를 조장할 수도 있었다. 비록 관계상으로는 낮은 무반의 군직이라고 해도 군 체제의 특성상 이것은 아주 위험한 방법이 될 수도 있었다. 게다가 G3의 취재 방식은 일반 무과 취재와 별다른 차이도 없어

---

317) 충의, 충찬, 충순위에 대한 제도사적 변천은 아래의 연구를 참조하였다.
차문섭, 「선초의 충의·충찬·충순위에 대하여」, 『사학연구』 19, 1969. 11 ; 이성무, 「양반과 특수군」, 『조선초기 양반연구』, 일조각, 1980. 충의·충찬·충순위의 설립 목적에 대해 차문섭은 과거로 진출할 수 없는 실력없는 양반 자제의 관직과 생활기반을 마련해 주고, 간접적으로는 왕권을 강화하려는 동시에 이들 중에 뛰어난 자를 말단이나마 문반이나 무반직에 등용하기 위해서라고 하였다(차문섭, 위의 글, 3쪽).
318) 『세종실록』 권109, 세종 27년 9월 병신.

서 잘못하면 두 개의 무과가 운영되는 상황을 초래할 수도 있었다. 이런 점 역시 태종대의 법제의 서투른 일면이었다고 할 수 있다.

충의위와 충순위는 공신과 고위관료의 자제들을 위한 특수군이었다. 이들의 특혜적 성격을 강조하다 보니 병종으로서의 성격은 경시하는 경향이 있다. 물론 이들은 노역이나 파수 같은 고단한 업무에는 동원되지 않을뿐더러 9일은 집에 있고 3일 정도 근무할 정도로 한가했다고 한다.319) 다른 관직을 겸대하기도 해서 시위나 입직 업무에서 곧잘 면제되었다. 문종 즉위년부터는 생원, 진사가 충순위와 충찬위에 입속하면 성균관 원점을 일반 생원의 절반인 150점만 따면 관시에 응시하는 특혜를 주었다.320)

그러나 어떻든 이들도 정식 병종이었고, 오위(五衛)의 전위(前衛, 忠佐衛)를 구성하였다. 겸대할 관직이 없거나 생원, 진사도 아닌 이들은 이곳에서 장번으로 근무하며, 종4품에서 종9품까지의 체아직을 받았다. 거관 후에는 수령, 수문장, 참봉 등으로 임명될 수 있었다.

결국 세종의 양반특수군 창설은 태종의 문음정책 중 군직에 대한 부분을 폐지한 것이 아니라 취지는 살리고 방법은 개선한 것이었는데, 결과적으로는 고위관료의 문음제 상의 특권을 더 강화한 결과가 되었다.321)

---

319) 『세종실록』 권110, 세종 27년 10월 병오.
320) 『문종실록』 권1, 문종 즉위년 3월 신미. 충찬위는 『경제육전』이 완성된 후인 1456년(세조 2) 원종공신의 자제를 위해 만들었다.
321) 충순위의 설치는 세종의 의지였는데, 세종은 의관자제의 벼슬길이 좁아서 침체된 자들을 구제하기 위해서라고 했다고 한다(『세종실록』 권110, 세종 27년 10월 병오). 그러나 내용으로 보면 4품 이하관의 특혜를 취소하고, 고위관리 자제의 혜택을 늘인 것이다. 그러므로 세종이 말한 의관자제란 3품 이상의 고위관료의 자제를 의미하는 셈이다.

3) 경국대전의 문음법

『경국대전』에서 문음은 별도의 항목을 구성하지 못하고, 이전 취재 음자제조에 집성되었다.[322]

---

[322] 『경국대전』에 문음이 독립항목을 구성하지 못하고, 취재조에 부속된 것에 대하여 박홍갑은 『경제육전』의 입관보리법 하에서는 과거와 함께 정식 입사로로 간주되던 문음의 위상이 『경국대전』에서는 과거가 중심이 되면서 정식 입사로의 지위에서 밀려 한 것이라고 해석했다. 즉 입안을 담당할 관료예비군은 과거제도로 행정실무를 담당할 예비후보군을 취재로 선발하려는 의도였다고 보았다. 물론 그렇다고 해서 문음이 입사로서의 지위를 상실한 것은 아니다. 조선중기까지도 취사(取士)의 방법으로 과거와 문음을 언급할 정도로 실질적인 입사로의 지위는 유지하였다고 하였다(박홍갑, 「조선초기 문음의 성립과정」, 196~197쪽).

이 주장은 설득력이 풍부한 탁월한 견해라고 생각된다. 그러나 그렇게 단정하기에는 주저함이 드는 것도 사실이다. 과거와 취재의 차이를 정책입안자와 행정실무자라는 기준으로 분류할 수 있을지도 의문이다. 우선 입관보리법 하에서 문음조는 독립된 항목이 아니라 입관보리법이라는 정식 입사로를 구성하는 제도의 하나에 불과하다. 그러므로 『경국대전』에 문음조가 독립되지 않았다는 사실을 『경제육전』과 비교하여 설명하는 데는 무리가 따른다. 『경제육전』과의 관계를 무시하고 『경국대전』 자체만을 가지고 본다고 했을 때, 과거는 독립항목으로, 문음은 취재조의 부속항목으로 있다는 사실이 과연 어떤 의미를 지니는지도 앞으로 좀 더 고민해야 할 사항이라고 생각된다. 하지만 현재로서는 『경국대전』의 항목 구성에 이러한 형식적 의미를 부여해야 할지에 대해서도 의문이 든다. 『경제육전』은 수교집 체제여서 법의 취지, 목적 등을 설명하는 내용과 사무절차 등을 설명하는 내용이 법조문을 구성하는 경우도 종종 있었다. 그러나 『경국대전』은 철저하게 기능성 위주로 편집되었다. 따라서 법의 의의와 같은 부분이나 행정절차나 관행 같이 행정담당자가 숙지하는 내용을 삭제하고, 법의 본론에 해당하는 핵심부분만을 수록했다. 또 각종 형벌을 형량별로 모아서 정리한 경우처럼(형전 추단) 실무적 기준에 의해 법령들을 모아 편제하는 경우가 많았다. 취재조에 취재를 필요로 하는 모든 관원들, 수령, 외교관, 역승, 도승, 음자제, 녹사, 도류 등을 모아 놓은 것도 취재라는 방식 자체가 독특한 의미가 있거나 이들이 별도의 의미를 지닌 특정한 그룹이기 때문이 아니라 법전 고열의 편리라는 기능적 요인에 의한 편찬일 수도 있다고 생각된다.

I1. 매년 정월 공신 및 2품 이상 자손서제질(① 원종공신은 자손) 실직 3품자의 자손, 이조와 병조, ② 도총부, 사헌부, 사간원, 홍문관, 부장, 선전관의 아들로 나이 20세 이상인 사람은 시험을 보아 서용하는 것을 허락한다. 만약 ③ 녹사에 속하기를 원하는 자는 들어준다.323)

I2. 강(모두 임문으로 한다. 음자제 녹사 도류는 5경중의 1경과 사서 중의 1서만을 자원에 따라 강한다.)

I3. 음자제 : 오경 중 1, 사서 중 1

또 이전 천거조에는 다음과 같은 규정이 수록되었다.

I4. 충훈부는 공신 자손으로 재능이 이임(吏任, 수령)을 감당할 만한 이를 추천한다.324)

『경국대전』규정은 전체적으로 보면『신찬경제속육전』의 규정(H1)을 계승하고 있지만 여러 가지 변화가 발생했다.

① 원종공신의 승음은 공신과 구분되어 자와 손까지만 허용하게 되었다. 처음 세종 때까지도 육전의 공신 규정은 원종공신을 포함하는 것이었다.

유학(幼學) 정현보(鄭賢輔)가 상서하였다. "원종 공신의 자손은 일찍이『육전』의 법으로 승음하여 입사하게 되어 있으므로, 신이 원종의

---

323)『경국대전』이전 취재.
324)『경국대전』이전 천거.

손자로서 충순위에 속하고자 하오나, 예문관에서 시취(試取)를 허락하지 않사오니, 원하옵건대 『육전』에 따라서 승음하도록 허락하여 주소서."325)

이 기사는 세종 28년에 벌어진 논란으로 이전에는 『육전』의 공신이 원종을 포함하느냐, 않느냐는 논의가 거의 없이 관행적으로 포함시켜 왔던 것 같다. 그러나 원종공신의 수가 많아지고, 관료군이 비대해지자 이 문제가 발생한 것이다. 이에 세종은 원종공신의 승음은 친자와 손자로 제한하도록 했다.326) 이것이 『경국대전』까지 계승되었다.

② 공신의 특혜와 군직에 있어서 문음의 대상 확대
양반특수군의 경우 세종은 충의위와 충순위에 원종공신을 포함시키는 방안을 거부했는데, 세조 2년 12월에 원종공신의 자제를 위한 충찬위가 설립되었다.327) 기존의 충순위도 입속대상이 크게 확대되었다. 『경국대전』의 충순위 입속 자격자는 왕의 이성시마(異姓緦麻) 육촌 이상, 왕비의 시마외오촌(緦麻外五寸) 이상친, 동반 6품 이상, 서반 4품 이상, 실직현관을 지낸 자, 문무과 출신, 생원, 진사, 유음자손서제질이었다.328)

더욱이 충훈부에서는 매년 공신자손 중에서 수령직에 적합한 자를 추천할 수 있는 권한까지 획득했다(I4).

---

325) 『세종실록』 권112, 세종 28년 4월 신해, "幼學鄭賢輔上書曰 元從功臣子孫 曾以六典之法 承蔭入仕 臣以元從之孫 欲屬忠順衛 藝文館不許試取 願從六典 許令承蔭."
326) 『세종실록』 권112, 세종 28년 4월 신해, "而元從則至於曾孫 竝令取才 尤爲未便 其秩卑元從功臣壻弟姪曾孫已曾取才給牌者 悉令追奪 親子親孫 乃許取才 從之."
327) 『세조실록』 권5, 세조 2년 12월 을묘.
328) 『경국대전』 병전 번차도목.

③ 관직을 기준으로 문음을 허용하는 대상도 크게 늘어났다.『경국대전』에서는 문음의 특혜가 부여되는 관직이 이전의 대간과 정조에서 도총부, 홍문관의 관원과 부장, 선전관까지로 확대되었다. 이 규정이 만들어진 시기는 알 수 없다. 그런데 선전관은 세조 3년에 창설된 관직으로 세조가 반정에 성공한 후, 궁중 숙위와 시위를 재정립하기 위해 만든 것이었다. 세조대에 선전관과 부장은 무장의 청요직이라고까지 불리게 된다.329) 성종 14년에 김맹유(金孟鎔)를 선전관에 임명하자 지평 김종이 선전관은 승음의 직책인데, 김맹유는 실행부녀의 손자이기 때문에 선전관에 임명할 수 없다고 반대한 적이 있다. 이에 대해서 영의정 윤필상은 선전관이 음직이 있는지 먼저 알아본 뒤에 논의하자고 하였다.330) 영의정이 선전관이 음직을 주는 관직인지를 잘 모르고 있는 것을 보면 이 규정이 만들어진 지가 얼마 되지 않은 것임은 분명하다. 다음 해에『경국대전』의 최종 판본인『을사대전』이 완성되는데, 아마도『을사대전』의 편찬 중에 이 조문이 들어간 것이 아닌가 싶다. 그러기에 영의정도 먼저 사실 여부를 알아보고 논의하자고 했던 것이다. 그리고 위의 관직들이 한 번에 음직 대상이 된 것은 아니고『을사대전』완성 때까지 차례로 늘어난 것이라고 본다면, 도총부 이하 서반직은 세조~성종대에『경국대전』을 편찬하는 과정에서 조금씩 추가된 것이라고 보아야 할 것이다.

---

329) 박홍갑,「조선전기의 선전관」,『사학연구』 41, 1990, 120쪽.
330)『성종실록』권150, 성종 14년 1월 무술, "御經筵 講訖 司諫柳子漢 持平金悰 啓 李崇壽 任甫衡 李善男陞職未便事 皆不聽 悰又啓曰 金孟鎔 失行婦女之孫 而今拜宣傳官 宣傳官 承蔭之職 不可授也 芮忠年 以兼宣傳官 未考滿除 泗川縣監 宋琚 亂臣之子 而亦拜宣傳官 此三人者 不可不改正也 上曰 宋琚之拜宣傳官 久矣 忠年若兼宣傳官 則不必考滿 然後用也 上問左右曰 孟鎔事何如 領事尹弼商對曰 失行婦女之孫 則臺諫之言至當 然兼宣傳官 亦有蔭與否 命考何如 上曰可."

문음을 허용하는 관직에 새로 홍문관이 들어간 것은 성종 무렵부터 홍문관이 언론기관으로 분류되면서 대간에 포함되기 시작했던 것과 관련이 있다.331) 홍문관을 제외하면 나머지는 모두 서반직이라는 특징이 있다. 서반직이 문음 대상에 포함되었다는 것은 무반의 대우가 상승하거나 법률적으로 문반과 형식적 평등을 이루었다는 의미로 해석할 수 있다. 그러나 한편으로는 세조대 이후로 공신세력이 더욱 성장하고, 특권적 지배층이 성장하기 시작하면서 문관들이나 공신, 대신층의 자제들이 도총부나 선전관 등에 진출하는 비율이 높아졌다는 사실도 감안해야 한다.

특히 선전관, 부장 등은 세조가 반정 후 자신의 권력 안정을 위해 새로이 만든 관직이다. 이런 경우 바로 왕권의 강화와 안정을 위해 이런 관직을 만들었다고 볼 수 있다. 그러나 중요한 것은 이런 관직에 어떤 인물이 등용되며, 이들의 권력이 어떤 기반으로 형성되고 있느냐는 것이다. 세조대에 선전관은 실선전관과 겸선전관이 있었다. 실선전관은 체아직이며, 겸선전관에는 종친, 3정승, 판서, 도승지 등이 임명되었다. 무신만이 아니라 문과, 문음출신들이 임명되기도 했다.332) 이들은 권력의 최측근이며, 신권론의 대표적인 인물들이기도 하다. 이들이 왕의 숙위라는 임무를 매개로 연결되고 있으며, 다시 문음의 특권이 부여되고 있다. 이 역시 일반적인 왕권, 신권론이나 문음이 귀족제적 혹은 왕권과 대립하는 신권에 유리한 관료등용제도라는 도식과는 맞지 않는다. 반대로 이러한 사실은 세조의 왕권이 공신과 소수 대신층의 특권을 매개로 결합하고 있음을 보여준다.

그런데 이러한 상황은 세조대의 특수한 상황이라고 할 수 있다. 선전관이 성종대에 와서 지속적으로 위치를 유지하고, 문음의 혜택을 주

---

331) 최승희, 『조선초기 언관·언론연구』, 서울대학교 출판부, 1984.
332) 박홍갑, 「조선전기의 선전관」, 128~130쪽, 140쪽.

는 관직으로 성장한 데는 보다 근본적인 목적이 있었다고 생각된다.

　문음직을 이용한 권력층의 재생산이 동반직만을 매개로 이루어진다면, 결국은 지배층 내에서도 또 하나의 균열을 이루어 낼 우려가 있었다. 이러한 사태를 방지하기 위해 서반직도 포함되게 된 것이라고 생각된다. 또 세조대부터 특권층을 양성하고 국왕의 권력이 이들과의 결합으로 이루어진다고 해도, 국왕으로서는 이런 체제의 위험성을 방지하고, 이를 유지하기 위해서라도 특권층의 과도한 성장은 견제해야 할 필요가 있었다. 이런 목적을 위하여 성종 때부터는 국왕이 자신의 근신(近臣)을 육성하기 위해 선전관직을 활용하는 경향도 나타났다. 위의 김맹유의 사례도 그렇고, 성종 2년에는 조득림의 첩자(妾子) 조성을 선전관으로 등용했다가 논란이 된 적이 있었다. 조득림은 세조의 사노출신으로 반정에 공을 세워 공신이 되고 봉군까지 받았던 인물이다. 이런 양쪽의 입장이 동시에 작용해서 무반직이 문음의 영역에 크게 진출했다고 생각된다.

　④ 녹사의 입속을 허용하는 규정이 명문화되었다. 이 규정은 세종 8년의 조치로 『신찬경제속육전』에 명문화되지는 않았지만, 그 이후로 지속적으로 시행되어 오다가 『경국대전』에서 아주 명문화된 것이다.

　⑤ 문음취재의 과목이 사서오경 중 1경에서 사서 중 1서, 삼경 중 1경으로 변경되었다(I3).[333)] 방법은 임문이었다.[334)] 그러나 이전 취재조

---

333) 이 규정에 의거해서 문음취재 방법이 『원전』에서 『경국대전』에 이르는 사이에 계속 강화되고, 이것을 조선의 왕권강화와 문음제도를, 엄격하고 제한적으로 운영하려는 의지로 이해하는 견해도 있다(박홍갑, 「조선초기 문음의 성립과정」, 198쪽).
334) 『경국대전』이전 취재.

의 주에서는 이것이 오경과 사서 모두를 강하는 것이 아니라 둘 중 하나를 응시자의 자원에 따라 선택하는 것이었다. 형식적으로는 『경제육전』단계에 비해 반으로 줄어든 것이지만 사서에 비해 오경이 대단히 어렵다는 사정을 감안하면, 실제로는 몇 분의 일로 줄어든 셈이라고 하겠다.

⑥ 마지막으로 가장 중요한 변화는 문음자제의 초음직에 대한 규정이 아주 사라졌다는 것이다. 이는 세조대에 동정직이 폐지된 데에도 원인이 있겠지만, 대체하는 규정을 만들지 않았다는 것은 문음이 대단한 특혜로 발전할 수 있는 소지를 만들어 준 것이었다. 물론 앞서도 지적했듯이 조선시대에는 과거가 중시되고, 주요 관직에는 과거출신이 아니면 잘 진출할 수 없는 관행도 형성되어 초음직을 규정하지 않았다고 해서 문음이 무소불위로 활용될 수 있는 상황은 아니었다. 『경국대전』에서 초음직을 지정하지 않은 것은 이런 사정도 배려되었을 것이었다. 그러나 사정에 따라 자유롭고 폭넓게 사용할 수 있는 조건을 만들어 놓은 것도 사실이었고, 녹사진출을 명문화한 것과 조응하여 조선의 관료제와 정치구조의 경화를 제도적으로 보조하는 주요한 요인의 하나가 되었다.

제3장 천거제

1. 조선전기의 유일 천거제

1) 천거제의 개념과 의미

천거제란 관료나 지방관이 인재를 천거하여 등용하는 제도이다. 과거제가 활성화되기 전에는 음서제와 함께 가장 오래된 관리등용제도이기도 했다. 조선시대의 천거제는 내용적으로 보면 관리후보자의 천거와 정규 인사제도(도목정) 상의 천거제 두 종류가 있다.

관리후보자의 천거는 유일(遺逸) 천거, 효렴(孝廉) 천거와 같이 서울과 지방의 인재를 추천하는 천거이다. 천거의 대상은 관료후보자에서 무반, 군인, 기술자 등으로 대단히 다양하였는데, 이러한 다양성이 천거제가 지닌 주요한 특징이었다. 인사제도로서 천거는 도목정사(都目政事) 때 관직별로 후보자를 추천하는 천거이다. 그런데 이 두 천거는 늘 부분적으로 중첩된다. 예를 들어 유일 천거나 효렴 천거를 시행했을 때, 천거된 인재를 바로 등용하는 경우도 있지만, 관료후보자로서의 자격을 주거나 후보자 명단에 올리기도 한다. 이들이 관료가 되려면 도목정사 때 선정되거나 다시 천거를 받아야 했다. 반대로 도목정 때의 천거는 관직마다 자격이 정해져 있고, 보통은 과거, 문음 등의 입사를 거쳐 후보자 명단에 올랐던 인물을 대상으로 하지만, 특별한 경우에는 유일 천거와 같은 천거도 가능했던 것 같다. 따라서 이 두 종류의 천거를 정기 천거(도목정), 부정기 천거(유일·효렴 천거) 등으로 구분할 수 있겠는데, 이 역시 원칙적으로는 두 천거의 대상이 달라서 정확한 구분이라고는 할 수 없다.

천거제가 지닌 또 하나의 특징은 다른 관리등용제도와의 관련성과 중복성이다. 과거와 문음도 제도적으로 서로 연결되는 부분이 있다. 그러나 천거제의 경우는 이 연결성이 더욱 포괄적이고 긴밀하다. 과거 급제자나 문음출신자는 바로 등용되는 경우도 있지만, 삼관권지와 같은 품외관이 되거나 서리직에 사용되거나, 관리후보자로 등재되는 데에 머무르는 경우가 더 많았다. 이런 사람은 정규 인사 때 다시 천거를 받아 관직별 후보자 명단에 올라야 했다. 성중관이나 서리직으로 갔다가 거관한 경우에도 자동적으로 등용되는 것은 아니다. 또 이들은 유일 천거나 효렴 천거 때에 천거를 받아 등용될 수도 있었다. 천거제의 이와 같은 포괄성과 이중성, 중복성이 천거제 연구와 이해를 어렵게 하는 요인이다. 그러나 실은 이것이 천거제의 가장 중요한 기능이자 의미이기도 했다.

천거제의 기능과 역사적 의의에 대한 중요한 오해는 과거제와 대비되는 후진적인 제도라는 견해이다. 그 대표적인 견해가 미야자키 이치사다[宮崎市定]의 과거론이다. 그는 중국의 관료선발제도를 타천(他薦)에 의한 선발방식과 자천(自薦)에 의한 방식으로 나누고 천거제와 과거제를 각각의 대표적인 제도로 설정하였다. 또한 천거제는 귀족제적인 혹은 귀족제를 형성, 유지하는 제도로, 과거는 개인의 능력을 중시하는 관료선발제도라는 제도로 이해하였고, 이것이 그의 송대(宋代) 근세사회론의 주요한 근거의 하나가 되었다.[1]

---

1) 宮崎市定, 『科擧』, 平凡社, 1956 ; 『九品官人法の研究』, 東洋史研究會, 1958/ 임대희·신성곤·전영섭 역, 『구품관인법의 연구』, 소나무, 2002.

과거제가 이룬 혁신적 성격과 그러한 변화를 초래한 사회적, 정치적 배경을 부정할 수는 없다. 그러나 천거제와 과거제가 서로 상극인 혹은 서로를 대체하는 제도로 파악하는 것은 적어도 조선의 경우에는 중대한 오류이다.

우선 과거제와 대비되는 제도로서 천거제라는 개념에 문제가 있다. 미야자키 자신도 천거제 전체를 과거제에 대비되는 귀족제적인 제도로서 이해한 것이 아니다. 그가 귀족제적 제도로 주목한 제도는 남북조시대의 대표적 관료등용방법인 구품관인법(구품중정법)이다. 반면에 구품관인법보다 기원이 오래되며, 천거제의 중요한 한 축을 이루는 효렴과 수재 천거는 구품관인법과는 달리 귀족제에 대항하는 선거제도로 이해하였다. 즉 한나라 때 중앙귀족화한 권력집단을 견제하기 위하여 지방호족의 자제들을 등용하는 제도가 효렴과 수재 천거였다는 것이다.2)

우리 역사에서는 구품관인법은 시행된 바가 없고 대부분이 효렴 천거와 유일 천거였다. 그러므로 미야자키의 견해를 적용한다고 해도 조선의 천거제는 과거제와 대비되는 인재등용제도가 아니라 반대로 중앙의 권세가나 훈구세력에 대항하는 관리등용제도가 된다.

두 번째로 관료제라는 큰 틀에서 살펴보면, 과거제와 천거제는 서로의 역할과 기능이 다르며, 상호보완적인 측면이 많다는 사실이 간과되고 있다. 이 두 제도를 대립적으로 인식한 것은 천거와 시험이라는 선발방법으로만 비교하였기 때문이다. 그러나 선발방법은 천거제와

---

2) 宮崎市定, 임대희·신성곤·전영섭 역, 『구품관인법의 연구』, 소나무, 2002, 83~93쪽. 미야자키는 위나라 때 만든 구품관인법도 원래 의도는 순수 관료적인 성질을 띤 것으로, 문벌을 떠나 개인의 재덕에 따라 적당한 지위에 적당한 인재를 발탁하는 데 있다고 했다. 그런데 한대 이래 사회에 세력을 떨치고 있던 귀족주의가 갑자기 이 제도를 귀족주의적으로 변질시켜 버렸다고 한다(같은 책, 129쪽).

과거제의 일부일 뿐이다. 천거제는 과거제에 비해 대상과 범위가 훨씬 넓어서, 과거제와 단순비교는 곤란하다. 또 천거제는 관료후보자 천거와 인사제도 상의 천거라는 두 제도가 중첩되어 있어서 관리등용제도 전체의 과정을 보면 과거나 음서제도와 결합되는 부분도 있다.

천거제가 과거와 같은 객관적 능력검증 절차를 거치지 않는 등용제도라는 인식도 잘못된 견해이다. 물론 관리후보자의 선발이라는 측면에서 볼 때 천거제에 귀족제적이고 주관적인 요소가 있고, 과거제가 천거제의 역할을 일부 대체한 것도 사실이다. 그러나 객관적 능력검증제도 혹은 시험제도가 없었다는 이해는 잘못된 것이다.

관료제 운영에 있어서 능력에 맞지 않는 인물을 관료로 등용하는 경우는 있을 수가 있으나, 능력검증 자체를 포기한 제도란 상식적으로도 존재할 수가 없다. 천거제의 경우도 인물검증 절차가 생략된 적은 없다. 미야자키가 귀족제적인 제도로 지적하는 구품관인법도 삼국시대의 전란기에 정치참여층이 확대되고 국가기구가 제 기능을 못하는 상황을 만나 새로운 인물검증 절차로서 고안한 제도였다.

과거제의 특징은 인물의 능력을 검증하고 등용했다는 사실 자체에 있는 것이 아니라, 그 검증방식으로 시험제를 도입했다는 점에 있다. 그러나 시험방식으로 인재를 검증하는 방식 역시 과거의 전유물은 아니다. 시험제도 자체는 천거제에서도 사용되었다. 중국에서 천거제의 기원은 한고조(漢高祖) 11년(B.C.196)에 실시한 향거리선제(鄕擧里選制)에서 찾는다. 그후 문제(文帝) 15년(B.C.165)에 제도적으로 정비되어 한의 대표적인 관리등용제도로 자리잡았다. 천거권은 제후왕(諸侯王), 공경(公卿), 군태수(郡太守)에게만 주었다. 황제가 조령(詔令)을 내려 천거하는 경우를 조거(詔擧)라고 하고, 지방관이 천거하는 경우를 상거(常擧)라고 했다. 그러나 이들이 천거되었다고 무조건 등용되는 것은 아니었다. 이미 이 시기부터 황제가 책문을 내리고 대책(對策)을

시험하여 등용하는 방식을 사용했다.3)

　천거제도 중에서 제일 추상적이고 주관적인 제도로 보이는 효렴 천거도 실상을 알고 보면, 단순히 효행을 기준으로 인재를 천거하는 제도는 아니다. 효렴이 단순한 효행을 보는 천거도 아니었지만, 피천자들은 이중, 삼중의 인물검증 절차를 거쳤고, 시험을 보기도 했다. 과거제가 도입된 이후에는 천거제와 과거제가 결합했다. 송나라에서는 천거자에게 천자가 친림하여 책시(策試)를 부과하기도 했다.4)

　한편 과거제의 가장 큰 장점으로 능력본위, 시험을 통한 객관적인 능력평가라는 점을 지적하곤 한다. 그러나 이러한 견해도 역시 커다란 문제가 있다. 과거의 과목이 유학경전이기 때문에 개인의 실무능력을 판정하는 것과는 무관하였으며, 경전의 숙지여부가 개인의 심성과 인덕을 보장하는 것도 아니었다. 그렇기 때문에 정약용과 최한기는 천거가 인물을 검증하는 데는 더 효과적이라고 주장하기도 하였다.5)

　앞서 말한 대로 천거제와 과거제는 서로의 범주에도 차이가 나고 상호보완적인 측면이 있다. 이 같은 특성을 가장 잘 인식한 사람이 조선후기의 실학자 정약용과 최한기이다. 정약용은 요순 3대에는 과거제도가 없고 천거제도만이 존재했다는 전제에서 출발한다. 인재를 천거하는 기준에는 9덕이 있는데, 삼대의 천거제도가 그 덕목을 가장 잘

---

3) 西嶋定生, 『秦漢帝國』, 講談社, 1997. 한나라에서만이 아니라 위진남북조, 북위시대에도 수재 및 효렴 천거자는 중앙에서 시험을 보고 성적을 매겨 등용하였다(宮崎市定, 앞의 책, 392~393쪽).
4) 이 책 279쪽 참조.
5) 조선후기의 실학자 중에서 유형원은 과거제를 영구히 폐지하고, 천거제만을 실시해야 한다고 주장했다(조원래, 「실학자의 관리등용법개혁론 연구」, 『백산학보』 23, 1977, 277~282쪽). 이익도 과거제의 폐단을 극복하기 위해 천거제를 병용할 것을 주장했으며(이익, 『성호사설』 권7, 인사문, 「科薦合一」), 정약용, 최한기 등은 과거제와 천거제를 절충하는 방안을 제시했다(정구선, 『조선시대 천거제도 연구』, 초록배, 1995, 227쪽).

구비했다고 보았다. 그러나 덕목이란 추상적이어서 과거법을 함께 사용해야 한다고 보았는데, 그는 천거제를 바탕으로 과거제의 장점을 도입해야 한다고 보았다.6)

그래서 정약용은 『경세유표』에서 과거법을 논하면서 다음과 같이 말한다.

> 한대(漢代)에는 선비를 천거하는 데 전적으로 효렴(孝廉)을 숭상했는데, 당송 이래로는 시부(詩賻)로써 사람을 뽑아 덕행은 묻지 않고 오직 재예(才藝)만 보므로, 부박하고 기교한 사람이 항상 앞줄에 있게 되고 돈후박실(敦厚朴實)한 선비는 매양 뒤로 밀려나니, 풍속은 날로 나빠지고 교화는 무너져서 조정이 분열되고 생민이 도탄에 빠지게 되었으니, 이는 모두 문예를 앞세우고 덕행은 뒤로 미룬 이유이다.7)

이 글에서 다산은 관료를 뽑는 데 있어 재예보다는 덕행을 중시해야 한다고 말한다. 얼핏 실무능력보다는 품성이 우선이라는 의미로 들리지만 여기서 말하는 재예는 문장의 기교를 의미한다. 덕행 또한 추상적인 인격이 아니라 인격과 재능을 갖춘 경우를 말한다. 다산은 천거제와 천거제에서 사용하는 효렴, 덕행 등의 용어가 실무능력을 배제한 도덕적 성품이 아니며, 천거가 시험과 능력검증 없이 선발하는 제도가 아니라는 사실을 한대의 천거제 연구를 통해서 잘 알고 있었다.8) 천거가 수령과의 결탁에 의해 부정이 발생할 수가 있고, 객관성을 결여한다는 비판에 대해서도 수령과 향민이 오랫동안 인격과 재능을 관찰해서 천거하는 방식이 가장 공정하고 폐단이 상대적으로 적다고 반박하였다.

---

6) 조성을, 「정약용의 과거제도 개혁론」, 『역사학보』 157, 1998, 76~79쪽.
7) 정약용, 『경세유표』 권15, 춘관수제(春官修制), 과거지규(科擧之規)1.
8) 정약용, 『경세유표』 권1, 춘관예조(春官禮曹)3, 예관지속(禮官之屬).

혹자는 "수령이 사정에 따라서 청탁을 들어주어, 선거가 공정하지 못하면 어떻게 하는가?"라고 말한다. 그러나 내가 오랜 시일을 하읍(下邑)에 있었기에 이런 사정을 알고 있다. 모든 관장이 된 자는 그 고을에서 좋은 명예를 얻지 않으려는 사람이 없을 것인데, 항차 선거하는 큰일에 만약 그 선발한 바가 공론에 합당하지 못하다면 원망이 떼지어 일어날 것이니, 수령이 어찌 사정을 두겠는가? 온 고을 안의 공론이 돌아가는 자를 감히 빼버리지는 못할 것이고, 혹 사정을 부린다면 반드시 서로 일장 일단이 있어서 이 사람을 선발해도 좋고 저 사람을 선발해도 좋을 경우에 한할 것이니, 거기에 구애될 만큼 해가 심하지는 않다. 무릇 일을 저해하고 공을 훼방하는 사람은 매양 물방울이 조금씩 새는 것을 가지고 폐단 구멍이라 하고, 강하가 크게 무너져 만회할 수 없는 것은 생각하지 않는다.9)

최한기는 과거제의 폐단에 대해 더욱 비판적이었다.

수대(隋代)에 이르러서는 주군의 관리들을 모두 전조(銓曹)에서 임명하여, 진신(縉紳)의 시작은 모두 과목(科目)에서 유래하였다. 그러나 전조에서 관직을 임명할 때 살피는 것이란 오직 그 자급과 품계일 뿐이니, 말단의 소리(小吏)라도 인재를 승침(升沈)하는 권한을 맡게 되고, 과목으로 취사(取士)하면 시험보는 것은 사장(詞章)뿐이니 글이나 잘 쓰는 말기(末技)를 지닌 자까지 영예로운 지위에 오르게 되었다. 이 두 가지 법이 수백 년을 내려오면서 인습적으로 준행되었으니, 현능(賢能)을 뽑는 선거의 본뜻을 다시는 볼 수 없게 되었다.10)

정도의 차이는 있지만 정도전과 최한기의 논지는 과거라는 시험방식은 현능을 판별하고 등용하는 기준으로는 무용하다는 것이다. 이것

---

9) 정약용, 『경세유표』 권15, 춘관수제(春官修制), 과거지규(科擧之規)1.
10) 최한기, 『인정(人丁)』 권14, 선인문(選人門)1.

못지 않게 심각한 문제는 과거급제가 관료임용을 보장하지는 않는다는 것이다. 과거급제자의 대부분은 관료로 임용될 후보 자격을 얻는 데에 불과하였다. 이러한 현실을 감안한다면 과거제를 개방적이고 능력본위의 관료임용제도라고 부르기도 곤란해진다. 아래의 이익(李瀷)의 글은 바로 이러한 문제를 지적한 것이다.

> (과거로) 이미 선발한 뒤에 삼사(三司)와 재신(宰臣)들이 오직 그 사람의 재주와 식견을 관찰하여 시골 사람이라 하여 이를 막아버리지 않으면 문채(文彩)와 역량 있는 자가 어찌 홀로 시골에서 배출되지 않겠는가. 시골 사람이 서울 사람에 미치지 못하는 것도 또한 조정의 잘못이다.11)

그런데 과거의 이 같은 문제는 조선후기에 발생한 특별한 폐단이 아니라 조선초기부터 과거제가 지닌 본질적인 한계였다. 그렇기 때문에 조선시대 내내 정치세력의 고착화 현상이 사회문제가 될 때마다 천거제가 이러한 문제를 해결하는 방안으로 등장하곤 하였다. 대표적인 사례로 16세기 훈구파의 득세에 대항하는 사림파의 현량과 설치시도, 조선후기의 천거제 강화노력과 산림 천거의 시행 등을 들 수 있다. 영조 22년(1746)에 편찬된 『속대전』에는 향천법(鄕薦法)이 수록되기도 하였다.12)

현량과, 산림 천거, 향천법 등의 등장배경을 살펴 보면 정치적, 사회적 의도에 차이가 있지만, 천거제를 통해 집권세력의 독점적 지위를 희석시키고, 관료군의 구성을 다원화 하고자 했다는 점에서 공통점이 있다. 또한 이 같은 천거제 강화 시도는 결코 과거제를 부정하는 것은

---

11) 『성호사설』 제11권, 인사문, 「남약천소(南藥泉疏)」.
12) 정구선, 『조선시대 천거제도 연구』, 초록배, 1995, 166~167쪽.

아니었고, 정치환경의 변화와 이에 따른 전체 관료제의 원활한 운영을 위해 과거와 천거제의 조합과 상호보완을 통해 달성하자는 것이었다.

이상의 사례들은 과거와 천거를 대립적인 제도로 인식해서는 안 된다는 것을 분명히 보여준다. 또한 개방적이고 능력본위의 관료제 운영이란 과거제를 통해 발견하는 것이 아니라 과거제와 천거제를 아우른 전체 관리등용제도 속에서 찾아야 한다. 그런데 과거제와 천거제 각각의 내용과 상호관계는 시대에 따라 변하며, 그 제도적, 역사적 의미 역시 달라진다. 그렇다면 14~15세기의 정치적 환경 속에서 천거제는 어떠한 기능을 했고, 어떤 의미의 정책이 시도되었던 것일까? 그동안 과거제에 편중된 이해 때문에 개혁파 사대부들은 철저하게 과거제도와 시험에 의한 선발제도를 선호하였던 것으로 이해하여 왔다.[13] 나아가 조선시대 관료제 연구도 주로 과거제에 초점을 두어 과거의 운영방식과 특성을 가지고 관료제의 성격, 나아가서는 신분제와 사회성격을 판정하려는 시도까지도 행하여졌다. 그러나 앞서 말한 바와 같이 과거제는 관료등용제도의 일부이며, 그것만으로 개혁파 사대부의 전체 관료제에 대한 구상을 이해하는 데에는 분명한 한계와 위험이 있다.

이런 점에서 볼 때 조선 건국을 주도한 개혁파 사대부의 천거제 개혁안을 탐구하는 것은 조선 건국부터 경국대전 성립기까지 조선의 관료제와 그 성격을 이해하기 위해서는 반드시 조명해야 할 과제이다. 그리고 이를 통해서 소위『경국대전』체제의 정치적 성격 또한 명확히 할 수 있을 것이다.[14]

---

13) 한영우,『정도전 사상의 연구』, 서울대학교 출판부, 1973, 129쪽.
14) 고려 및 조선시대의 천거제를 다룬 연구는 다음과 같다. 정구선,『조선시대 천거제도 연구』, 초록배, 1995 ; 김한규,「고려시대의 천거제에 대하여」,『역사학보』73, 1977 ; 유호석,「무인집권기 과거제의 운영과 천거제」,『전북사

2) 고려후기 유일 천거의 확대 시도

고려시대에 천거를 시행한 최초의 기록은 성종 6년(987)의 교지이다.

경학에 밝은 자[明經], 효제(孝悌), 의술이 뛰어나 족히 등용할 만한 자는 목사와 지주(知州), 지현(知縣)이 기록을 갖추어 경사(京師)로 천공(薦貢)하라.15)

학』14, 1991 ; 이병휴, 「현량과 연구」, 『조선전기 기호사림파연구』, 일조각, 1984 ; 정구선, 「조선전기의 유일천거제」, 『경주사학』8, 1989 ; 정구선, 「조선초기의 천거제」, 『동국사학』23, 1989 ; 정구선, 「중종조 천거제의 시행과 사림파의 성장」, 『동국사학』24, 1990 ; 정구선, 「조선전기의 효행천거제」, 『경주사학』11, 1992 ; 정구선, 「조선후기 천거제와 산림의 정계진출」, 『국사관논총』43, 1993 ; 정구선, 「최한기의 관리등용제도 개혁안-천거제론을 중심으로」, 『동국사학』27, 1993 ; 정구선, 「고려시대의 현관천거제」, 『동국사학』33, 1999 ; 정구선, 「고려시대의 유일천거제」, 『경주사학』18, 1999 ; 최이돈, 「16세기 사림파의 천거제 강화운동」, 『한국학보』54, 1989.
　대부분의 연구는 특정 시기의 천거제를 주제로 한 것으로 천거제만을 본격적으로 다룬 연구는 정구선의 연구가 거의 유일하다고 하겠다. 정구선은 조선시대의 천거법 규정과 효렴 천거, 유일 천거 등의 시행상황, 그리고 조선후기와 한말의 천거제 개혁논의를 차례로 연구하고, 시행사례를 정리함으로써 조선시대를 통해 과거제와 함께 중요한 입사로의 하나로 기능하였음을 밝혔다. 특히 조선후기 이후 과거제의 폐단이 심해지면서 그 대안으로 천거제가 지속적으로 제기되고 과거제 개혁의 일환으로 시행되었다고 하였다(정구선, 『조선시대 천거제도연구』, 370~371쪽).
　정구선은 과거제와 천거제의 상관관계를 지적하였지만, 과거제의 한계에 대한 극복방법으로서의 천거제를 강조하다 보니 과거제와 천거제의 상호관계, 즉 전체 관리등용제도 하에서 천거제의 의미와 천거제의 포괄적, 이중적 기능은 주목하지 않았다. 또 이 연구는 시기적으로『경국대전』규정을 시발점으로 하다 보니 천거제에 대한 이와 같은 문제의식이 가장 뚜렷하게 드러나는『경국대전』성립 이전의 과정에 대해서는 제도적 변천만을 간단히 정리하는 수준에 머무르고 있다.
15)『고려사』권3, 세가 성종 6년 8월, "明經孝悌 有聞醫方足用可 其牧宰知州縣

제3장 천거제 215

　이 교지는 12목의 목사와 수령들에게 인재의 추천을 명령하는 교지이다. 이 조치가 성종 2년 최승로의 건의로 12목을 설치하고, 성종 5년에는 목사가 가족을 거느리고 부임하게 하는 등 일련의 지방제도 정비과정과 연결되어 있다는 점이 주목된다.
　천거 대상자는 명경, 효제, 의업이라고 하였다. 명경에서 의업까지 이어지는 것으로 보아 관료후보자에서 기술관까지 망라한 것 같다. 이러한 기록은 축약되는 경우가 많아서 실제 원문에서는 무재, 천문, 지리업 등 보다 다양한 대상을 지정했을 가능성도 있다고 생각된다.
　이 조치와 관련되어 주목되는 또 하나의 정책이 성종의 과거제와 학교제 정비이다. 성종은 재임 중에 중앙과 지방의 학교 정비에 높은 관심을 보여서, 국자감과 동서학당을 설치하고 지방의 학생들을 상경시켰다.16) 이것이 단순한 학문진흥책 이상의 의미가 있었던 것은 분명하다.
　그러나 이 정책은 바라는 성과를 거두지 못했다. 그래서 성종은 정책을 수정하여 이 학생들 중 일부를 귀환시키고, 12목에 경학박사와 의학박사를 파견하였다.

　　근자에 모든 주, 군, 현 자제들을 널리 모집하여 서울에 와서 공부를 하게 하였더니 과연 많은 사람들이 나의 방침에 순응하여 제때에 모여 왔으며 학교에는 학생들이 꽤 많게 되었다. 그러나 학생들이 고향을 멀리 두고 객지 생활을 한 지가 오래다 하여, 공부에는 뜻이 게으러지고 고향을 생각하는 심정이 간절하게 되었다. 그들의 쓸쓸한 처지를 민망히 여겨 이제 교서를 내리노니 머물러 있기를 원하는 자는 그냥 서울에 있고 물러가려는 자는 고향으로 돌아가라. 머물러 있는 자

　官 具錄薦貢京師."
16) 『고려사』 권74, 지28, 선거2, 학교, 국학, 성종 5년 7월.

나 돌아가는 자에게 다 각각 국가로부터 보조를 주어 자기 뜻을 수행하도록 할 것이다.17)

그리고 이 교서의 말미에 박사와 지방관에게 인재를 찾아 천거하라는 명령을 내렸는데, 그것이 위에 인용한 명경, 의업, 효순의 천거령이다. 이 천거령 속에 경학박사와 의학박사에 해당하는 명경자, 의업자가 있음이 주목된다. 즉 성종은 처음에 시도한 학교제가 성과를 거두지 못하자, 12목을 거점으로 중앙에서 파견한 경학, 의학박사가 인재를 양성하고, 지방관이 인재를 천거하며, 이렇게 천거를 통해 등용한 자를 다시 경학, 의학박사로 파견하는 체제를 구축한 것이다. 하지만 이 방식도 성종이 바라는 만큼의 효과는 거두지 못했다. 교서에서는 학생들이 객지생활을 하다보니 학업성취가 떨어져서 귀향시킨다고 했지만, 이것이 귀향 이유의 전부인지는 의문이다.

조선 태종 17년(1417)에 성균관 생원으로 성균관에 거관하는 자가 줄어들어 원점제를 시행할 때도 서울의 호세가의 자제들은 숙식 시설이 나쁜 거관생활을 싫어하고, 시골에서 올라온 자제들은 외지 생활에 적응하지 못해서 거관자가 줄었다고 했으나,18) 그 진짜 이유는 『원전』의 학교 정책이 실패하면서 학교 재학과 거관생활이 관료로서의 등용을 보장하지 않게 된 것이 원인이었음은 이미 살펴보았다. 묘하게도 성종 6년의 귀향조치 역시 비슷한 이유를 제시하고 있는데, 학교 생도들의 등용정책이 제대로 추진되었다면 이들이 거관생활의 어려움을 이겨내지 못할 이유가 없었을 것이다.

성종 11년(992)에 성종은 다시 다음과 같은 교서를 내렸다.

---

17) 『고려사』 권3, 세가 성종 6년 8월 ; 권74, 지28, 선거2, 학교, 국학, 성종 6년 8월.
18) 『태종실록』 권33, 태종 17년 윤5월 기사.

안으로는 상서(庠序-학당)를 세우고 밖으로는 학교를 설치하여 재능을 비교할 장소를 열며, 선비 뽑을 길을 넓히고 있으나 아직도 재능을 가지고 무리에 뛰어난 선비를 구하지 못하였으니 어찌 어진 이를 가리우며 재능 있는 이를 막는 사람이 없다고 하겠는가? 글 재주와 군사적 수완을 가진 사람이라면 궁궐에 나와서 자신을 직접 천거할 것을 허락한다.19)

성종은 학교를 세우고 인재를 양성하였으나 그 성과를 보지 못했다고 자평하고, 그 이유의 하나로 인재의 선발(추천) 과정을 의심하였다. 그래서 성종이 고안해 낸 방법이 자천제(自薦制)였다. 국왕이 어진 이를 가리는 세력이 있다고 직접적으로 언급하는 사례도 드문 경우지만, 자천제의 시행은 우리 역사에서 사례를 거의 찾을 수 없는 파격적인 것이었다. 사료의 부족으로 이 시기의 정치적 상황에 대해 정확히 알 수는 없으나 자천제까지 시행한 것을 보면 성종 6년의 학교 육성 시도부터 성종 11년 사이에 거듭된 천거령은 상당한 정치적 혹은 개혁적 의도 하에서 추진된 것이 분명하다고 하겠다.

그러나 성종대의 천거령이 어떠한 결실을 거두었는지는 사료의 부족으로 명확히 파악할 수 없다. 또한 이 같은 유일·효렴의 천거제가 정규적인 제도로 자리잡았는지도 명확하지 않다. 다만 『고려사』 천거조에도 성종 때의 천거령을 집중적으로 수록하고 있는 것으로 봐서는 효렴 천거나 유일 천거가 상시적인 제도로 자리 잡았던 것 같지는 않고, 성종 때처럼 의욕적으로 시행된 적도 드물었던 것 같다.

고려중기 이후 잠잠하던 천거 논의는 고려후기에 다시 등장한다. 충선왕은 즉위하자마자 인재 천거령을 내렸다. 이 즉위교서에서 충선왕은 천거령을 내리는 이유를 다음과 같이 언급하였다.

---

19) 『고려사』 권75, 지29, 선거3, 천거지제, 성종 11년 정월.

충선왕 즉위교서에 이르기를 "인재를 등용함에 있어 세가자제만을 등용할 수는 없다. 무재(茂才), 훌륭한 덕을 갖춘 사람, 효렴, 방정한 선비로서 암곡에 물러나 살고 있는 자가 있으면 소재관이 천거하여 올려 보낼지어다. 만일 그가 가난하여 자비로 상경할 수 없다면 관에서 의복과 양식을 주어 보내도록 힘쓸 것이다."[20]

충선왕은 즉위교서에서 용인(用人)이 세가자제에 편중되었다는 사실을 들고 그 대안으로서 지방관들로 하여금 소재 지역의 인재를 찾아 천거하고, 그가 가난하면 관에서 보조하여서라도 서울로 상경시키라는 명령을 내렸다. 고려후기에 권문세가의 권력독점과 남용이 큰 사회문제가 되었고, 충선왕, 공민왕 등 개혁정치를 추구했던 왕들과 개혁론자들이 권문세가에 대응하는 새로운 정치세력을 창출하기 위해 노력했던 것은 이미 널리 알려진 사실이다. 그런데 위의 기록을 보면 바로 권문세가의 정계 및 인사권 독점에 대항하는 방법으로 천거제를 거론하고 있다. 또 천거의 항목으로 채택한 효렴, 방정, 무재는 한나라 천거제의 항목이라는 점도 주목되는 사실이다. 충선왕은 원 세조의 특별한 관심 하에서 원나라에서 성장했고, 중국의 역대 제도에도 밝았다.[21] 그는 한나라 천거제의 의미를 알고 있었고, 이를 고려의 현실에 적용한 것이었다.

고려후기에 유일 천거가 집중적으로 시행되는 것도 천거제에 거는 이러한 기대와 관련이 있다고 생각된다. 비슷한 내용의 유일 천거령이 충숙왕 12년, 공민왕 원년 2월, 5년 6월에 반복되었다.

---

20) 『고려사』 권75, 지29, 선거3, 천거지제, 충선왕즉위교서, "忠宣王卽位敎書曰 用人不可專用世家子弟 其有茂才 孝廉方正之士 退居巖谷者 所在官薦達 貧不能行者 官給衣粮敦遣."
21) 주채혁, 「원 만권당 설치와 고려유자」, 『손보기박사정년기념한국사학논총』, 지식산업사, 1988, 228~229쪽.

○ 충숙왕 12년(1325) 10월에 다음과 같이 명령하였다. "훌륭한 재간과 큰 덕이 있고 효도하고 청렴하며 품행이 바른 선비로서 한미하고 알려지지 못한 사람을 그가 사는 곳 관청에서 명단을 만들어 추천하라."
○ 공민왕 원년(1353) 2월에 명령하기를, "만일 경서에 밝고 행실이 바르며 훌륭한 재능이 있고 절개를 지키는 선비가 어떤 산간 마을에 있다면 안렴사(按廉使)는 보고하고 전리사(典理)와 군부사(軍簿)에서는 그를 적당한 자리에 등용하라."고 하였다. 또 5년 6월에 명령하기를 "재주를 품고 도(道)를 지니고 세상을 피하여 벼슬하지 않는 사람은 그가 사는 곳의 관청에서 그 덕행을 기록하고 두텁게 대우하여 나오도록 하라." 하였다.22)

이처럼 의욕적으로 시도된 천거제에 있어 가장 중요한 운영주체는 지방관이었다. 공민왕 원년에 내린 교서에서는 안렴사에게 천거의 임무를 부여했다.23) 고려후기의 대표적 유신인 백문보는 천거제를 통해 재지세력을 중앙정계로 포섭하려고 시도하였다.24) 그는 공민왕 3년에 인재의 천거를 주장하는 「논선법차자(論選法箚子)」를 올렸다. 여기서 백문보는 인재를 10과로 나누어 천거하는 방안을 제시했다. 이 10과는 사마광의 10과를 본뜬 것이었지만, 사마광의 10과와는 과목과 순서, 표현에서 상당한 차이가 있었다. 특히 지방관을 선발하는 천거가 4과의 감사 천거 하나뿐이었던데 반해, 백문보는 감사와 수령을 각각 별도의 항목으로 나누어(7과, 8과) 천거하게 했다. 또 천거의 주체도 직사관과 시종관, 지방관으로 3분하여 지방관의 비중을 높였다.25)

---

22) 『고려사』 권75, 지29, 선거3, 천거지제.
23) 위의 주와 같음.
24) 김인호, 『고려후기 사대부의 경세론 연구』, 혜안, 1999, 219~225쪽. 백문보와 사마광의 천거론은 이 글에 의거하였다.
25) 백문보와 사마광의 10과는 다음과 같다(김인호, 위의 글, 222~223쪽).

그런데 이처럼 지방관을 통해 천거제를 운영하려고 해도 가장 큰 걸림돌이 되는 것이 지방관이 권문세가의 친인척, 하수인으로 채워지고 있다는 사실이었다. 특히 새로이 증설되는 감무, 현령과 같은 하급 수령에서 이런 양상이 더욱 심각하게 자행되었다. 수령의 사인화(私人化) 현상은 조선시대에도 변함없이 발생하지만, 고려시대에는 인사제도나 수령의 선발과 임명과정이 더욱 취약하며, 이런 인사가 구조적으로 보장되고 있다는 것이 더욱 큰 문제였다.26)

따라서 천거제를 통해 정가에 신진세력을 수혈한다는 취지를 달성하기 위해서는 천거를 담당하는 지방관을 먼저 권문세가의 영향력에서 독립시킬 필요가 있었다. 고려후기에 수령의 선발방식과 자질문제를 두고 집중적인 논란과 개혁시도가 이루어지는 것은 이 같은 천거제의 운영과도 관련이 깊다고 생각된다. 물론 수령제의 개혁의 목표와 필요성이 천거제를 위한 것만은 아니었고, 이 시기의 토지, 조세, 군사 등 다양한 원인과 결부시켜 이해해야 한다. 그런데 토지, 조세, 재정 등과 관련된 부분에서 가장 문제가 되는 부분도 역시 지방관이 중앙 관사나 권문세가의 영향력 아래 있거나 이들과 사적으로 연계되어 있다는 것이었으므로, 수령의 공정한 선임과 수령을 통한 신진세력의 등

백문보의 10과(『淡庵逸集』권2, 논선법차자)
1과 : 行義純固 可謂師表, 2과 : 經術該博 可備顧問, 3과 : 方正識大體 可爲臺諫, 4과 : 文章典麗 可備著述, 5과 : 獄訟法令 盡公得失, 6과 : 廉義理財賦 公私俱便, 7과 : 公正有風力 可寄方面, 8과 : 愛民礪節 可作守令, 9과 : 智勇才畧 防禦將帥, 10과 : 行止合度 可爲典禮.
사마광의 10과
1과 : 行義純固(師表), 2과 : 節操方正(獻納), 3과 : 智勇過人(將帥), 4과 : 公正聰明(監司), 5과 : 經術精通(講讀), 6과 : 學文該博(顧問), 7과 : 文章典麗(著述), 8과 : 善聽獄訟(公實), 9과 : 善治財賦(公私俱便), 10과 : 練習法令(能斷淸讞).

26) 임용한, 「여말선초의 수령제 개혁론」, 『인문학연구』 1, 경희대인문학연구소, 1996 ; 『조선전기 수령제와 지방통치』, 혜안, 2002, 제1장 1절.

용은 경제, 사회적 현안과 같은 모순구조 속에 있었다.

그러나 고려후기의 천거제 확대 시도는 기대한 효과를 거두지 못하였다. 또 충선왕의 천거령이나 지방관의 인재천거의 의무가 제대로 시행되었던 그렇지 않았던 간에, 부정기적인 명령이었는지, 항상적이고 정기적인 법제로 자리 잡았는지도 확실하지 않다. 그것은 기존의 권문세가의 저항이 그만큼 강렬했던 결과였다. 결국 천거제의 제도적 확대와 시행은 위화도회군과 개혁파 사대부의 집권을 기다려야 했다.

3) 경제육전 원전의 유일 천거제

1390년(공양왕 2) 정월에 공양왕은 이성계를 분충정난광복섭리좌명공신(奮忠定難匡復燮理佐命功臣)으로 임명하고 영군개국충의백(寧郡開國忠義伯)으로 봉작하였다.[27] 이 공신책봉교서에 이성계의 공적을 쭉 나열하였는데, 그 중에는 천거를 통해 초야의 현인들을 대거 등용하였다는 내용이 있다.

> 현인(賢人)을 구하기를 목마름과 같이 하며, 악을 미워하기를 원수처럼 하여, 모든 백성들의 조그만 이익도 반드시 일으키고자 하고, 조그만 해로움도 반드시 제거하고자 하며, 언로를 열어 민정을 통하게 하고, 일민을 천거하여 공도를 널리 폈소. 뇌물로 분경하는 기풍과 금전으로 관직과 옥사를 거래하는 습관이 하루아침에 변하여, 초야에는 천거되지 않은 현인이 없고, 조정에는 요행으로 차지한 직위가 없어졌소.[28]

---

27) 『태조실록』 권1, 총서.
28) 『태조실록』 권1, 총서, "卿坐而待旦 求賢如渴 疾惡如讎 凡民一毫之利 必欲興之 一髮之害 必欲去之 開言路而達下情 擧逸民而布公道 向者苞苴奔競之風 鬻官貨獄之習 一朝而變 野無遺賢 朝無倖位."

이 교서의 표현은 과장이 심하다고 하겠다. 그러나 최소한 초야의 인재를 천거하여 등용하는 것이 이들의 주요한 정책이며, 자랑거리였음은 알 수 있다. 물론 이것이 정치성을 띤 선전성 문구일 수도 있는데, 이 말의 진정성 여부는 이들이 이후에라도 천거제를 국가정책으로 삼아 확대하여 갔는지 그렇지 않았는지를 통해 확인해야 할 것이다.

『고려사』와 『고려사절요』의 기록으로는 위화도회군 후에 천거제가 두드러지게 활성화된 징후는 없다. 공양왕 2년 12월에 백관에게 각각 현량 2인을 천거하라고 했고,[29] 동왕 3년 6월에 금첨(矜瞻)이 무재효렴자(茂才孝廉者)를 탁용하자고 상소했던 것,[30] 그리고 그해 11월에 대성과 육조에 각기 현량 3인을 천거하라는 명령을 내렸다는 정도가 기록되어 있다.[31]

그러나 위화도회군 후 구 세력이 대거 도태되었던 것은 사실이고, 부분적이기는 하지만 감무와 같은 수령직이나 향교 교관직에 낙향해 있던 관리나 재지사족을 등용한 사례가 확인된다. 대표적인 사례가 군현 단위로 향교를 건설하고, 낙향한 품관과 사림을 교관으로 등용하는 정책이었다. 『고려사』에는 이 사실이 제대로 기록되지도 않았지만, 정도전·조준 파가 군현 단위의 향교를 재건하고 교관 파견을 추진했던 것은 충분히 확인된다.[32] 이 정책은 조선 건국 후에도 지속되었는데, 태조 4년의 기록에도 지방의 한량관들이 향교 훈도나 기선군관으로 재직 중이라는 기록이 보인다.[33]

---

29) 『고려사』 권75, 지29 선거3, 범천거지제(凡薦擧之制) ; 『고려사절요』 권34, 공양왕 2년 12월.
30) 위의 주와 같음.
31) 위의 주와 같음.
32) 이 책 2장 4절 3항 참조.
33) 『태조실록』 권8, 태조 4년 11월 신미, "都評議使司奉王旨移牒各道 六品以上 年七十以下 閑良官 除鄕校訓導 及騎船軍官外 一皆訪問 具錄以聞."

정도전 파는 조선왕조를 개창한 후에는 정식으로 천거법을 제정하였다. 태조 원년 9월 24일에 도평의사사에서 문하시중 배극렴(裵克廉)과 좌시중 조준의 명의로 22개조의 개혁안을 올렸다. 그 중에 다음과 같은 유일 천거제도 포함되어 있었다.

> A1. (각도의 감사는) 도마다 경학에 밝고 행실을 수양하며 도덕을 겸비하여 가히 사범(師範)이 될 만한 자, 지식은 시무에 능통하고 경국제세(經國濟世)의 재주를 지녀 가히 일을 맡으면 공을 세울 수 있는 자, 문장에 익숙하고 필찰(筆札)이 정교하여 문한의 임무를 맡을 수 있는 자, 율학과 산학에 정밀하고, 이치(吏治)를 통달하여 백성을 다스리는 직책을 맡을 수 있는 자, 지모가 육도삼략에 통달하고 용기가 삼군을 지휘할 만하여 장수가 될만한 자, 활쏘기와 말타기를 잘하고, 몽둥이와 돌을 무릅쓰고 싸울 능력이 있어 군무를 맡을 수 있는 자, 천문과 지리, 복축(卜築), 의약 중에서 한가지 특기를 가진 자들을 방문하여 자세히 찾아내어 조정에 보내어 탁용에 대비하게 하소서.[34]

이 건의는 바로 채택되어 교지로 하달되었다. 왜냐하면 이 상소가 태조 3년(1394)에 정도전이 편찬한 『조선경국전』「거유일(擧遺逸)」[35] 조와 태조 6년(1397)에 편찬한 『경제육전』(이하 『원전』으로 약칭)에 그

---

34) 『태조실록』 권2, 태조 원년 9월 임인, "各道經明行修 道德兼備 可爲師範者 識通時務 才合經濟 可建事功者 習於文章 工於筆扎 可當文翰之任者 精於 律筭 達於吏治 可當臨民之職者 謀深韜畧 勇冠三軍 可爲將帥者 習於射御 能於棒石 可當軍務者 天文地理 卜筮醫藥 或攻一藝者 備細訪問 敦遣于朝 以備擢用." 이 기사는 여러 번 실록에 등장하는데, 『예종실록』의 기록에 '諸 道監司'라는 부분이 맨 앞에 첨부되어 있다(『예종실록』 권1, 예종 즉위년 10월 기유).
35) 정도전, 『삼봉집』 권8, 『조선경국전』 하, 예전 거유일.

대로 수록되어 있기 때문이다.36) 두 법전의 차이가 아직 완전히 밝혀지지는 않았지만37) 당시 개혁정책을 주도하던 두 사람이 편찬한 법전에 이 규정을 모두 수록했다는 것은 그만큼 이들이 유일 천거를 중시하고 있었다는 것을 말해준다.

이 천거 규정을 보면 명경(明經), 교관[師範], 문한관(文翰官), 시무와 경제 능력자, 서리, 수령[吏治], 장수, 군관, 천문, 지리, 점술, 의학, 음악 등 정부에서 필요한 모든 관리가 천거의 대상이 되어 있다. 그런데 앞 장에서 살펴본 대로 정도전·조준은 과거제와 학교제의 일치, 군현 단위의 학교 설치를 주장한 바가 있다. 이 천거법은 이들의 군현 단위의 학교제 운영방안을 반드시 감안하여야 한다. 따라서 이 천거는 단순히 수령이 지역 사회의 숨은 인재를 찾아내는 것을 의미하는 것이 아니다. 학교를 통해 양성하고 지방 관아나 지방 사회에서 능력을 검증한 인재를 천거한다는 의미가 포함되어 있다. 이것은 한나라의 천거제의 구조와도 일맥상통하는 것이며, 이후의 이념적인 유일 천거제와 크게 대비되는 점이다.

이들은 천거가 되면 바로 등용하는 것은 아니다. 조문의 맨 마지막에 있는 "탁용에 대비한다(以備擢用)"는 말처럼 일단은 관료후보자가 된다. 물론 일부는 바로 관직을 받을 수도 있었을 것이다.

그런데 『원전』에 수록한 관리등용제도는 태조 원년에 제정한 입관보리법(入官補吏法)이었다.38) 입관보리법은 문과, 무과, 문음, 이과, 역

---

36) 『태종실록』 권16, 태종 8년 11월 경신 ; 연세대학교 국학연구원편, 『經濟六典輯錄』, 다은, 1993, 71~73쪽. 『경제육전』은 기 발행된 수교를 모아 편찬한 법전이었다. 『조선경국전』은 그 점이 분명하지 않은데, 최소한 기존의 수교가 일부 포함된 것은 확실하다.

37) 두 법전의 차이에 대해서는 김인호, 「조선경국전과 경제육전」, 『경제육전과 육전체제의 성립』(윤훈표·임용한·김인호 공저), 혜안, 2007.

38) 『세종실록』 권46, 세종 11년 12월 을해, "元六典 洪武二十五年七月日, 詳定

과, 음양과, 의과의 7과로 구성되는데,39) 정작 이 법에는 천거가 없다. 공양왕 2년에 정도전은 왕에게 관료등용제도를 설명하면서 문과, 무과, 이과, 문음의 4로(路)만 두어야 한다고 강조한 적도 있다.40) 정도전이 입관보리법에서 천거를 제외시킨 이유는 무엇 때문이었을까? 여기에 대해서 『원전』의 7과는 모두 시험을 통해 선발하는 방식이라는 특징이 있는데, 천거는 시험제가 아니라는 지적이 있다.41) 그렇다면 정도전은 시험이 없는 천거는 관리등용제도로서 자격이 부족하다고 생각했던 것이었을까?

　이 사정을 이해하려면 서두에서 언급한 천거제의 포괄성 즉 천거제가 7과의 입사로와 제각각 관련을 맺고 있으며, 천거에는 입사로로서의 성격과 정규 인사에서의 천거라는 두 가지 성격이 내포되어 있다는 사실을 상기할 필요가 있다. 즉 천거는 7과의 입사로와는 병렬적인 존재가 아니다. 그래서 정도전은 천거의 위치를 7과와 같은 입사로에 둘 수 없었던 것이다. 이는 정도전 자신이 서술한 『조선경국전』 입관조의 서술 내용과 서술 순서를 통해서 확인할 수 있다. 정도전은 입관조에서 7과의 입관보리법을 맨 처음에 두고, 다음에 관제, 직품, 자급,

　　入官補吏之法" ; 『세종실록』 권49, 세종 12년 7월 경신, "洪武二十五年 七月 日 詳定入官補吏格內 凡初入流品者作七科 門蔭 文科 武科 吏科 譯科 陰陽科 醫科."
39) 『태조실록』 권1, 태조 원년 8월 신해, "定入官補吏法 凡初入流品作七科 曰(文)[門]蔭 曰文科 曰吏科 曰譯科 曰陰陽科 曰醫科 吏曹主之 曰武科 兵曹主之 其出身文字 如前朝初入仕例 明寫年甲本貫三代 署經臺諫 不由七科 出者 不許入流品 每除拜 所司考其出身文字 方許署謝."
40) 『고려사』 권75, 지29, 선거3, 전주, 첨설직.
41) 한영우는 이 7과가 모두 시험제도라는 점을 지적하고(문음은 예외지만 조금 후인 태종대에 취재제도가 도입되었다고 한다.) 이는 모든 입사로를 시험제로 일원화하고, 이외에는 관리가 될 수 있는 길을 막아야 하는 뜻이라고 해석하였다(한영우, 『정도전 사상의 연구』, 129~130쪽).

개월법에 기초한 승진과 관리 인사규정을 언급한다. 그리고 마지막에 다음과 같이 말하였다.

재주와 학식, 도덕이 국정을 비보(裨補)하는 데에 족히 도움이 될만한 인물과 무용과 도략이 족히 삼군을 통솔할 만한 사람, 군주가 특지로 임용하는 자(其才學道德 足以裨補國政 武勇韜略 足以率三軍 君上以特旨用之者)는 자급에 구애받지 않는다.[42]

이 예외 조항 중에서 국왕이 특지로 서용하는 경우는 국왕의 비상적인 권한을 인정한 것이므로 일단 예외로 하더라도, "其才學道德 足以裨補國政 武勇韜略 足以率三軍者"라는 구절은 앞에서 언급한 『조선경국전』과 『경제육전』에 수록한 천거 규정(A1)을 인용한 것이다. 이것은 정도전이 7과에서 천거를 배제한 이유를 명확히 보여준다.

천거는 국왕의 특채와 상응하는 관료군에 의한 특채가 된다. 정도전・조준 파는 이 천거와 천거자의 등용에서 재상들의 역할을 중시하였다. 또 인사과정에서의 천거도 중요한데, 7과로 폭넓게 인재를 선발한다고 해도 그들을 등용하지 못하면 신진인사의 관료군 진입과 정치세력화가 어려워진다. 7과의 시험에 합격한 자나 천거된 인물은 일부는 바로 등용되기는 하지만 대부분 등용이 아니라 등용대기상태에 놓인다. 이들을 어디에 얼마나 어떻게 등용하느냐는 것은 인사과정에서 국왕의 지지와 정국 운영자의 선출이라는 두 가지 요소에 의해 결정된다. 대상자가 능력이 있고, 집정자의 의지도 있다면 도목정에 바로 들어가 등용될 수도 있지만, 형식적으로 후보자의 명단에 이름을 올리는 것으로 끝날 수도 있다. 그러므로 어떻게든 이들을 최대한 등용하고, 정치세력과 구조를 개편하려면 인재 선출과정 못지 않게 인재선발

---

42) 정도전, 『삼봉집』 권7, 『조선경국전』 상, 치전 입관.

과정까지 장악할 필요가 있었던 것이다.43)

정도전 파는 이러한 구상을 실천에 옮기기 위해서 천거제의 정비를 시도했다. 먼저 정기 천거라 할 수 있는 도목정(都目政) 때의 천거제도 정비했다. 관직후보자를 천거할 수 있는 자격은 정확한 『원전』 규정이 보이지 않지만 수령 천거와 같은 정황으로 보면 경외관 6품 이상이었다.44) 이로써 전국 군현의 수령이 천거 자격자가 되었다. 고려시대부터 유일 천거의 주체가 지방관이었던 점을 상기하면 천거제 운영에서 이 조치가 지니는 의미는 대단히 큰 것이었다.45)

그러나 막상 정도전·조준 파의 집권기에 내려진 천거령을 보면 태조대의 천거령은 양부와 대간 위주로 되어 있고, 오히려 정도전 파가 제거된 이후에 6품 이상관으로 확대되는 경향을 보여준다.

---

43) 이 유일 천거령의 목적에 대해 과거제 등으로 다 발굴할 수 없는 인재를 등용하는 한편, 신생왕조의 통치에 필요한 인재를 시급히 충원하려는 목적과 불사이군(不事二君)의 정신으로 고려왕조를 위해 은둔한 고려의 유신(遺臣)이나 절의파 지식인을 포섭하기 위한 의도도 내재되어 있다는 견해가 있다 (정구선, 『조선시대 천거제연구』, 18쪽). 최이돈도 이 규정을 조선 건국에 반대하여 은거한 유일과 관련시켜 이해하여, 신 왕조에 참여를 거부한 절의파를 등용하기 위해 유일 천거를 시행했고, 이들이 절의를 꺾지 않은 것이 실패의 원인이었다고 보았다(최이돈, 『조선중기 사림정치구조연구』, 69쪽). 그러나 어느 시대건 관료로서 인재의 등용을 논할 때는 정치체제, 관료제적 의미를 생각하지 않는 경우는 없다고 생각된다. 또 왕조개창기의 일시적이고 특수상황만으로는 이 규정을 『경제육전』에까지 올린 이유를 설명하기가 어렵다.
44) 『태종실록』 권3, 태종 2년 6월 경신 ; 임용한, 『조선전기 수령제와 지방통치』, 115쪽.
45) 수령 천거권의 확대는 지방인재의 등용은 물론 군현통치에서 재지세력의 협력을 얻어내고, 수령권을 강화하는 데도 크게 도움이 되었다(임용한, 『조선전기 수령제와 지방통치』, 143~145쪽).

<표 8> 여말선초 천거령의 시행추이(공양왕~정종)

시 기	천거자	천거대상
공양왕 2년 12월	백관	현량 2인
공양왕 3년 11월	대성, 육조	현량 3인
태조 원년 8월	대간, 육조	산관 4~6품 3인씩
태조 4년 4월 갑신	양부	2~6품관 중 군민겸임자 10인
태조 6년 12월 계묘	양부 정2품 이상	현량 5인씩
정종 원년 11월 정묘	현관 6품 이상관	현량
정종 2년 9월 경신	재상~6품관	아는 사람 천거(현량)

그러나 이 천거령의 절반 정도가 인사철인 11월, 12월에 집중되어 있고, 천거 자격자나 천거 대상도 『경제육전』의 규정(A1)과는 다르다. 그러므로 앞의 천거와는 별도로 도목정을 맞이해서 혹은 비슷한 이유로 내린 천거령이라고 생각된다. 그러나 어떤 경우든 이 기록상의 천거의 폭이 오히려 좁은 것은 유일 천거를 확대하고, 그들의 즉각적인 서용을 주장한 개혁파 사대부의 정책과는 모순되어 보인다. 하지만 이것은 당시 개혁파 사대부가 정계를 완전히 장악하지 못하고 그들이 소수파였던 점과, 정도전이 재상중심체제라고 불릴 정도로 재상의 권한과 역할을 주장했던 것과 관련이 있다고 생각된다. 그래서 신진관료를 충원하는 방편이 되는 지방관의 천거나 효자·순손의 천거에 대해서는 적극적인 반면, 정작 인사 때에는 기존 관료의 천거권은 오히려 제한하고 자신들이 포진한 양부, 대신에 의존하는 방법을 사용했던 것이라고 생각된다.[46]

---

[46] 같은 현상을 인사권을 이조와 병조로 귀속시키는 개혁에서도 볼 수 있다. 정도전·조준 파는 정방을 폐지하고 인사권을 정조(政曹)에 부여할 것을 주장했다. "始復銓選法……自禑幼年卽位 權姦竊國 私其親因 貪于賄賂 官爵一出私門 都目之政久廢 至是追錄其勞 仕者大悅."(『고려사절요』 권31, 우왕 14년(창왕 즉위년) 8월).
그러나 실제 이들은 정조에게 인사권을 완전히 귀속시키지 않았다. 그들은 정방을 비난했지만 정방을 완전히 혁파하는 대신 이를 상서사(尙瑞司)로 바

한편 천거 부정을 방지하기 위하여 천거된 자가 부정을 저질렀을 때는 천거자도 처벌[罪及擧主]하는 보거제(保擧制)도 시행하였다. 단 『원전』단계에서는 보거제에 대한 독립된 규정은 발견되지 않고, 수령 천거나[47] 무관, 기술관과[48] 같은 관직별로 거주연좌를 규정하는 사례가 보인다.

그러나 이것이 직접 거주연좌를 거론한 관직 이외의 관직에 대해서는 거주연좌제가 없었다는 의미는 아니라고 생각된다. 일반적인 천거 잘못에 대해서는 아마도 『대명률』을 적용했을 것이다. 그러나 『태조실록』의 사례를 보면 대부분의 거주연좌 규정이나 사례는 관찰사와 수령 천거와 관련된 내용이어서,[49] 수령 천거에서 거주연좌제를 특히

꾸고 각 관서의 인(印)을 회수하여 상서사에 보관시켰으며, 정조 대신 상서사에서 인사를 행하기도 했다. 상서사의 존재는 이들이 겉으로는 전선법을 회복한다고 했지만 실제로는 상서사를 통해 인사권을 독점했던 것으로 비춰지기도 한다. 더욱이 국초에 상서사의 장은 정도전이 맡았다(김윤곤, 「여말선초의 상서사」, 『역사학보』 25, 1964).

하지만 이러한 행동에서도 정도전 파는 과거 정방의 인사권 독점과는 다른 태도와 목적을 보인다. 상서사의 존재로 인해 국초에 정조가 제 기능을 못했고, 개혁파 사대부가 상서사를 통해 인사에 상당한 영향력을 끼쳤으리라는 부분에 대해서는 필자도 충분히 동의하는 바이다. 그러나 상서사가 정방의 후신이라는 이유로 정방과 동일한 존재로 볼 수는 없다. 상서사의 주 기능은 각사에 분할되어 있던 인을 회수하여 보관하는 것으로 이는 고려시대의 정방과는 무관한 것이다. 각사에서는 인을 회수한 이유는 각사에서 하급관직이나 사신을 마음대로 임명하고, 관작을 모칭하기도 하는 폐단을 방지하기 위해서였다. 따라서 상서사를 설립한 취지의 하나는 각 관사에 분산되어 있던 인사권 내지는 행정권을 수거한다는 데에 있었고, 이것은 개혁파 사대부가 시도했던 인사제도 개혁의 방향과 일치하는 것이다.

47) 『태조실록』 권1, 태조 원년 7월 정미, 태조 즉위교서, "守令近民之職 不可不重 其令都評議使司·臺諫·六曹 各擧所知 務得公廉材幹者 以任其任 滿三十箇月 政績殊著者 擢用 所擧非人 罪及擧主." 또 이 내용이 『원전』에 수록된 근거는 『태종실록』 권3, 태종 2년 6월 경신.

48) 『태조실록』 권5, 태조 3년 2월 기해.

중시했던 것을 알 수 있다.

원래 거주연좌[罪及擧主]제도는 당률에서 유래했고, 고려시대에도 사용되었다.50) 『대명률직해』의 규정을 보면 잘못된 천거 1명당 장(杖)80을 시행하며, 3인마다 1등을 높여 장100에 그친다는 것이었다.51) 그러나 실제로는 6품 이상의 관리들은 이런 벌은 직접 받지 않았다. 공신들은 거의 면제되었으며, 다른 관원들은 수속(收贖)으로 처리되었다.52)

이 형량을 속전(贖錢)으로 환산하면, 『대명률직해』의 규정으로는 동전 4관(貫) 800문(文)에서 6관이다.53) 태조 7년 이전에는 고려시대의 규정에 따라 동전 1관을 오승포 15필로 환산했으므로54) 6관이면 144필이다. 태종 2년(1402)의 기록에 의하면 당시 오승포 1필은 미 2두였으므로55) 144필은 288두에 해당한다. 이 정도면 토지 2결을 가진 사람

---

49) 그 외에 위정(衛正) 천거를 부정하게 한 이유로 처벌받는 사례가 하나 발견된다(『태조실록』 권6, 태조 3년 6월 병술).

50) 『고려사』 권75, 선거3, 전주 선용수령, 공민왕 11년 10월 대간상언, "自今臨軒引見 核其名實 擧非其人 擧主必罰." 그러나 이것은 공민왕대의 개혁정책과 관련해서 나온 건의로 이전 시대의 현황에 대해서는 현재로서는 정확히 알 수 없다.

51) 『대명률직해』, 이율(吏律), 직제(職制), "貢擧非其人 凡貢擧非其人 及才堪時用而不貢擧者 一人 杖八十 每三人加一等 罪止杖一百 所擧之人知情 與同罪 不知者不坐." 이는 당률의 "1인당 도(徒) 1년으로 1인에 1년씩 더하여 3년에 그친다"는 규정보다는 많이 약화된 것이다.

52) 세종 13년 1월에 형조에서 수령, 경차관을 잘못 천거한 자에 대한 처벌을 품신하였다. 그러나 세종은 1명은 장100을 수속하게 하고 2명은 공신의 후손이므로 파직만 시키고, 1명은 장60만 수속하게 하였다(『세종실록』 권51, 세종 13년 1월 신묘).

53) 『대명률직해』 권1, 명례 오형(五刑).

54) 『태종실록』 권11, 태종 6년 3월 정유, "國初因前朝之舊 以銅錢一貫 准五升布十五匹 至戊寅年(태조 7) 刑曹受教 杖一百徒三年者 當贖銅錢二十四貫 准例贖布 五百四十匹."

의 1년 수입에 해당한다. (소출의 50%를 수조했다고 볼 경우) 또 녹봉으로 비교하면 태종 7년에 상정한 녹봉에서 재내대군(在內大君)과 정승에게 지급하는 최상위인 1과의 녹봉이 미 100석에 주포(紬布)·정포(正布)를 합하여 32필이었으므로 최상위 관료의 1년치 녹봉을 상회하는 수치가 된다. 녹미(祿米) 70석에 23필을 받는 정3품관이면 거의 2년치 녹봉이었으므로[56] 적다고는 할 수 없는 벌금액이었다. 또 율에는 없지만 천거 잘못으로 처벌받을 때는 파직을 당하는 경우도 있었으므로[57] 본인에겐 불명예가 되었다.

다음으로 각종 천거를 활성화하였는데, 『원전』에 수록한 천거제도를 살펴보면 유일 천거 규정(A1) 외에도 효자, 순손의 천거, 재지품관을 관찰사가 천거하여 수령으로 바로 등용하는 수령권차법[58]과 지방의 재지사족을 향교 교관으로 등용하는 교수관 천거제도, 숙위제를 이용한 한량품관 또는 재지품관의 천거가 있었다.

4) 속전 이후 천거제의 축소와 의미변화

조선시대를 통해 어떤 시기이든 유일 천거제 자체를 부정하는 경우는 없었다. 문제는 그것을 시행하는 목적과 시행 내용에 있다. 『원전』이후에 편찬한 『속전』에서도 유일 천거를 부정하지는 않았다. 그러나 정치구조에 대한 이상이 다르고, 천거를 통한 새로운 정치세력의 형성

---

55) 『태종실록』 권3, 태종 2년 정월 임진, "命民庶 以楮貨貿易國庫米 從議政府之請也 楮貨一張 准常五升布一匹者 直米二斗."
56) 태종 7년에 제정한 녹봉제는 모두 18과로 구분된다. 최하 18과(종9품관)은 녹미(祿米) 14석, 정포(正布) 4필을 받았다(이재룡, 「조선초기의 녹봉제」, 『조선초기 사회구조연구』, 일조각, 1984, 73쪽).
57) 『태조실록』 권2, 태조 1년 11월 무자 ; 『태종실록』 권15, 태종 8년 4월 계묘.
58) 임용한, 『조선전기 수령제와 지방통치』, 135~138쪽.

이라는 정책에 대해서는 반감을 가진 집단이었던 만큼 변화가 발생하지 않을 수 없었다.

첫 번째 변화가 태종 5년 이조판서 이직(李稷)[59]이 상소한 새로운 전선법이었다. 5개조로 이루어진 이 상소 중 3개조가 천거와 관련된 내용이었다. 그 내용을 차례로 살펴 보겠다.

> B1. 각도의 주·부·군·현 내에 경학에 밝고 행실을 닦아, 지식이 치체(治體)에 통달하여 가히 맡겨서 부릴 만한 자와, 이사(吏事)에 능하고 겸하여 군무를 잘 알아서 가히 진수(鎭守)를 감당할 수 있는 자를, 감사와 수령이 널리 구하여 선거(選舉)하게 하되, 실봉(實封)으로 아뢰게 하여, 탁용에 대비하소서.[60]

이 조문은 『원전』의 천거조와 유사하다. 마지막에 천거인을 밀봉하여 올리는 방법은 새로 추가된 것이었다. 그러나 내용을 자세히 고찰하면 상당한 차이가 있다. 『원전』의 천거법이 7과의 인원 모두가 대상

---

59) 이직은 개국공신으로 태조의 강비 소생인 경순공주의 남편인 이제의 종형제이다. 처음에는 남은의 진영에 가담해 정도전·조준 파와 활동하다가 1차 왕자의 난 때 태종에 의해 구조되면서 태종에게 중용되었다. 하지만 성주 이씨 출신으로 이인임의 조카이며, 아버지인 이인민은 윤이·이초 사건에 연루되어 이색과 함께 하옥된 경력이 있다. 따라서 정도전, 남은 등과 아주 긴밀한 관계를 맺었다고 보기 힘든 면도 있다. 한편 하륜은 그의 사촌 매부이기도 했으며, 태종이 이인민의 문생이었던 관계로 이직을 각별히 여겼다(윤훈표, 「경제육전의 편찬 주도세력」, 『경제육전과 육전체제의 성립』, 혜안, 2007, 222쪽). 태종조에는 하륜과 함께 『속집상절』 편찬에도 참여했고, 세종조에는 영의정으로 승진하고, 『신속육전』의 편찬을 담당하면서 『경제육전』 편찬에서 누구보다도 오랫동안 핵심적인 역할을 수행했다.
60) 『태종실록』 권9, 태종 5년 2월 을해, "各道州府郡縣內, 經明行修, 識達治體, 可爲任使者, 暗練吏事, 兼識軍務, 可當鎭守者, 監司守令, 旁求選擧, 實封以聞, 以備擢用."

이 되었던 데 반해 이직의 법(B1)에서는 기술관에 관한 규정이 빠져 있다. 이사(吏事)에 능한 자 즉 수령에 관한 부분도 전체 수령이 아니라 민정능력과 군무능력을 겸대한 특별한 무반 수령이라는 단서조항이 달렸다. 결과적으로 천거의 대상이 크게 줄어들었고, 천거를 통해 지방출신들이 기술관이나 서리직 같은 하급직으로 진출할 수 있는 길이 막혔다.

지방의 품관, 향리가문이 단번에 관료로 성장하기는 쉽지 않다. 고려시대 이래로 향리가문에서 성장한 가문 중에는 과거를 통해 관료로 들어선 이도 있지만, 실제 양적으로는 잡과와 중앙의 서리직, 군직, 첨설직 등을 통해 성장했던 경우가 많았다는 점을 감안하면 재지사족, 한량관, 향리들의 주 진출로가 될 하급관리직을 차단한다는 것은 중요한 의미가 있다.

이 조문에 대해 건국 후 어느 정도 시간이 지나 급하게 관리를 모집할 필요도 없어졌고, 필요한 인재에 대한 파악이 이루어졌기 때문에 천거 대상을 축소하는 것이라고 볼 수도 있다. 그러나 이것은 천거가 시험이나 인재검증과정도 거치지 않고, 과거에 비해 비합리적인 제도라는 선입견에 기인한 오해이다. 새로운 기술과 인재는 늘 새롭게 생성되고 등장하는 것이다. 정보전달 속도나 교통, 상공업의 발달이 오늘날보다 훨씬 열악했던 당시에 과거나 중앙의 학교제도만으로는 특별한 기술이나 재능을 보유한 인물을 제대로 양성할 수도 없고 파악할 수 없었다. 또 『원전』 천거법의 진정한 기능은 신진세력과 재지사족층의 흡입에 있었는데, 정도전 파에서 활약했던 이직이 『원전』 조문의 의도를 몰랐을 리가 없다. 이러한 성격은 아래의 조문에서 더욱 명확하게 드러난다.

지방관의 천거에서 기술관 대상자를 제거한 대신에 이직은 다음과 같은 방안을 제시했다.

B2. 문음(門蔭)과 공음(功蔭)의 자제를 서용하는 법은 이미 정해진 법이 있으나, 다른 자제는 벼슬에 나아갈 길이 없사오니, 이제부터는 문음과 공음의 자제 외에, 벼슬이 없는 자제는 나아가 18세 이상의 재간이 있는 자도 또한 대소관으로 하여금 천거하게 하되, 아울러 친조부와 외조부의 직명(職名)을 기록하여 본조에 올리게 하여, 서예(書藝)·산학(算學)·율학(律學)으로써 그 능부를 시험해서 서용하도록 하여 요행을 바라는 길을 막으소서.61)

여기서 말한 자제는 일반민의 자제가 아니라 문무관료의 자제를 말한다. 일반민의 자제라면 문음과 공음 이외의 자제라는 표현을 쓸 필요가 없기 때문이다. 이직은 이들을 천거하고, 시험하여 서·산·율과 같은 전문관리직에 충당하자는 것이다. 시험이라는 과정이 들어갔지만, 어느 천거이든 인재를 시험, 검증하는 과정은 있으므로 이것이 천거제와 별다른 제도가 아니다. 오히려 분명 기술관의 취재시험이 별도로 있음에도 불구하고, 문음을 받지 못한 자제를 천거를 통해 이 자리에 충당하는 방안을 제시한 것이다. 이것은 지방인재의 하급관리직 진출을 억제하는 동시에 문무관료의 자제로 이 자리를 대체하자는 것이었다.62)

이직의 천거제에서 더 중요한 변화는 이렇게 지방 수령에 의해 천거된 자들의 대우와 등용방법이었다.

B3. 무릇 사람의 재주는 한 해나 한 달 내에 성취되는 것이 아닙니다. 비록 각 관서로 하여금 1년에 두 번씩 인재를 뽑게 하오나, 다시

---

61) 위의 주, "門蔭功蔭子弟敍用之法, 已有成規, 他子弟未有仕進之路. 自今其門蔭功蔭外, 無職子弟年十八以上, 有才幹者, 亦令大小官薦擧, 幷錄內外祖父職名, 呈本曹, 以書算律, 試其能否, 方許敍用, 以杜僥[倖]之門."
62) 이 책 185~188쪽 참조.

얻은 바가 없고, 한갓 문적(文籍)만 번거롭게 하오니, 원컨대 이제 부터는 중외의 대소관에서 추천한 인재는 그 직품(職品)을 종류별로 나누어 일일이 기록하여 책을 만들어서, 매양 전주(銓注)할 때를 당하면 직품에 따라 계문하여 낙점을 받아 임명하고, 3년이나 혹은 5년만에 인재가 성취되기를 기다려 다시 천거하는 것을 영원한 항규(恒規)로 삼되, 만일 재주를 가진 자로서 빠진 자가 있거든, 대소관으로 하여금 연한에 구애치 말고 밀봉하여 특천(特薦)하게 하소서.63)

각 관서에서 1년에 2번씩 인재를 뽑는다는 것은 1년에 2번(6월과 12월)씩 행하는 도목정사를 말한다. 『원전』에서는 지방관의 천거는 제한이 없었고, 천거된 인물은 심사를 거쳐 매번 인사 때마다 일정하게 관리후보로 반영되었던 것이다. 그러나 이직은 이것이 별로 실효가 없고, 인사행정만 복잡하게 한다는 이유를 들어 지방에서 천거된 인물은 별도로 명단을 만들어 두었다가 3년이나 5년에 1번씩 정규 인사 때 천거하자고 했다. 이 건의는 나중에 3년에 1번으로 결정되었다. 천거를 1년에 두 번 행하던 『원전』에 비해 지방 인재의 천거기회가 1/3 또는 1/6로 줄어든 것이다. 이직은 인재가 성취되려면 시간이 걸린다는 이유를 들었으나 문음자제에 대한 규정(B2)과 비교하면 누가 보아도 억지 이유였다.

이직의 전선법은 정부에 의해 채택되었다. 태종 6년 2월에 이조에서는 다시 이와 유사한 전선법을 올리고 있다.64) 이 기록은 소략해서

---

63) 『태종실록』 권9, 태종 5년 2월 을해, "凡人之才 非一年一月所成就. 雖令各司一年再擧, 於人才更無所得, 徒煩文籍. 願自今, 京外大小官所薦人材, 類分職品, 開寫成冊, 每當銓注, 隨品啓聞, 受點差除, 或三年或五年, 待人材作成, 更令薦擧, 永爲恒規. 如有懷才遺逸者, 令大小官, 不拘年限, 實封特薦."
64) 『태종실록』 권11, 태종 6년 2월 무진.

전체적인 내용을 명확히 알 수 없지만, 대략 이직의 전선법에 건의된 내용들을 담고 있다. 1년 전에 올린 이직의 상소가 검토를 거쳐 이때 확정된 것 같다. 그런데 세종 20년에 육전 조문으로 인용되고 있는 천거법을 보면 이직의 전선법 및 태종 6년 이조의 전선법과 매우 유사하다.

> C1. 사간원에서 아뢰었다. "육전에, '동반 6품과 서반 4품 이상은 3년마다 한 차례씩 시임(時任)과 산직(散職)을 불구(不拘)하고, 원전과목(元典科目)의 예에 따라 매 과마다 한 사람씩 천거하되, 만일 사정에 따라 잘못 거용(擧用)하여 탐오(貪汚)한 짓으로 정사를 어지럽히고 백성에게 해가 미치게 한 자가 있으면, 율에 따라 죄를 매겨서 용서하지 않는다.' 하였습니다. 또 기록되기를 '천거하면서 보증이 없더라도 혹 구전 별좌라든가, 혹 관작에 제수된 자가 만약 탐오한 짓으로 불법한 데에 걸리면, 죄가 천거해 준 자에게까지 미치는 규례에 의거하여 천거를 맡은 자도 죄준다.'고 하였습니다."[65]

여기에서 거론하는 육전 규정이 "원전의 과목대로"라는 내용을 포함하고 있는 것으로 보아 이 육전은 『속집상절』임이 분명하다. 왜냐하면 세종 5년에 원전의 구과포거지법(九科襃擧之法)이 삼과(三科)로 바뀌기 때문이다.[66] 이 규정이 이직의 전선법이나 태종 6년의 전선법

---

65) 『세종실록』권80, 세종 20년 2월 기미, "六典 東班六品 西班四品以上 三年一次 不拘時散 依元典科目例 每科各擧一人 如有徇私謬擧 貪汚亂政 害及生民者 按律科罪 無有或貸 (又云) 無保擧 而或口傳別坐 或除授官職者 若坐貪汚不法 則依罪及擧主例 科罪掌選者."
66) 『세종실록』권101, 세종 25년 7월 기묘, "傳旨吏兵曹 用人 國家之大事 不可不愼重也 其在永樂二十一年(세종 5년) 立三科襃擧之法 其後有司獻言 三科襃擧之法 薦人之路不廣 請行 元典 九科襃擧之法 申擧明行." 여기서 말한 원전의 9과포거지법은 입관보리법의 7과의 오기나 착오라고 생각되나 명

을 그대로 수용한 것인지, 약간 수정한 것인지는 정확히 알 수 없으나 이직의 전선법이 토대가 된 것은 분명하다고 하겠다.

『속집상절』의 천거법에서는 천거 자격자가 동반은 원전과 같으나 서반은 4품으로 축소되었다. 큰 변화가 아니라고 볼 수도 있으나 이로 인해서 6품관인 군현의 무반 수령들은 천거권을 상실한다. 이직의 전선법에서 지방관의 천거 대상을 크게 제한하고, 기술관의 천거는 문무관의 자제를 대상으로 하는 것으로 바꾸었다. 그러다 보니 천거와 지방 인재의 등용이 지나치게 축소되는 문제를 낳았다. 의정부에서조차 이 문제를 걱정할 정도였다.

> (태종 8년) 의정부에서 『경제육전』에 있는 천거법을 거듭 밝히기를 청하였다.……(이 법을) 근래에 거행하지 못하여 숨은 인재가 없지 않으니 『경제육전』의 조령에 의하여 거행케 하고 지금부터는 감사와 수령의 능력 평가도 이 같은 사람을 얻는 것의 많고 적음으로 고찰하게 하십시오.67)

아마도 이 건의가 반영되었는지 이직의 천거법이 약간 수정되어 『속집상절』 규정인 C1에는 천거의 과목이 『원전』의 과목으로 복구되었다. 그러나 천거인의 다소로 감사와 수령의 능력을 평가하는 방법은 시행되지 않았다. 천거시기도 3년 1차에, 천거인도 과목별로 1명으로 제한해서 『원전』의 천거제 구상에 비하면 제한이 커졌다. 더욱이 이 시기 문음자제에 대한 천거와 특권은 더욱 확대되었다.

천거 자격자를 동반 6품과 서반 4품 이상으로 규정한 법은 세종조

확하지 않다.

67) 『태종실록』 권30, 태종 8년 11월 경신, "議政府 請申經濟六典薦擧之法…… 近來不卽擧行 不無遺逸 依六典內條令擧行 今後監司守令能否 亦以得人多少 以憑考察 從之."

를 거치면서 오래 지속되다가 『경국대전』에서는 동서반 3품 이상이 3년마다 춘맹월에 3명씩 천거하는 것으로 다시 축소되었다.68) 『속전』에 비해 천거 자격자의 직품이 더욱 크게 상승했다. 특히 6품관인 동반 수령들이 완전히 제외되어 버림으로써 수령이 지방사회에서 인재를 직접 발굴하는 제도적 장치가 사라져 버리는 결과를 초래했다. 또 『경국대전』에서는 "충훈부는 공신의 자손으로서 재능이 이임(吏任 : 수령직)을 감당할 만한 자를 추천한다"69)는 문음자제에 대한 천거 규정이 삽입되어 공신자제의 특혜를 명문화했다.

그런데 『경국대전』 규정에서는 수령과 만호의 경우는 동반 3품 이상과 서반 2품 이상이 매년 3인 이하를 천거하는 규정이 들어갔다. 이 규정은 1471년(성종 2) 『경국대전』의 3번째 판본인 『신묘년대전』에서부터 수록된 것이다. 『속전』과 비교하면 천거 자격자의 직품은 상승하고, 천거 횟수는 늘었다. 이것은 이 시기부터 수령과 만호 인사가 권문에게 장악되고, 수령, 만호직을 세가자제나 그들의 친인척이나 관련자로 채우던 현상을 반영한다. 이것은 수령의 자질 저하와 경관자원과 외관자원의 이원화를 초래했다. 수령의 구성층과 수준이 이렇게 변화한 이상 이들에게 천거 자격을 주는 『원전』의 제도를 시행한다고 한들 천거 부정이 발생할 소지만 높아지고, 신진세력의 유입이라는 목적을 달성할 수도 없었을 것이다.

한편 보거제도 정도전 파가 실각한 후 제대로 시행되지 않았다. 태종 12년경에 태종은 분경금지(奔競禁止)와 『속집상절』의 거주연좌[罪及擧主] 조항이 너무 광범위하니 개정하라는 명을 내렸다.70) 그리하여 태종 12년 정월에 의정부에서 C1의 거주연좌 천거 규정을 개정하

---

68) 『경국대전』 이전 천거.
69) 위의 주와 같음.
70) 『태종실록』 권23, 태종 12년 정월 신해.

여 가내사환자(家內使喚者)나 출신(出身)이나 관력이 불분명한 자를 천거한 경우만 처벌하며, 현질(顯秩)이나 문무에 재간이 있는 유일(遺逸)을 잘못 천거한 것은 불문에 부치도록 했다. 단 천거된 사람이 강상죄나 탐오·장죄를 저질렀을 경우에는 거주연좌를 시행하게 했다.71) 그러나 태종이 자신의 재위기간 동안 이 죄로 연좌된 사람이 2, 3인에 불과했다고 회상할 정도로 잘 시행되지도 않았다.72) 패상과 장죄만 처벌하도록 한 태종 12년의 개정안이 『경국대전』에까지 이어졌다.73)

한편 태종 6년(1406) 3월에 수속(收贖) 규정을 대거 낮추어 『대명률』의 동전 1관을 오승포 10필에 준하게 했다.74) 이로써 죄급거주의 처벌액은 겨우 오승포 40~60필에 불과하게 되었다. 현존하는 『대명률직해』는 세종 13년의 개정판으로 보이는데75) 이곳에서는 다시 반으로 감하여 동전 1관을 5필로 계산했다.76) 『원전』에 비해 1/3로 줄어든 셈이었다.

그런데 실록에서 발견되는 사례를 보면 보거 잘못에 대한 처벌 사

---

71) 『태종실록』 권23, 태종 12년 정월 신해, "今臣等以爲 若其家中使喚人 及出身歷仕不明人擧之者 固當受罪 若擧曾經顯秩 歷仕中外者 及遺逸有文武才幹者 不可並受其罪 所坐之罪 自非敗毁綱常貪汚坐贓之事 勿及擧主 並從之."
72) 『세종실록』 권2, 세종 즉위년 11월 병인, "上王曰 谷山君言 守令不可不選 若非其人 罪及擧主 此言必有爲而發 吾亦不強問 吾在位時 有二三人坐擧非其人受罪 恐其法 妨於得人 不擧行."
73) 『경국대전』 이전 천거, "若犯贓汚敗常之罪 則幷坐擧主."
74) 『태종실록』 권11, 태종 6년 3월 정유, "若以銅錢一貫 准五升布十匹 庶得輕重之宜 從之."
75) 김구진, 「대명률의 편찬과 전래-경국대전 편찬의 배경-」, 『백산학보』 29, 1984 ; 이성무, 「경국대전의 편찬과 대명률」, 『역사학보』 125, 1990, 100쪽.
76) 『대명률직해』 명례, 오형(五刑), 태형, "(笞贖) 五十 銅錢三貫 准折五升布十五疋."

례는 장형만이 아니라 파면, 부처(付處) 등도 발견된다.77) 부처는 『대명률직해』에도 없는 처벌로 『대명률』에 철저히 의존한 것은 아니었다는 증거가 된다. 하지만 거주들에 대한 탄핵이 들어와도 처벌받는 경우보다는 그렇지 않은 경우가 더 많았다. 이 때문에 거주연좌제의 시행양상에 대한 비판과 불만이 끊이지 않았다.78) 세종대 이후로 세가자제의 등용과 인사청탁이 증가하면서 보거제의 부실에 대한 비판이 증가했지만, 상황은 전혀 개선되지 않았다.

거주연좌제가 제대로 시행되지 않은 이유에 대해 연좌법에 구애되어 인재천거가 활성화되지 않을 우려가 있었고, 거주가 대부분 국왕과 가까운 고관이었기 때문이라는 해석이 지배적이다. 보거법을 운영하고 적용하기 위해서는 그러한 측면을 감안해야 하는 것은 사실이지만, 근본적인 문제는 태종대 이후로 진행된 관료제의 경색과 공신, 고위관료의 특권의 증가에 있다. 그래서 신진의 천거는 크게 축소되고, 청탁과 연줄에 대한 천거와 등용은 증가했던 것이다. 이후로 보거제의 부실화에 대한 비판이 증가하는 것도 이 때문이다.

사간원 대사간 김수손 등이 상소하였다.……"신들은 오늘날 보거하는 법이 능히 당(唐)·우(虞) 때에 현능한 자에게 추양하던 수준인지 모르겠습니다. 신들이 삼가 보건대, 지금 보거하는 자는 오래 사귄 사람이 아니면 반드시 한 동네 사람이고, 한 동네 사람이 아니면 반드시 혼인한 집안입니다. 저 오래 사귄 사람이나 한 동네 사람이나 혼인한 집안이 다 선인(善人)이라면 참으로 마땅하겠으나, 어진 사람이 아니라면 정치를 방해하는 것이 이보다 심할 수 없을 것이니, 나라를 위하여 어진 사람을 천거하는 뜻이 어디에 있겠습니까? 또 지금 3품 이상

---

77) 조선초기 거주연좌제의 시행사례는 정구선, 『조선시대 천거제도 연구』, 71~73쪽.
78) 정구선, 위의 책, 70쪽.

이 된 자의 수가 많은데, 어찌 다 어질겠습니까?"[79]

 인사권이 고위관료에게 독점되고, 관료체제가 폐쇄적이 된 상태에서 보거제만으로는 이러한 문제를 해결할 수가 없었다. 다만 권세가들의 지나친 권력남용을 견제하는 기능을 기대할 수 있을 뿐이었다.
 이와 같은 상황은 세조, 성종대를 지나면서 더욱 심화되었다. 그런 중에 성립된『경국대전』천거조의 내용은『경국대전』체제 하 관료제의 성격과 지향을 잘 보여준다.『경국대전』규정은『속전』천거조의 지향을 기초로 하였지만,『속전』의 규정보다도 더욱 노골적으로 중앙 대신층의 인사독점과 공신층의 특혜를 반영하고 있다. 이것은 세조대에 훈구세력의 성장이 초래한 결과이지만,『속전』에서는 최소한 중앙의 문무관료와 이들의 자제에 대한 형식적 평등이라도 표현하기 위해 노력하고 있는데 반해,『경국대전』에서는 이러한 노력마저 사라지고 있다는 사실은『경국대전』체제의 두드러진 특징이라고 하겠다.

2. 재지사족의 상경숙위와 천거제

1) 상경숙위제의 정비와 한성부 주민의 재편 시도

 숙위란 수도, 궁궐, 국왕을 호위하는 업무이다. 정치적으로는 내시, 애마와 같은 왕의 측근이나 내료를 형성한다는 의미도 있다. 하지만 넓은 의미로는 문관을 포함한 관료군이 수도에 거주하며 왕실을 옹위하며 함께 한다는 의미도 있었다. 예를 들어 위화도회군 후 사전혁파와 과전법 개혁이 시행되었는데, 사전은 완전히 혁파되지 않고 경기로

---

79)『성종실록』권196, 성종 17년 10월 병신.

제한되었다. 이 조치는 사전개혁의 불철저함과 대다수 관료의 반대로 인한 결과로 이해되고 있다. 그러나 어떤 이유든 간에 경기 사전의 원칙을 시행하는 논리는 왕실을 호위하기 위하여 서울에 거주하는 사대부에게는 토지를 지급해야 한다는 것이었다.

> 경기는 사방(국토)의 근본이다. 마땅히 과전을 두어 사대부를 우대할 것이다. 무릇 서울에 거주하면서 왕실을 호위하는 자는 시, 산관을 불문하고 과전을 수수한다.[80]

> 전제(田制)의 한 조문에서 말하기를 서울에 거주하면서 왕실을 호위하는 자에게는 마땅히 과전을 설치해서 염치를 함양하도록 한다고 했습니다. 공사의 천예와 무당, 창기, 공상, 승려, 점쟁이, 맹인 등은 본인과 자손 모두 과전 수수를 불허한다 하였으니 이는 진실로 만세를 지속할 법전입니다.[81]

이러한 의미도 넓은 의미로는 숙위에 해당한다고 하겠다. 실제로 정도전・조준 파는 군사제도 상의 숙위는 물론 이러한 광의의 개념의 숙위제 개혁을 추진했고, 이 과정에서 광의의 숙위 즉 수도에 거주하면서 국왕을 옹위하며 함께 할 새로운 수도 주민과 관료예비군층의 창출을 시도했다.

숙위제의 정비는 태조 3년 판의흥부사였던 정도전에 의해 진행되었다.[82] 그 내용은 사병을 혁파하고, 시위군의 체제를 정비하여 시위를

---

80) 『고려사』 권78, 식화1, 전제 녹과전, 공양왕 3년 5월, "京畿, 四方之本, 宜置科田, 以優士大夫, 凡居京城衛王室者, 不論時散, 各以科受."
81) 『태종실록』 권52, 태종 3년 6월 을해, "田制一款云 居京城衛王室者 宜置科田 以養廉恥 公私賤隷 巫覡 娼妓 工商 僧尼 賣卜盲人等 身及子孫不許受田 此誠萬世之令典也."
82) 『태조실록』 권5, 태조 3년 2월 기해.

충실하게 하자는 군사제도 개혁이 주를 이루었지만,83) 문음자제나 구지배층의 하수인으로 채워져 있던 시위직에 재지품관 세력을 흡수하고, 이들을 관료예비군 및 수도 주민으로 창출하자는 의도도 숨겨져 있었다. 정도전은 태조 3년 판의흥부사로서 사병혁파와 시위제도의 개선책을 상소하면서 숙위문제에 대해서는 다음과 같이 언급하였다.

충렬왕이 원나라를 섬긴 이후로는 매양 중조(中朝)의 환시(宦侍)·부녀(婦女)·봉사자(奉使者)의 청으로 인하여 관작이 제 분수에 넘쳐서, 모두 청탁하는 사람을 시위하는 관직으로 임명하매, 세력을 믿고 교만하여 숙위하기를 즐겨하지 아니하니, 이로 말미암아 부위(府衛)가 비로소 무너졌으므로, 처음으로 홀지(忽只)·충용(忠勇) 등 애마(愛馬)를 설치하여 우선 숙위에 대비하게 하였습니다. 위조(僞朝 : 우왕대)에 이르러 법제가 크게 무너져서, 무릇 부위의 직책을 받은 사람은 한갓 국록(國祿)만 먹고 그 사무는 일삼지 아니하여 마침내 나라를 잃게 되었으니, 이것은 전하께서 친히 보신 바입니다.84)

고려왕조의 말기에는 젖내나는 자제(子弟)와 내료(內僚)·공상(工商)·잡례(雜隸)들이 위영(衛領)의 직책에 충당되었으므로, 외람되고 용잡(冗雜)되어 그 임무를 감내하지 못하여, 혹은 권세에 의탁하여 그 사무를 보지 않고서, 늠록(廩祿)만 한갓 허비할 뿐이고 시위(侍衛)는 허술하게 되었습니다.85)

---

83) 윤훈표, 「조선초기 군제개혁의 방향과 그 성과」, 『여말선초 군제개혁연구』, 혜안, 2000.
84) 『태조실록』권5, 태조 3년 2월 기해, "自忠烈王事元以來 每因中朝宦寺婦女奉使者之請 官爵汎濫 皆以所托之人除衛職 恃勢驕蹇 莫肯宿衛 由是府衛始毁 始置忽只忠勇等愛馬 姑備宿衛 及僞朝法制大毁 凡受府衛之職者 徒食天祿 不事其事 遂至失國 此殿下之所親見."
85) 『태조실록』권5, 태조 3년 2월 기해, "前朝之季 乳臭子弟 及內僚 工商雜隸 充衛領之職 猥微冗雜 不堪其任 或托權勢 不事其事 廩祿徒費 侍衛虛疎."

정도전은 충렬왕 이후 부원세력이 득세하면서 이들의 청탁을 들어줄 관직이 부족해지자 이들에게 시위군직을 주기 시작했고, 이것이 시위군 부실의 시작이었다고 한다. 또 시위군이 부실해지자 홀지, 충용 등 애마를 설치하여 숙위를 대신하게 했는데, 이 자리도 결국은 문음자제와 내료(內僚)·공상(工商)·잡례(雜隷)로 채워졌다고 한다. 그런데 공상잡례가 자신의 힘으로 시위군이나 애마가 되기란 어려운 일이므로 이들은 곧 고려 왕실이나 권문세가와 연줄이 있는 인물들이라고 보아야 할 것이다.

이 글에서 정도전은 표면적으로는 시위의 부실화를 지적하고 있지만, 이 문제제기에는 그런 군사적인 요인만이 있는 것은 아니었다. 국왕의 호위를 어떤 집단의 인물이 담당하느냐는 것은 국왕과 당시 집권세력과의 관계, 국왕권의 한계와 성격까지 좌우할 수 있는 중요한 문제였다. 더욱이 정도전은 문음자제와 내료, 권세가의 인물이 국왕의 시위를 담당하는 현상의 기원을 부원세력의 득세에서 찾고 있지만, 소수의 중앙귀족, 문벌가문이 주도하는 고려의 정치체제로 볼 때 시위군의 이러한 구성은 고려의 전통과 직접적으로 연결되어 있다고 보여진다. 그러므로 문벌귀족 중심의 고려 정치체제를 강력하게 비난했던 정도전으로서는 국왕이 이들에게 둘러싸이는 숙위제 개혁도 추진하지 않을 수 없었다.

사실 이들을 퇴출하고, 수도에서 축출하는 정책은 이미 이전부터 시작되고 있었다. 공양왕 원년 12월 대사헌이던 조준은 첨설직 혁파와 동시에 서울에 거하는 향리출신자를 대거 귀향시킬 것을 건의했다.[86]

---

86) 첨설직 문제는 이미 공민왕 때부터 논란이 된 해묵은 과제였다. 그런데 이전의 의논은 관작의 남수, 향리의 피역 등을 문제시하여 대책도 이들의 입사 제한이나 관직 남발 방지에 초점이 맞추어져 있었다. 특히 우왕 9년 2월에 올린 권근의 상소도 이 범주에서 벗어나지 않았다. 그러나 공양왕대에 들어

제3장 천거제 245

　공양왕 원년 12월 조준이 상언하였다. 근년 이래 기강이 능이해져서 주현의 향리가 군공을 사칭하여 관직을 속여서 받고, 혹은 잡과를 빙자하여 본역을 피하려고 합니다. 혹은 권세가에 의탁하여 함부로 관질을 올리는 자는 다 기록할 수도 없습니다. 주군이 모두 비고, 팔도가 조폐하였습니다. 원컨대 지금부터는 비록 3정1자(三丁一子)로 3, 4대 동안 향역을 면해오고 있는 자라고 할 지라도 면향을 증명하는 분명한 문서가 없는 자, 군공으로 향역을 면했다고 하나 특별한 공을 세워서 받은 공패가 없는 자, 잡과출신자라도 성균 전교(典敎)나 전법(典法), 전의(典醫) 출신이 아닌 자로서 첨설직으로 봉익대부(奉翊大夫)부터 실직 3품 이하관은 모두 본향으로 돌려보내 주군을 알차게 하소서. 지금부터 향리는 명경과와 잡과 출신이라도 면역을 허가하지 않는 것을 항식으로 하소서.87)

　조준은 권문에 의탁하여 불법으로 피역한 향리뿐 아니라 첨설직 봉익대부부터 진차(眞差) 3품관 이하를 모두 본향으로 돌려보내자고 했다. 이 건의는 곧 시행되었다.88) 조선 건국 후 이 규정을 조선의 통정대부(通政大夫) 이하, 고려의 봉익대부(奉翊大夫) 이하로 표현이 수정

　　　서 앞에서 살펴본 조준의 상소 등 논의가 혁파로 급변한다. 이는 이색 계열과 정도전·조준 계열이 첨설직에 대한 대책에서도 생각을 달리하고 있음을 보여준다.
87) 『고려사』 권131, 열전31, 조준 ; 『고려사절요』 권34, 공양왕 원년 12월, 조준 상소, "恭讓王 元年 十二月 趙浚上言 比年以來 紀綱陵夷 州縣之吏 或稱軍功冒受官職 或憑雜科 謀避本役 或托權勢濫陞官秩者 不可勝記 州郡一空 八道凋弊 願自今 雖三丁一子 三四代免鄕 而無的實文契者 軍功免鄕 而無特立奇功受功牌者 雜科非成均典校·典法·典醫出身者 自添設奉翊 眞差 三品以下 勒令從本 以實州郡 自今以後鄕吏不許明經雜科出身免役 以爲恒式."
88) 『태조실록』 권2, 태조 원년 12월 임술, 1책, "訊捕逃冒職之吏 而還其鄕吏" ; 『고려사』 권131, 열전31, 조준 ; 『고려사절요』 권34, 공양왕 원년 12월 조준 상서.

되었고[89] 다시 『원전』에 그대로 수록되었다.[90]

이 조문의 본의는 피역자 정리와 향리층과 향촌사회의 안정이지만, 첨설직을 정리하고 권세가와 결탁한 거경자를 귀향시킴으로써 수도에 정착한 구 지배층의 세력기반을 축출한다는 의미도 큰 것이었다.

한편 조준의 상소가 올라간 다음 달인 공양왕 2년 정월에 사헌부에서 다시 첨설직의 직첩을 회수하자는 건의를 하였다.[91] 공양왕은 일단 거절하고는, 정도전에게 방법을 물었는데, 정도전은 다음과 같은 방안을 제시한다.

> 또 묻기를, "질품(秩品)이 높은 자를 어떻게 처리할 것이냐?"하니 대답하기를, "옛적 송나라 때에 산관을 위하여 대단관(大丹館)과 복원궁(福源宮)을 세우고 혹은 제조를 제수하고 혹은 제거(提擧)를 제수하였으니, 지금도 또한 이를 본받아 별도로 궁성숙위부(宮城宿衛府)를 두고 밀직(密直)과 봉익(奉翊)에 자리하는 자는 제조 궁성숙위사(提調宮城宿衛事)를 삼고 3, 4품은 제거궁성숙위사(提擧宮城宿衛事)를 삼을 것이니, 그렇게 하면 정사(政事)가 그 마땅함을 얻을 것이요, 체통이 엄할 것입니다."라고 하였다. 또 묻기를, "외방에 있는 자는 어떻게 처우할 것이냐?"라고 하거늘 대답하기를, "경성에 있는 자를 이와 같이

---

89) 『태조실록』 권2, 태조 원년 9월 임인, 조준·배극렴 등 상언.
90) 『세종실록』 권47, 세종 12년 1월 병오, "元六典 洪武二十五年九月日 頒降條劃內 州郡鄕吏免役之法 除製述業 及第進士生員出身者 特立軍功 事績現著 曾受功牌者 由雜科出身 曾經歷所任 都目去官者 三丁一子選上 申省免鄕者 考其文案 依例免鄕外 無故避役 及冒受官職者 其身及子孫 今朝通政以下 前朝奉翊以下 勒令從本 以實州郡." 『경제육전』은 기존에 발표된 수교문을 수집하여 편찬한 법전이다. 그런데 본문의 홍무 25년 9월은 태조 원년 9월로 조준·배극렴 상언의 날짜와 일치한다. 따라서 이 상소가 채택되어 수교로 내려졌고, 그것이 『경제육전』에 수록되었음을 알 수 있다.
91) 『고려사』 권75, 선거3, 첨설직, 공양왕 정월 헌사 상소, 이때 대사헌은 성석린이었다.

처우하면 외방에 있는 자도 다투어 와서 나아가 왕실을 호위할 것이니 그런 뒤 질(秩)의 고하(高下)로써 혹은 제조(提調)를 삼고 혹은 제거(提擧)를 삼으소서."라고 하니, 왕이 이를 좇아 궁성숙위부(宮城宿衛府)를 두었다.92)

궁성숙위부의 설치는 이전에는 볼 수 없는 새로운 방안이었다. 무조건 첨설직을 혁파해 버리는 대신에 이들을 거경숙위자로 전환시키자는 것이다. 그는 또 이렇게 하면 외방의 사람들이 다투어 달려와 왕실을 숙위할 것이라고 하였다. 본문에는 그 이유와 방법이 나와 있지 않다. 그런데 후술하겠지만 한양천도 후 거경숙위자의 상경조치를 본격적으로 추진하기 시작하던 태조 4년 1월에 도평의사사에서 고려 숙위제의 폐단은 숙위자에게 무록관이나 첨설직을 준 것이라고 지적하고, 각 도와 각 위(衛)의 현임과 산직 무관을 등용할 것을 요청하여 태조의 허락을 받아내는 사례가 있다.93) 이는 숙위자들에게 실직(實職)을 수여하고, 등용하는 제도를 갖추자는 것이다. 대신에 이들은 첨설직의 철폐와 귀향조치, 사숙 철폐, 전국적인 한량관의 조사 등을 통해 지방의 면역계층을 색출하고 정비하려고 했다. 그 결과 6품 관계를 지닌 사람들이 기선군관과 같은 군역에 차정되기도 하였다.94) 그렇게 되

---

92) 『고려사』 권75, 선거3, 첨설직, "又問 秩高者 處之如何 對曰 昔趙宋時 爲散官 設大丹館福源宮 或授提調 或授提擧 今亦效此 別置宮城宿衛府 而位密直奉翊者 爲提調宮城宿衛事 三四品 提擧宮城宿衛事 然則政得其宜 體統嚴矣 又問 居外者 處之如何 對曰 居京城者 處之如此 則在外者 爭來赴衛王室矣 然後以秩高下 或爲提調 或爲提擧 從之 置宮城宿衛府.";『고려사절요』 권34, 공양왕 2년 정월.
93) 『태조실록』 권7, 태조 4년 정월 을사, "都評議使司啓曰 前朝之季 官爵汎濫 宿衛之士 皆受無祿添職 生理甚艱 老幼無才者 充職各領 徒費廩祿 實爲兩失 乞令三軍府 兵曹 將各道各衛時散武官等 考其年貌才藝 以備衛領 誠爲便益 上兪允施行."

면 이들은 그 중에서 가장 좋은 직역을 선택해야 하는데, 문무관료로 진출하지 않는 이상 가장 바람직한 것은 상경종사였다. 정도전이 궁성 숙위부를 설치하면 외방인이 다투어 달려올 것이라고 확신한 것은 곧 이러한 제도를 복안으로 가지고 있었기 때문이었다.

이처럼 정도전의 방안은 이전의 방안과 달리 숙위제를 통해 재지사족들을 서울로 소집하여 새로운 관료예비군을 창출하고, 점차적으로 이들을 등용하는 데 초점이 놓여 있다. 즉 첨설직의 정리라는 당면 과제에 직면해서 이를 빌미로 중앙에 진출해 있던 구 세력들을 도태시키고, 재지사족들에게 왕실숙위라는 새로운 직역을 마련함으로써 이들을 도성주민과 관료예비군으로 창출한다는 복합적인 계획이었다.[95]

---

94) 『태조실록』 권8, 태조 4년 11월 신미.
95) 정두희는 첨설직이 군공으로 수여되며, 그 수여자들이 대부분 장수들의 휘하에서 활약하던 지방세력, 향리층이라는 점에 주목하여 개혁파가 반대파들의 군사력을 약화시키려는 시도라고 이해했다(정두희, 「고려말기의 첨설직」, 『진단학보』 44, 1977, 50쪽 ;「고려말 신흥무장세력의 성장과 첨설직의 설치」, 『이재룡박사환력기념한국사학논총』, 1990, 294~296쪽). 한영우는 이 조치가 개국 초에 첨설관이 지방에 산재하는 것을 막고, 국가의 직접적인 통치 하에 두기 위한 것이라고 보았다(한영우, 『조선전기사회경제연구』, 264쪽). 그러나 이런 견해들은 조준의 상소에서 말한 대로 첨설직을 귀향시키고, 새로운 한량품관을 선발, 상경시키는 조치와 이들의 기능이 단순히 군사적 목적이 아니라는 사실을 설명할 수 없다. 정도전이 말한 외방에서 달려오는 새로운 숙위자란 기존의 숙위참여자가 아닌 새로운 관료예비군 세력을 상정한 것이었다. 대체로 1980년대까지의 연구에서는 군전 지급은 한량관이라는 지방거주 관인층에 대한 신분제적인 우대책에서 지급되는 것으로 이해하는 경향이 일반적이었다(김태영, 『조선전기 토지제도사연구』, 지식산업사, 1983, 70쪽, 127~128쪽). 윤훈표는 궁성숙위부의 설치와 수전품관의 설치를 군제 개혁의 측면에서 고찰하여 고려후기 첨설직으로 인한 신분제의 혼란을 극복하고, 신분제의 편성원리에 따라 군역 담당자를 재편하고, 군전을 지급하여 군제의 내실화와 사회적, 경제적 질서의 안정을 유지하기 위한 정책이라고 하였다(윤훈표, 『여말선초 군제개혁연구』, 143~150쪽).

그리하여 그의 건의에 따라 공양왕 2년 정월에 궁성숙위부를 창설했다.96) 이어 한량관 숙위제도97)와 토지지급 규정도 만들었다. 공양왕 3년에 마련한 과전법에서 6도의 한량관에게 10결 내지 5결의 군전(軍田)을 지급하게 한 규정이 그것이다.

외방은 왕실의 울타리이다. 마땅히 군전을 설치하여 군사를 양성한다. 동서 양계는 군수에 충당하고 육도의 한량관리는 자품의 고하를 논하지 않고, 그 본전의 많고 적음에 따라 각각 군전 10결 또는 5결을 지급한다.98)

---

96) 그간의 연구에서는 궁성숙위부는 설치되지 않고 다음 해 만드는 삼군도총제부가 이 취지를 이은 것이라고 파악했다(한영우, 「여말선초의 한량과 그 지위」, 『한국사연구』 4, 1983). 그러나 본문의 말미에도 분명 설치했다는 기록이 나오고, 『고려사절요』에서도 궁성숙위부를 설치했다는 기록이 나온다 (『고려사절요』 권34, 공양왕 2년 정월). 그러므로 이 기록을 무시할 필요는 없을 것 같다.
97) 한량과 군전에 대한 논저는 다음과 같다. 백남운, 『조선봉건사회경제사』 상, 1937, 283~287쪽 ; 천관우, 「여말선초의 한량」, 『이병도박사회갑기념정년논총』, 1956/『근세조선사연구』, 일조각, 1979 ; 浜中升, 「麗末鮮初の閑良について」, 『朝鮮學報』 42, 1967 ; 민현구, 「근세조선전기 군사제도의 성립」, 『한국군제사-근세조선전기편』, 1969 ; 한영우, 「여말선초의 한량과 그 지위」, 『한국사연구』 4, 1969 ; 이성무, 「양반과 군역」, 『조선초기 양반연구』, 일조각, 1980.
98) 『고려사』 권78, 식화1, 녹과전, 공양왕 3년 5월, "外方 王室之藩 宜置軍田 以養軍士 東西兩界 依充軍需 六道閑良官吏 不論資品高下 隨其本田多少 各給軍田十結或五結." 이 조치에 대해 과전법 개혁 당시 고려시대에 전시과체제 하에서 받고 있던 수조지를 몰수하고자 했으나 모두 몰수할 수는 없으므로 군전이라는 명목으로 5~10결의 수조지를 지급하거나 혹은 남기고, 대신 이들에게 거경시위의 의무를 부과하려고 했다는 해석이 지배적이다. 또 기왕이면 경제적으로 유족한 한량관리들을 동원하여 경군을 강화하고 재지세력을 통제하려는 시도도 있었다고 한다(이성무, 『조선초기 양반연구』, 221~222쪽). 이러한 생각은 시위를 군사적 의미에 국한시키고, 수전패와 무수전패 문제를 이들의 해체 문제로 고심하던 태종대에나 창설된 것으로 이해하

그리고 이들 중 부경종사(赴京從仕)하는 자에게는 과전을 지급했다.99) 이 내용은 그대로 『원전』에 수록되었다.100)

이때 지급한 토지의 양은 공양왕 3년의 과전법에서는 최하등급인 8과로서 권무, 산직과 같다. 태조 3년(1394) 안에는101) 17과인 정, 잡 권무(10결), 18과의 영동정(令同正), 학생에 해당한다.102) 과전의 양이 권무, 동정, 학생에 상당하는 것 자체가 관료예비군으로서 이들의 위상

여 당시의 상황에 비추어 판단한 데서 비롯된 것 같다. 그러나 여기서는 거경시위를 재지품관층의 적극적인 등용책과 상경책으로 이해하며, 태조대의 상황과 태종대의 상황은 양자의 입장 차이를 감안해서 이해해야 한다고 본다.

99) 한영우, 이성무 교수는 거경시위자, 즉 과전수혜자와 군전수혜자를 새 왕조에의 참여세력과 거부자 내지 불응자로 구별한다. 그리고 군전은 이들 거부자에 대한 회유책으로 지급했다고 본다(한영우, 위의 글 ; 이성무, 「양반과 군역」, 『조선초기 양반연구』, 일조각, 1980). 그러나 이때는 아직 고려왕조가 멸망하기 전이었다(이경식, 앞의 글, 104쪽, 주 35) 참조). 그보다는 보다 근본적인 정책차원에서 고려해야 할 것으로 생각된다.

재지품관층, 한량관에게 지급하는 토지가 과전과 군전으로 갈라진 이유는 각각의 의미와 기능이 달랐기 때문이다. 조준은 과전은 경기에 두어 사대부를 우대하는 토지이며, 군전은 주군에 두어 사도(師徒)를 양성하는 토지라고 정의했다(『태조실록』 권2, 태조 원년 12월 임술). 즉 군전 수수는 군사적 의미가 강한 직역에 해당한다는 뜻이다. 과전법에 수록되지는 않았지만, 그는 1차 사전혁파 상소에서 군전은 재예(才藝)를 시험하여 지급하고 나이제한은 20세 이상자로 하고 60세에 반납하는 방안을 제시했었다(『고려사』 권78, 식화1, 전제 녹과전, 신우 14년 7월). 『용비어천가』에서도 군전을 지급할 때 "자품(資品)을 논하지 않고 재주의 높고 낮음을 따라 각기 전지를 지급하였으니 혹은 10결을 주고 혹은 5결을 주었다."고 했다("不論資品 隨才高下 各給田 或十結 或五結"). 이처럼 시험을 보고 자질을 검사한 이유는 군전의 용도는 군사적 성격이 강했기 때문이다.

100) 연세대학교 국학연구원 편, 『경제육전집록』, 호전 과전, 92~97쪽.
101) 『용비어천가』 8, 제72장.
102) 과전법 개혁의 세부 내용에 대해서는 김태영, 「과전법의 성립과 그 성격」, 『조선전기 토지제도사연구』, 지식산업사, 1983.

을 말해준다고 하겠다. 이들이 산관임에도 불구하고 과전을 받는 이유는 권무직과 마찬가지로 거경숙위라는 직역을 수행하고 있기 때문이다.

그러면 이들 과전 수수자와 군전 수수자를 어떻게 선발했을까? 이들의 선발대상은 한량관, 전함품관 등의 재지사족층이었다.[103] 첨설직 혁파, 향리 귀향조치와 아울러 생각하면 이것은 모수관직자나 향리피역자를 정리하고 선별한 재지사족층에게 직역을 부과함으로써 국가가 직접 개입하여 향촌 사회 내의 사족층과 향리층 혹은 국가의 직역부담자와 향리역 부담자를 변별하는 효과를 가져올 수 있었다. 또 재지사족층을 신왕조에 복속시키는 효과도 적지 않았을 것이다.

그런데 같은 사족의 직역이라도 과전 수수와 군전 수수는 의미가 달랐다. 군전 수수는 군사적 의미가 강한 직역이었다. 조준은 군전을 정의하기를, 주군에 두어 사도(師徒)를 양성하는 토지라고 했다.[104] 따라서 군사적 재능을 고려할 수밖에 없었다. 조준은 창왕 즉위년에 올린 1차 사전혁파 상소에서 군전은 20~60세 사이의 인물로 그 재주와 기술을 시험하여 지급했다고 하였다.[105] 그리고 용비어천가의 기록에 의하면 자품을 논하지 않고 재능의 고하에 따라 지급했다고 한다.[106] 여기서 군전 수수자의 정년이 60세라는 점을 주목할 필요가 있다. 60세는 고려시대 국역종사자의 정년으로서,[107] 군전은 어디까지나 국역

---

103) 한량관의 개념과 이때의 과전 및 군전 지급 대상자에 대해서는 이견이 있다. 각설에 대한 정리는 한영우,「여말선초 한량과 그 지위」, 256~273쪽 및 이경식,「과전의 점유와 그 원칙」,『조선전기토지제도사연구』, 일조각, 1986, 105쪽. 본고에서는 첨설관 등을 포함한 일련의 재지사족층으로 파악한다.
104)『태조실록』권2, 태조 원년 12월 임술.
105)『고려사』권78, 식화1, 전제, 녹과전, 창왕 즉위년 7월.
106)『용비어천가』8, 제72장, "不論資品 隨才高下 各給田 或十結 或五結."
107)『고려사』권79, 식화2, 호구.

(군역) 수행의 대가로 주어지는 것이었다.

　반면 거경숙위자에 대해서는 시·산관을 구분하지 않고 과전을 주었다.108) 조준은 과전은 경기에 두어 사대부를 우대하는 토지라고 정의했다.109) 또 태조 3년 사간원의 상소에서는 경성에 살면서 왕실을 호위하는 자에게 염치를 배양하기 위해 설치한 것이라고 하였다.110) 염치란 곧 관료의 소양이다. 또 궁성숙위부 설치 이후 10년이 못된 태조 6년에 거경숙위자 중에서 70이 넘은 자를 외방으로 돌려보내고 그 집을 복호하는 조치를 내리는 것을 보면,111) 선발 당시에 이미 60대에 달한 인물도 있었으며, 이들의 정년이 70임을 알 수 있다. 군전 수수자의 정년이 60세인 것과 비교되는데, 70세 치사(致仕)법112)에서 알 수 있듯이 70세는 관료의 정년이다. 태종 15년에 일부 2품 이상관의 외방거주를 허가할 때도 기준은 70세 이상이었다.113) 이상의 사실들은 과전을 받고 거경숙위하는 직역의 성격은 외방에서 군전을 받는 사람들과는 다르며, 군사적 기능보다는 관료적 의미가 강한 것임을 보여준다.

　이들은 궁성숙위부에 소속되었을 뿐 아니라, 도성의 호적에 편입되었다.114) 숙위를 담당한다고 하지만 군역이 아니었으므로 특별한 시위

---

108)『고려사』권78, 식화1, 전제, 녹과전, 공양왕 3년 5월.
109)『태조실록』권2, 태조 원년 12월 임술.
110)『태종실록』권5, 태종 3년 6월 을해, "司諫院上疏請正田制 疏略曰 貴賤之分 猶天建地設 不可亂也 苟或亂之 則民志不定 而陵僭之風起矣 況我朝尤嚴 於貴賤之分 是以田制一款云 居京城衛王室者 宜置科田 以養廉恥."
111)『태조실록』권12, 태조 6년 11월 정축.
112)『세종실록』권88, 세종 22년 3월 무오.
113)『태종실록』권29, 태종 15년 6월 계유.
114) 태조 7년 2월 기록에 대소인원으로 지방에 거주하는 자 중에서 경적에 올라 있는 자에게 상경명령을 내리는 기록이 있고(『태조실록』권13, 태조 7년 2월 계사), 태종 때의 기록에도 상경숙위자에게 과전을 주고 적에 올렸다는 기록

업무에 동원되었던 것 같지는 않다. 하지만 이들은 도성에 항거해야 하며 외방으로 돌아가려는 자는 과전을 반납해야 했다. 늙거나 병이 든 사람은 자원에 따라 자서제질(子壻弟姪)로 대체할 수 있었다. 이 내용도 『원전』에 수록되었다.115)

또한 『원전』에서는 부모의 상 외는 휴가를 얻어 외방에 가는 것도 금지했으며, 부득이 나가야 할 때는 관직을 반납하도록 규정했다.116) 무고하게 100일 이상 숙위에 빠지는 자는 과전을 몰수하고, 경외를 서로 바꾸어 가면서 피역하기를 엿보는 자는 과전을 몰수하고 과죄한다는 규정도 두었다.117) 이는 숙위와 외방군역을 모두 회피하면서 면역계층으로 만족하는 자를 염두에 둔 배려였다.

정도전·조준 파가 이 같은 정책을 추진했던 이유는 단기적 목적과 장기적 목적으로 생각해 볼 수 있다. 당장의 현실적 필요성은 천거제가 신진세력을 등용하는 가장 빠른 방법이었기 때문이다. 학교에서의 수업기간과 임명 후 오랜 승진기간을 거쳐야 하는 과거에 비해 중견관료를 바로 등용할 수 있다는 장점이 있었고, 장수, 군관, 기술관 등 다양한 분야의 관리들을 등용할 수 있다는 장점이 있었다.

두 번째는 천거제를 통해 재지사족층을 등용함으로써 자신들의 지지세력과 지지기반을 확충하는 것이었다. 정치구조적인 측면에서만이

이 있다(『태종실록』 권4, 태종 2년 4월 계사). 이를 보면 상경숙위자, 효렴 천거자등이 상경하고 과전을 받으면 경적에 등록했던 것 같다.
115) 『고려사』 과전법 조항 및 『세종실록』 권59, 세종 15년 1월 무오, "六典內 受田品官 專爲居京城衛王室 其願居外方者 還收科田 其老病 願以子壻弟姪代者 聽 京外相推規避者 收田科罪."
116) 『정종실록』 권2, 정종 1년 12월, "經濟六典所載 凡仕于朝者 除父母奔喪外 不許出關 其事有不獲已 必辭職而後乃行 違者痛治."
117) 『태종실록』 권8, 태종 4년 8월 정유, "經濟六典一款內 閑良官 除父母喪葬疾病外 無故不赴三軍府宿衛滿百日者 其所受田 許人陳告遞受 京外相推規避者 收田科罪."

아니라 당장 지역기반 및 물리력에서도 그들은 소수였다.[118] 수도를 개성에서 한양으로 옮겼지만 이러한 사정은 개선되지 않았다. 개성과 한양은 지역적으로 멀지 않고 수로로도 긴밀하게 연결되어 있어서 종래의 귀족과 관료들은 한양과 경기 주변에도 상당한 토지와 인민을 보유하고 있었다. 그러므로 이들이 자신들의 지지세력을 창출하기 위해서는 새로운 관료후보군을 한양과 경기의 주민으로 모집하여 재편성할 필요가 있었다.

세 번째는 보다 장기적이고 구조적인 문제로서 천거제는 관료군의 지속적인 보충과 순환을 이루어 줌으로써 관료군이 소수집단으로 고착화하거나 특권세력화 하는 것을 완화시켜 준다는 것이었다. 과거제만으로는 지배세력이 문벌화, 고착화하는 추세를 막을 수 없었기 때문이다. 실제로 이러한 의미는 16세기의 사림파에서 실학자에 이르기까지 지속적으로 제기되었던 문제로서, 개혁파 사대부의 구상이 그 시초를 이룬다는 점에서 큰 의미를 지닌다고 하겠다.

정도전·조준 파는 이러한 의미에서 천거제의 활용을 기대했지만, 실행에 옮기는 과정에서 여러 가지 난관에 봉착했다. 먼저 거경숙위 계획의 중심이 되는 궁성숙위부가 공양왕 3년 1월에 군제를 오군에서 삼군으로 바귀는 과정에서 파기되고, 거경숙위하는 수전품관은 신·구 경기의 거주자, 42도부(都府)와 성중애마와 함께 모두 삼군도총제부(三軍都摠制府)에 소속하게 되었다.[119] 그런데 이 변화는 명칭상의

---

[118] 이러한 불안감은 정도전·조준 파가 몰락하는 왕자의 난 때 가병과 노비들이 군사력의 중요한 부분을 차지했던 데서도 찾아볼 수 있다. 난이 발생했을 때 정도전의 아들들, 김사형, 조준 개혁의 중추세력들이 무력저항을 시도하다가 저지되었는데, 이들의 군사는 대부분이 그들의 가솔과 노비였다.

[119] 『고려사』 권77, 백관2, 제사도감각색(諸司都監各色), "恭讓王三年 省前軍 後軍 只置中軍 左軍 右軍 爲三軍都摠制府 統中外軍事 以受田散官及居新·舊京圻者, 四十二都府 各成衆愛馬 分屬焉."

변화일 뿐 실제로는 별다른 차이가 없어 보인다. 삼군도총제부의 구성을 보면 수장인 도총제사는 이성계가 맡고, 정도전이 우군총제사, 조준이 좌군총제사로 임명되어서[120] 여전히 혁명 주체가 실권을 장악하고 있기 때문이다.

그런데 정도전은 우군총제사직을 사양하면서 이 조치에 대해 강한 불만을 표시했다.

> 오군을 줄여 삼군도총제부를 만들고, 정도전을 우군총제사로 삼았다. 정도전이 사양하며 말하기를, (이는) 신이 중국에 있을 때 헌부에서 건의한 것으로 신은 알지 못하는 내용입니다.……또 사전을 혁파하고, 관복을 고친 일 등은 모두 신이 행한 것이 아닌데, 주위 사람들이 모두 신을 지목하니 신이 감히 이 직을 맡으면, 매일 참언이 발생할 것입니다.[121]

이 기록으로 보면 정도전이 우군총제사직을 사양한 것은 사전 혁파, 관복 개혁와 같은 개혁조치와 개혁파의 독주, 병권 독점에 대한 불만을 약화시키려는 정치적 판단 때문인 듯하다. 그러나 그렇다고 해도 오군을 삼군으로 축소한 문제에 대해서 정도전은 정말로 불만이었던 것 같다. 공양왕 2년 6월 정도전은 윤이(尹彝)·이초(李初) 사건의 처리 문제로 명나라에 파견되었는데,[122] 그가 중국에 다녀오는 사이에 오군이 삼군으로 축소되고, 궁성숙위부가 삼군도총제부로 흡수되어

---

120) 위의 주와 같음.
121) 『고려사』 권132, 열전32, 정도전, "省五軍爲三軍都摠制府 以道傳爲右軍摠制使 道傳辭曰 臣在中朝 憲司所建白 臣不知也……且革私田 改冠服等事 皆非臣所爲也 左右皆目臣 臣又冒處是任 則讒言日至."
122) 윤이·이초 사건에 대해서는 조계찬, 「조선 건국과 윤이·이초사건」, 『두계이병도박사구순기념한국사학논총』, 지신산업사, 1987.

버렸던 것이다.

　정도전이 이 개편에 불만을 표시한 이유는 다음과 같이 추정할 수 있을 것 같다. 궁성숙위부는 수전품관들을 위한 특수기구이고, 삼군도총제부는 군사행정 전반을 담당하는 실무기구였다. 궁성숙위부라는 단독 기구가 존속했다면 상경한 재지사족과 한량관들을 정치세력으로 조직하고 여론을 형성하거나 개인의 자질을 변별하는 일도 그만큼 쉽고, 거관자에 대한 특혜와 관직수혜의 길도 그만큼 넓은 장점이 있었을 것이다. 고려시대나 조선시대나 거관자의 배정과 등용은 관서 단위로 행해지기 때문이다.

　그러나 삼군도총제부라는 실제 군사기구에 통합됨으로써 관로도 좁아지고, 군무와는 거리가 있는 수전품관들은 경쟁에서도 훨씬 불리한 입장에 처하게 된 것이다. 『고려사절요』에서 삼군도총제부의 설립은 기록하지 않고 "수전품관이 삼군에 소속되었다"[123)]라는 짤막한 언급만을 남긴 것도 이러한 불만과 걱정의 표현이었다고 생각된다.[124)]

　어떻든 이렇게 재지사족의 거경숙위제도가 마련되었지만 이들의 거경숙위도 쉽게 진행되지 않았다. 먼저 숙위자의 선정작업도 해야 했을 것이고, 서울에 이들을 위한 거주지도 마련해야 했다. 보다 결정적인 요인은 신도 건설과 한양 천도의 지연이었다. 태조는 즉위 26일만

---

123) 『고려사절요』 권35, 공양왕 3년 정월, "以受田品官 並屬三軍."
124) 『고려사절요』는 정도전이 편찬한 편년체 사서인 『고려국사』의 계통을 잇고 있는 것으로 알려져 있다. 따라서 그의 문제의식이 『고려사』보다는 잘 남아 있을 가능성이 있다고 생각된다. 그렇지 않다 하여도 이들 수전품관들의 처리문제는 태종~세종대에 걸쳐 커다란 현안의 하나였다. 다음 장에서 살펴보겠지만 정도전 일파가 제거된 후 이들 수전품관들은 상당한 논란과 소요 끝에 수전패, 나중에는 도성위로 정리되고, 기능도 이전의 산관집단에서 시위군 즉 군사적 성격을 강조하게 된다. 이러한 상황을 경험했던 편찬자가 이 사태의 시원으로서 이 사실을 이렇게 기술했던 것 같다.

에 수도 천도를 천명했지만,125) 태조 3년(1394) 10월에야 비로소 한양으로 천도할 수 있었다.126) 뿐만 아니라 천도 당시에 한양에는 도성·궁궐·관아 등 기간시설이 전혀 없었다.127) 이런 상황에서 서울로 이주할 수전품관들의 거주지를 마련하는 일은 우선순위에서도 밀리고, 신속하게 진행되기도 어려웠다.

또 신도의 도시계획을 마련하는 과정에서 고위관료들의 가옥터를 넓게 산정하는 바람에 산관 즉 수전품관이나 서민에게 돌아갈 땅이 부족해졌다. 재지사족층과 산관층을 서울 주민으로 흡수하려고 했던 정도전 파는 이들을 위해 보다 많은 집터를 확보할 필요가 있었다. 태조 4년 정도전 파의 핵심인물이던 장지화(張至和)128) 등이 신도의 토지가 500여 결에 불과한데, 개성부가 고관의 가옥터를 너무 넓게 산정하여 산관이나 서인에게는 돌아갈 토지가 없다고 이의를 제기하고 최상위를 30~40부로 줄일 것을 요구했다.129) 이 건의는 받아들여져서 정1품의 집터를 60부에서 35부로 줄이고, 차례로 강등하여 5, 6품은 15부, 서인은 2부로 확정했다.130)

---

125) 『태조실록』 권1, 태조 원년 8월 임술 ; 원영환, 『조선시대 한성부 연구』, 강원대학교출판부, 1990, 10쪽.
126) 『태조실록』 권6, 태조 3년 10월 신묘.
127) 원영환, 『조선시대 한성부 연구』, 14~26쪽 참조.
128) 장지화는 정도전 계의 강경파로 왕자의 난 때 피살되었다(한영우, 「조선 개국공신의 출신에 대한 연구」, 『조선전기 사회경제사연구』, 161~162쪽).
129) 『태조실록』 권7, 태조 4년 1월 기유, "張至和等上疏以爲 殿下肇造新邑 命開城府 自時散各品 至于庶人 量給家基 以臣等所見 誠有未便 今新都之地 不過五百餘結 若以開城府所定 正一品六十負 以次而降 則文武見任 尙難周給 況散官庶人乎 願下攸司 更定負數 上不過三四十負 則人皆無憾, 而各得其所矣 上兪允." 당시는 이미 한성부로 천도한 뒤였지만, 수도행정기구는 여전히 개성부라는 명칭을 사용하고 있었다. 이 명칭상의 혼동은 『원전』을 편찬할 때까지도 개선되지 않아 한성부의 임무규정을 명시한 법조문에는 여전히 개성부라고 명기되었다.

개성부가 처음 집터를 산정할 때 토지규모나 수급 대상자에 대한 계산도 없이 산정했을 리는 없다. 양자의 차이는 산관과 서인에 대한 배려의 차이일 수도 있지만, 수전품관의 상경정책에 대한 집권세력의 불만이 표출된 것일 가능성도 있다.

당시 서울로 상경해서 호적에 편입되도록 한 사람은 수전품관 외에도 일반 천거와 효렴 천거를 통한 천거자들이 있었다. 그러나 신도 건설이 늦어지면서 천거제의 확대실시나 상경종사가 모두 지체되었고, 이미 상경했던 사람이나 상경 대상자들의 기대와 호응도도 떨어졌다. 태조 3년 2월에 태조는 한량인, 수전자로 외방에 거주하며 숙위하지 않는 자를 처벌하라는 명령을 내렸다.131) 이때는 한양 천도를 시행하기 8개월 전이었는데, 이는 천도 지연이라는 상황과 무관하지 않다고 생각된다. 국가에서 어떤 확실한 모습을 보여주지 못하는 상황에서 수전인들은 상경종사에 큰 의욕을 보이지 않고 외방에서의 면역에 만족했을 수도 있을 것이다.

정도전도 태조 3년 5월에 편찬한 『조선경국전』에서 공양왕 때부터 시도한 천거제의 실패를 인정하면서 훈로와 친구, 군사를 먼저 등용해야 하는 관계로 천거법을 만들었으나 제대로 시행하지 못하였다고 하였다.132) 여기서 천도 지연 문제는 언급하지 않았으나 천도 전인 태조 3년 5월에 이미 정도전이 천거를 통한 신진세력의 흡수가 되지 않고 있음을 안타까워하고 있는 것을 보면, 그 안타까움 속에는 거경숙위자

---

130) 『태조실록』 권7, 태조 4년 1월 기유, "開城府 更定各品家基 正一品三十五負 降殺以五 至于六品十負 庶人則二負."
131) 『태조실록』 권5, 태조 3년 2월 을축.
132) 정도전, 『삼봉집』 권7, 『조선경국전』 상, 치전 입관, "其才學道德 足以裨補國政 武勇韜略 足以率三軍 君上以特旨用之者 不在資格之拘 然當卽位之初 庶事草創 勳勞親舊 有未盡除授者 軍旅方興 介冑之士 在所當先 成法未盡舉行 故臣於此著之 俾後來 知有成法而得所持守焉."

와 효렴, 무재 천거자의 상경이 늦추어지고 있는 사정도 포함되어 있었다고 보아야 할 것이다.

태조 3년 10월 드디어 한양 천도가 시행되자 태조 4년 정월에 도평의사사는 숙위 강화를 위해 시산무관을 등용할 것을 건의하였다.

> 도평의사사에서 아뢰었다. "고려말에 관작(官爵)이 남발되어, 숙위하는 군사들은 모두 녹(祿)이 없는 첨직(添職)만 맡아서 생리(生理)가 매우 어렵고, 늙고 어리고 재주 없는 사람들이 각 영(領)에 충당되어 국고만 축을 내니, 실로 두 가지 다 손해를 보고 있는 것입니다. 원하옵건대, 삼군부(三軍府)와 병조로 하여금 각도(各道)·각위(各衛)의 현직 및 퇴직 무관들의 나이와 얼굴과 재주와 기술을 조사하여 위(衛)·영(領)의 군인을 삼는 것이 실로 편하고 도움이 되겠습니다." 임금이 윤허하여 시행하게 하였다.133)

이 건의는 천도에 따른 숙위제의 정비를 시도한 것으로 보이지만 전체 문맥을 보면 그간의 첨설직 혁파와 궁성숙위부의 설치, 전함품관의 상경종사 정책과 유사한 내용을 보이고 있다. 천도 사업이 성공리에 끝나자 그동안 보류해 두었던 천거자의 상경종사 정책을 다시 거론한 것이다. 그러나 이때도 천거자의 본격적인 상경종사는 행해지지 않았던 것 같다. 결국 한양의 정비가 어느 정도 끝난 태조 6년이 되어서야 비로소 본격적인 재지품관과 수전품관에 대한 상경숙위의 명령이 하달되었다.

---

133) 『태조실록』 권7, 태조 4년 정월 을사, "都評議使司啓曰 前朝之季 官爵汎濫 宿衛之士 皆受無祿添職 生理甚艱 老幼無才者 充職各領 徒費廩祿 實爲兩失 乞令三軍府 兵曹 將各道各衛時散武官等 考其年貌才藝 以備衛領 誠爲便益 上兪允施行."

양부(兩府) 이하의 전함품관으로 하여금 항상 서울에 있어 왕실을 호위하게 했다. 양부는 6월 초1일에 한정하고, 가선대부는 8월 초1일로 한정하였다.[134]

위 기록에는 나오지 않지만 6월에 기한에 맞추어 도달하지 못한 인물을 처벌하는 기사에 의하면 이때의 교지에는 이 명령에 불응하거나 기한을 맞추지 않는 자는 직첩을 삭탈하고, 가산을 몰수한다는 강경한 처벌규정까지 마련하고 있었다.[135] 이들 외에 효자, 순손의 천거자, 무재(茂才) 천거자들에 대해서도 같은 명령이 내렸다.[136] 태조는 친히 상경자의 일부를 접견하고 쌀과 전택을 지급하여 포상[137]하는 한편, 기한에 미치지 못한 자들은 교지대로 직첩을 삭탈하고 가산을 몰수하였다.[138]

이어 12월에는 양부대신 이상은 각각 현량 5인을 천거하라는 명령을 내렸다.[139] 12월이 도목정을 행하는 시기이고, 양부 대신에게 명령

---

134) 『태조실록』 권11, 태조 6년 4월 을사, "令兩府以下 前銜品官 常居京衛王室 兩府刻六月初一日 嘉善刻八月初一日." 한영우는 이 명령이 토지를 받고 외방에 퇴거한 수전품관들에게 법대로 숙위를 수행하라는 명령이라고 보았다 (한영우, 「여말선초의 한량과 그 지위」, 279쪽). 그러나 본문에 수전품관이라는 표현이 없다. 또 이런 의미의 명령이라면 나중에 태조가 상경자를 접견하여 포상하고, 집터를 지급한 것도 지나치고 불응자의 처벌에 직첩과 가산몰수만 있고, 과전 몰수가 빠져 있는 점도 납득이 되지 않는다.
135) 『태조실록』 권11, 태조 6년 6월 임오, "憲司上言 在外品官 居京侍衛 其有定日 前知門下府事 崔濂 全和寧尹 朴天祥 全密直 全子忠 孫光裕 等 皆不及期 請依敎旨 收奪職牒 籍沒財産."
136) 『태조실록』 권12, 태조 6년 12월 신사 ; 『태조실록』 권13, 태조 7년 2월 계사.
137) 『태조실록』 권11, 태조 6년 5월 경진, "前商議門下府事 姜著 前三司左使 金得齊 前密直 金先致 金用鈞 朴思貴 以居京之令 詣闕肅拜 上嘉其老能及期 命賜米仍給田宅."
138) 『태조실록』 권11, 태조 6년 6월 임오.
139) 『태조실록』 권12, 태조 6년 12월 계묘, "命兩府以上 各擧賢良五人."

을 내린 것으로 보아 이것은 인재발굴 차원의 천거가 아니라 인사 때에 등용할 관료후보자를 천거하라는 의미였다고 보아야 할 것이다. 이 해에 행한 재지품관의 상경책을 염두에 둔 조치였다.

그러나 이들이 상경하자 다시 거주지 문제가 발생했다. 이 해 11월에 다시 도평의사사에 이들 품관에게 가옥터를 마련하라는 명령을 내리는데,140) 그 며칠 전에 나이 70 이상자나 질병자, 생원진사 출신은 환향을 허락하고, 건강한 사람은 한양 내나 경기도 중 원하는 대로 거주하라는 명령을 내린 것을 보면141) 이때까지도 거주지 문제가 잘 해결되지 않았던 것 같다. 그러더니 다음 달인 12월에는 외방품관을 돌려보내고 말았다.

> 도당에 명하여 외방품관을 방환시켰다.142)

기록이 소략해서 외방품관의 정체나 방환의 대상이나 이유가 설명되어 있지 않다. 그러나 이 외방품관이 그동안 여러 경로로 천거되어 상경한 인물들임이 분명하다. 방환의 이유는 이전의 사정으로 보면 겨울이라는 상황과 가옥 부족이 원인이었던 것 같기도 하나 그것이 전부는 아니었다.

외방품관의 방환령이 있기 바로 전날 정도전은 다음과 같이 상언하였다.

> 봉화백 정도전이 임금께 상언하였다. "여러 번 교지를 내려 각각 효

---

140) 『태조실록』 권12, 태조 6년 11월 무오, "命都評議使司, 給居京品官家基."
141) 『태조실록』 권12, 태조 6년 11월 기유, "命外方品官年七十以上者 疾病者 生員進士出身者 竝許還鄕 又命宴慰七十以上者 遣之 仍復其家 其餘强壯者 京中畿內 自願居住."
142) 『태조실록』 권12, 태조 6년 12월 임오, "命都堂放還外方品官."

자·순손과 공정 청렴한 선비를 천거하여 아뢰게 하였는데, 곧 서용하지 않으시니 뒤에 오는 사람을 권하기 어렵습니다. 원하옵건대, 경외에 서용하옵소서"143)

하필 방환령이 발표되기 전날 정도전이 이런 상소를 올린 것을 보면 이들의 등용과 방환을 두고 정도전 계와 방환을 주장하는 세력 간에 치열한 대립이 있었던 것을 짐작하게 해준다. 정도전 측은 이들의 호적을 서울에 등록하고, 영구 이주시키려고 하였고, 이들의 등용을 반대하는 세력들은 등용된 인물 외에는 외방으로 돌려보내거나 거주지 부족 등을 거론하면서 최소한 겨울에는 고향으로 돌려보내자는 주장을 폈던 것 같다.

태조는 양쪽 사이에서 확고한 결단을 내리지 못하고 우물쭈물하였는데, 이 역시 양 세력간의 대립이 만만치 않았음을 암시한다. 그 결과 상경령과 방환령이 몇 차례 반복되기만 하였다.

다음 해인 태조 7년 2월 다시 대소인원으로 경적(京籍)에 오른 자들과 효자·무재 등의 상경령을 다시 내렸으나,144) 이들의 등용은 만족스럽게 되지 않았다. 태조 7년 5월에도 이들은 거듭 상경한 품관과 효자, 순손 등의 등용을 추진하였으나145) 태조 7년 8월 왕자의 난이 발생하여 이들이 몰락하고 말았다. 이에 이들이 추진하던 천거정책에도 변화가 발생하게 되었다.

---

143) 『태조실록』 권12, 태조 6년 12월 신사, "奉化伯鄭道傳言於上曰 屢下敎旨 各擧孝子順孫公廉之士以聞 而不卽敍用 難以勸後 願於京外敍用."
144) 『태조실록』 권13, 태조 7년 2월 계사.
145) 『태조실록』 권14, 태조 7년 5월 계해.

2) 숙위자의 귀향조치와 향촌세력화

정도전 파를 제거하자마 신집권층은 제일 먼저 그동안 상경시킨 피천거자와 수전품관을 귀향시켰다. 왕자의 난이 발생한 다음 달 간원은 다음과 같은 상소를 올렸다.

> 간원이 상언하였다.……외방의 한량관으로 효렴과 무재(茂才)로써 서울에 있는 사람들이 서용되지 못하면서 세월만 오래 끌고 있으니, 폐단이 진실로 작지 않습니다. 원하옵건대, 임용할 만한 사람은 뽑아서 임용하고, 그 나머지 사람들은 각기 향리(鄕里)로 돌아가게 하소서."하니 임금이 말하기를, 4품 이상의 관원은 잠정적으로 전례대로 시행하라고 하였다.146)

그런데 이 상소에서 언급한 효렴, 무재, 기타 천거제를 통해 상경한 인물들의 귀향은 비교적 쉬웠던 모양이지만, 수전품관들의 귀향조치는 쉽지 않았다. 이들은 다른 상경자(피천자)와 달리 과전을 받고, 숙위임무를 수행해 온 인사들이었기 때문이다. 그래서 고안해 낸 방법이 이들을 수전패(受田牌)라는 정식 병종으로 개편하는 것이었다. 수전품관들이 처음부터 삼군부 소속이었고, 이들의 과전 수급의 이유가 숙위였던 것도 중요한 명분이 되었다.147)

수전패는 태종 1년 11월에 창설되었다.

D1. (태종 1년 11월) 승추부가 부병 및 수전패를 구정(毬庭)에 모아 명

---

146) 『태조실록』 권15, 태조 7년 9월 경인, "諫官上言…… 一 外方閑良官 以孝廉茂才居京者 不見敍用 淹延歲月 弊固不細 願擇可用者用之 其餘各還鄕里 上曰 四品以上 姑以前例行之."
147) 『태종실록』 권12, 태종 6년 윤7월 계해, "傳旨曰 田制明言 居京侍衛王室 非自今日 爾等何故 只欲自便."

을 받아 노소와 강약을 구분하였다.148)

D2. (태종 2년 4월) 국가가 대소인원에게 과전을 주고 적(籍)에 올리고 패를 만들어 삼군으로 나누어 왕실을 시위하게 한 것은 진실로 좋은 법입니다. 과전을 받았으나 아직 패에 속하지 않은 자들은 승추부에서 날짜를 정하여 친히 점검하고 패를 만들려고 했는데, 그래도 오지 않은 자가 거의 200명입니다. 그들의 삼가지 못한 행동을 징계해야 하니 그들이 받은 과전을 거두소서.149)

위의 기록에서 알 수 있듯이 수전패는 기존의 수전품관을 심사하여 편성한 병종이다. 이들을 수전패라는 병종으로 재편하는 것은 여러 가지 장점이 있었다. 우선 순수한 병종으로 재편함에 따라 숙위의 군사적 기능을 강조함으로써 이들의 위상을 관료예비군이 아니라 시위군이라는 직역으로 전환할 수 있었다. 또 수전패가 시위군화하고, 입사의 기회도 줄어들면 재지사족의 유력자들이 거경숙위하려는 의욕도 꺾을 수 있었다. 원래 5결, 10결의 과전이 경제적으로는 큰 매력이 없는 상황에서150) 입사의 기회가 축소되고 육체적으로 고달픈 군사의무가 강화된다면 이들은 숙위를 회피하게 되고, 자연히 이들 중에서도 군사임무에 만족하는 자, 즉 외방 군전 수혜자 수준의 인물이 남거나 지원하게 될 것이다. 이들의 과전을 몰수하고 향리로 추방하는 무리한 조치보다는 훨씬 교묘한 방법이었다. 또 수전품관을 병종화함으로써

---

148) 『태종실록』 권2, 태종 1년 11월 무신, "承樞府 聚府兵及受田牌于毬庭 承命 分老少强弱也."
149) 『태종실록』 권4, 태종 2년 4월 계사, "國家以受田大小人員 籍名作牌 分爲三軍侍衛王室 此誠良法也 其有受田而未屬牌者 承樞府定日親點作牌 其不及者 幾二百人 收其所受之田 所以懲不恪也."
150) 『태종실록』 권12, 태종 6년 윤7월 계해, "若以五結十結 難以留京者 任從爾等 遞給子孫壻姪 各正乃心 無胥怨我."

정도전의 실각에 가장 크게 실망했을 이들에 대한 통제를 강화하고, 신체검사를 통해 상당수를 귀환시킬 명분을 얻을 수 있었다. 더욱이 이들의 상경종사한 명분이 숙위이며 삼군부 소속이었으므로 군사임무와 신체검사를 회피할 명분도 약했다.

그러나 이 작업은 순조롭지 않았다. 위 D2의 기사에 의하면 불응하는 자가 많았던 것 같다. 정부는 다시 날짜를 정하고, 과전몰수라는 처벌로 위협하였지만 그래도 200명이나 불응하였다. 애초에 수전품관들은 70세에 가까운 노인들도 있을 정도로 군사적 목적으로 설치된 집단은 아니었기 때문에 수전패로 전환이 아예 불가능한 인물들도 있었고, 시위군으로 편성되는 것 자체를 꺼려하는 인물도 있었을 것이다. 그리하여 무려 200명이나 정한 기일에 불응하였다. 정부는 할 수 없이 신체검사의 과정을 생략하고 불응자도 모두 수전패로 등록시켜주고 과전보유를 허락한다고 양보하였다.151) 이 또한 수전품관이 처음부터 군사적 시위를 목적으로 편성된 집단이 아니라는 증거가 된다.

이후 이들 중 외방에 돌아가 거주하는 자가 증가했다.152) 이들이 외방으로 퇴거하기 시작하는 것은 이전부터 있어 온 일이었지만, 태종 4년 이후로 실록에 이와 관련된 기록이 급증하는 것은 천거정책의 변화 때문이라고 생각된다. 이들은 상경종사의 길은 축소되었지만 수전패라는 직역을 보유함으로써, 외방에서 특권신분과153) 면역계층으로

---

151) 『태종실록』 권4, 태종 2년 4월 계사, "然殿下特命勿收別侍衛 三十餘人之田 其感激之心至矣 其餘人之缺望 爲如何哉 若懲不恪 則皆不及矣 若垂聖恩 則莫非王臣 且田制之設 本以優士族 以養廉恥也 今當收租之時 遽收其田 則非惟不足以養廉恥 亦所以興怨咨也 伏望 殿下特下承樞府 其不及時點者 皆籍名作牌 所受之田 許令勿收 疏上 下戶曹給田司."

152) 『태종실록』 권7, 태종 4년 6월 무인 ; 권11, 태종 6년 6월 정묘 ; 권9, 태종 5년 4월 갑술.

153) 『태종실록』 권11, 태종 6년 6월 정묘, 허응(許應) 상소. 조선초기 지방에서 중앙군의 지위는 매우 높았다. 수전품관보다 격이 떨어지는 갑사나 시위군의

존속하는 혜택은 누릴 수가 있었다.154) 또는 자서제질(子壻第姪)을 대립(代立)시키기도 했다.155) 정부 쪽에서도 이를 은근히 묵인하면서 2단계로 일을 추진했다.

태종 4년 8월 응양위(鷹揚衛)를 설치했는데, 『경제육전』의 무고 100일 결근자의 과전환수 조항을 근거로 들면서, 상경한 한량관(즉 수전품관) 중 연로자나 질병이 있는 자는 향리로 돌아가도록 하고 수전패와 무수전패, 혁파된 애마 중에서 강장(強壯)한 자를 선발하고, 또 한량자제 중 자원자를 선발하도록 했다. 그러나 이때도 귀향자의 토지는 환수하지 않도록 했다.156)

이것은 지방사회에서 특권과 면역의 상징이 되는 과전은 보존시켜 줌으로써 귀향을 유도하고, 대신 별도의 순수 시위기구를 만들어 과전 수혜자와 중앙시위군의 종사자를 대체하려 한 것이다. 그런데 이때 새로 편입되는, 이전에 혁파된 애마란 조선 건국 전후에 정리한 성중애마를 말하는 것으로, 경중인의 자제나 하수인들로 채워졌다고 문제가 된 것이었다. 정도전은 시위군이 이들로 편성되는 것을 비난하고 상경 종사자(수전품관)로 애마를 대체했지만 태종대에 다시 이들이 수전품관을 대신해서 시위군으로 흡입된 것이었다. 물론 지방의 한량자제도

경우도 왕의 직속인이라는 명분 때문에 수령이 함부로 처벌하지 못하였다.
154) 『태종실록』 권11, 태종 6년 5월 임진, "無識之徒 不顧立法之意 累年在外 以致侍衛虛疎 又憑受田 不肯應當外方軍役 本府曾受 教旨以禁止 願乃不畏成法 只求自便……受田品官 則於京於外 一無所役."
155) 『태종실록』 권7, 태종 4년 6월 무인.
156) 『태종실록』 권8, 태종 4년 8월 정유, "始置鷹揚衛四番 初 上命 知申事 朴錫命 傳旨曰 經濟六典一款內 閑良官 除父母奔喪疾病外 無故不赴三軍府宿衛 滿百日者 其所受田 許人陳告科受 受田牌及無受田牌 革罷愛馬人內 各從所願 擇其强壯 可仕者 閑良子弟自願入仕者 依前朝愛馬之例 分爲四番 定其額數 愛馬名號 及 各品都目遷轉去官之法 主掌官啓聞 其中年老篤疾人等 並放還鄕里 使安其業 所受田地 勿令還收."

새로 선발하여 충원했지만, 이때는 선발기준으로 군사적 재능을 강화하여 이전의 관료예비군으로서의 수전품관의 위상을 되찾을 수 없었다.

응양위의 시위방식을 서울 거주가 아닌 4번제로 한 것도 주목할 필요가 있다. 이제 응양위로 선발한 외방인은 태조대의 정책처럼 재경민이 되는 것이 아니라 외방 거주민으로서 일정기간 복무할 뿐이었다.

태종 9년에는 남아있던 수전패를 도성위(都城衛)로 고쳤는데 이 조치는 모든 수전패를 번상숙위로 전환하는 것이었다.157) 그래도 경적(京籍)을 포기하지 않는 사람들이 있었다. 세종 8년 다시 한성부가 호적을 정리할 때를 타서 외방의 수전패나 무수전패 등은 집이 서울에 있는 자 중에서 경적에 올릴 만한 자만 택하여 경적에 올리도록 했다.158) 이후 문종 때는 각 주군에 항거하는 수전패라는 개념까지 출현하게 되었다.159)

수전품관 문제를 해결하는 또 하나의 정책은 수전품관을 귀향시키고 이들의 토지를 구래의 거경세력에게 돌리는 동시에 수전품관들의 직역을 외방군역의 수준으로 돌리는 것이었다. 태종 4년에 승추부는 부경하지 않는 수전패의 과전을 자서제질(子壻弟姪)에게 체급시키고, 자서제질이 없는 자는 새로 종사하는 자에게 이급하는 방안을 건의했다.160) 실록에는 이 안이 채택되었는지 분명한 언급이 없으나, 강목체

---

157) 『태종실록』 권18, 태종 9년 12월 임술.
158) 『세종실록』 권34, 세종 8년 12월 경신, "外方出使 及下番甲士 受田 無受田 牌屬人 有家舍可以付京籍者 戶口單子及文案 令各道監司督促上送."
159) 『문종실록』 권6, 문종 원년 1월 계묘, "黃海道都節制使朴薑馳啓 臣考本道今年 州 郡著籍兵卒 壯實者少 老弱居多 或流移 物故 名存實無 其有能射御 氣力强勇者 揀擇作隊 且不錄軍案閑散子弟 人吏 日守 公・私賤口之勇力者 亦文移本道 使之推刷 然本道人烟鮮少 乞事變寢息間 令各州郡 恒居[受]田牌 除番上 各司皂隷 義禁府都府外螺匠・百戶 軍器監別軍等 又除番上."
160) 『태종실록』 권7, 태종 4년 6월 戊寅, "申嚴閑良官宿衛之法 承樞府 上言 以

로 기록한 이 기사의 첫머리에 '申嚴閑良官宿衛之法'이라고 기록한 것을 보면 이 안은 받아들여진 것으로 생각된다.

이 조치에 등장하는, 새로 종사하는 자가 어떤 집단인지는 알 수 없다. 그런데 다음 해 4월 호조판서 이지(李至)의 건의에 따라 수전품관으로 자원하여 외방에 거주하려는 자는 외방군전의 예로 외방의 토지를 지급하고, 이들의 과전은 경중에 항거(恒居)하는 각품관원 중에서 아직 과전을 받지 못한 자에게 지급하는 정책이 시행되었다.161) 이후 정책은 더욱 강경해졌다. 그리하여 다음 달인 5월에 다음과 같은 명령을 내렸다.

수전하여 시위하는 법을 펴다. 의정부에서 계문하였다. 수전품관은 모두 경성에 거하며 왕실을 시위한다는 내용이 『육전』에 있습니다. 그러나 무식한 무리들이 입법의 뜻을 생각하지 않고 여러 해 동안 외방에 거주하니 이로써 시위가 허소해지기에 이르렀습니다. 또 수전을 빙자하여 외방군역에도 응하지 않습니다. 본부에서 일찍이 교지를 받아 이를 금지했으나 성법(成法)을 두려워하지 않고 다만 스스로 편한 것을 구하고 있습니다. 또 보건대 외방의 시위군과 기선군은 1무(畝)의 땅도 받지 못하고도 오랫동안 종군하는데, 수전품관은 서울과 외방에 거하면서 일체 역을 지는 일이 없으니 심히 부당합니다. 이들에게서 신청을 받아 경성에 거하기를 원하는 자는 계속 시위하도록 하고, 외

爲田制 閑良官 除父母喪葬疾病外 無故不赴 三軍府宿衛 萬百日者 其田許人陳告科受 今京牌屬大小人員 居於外方 代以子壻弟姪 甚者代之以奴 妄稱弟姪 宿衛虛疎 尊卑混雜 其受田在外人員 八月初一日 不及赴京者 依科遞給 其餘田及 無子壻弟姪人 所受之田 給於新來從仕者 牒呈本府 分屬三軍京牌 以實宿衛 其代以奴者 許人陳告遞受."

161) 『태종실록』 권9, 태종 5년 4월 갑술, "戶曹判書 李至等 上書言事 下其書於議政府與六曹諸君三軍憁制會議以啓書曰……政府又上言 受科田自願居外方者 依外方軍田例折給 其餘田 許於京中恒居各品未受田者給之 從之."

방거주를 원하는 자는 모두 군역에 정하고, 늙고 병든 자는 자서제질(子壻弟姪)이 대립하는 것을 허락하소서. 만약 (이 방안 외에) 난잡한 논설을 하는 자가 있으면 엄히 다스려 금지하소서. 이에 이를 따랐다.162)

의정부는 『경제육전』 원전 규정이 지켜지지 않아 수전품관들은 전을 받고도 경·외의 군역에서 다 빠져나가는데, 시위군·기선군 등은 토지도 없이 종군한다는 현실론을 근거로 시위군으로서 서울에 거주하던가 외방에 거주하려면 외방군역을 담당하라는 양자택일을 강요하였다. 또한 앞으로 이외의 방안을 제기하는 것조차 금하였다.

정도전의 패퇴 이후 수전품관의 처리문제로 논란이 많았음을 알 수 있지만, 이때 이처럼 정책이 강경해진 것은 태종의 정권이 안정되고, 그간의 정책으로 외방에 한거하는 수전품관이 증가했던 데 원인이 있다고 생각된다. 초기에는 일종의 회유책으로서 이들의 한역을 용인했지만, 시간이 감에 따라 인용문에 나타난 것처럼 일반군사의 불만을 유발하여 전체 군역제 운영에 악영향을 끼칠 수 있었다. 또 어떻게 보면, 태종 정권에 대한 가장 큰 불만자였을 이들을 외방에 특권층으로 방치하는 것도 불안했을 것이다.

하지만 이 조치의 근본적인 의미는 이들의 정치적 입장이 명확하게 드러났다는 데 있다. 이들이 행한 재지사족의 직역 재조정은 중앙관계로 성장하는 길은 최대한 차단하면서, 재경관인과 일반군사의 중간부

---

162) 『태종실록』 권11, 태종 6년 5월 임진, "申受田侍衛之法 議政府啓 受田品官 全爲居京城侍衛王室 載在六典 無識之徒 不顧立法之意 累年在外 以致侍衛虛疎 又憑受田 不肯應當外方軍役 本府曾受 敎旨以禁止 願乃不畏成法 只求自便 切見外方侍衛軍騎船軍 未受一畝之田 尙且長年從軍 受田品官 則於京於外 一無所役 實爲不當 乞取納狀 願居京者 恒令侍衛 願居外者 悉定軍役 老病者 許令子壻弟姪代立 如有亂雜論說者 痛行禁理 從之."

분인 시위군, 혹은 외방의 군전 수혜자로 정리하는 것이었다. 즉 이것은 과거 정도전 파가 재지사족에 대한 정책으로 추진한 도성에 항거(恒居)하는 관료예비군으로서의 위치를 삭탈하고, 외방의 군전 수혜자 그리고 그 연장으로서의 일정기간 도성에 번상하여 거주하는 중앙시위군으로 위치를 고정시킨다는 것이었다.163)

의정부의 이 정책은 마침내 수전품관들의 커다란 반발을 야기했다. 이들의 입장에서 볼 때 수년간의 거경숙위가 무위로 끝나고 입사의 희망도 희박하게 된 상황에서 이들의 과전은 서서히 재경자에게로 대체되고, 자신들은 고달픈 군사업무에 직접 종사하며 머물거나, 외방군역으로 충정되어야 하는 상황 전개는 충격이 아닐 수 없었을 것이다. 마침내 서울에서는 수전품관들이 수 차례 익명서를 돌리거나 종류에 게시하여 조정과 좌정승 하륜을 비방하고,164) 마침내 하륜이 사직서를 제출하는 상황까지 벌어지게 되었다.165) 하륜이 직접적인 공격의 대상이 된 것은 태종대의 주요정책은 하륜에 의해 주도되었으며, 특히 의정부의 정책은 그가 거의 관장했기 때문이었다. 따라서 하륜을 비방하는 것은 곧 태종 집권 이후의 정책 전반을 공격하는 셈이었다.

이에 태종이 직접 명령을 내려 수전품관들을 모아놓고 효유하게까

---

163) 이 조치의 원인에 대해서 이성무는 태종대에 이르러 국가의 정치적 기반이 굳어진 것과 사병혁파와 병행하여 갑사, 별시위, 내금위, 내시위 등 금군이 창설되었기 때문이라고 한다. 그래서 수전패와 무수전패는 과전수급한량관을 주축으로 궁성시위를 맡는 특수병정으로 설정되게 되었다고 하였다(이성무,『조선초기 양반연구』, 227쪽). 이러한 해석은 태조대와 태종대를 연속성의 입장에서 보기 때문에 양자의 정치적 단절과 정치체제 및 지방세력에 대한 양쪽의 입장차이를 고려하지 않은 경우라고 하겠다.
164)『태종실록』권12, 태종 6년 윤7월 계해, "是時累爲匿名書 誹謗朝廷 詆毁河崙 言者皆謂受田品官所爲."
165)『태종실록』권12, 태종 6년 윤7월 신유, "左政丞 河崙 上箋乞辭 時爲匿名書 揭之鍾樓市街者 非一 皆爲旱氣 由崙執政所致."

지 되었다. 태종은 과전법과 『경제육전』의 조문을 근거로 과전 수혜자가 숙위하는 것은 당연한 일임을 공박하고, 만약 5~10결의 과전만으로 서울에 머물기가 어려운 자는 임의로 자손서질(子孫壻姪)로 대체하는 것을 허락하겠으니 머물든가, 대체하든가 마음대로 하되 더이상 소요를 일으키지 말라고 강요하였다.[166] 이것은 5월의 정책을 재확인하는 것으로 시위군으로 종사하면서 서울에 머물든가 외방으로 돌아가라는 것이었다. 국왕의 강경한 대응은 일단 사태를 진정시키는 데 성공한 것 같다.

그러나 이후 실제로는 이들의 군역차정은 형식적이 되어가고, 수전품관들로 구성된 시위군도 군사적 효능을 상실해 갔다. 태종 9년에 수전패가 도성위로 되면서 번상군이 되었는데, 이들은 100일에 1번 상직했다고 한다.[167] 그나마 농사를 이유로[168] 혹은 아예 효용이 없다는 이유로[169] 귀농시키기도 했다. 대신 일반 양인으로 구성된 시위군인 경시위패[170]와, 외방사족이지만 순수 군역적 성격이 강했던 시위군인 무수전패의 비중이 높아져 갔다. 정부는 수전패 중 가용자는 자제위나 취재를 통해 중앙군으로 흡수하고,[171] 나머지는 외방에서의 특혜를 묵

---

166) 『태종실록』 권12, 태종 6년 윤7월 계해, "上命 兵曹 聚受田人于闕門之外 至者五百餘人 使知申事 黃喜 傳旨曰 田制明言 居京侍衛王室 非自今日 爾等何故 只欲自便 爾中人中豈無曉義理者 宜思君臣之義 毋爲紛紛 若以五結十結 難以留京 任從爾等遞給子孫壻姪 各定乃心 無胥怨我 皆扣頭曰 不敢乃退 是時累爲匿名書 誹謗朝廷 詆毀河崙 言者皆謂受田品官所爲 以故召而責之."
167) 『세종실록』 권28, 세종 7년 6월 경신.
168) 『태종실록』 권24, 태종 12년 9월 정유 ; 『태종실록』 권33, 태종 17년 윤5월 정묘.
169) 『세종실록』 권32, 세종 8년 4월 갑술.
170) 경시위패는 기존의 수전패와는 전혀 다른 시위군으로 나중에 正兵으로 변했다(천관우, 『근세조선사연구』, 124쪽).
171) 『세종실록』 권50, 세종 12년 12월 임신.

인하면서 자연도태시키는 방안으로 나간 것 같다. 세종 27년 기록에 수전패는 단지 전지를 받은 자의 장고에 의거해 적(籍)에 올리므로 물고·누락 등을 알지 못한다고 했다.[172] 수전은 곧 외방군역의 면역조건이 되므로 이들이 고의로 신고하지 않을 리는 없는 것이고, 정부로서는 이들에게 중앙에서의 특별한 기능을 요구하지 않았으므로 방임한 것이 이런 현상으로 나타난 것이라고 생각된다.

무수전패는 점차 경시위패와 유사해지더니 세조 3년에 경시위패와 통합되었다.[173] 따라서 이들을 천거하거나 서용하는 정책도 나타날 리 없었다. 태종대 이후 과거나 학교, 이과(吏科), 이직(吏職) 운영 등에서 기존의 관료와 한성부 거주민에 대한 특혜가 늘어가는 반면, 외방에 거주하는 수전패에게는 시취를 거쳐 별시위·갑사 등 중앙군으로 복무한 후 거관하는 정도의 길이 열려 있었다. 혹 이들은 손실답험의 위관(委官)으로 임명되기도 했는데[174] 이것은 이들의 정치적 위상을 잘 보여 준다고 하겠다.[175]

---

172) 『세종실록』 권108, 세종 27년 4월 병인, "議政府據兵曹呈啓 凡屬受田牌者 但據受田者狀告錄籍 以此多有隱漏 或物故侍丁等雜故 亦不及知 各牌直宿 及春秋點考時 憑考爲難 今後依軍案例 每三年一次 戶曹具錄受田人姓名及 雜故 移關本曹 明白成籍 從之."
173) 『세조실록』 권7, 세조 3년 3월 기사 ; 이성무, 『조선초기 양반연구』, 227~228쪽.
174) 『세종실록』 권49, 세종 12년 8월 기축.
175) 이들과 마찬가지로 성중관, 서리, 군직, 외관직 등에서도 입사나 출세의 기회가 막혀버린 외방거주자들이 한역의 특혜에 만족하며 지방으로 귀향해 버리고(『문종실록』 권5, 문종 원년 정월 을축) 이들의 관직은 세가자제나 이들의 친속에게 넘어가는 상황이 발생했다. 이러한 상황이 16세기에 다시 사림파가 도학정치를 구호로 훈구파의 전횡을 비판하는 배경이 되었다.

3. 효렴(孝廉) 천거

1) 효렴 천거의 기원과 의미

효렴 천거란 효자와 청렴한 인물의 천거를 말한다.[176) 효렴 천거는 중국 한대에 시작되었다. 한나라 혜제 4년에 조서를 내려 효제(孝悌)와 역전자(力田者)를 천거하게 한 것이 최초의 기록이다.[177) 그 후 현량(賢良), 방정(方正), 직언(直言), 극간(極諫) 등의 덕목이 천거의 대상이 되었다. 한 무제(漢武帝) 건원(建元) 원년(B.C.140)에 동중서의 건의로 효렴 천거가 처음 시작되었으며, 이후 천거의 과목이 수재과(秀才科), 효렴과(孝廉科), 박사제자원과(博士弟子員科), 명경과(明經科)로 정비되었다. 이 중 효렴과와 박사제자원과의 비중이 제일 높았다.[178) 후한대에는 효렴 천거의 비중이 더욱 높아져서 현량, 방정, 직언, 극간, 역전, 수재, 유도(有道) 등의 덕목 중에서 효렴 천거가 가장 많은 수를 차지하게 되었고 권위도 가장 높았다. 후한의 제도를 보면 매년 주는 1명의 무재(茂才)를 천거하고 군은 인구에 따라 효렴자를 천거하였다. 천거자의 수는 시대에 따라 변화가 있지만 대략 매년 200명 정도가 천거되었다.[179) 천거는 지방관이 하였으며 이렇게 천거된 자는 상경하여 낭중(郎中)이 되어 대기하다가 중앙・지방의 관리로 임명되었다.[180)

---

176) 孝廉의 효란 부모를 섬겨 효행하는 것이고, 廉이란 그 행위가 청렴결백한 것을 의미한다. 『通典』권13, 선거1, 역대제(상), "孝謂善事父母 廉謂淸潔廉隅."
177) 『통전(通典)』권13, 선거1, 역대제(상), "漢惠帝四年 詔擧人孝悌力田者復其身."
178) 西嶋定生, 『秦漢帝國』, 講談社, 1997.
179) 宮崎市定, 『九品官人法の硏究』, 1956/임대희 외 역, 『구품관인법의 연구』, 소나무, 2002, 90쪽.

우리나라에서도 효렴 천거는 일찍 도입되었다. 최초의 천거 기사인 고구려 태조왕 66년(118)의 기사에서부터 현량과 함께 효순이 천거 대상으로 등장한다.181) 고려 성종 6년(987)의 천거령에도 명경, 의학과 함께 효제가 포함되어 있다.182) 다만 고려시대에 효자순손 혹은 효렴 천거가 제도화하였는지는 확실하지 않다.

그런데 일반적으로 효렴 천거는 인재등용보다는 유학사상의 보급과 사회교화를 위한 정책이었다고 간주하는 경향이 있다. 설사 인재등용제도로 시행했다고 해도 주관적이고, 후진적인 제도로 간주한다. 이러한 생각을 뒷받침하는 논거는 다음과 같다.

우선 '효'라는 개념 자체가 가족관계에서 구현되는 미덕으로서 관리로서의 능력과는 무관한 것이다. 또 효란 객관적으로 평가하기도 곤란한 도덕적 미덕이므로 천거권을 가진 권세가나 지방호족에 의해 농락될 소지가 높다. 마지막으로 이런 이념적이고 주관적인 인재등용 방법을 사용한다는 사실 자체가 후진적인 인재등용제도라는 증거가 된다.

그러나 효렴 천거에서 '효'의 개념은 개인적, 가족관계에 국한된 미덕이 아니다. '효로써 임금을 섬기는 것이 충이고 군자가 부모를 섬기는 것이 효이다(以孝事君則忠 君子之事親孝)'라는『효경』의 경구처럼 효와 충은 일체로 간주되었다. 그렇기 때문에 조선시대 내내 "충신을

---

180) 낭중은 천자의 숙위·시종을 담당하는 광록훈(光祿勳)의 관원이었다. 한나라의 관리는 보통 녹봉으로 구분했는데 최고 2,000석에서 100석까지 있었다. 낭중의 봉록은 300석이었다. 이들은 특별한 임무나 직책이 없고 정원도 없었다. 보통 궁중에 머물면서 관료가 될 자질을 쌓다가 성적에 따라 현의 영(令)·장(長)·승(丞)·위(尉)나 중앙관청의 관리로 임명되었다(오금성, 「중국의 과거제와 그 정치사회적 기능」,『과거』(역사학회 편), 일조각, 1980, 5쪽).
181)『삼국사기』권15, 본기3, 고구려 태조왕 66년 8월, "命所司 擧賢良孝順."
182)『고려사』권3, 세가 성종 6년 8월, "明經孝悌 有聞醫方足用可 其牧宰知州縣官 具錄薦貢京師."

구하려면 반드시 효자의 문에서 거둔다"는 경구는 부동의 진리였으며,183) 무관의 경우도 충신, 효자의 가문에서 선발해야 한다고 하였다.

　　범 문정공(范文正公)이 또한 말하기를, "지금 충신·효자의 가문에서 지혜와 용맹의 기국이 있고 재주가 장수가 될 만한 사람에게 비밀히 병략(兵略)을 알려 주고 변방의 임무로 시험하면, 하루아침에 써도 심히 실패하지 않는다."고 하였습니다.184)

조선후기 실학자 최한기는 '효'가 관리선발의 기준이 될 수 있는 이유에 대해 다음과 같이 말하였다.

　　효란 백행(百行)의 근원으로 운화를 승순하는 도리이다. 그러므로 명철한 임금이 세상을 다스릴 때는 효도하는 사람을 숭상하고 장려하여, 백성으로 하여금 그 부모만을 친하게 하는 것이 아니라 다른 사람의 부모에게까지 미쳐가게 하고, 그 자식만을 어여삐 여길 뿐 아니라 다른 사람의 자식에게까지 미쳐가게 하는 것이다. 그래서 늙으면 편안히 생을 마칠 수 있게 하고, 장년 시절에는 세상에 쓰임이 되는 바가 있게 하고, 어려서는 키워주는 바가 있게 되어, 인도(人道)가 밝혀지고 천효(天孝)가 이루어지는 것이다.
　　효자를 포장(襃獎)하는 본뜻은 실로 여기에 있으므로, 그 뚜렷이 드러난 효행이 있는 자를 선거하여 온 세상 사람에게 인도로서의 효를

---

183) 『세종실록』 권45, 세종 11년 9월 정묘, 예문봉교(藝文奉敎) 최자연(崔自淵) 등의 상소, "藝文奉敎崔自淵成均博士崔孟河, 校書郎趙峀等上書曰 君父之義一也 而忠孝之道無異 故經曰 資於事父 以事君而敬同 又曰 事親孝 故忠可移於君 此所謂忠臣出於孝子之門也." 또 『태종실록』 권36, 태종 18년 7월 경술 예빈시윤 이진(李蓁) 등의 상소.
184) 『세종실록』 권68, 세종 17년 6월 무오, 병조의 계, "范文正公亦謂 今可於忠孝之門 挾智勇之器 才堪將帥者 密授兵略試邊任 一朝用之 不甚顚沛."

권장하는 것이다. 그런데 세상의 풍속이 점차 미세한 데로 빠져서, 어떤 자는 봉양만을 효도의 능사로 삼고, 혹은 어떤 기적적인 감응을 효로 여겨 정려를 세우기까지 한다. 물론 이것도 전혀 효도를 하지 않는 것보다는 훨씬 뛰어난 것이지만, 이는 단지 불효한 자를 징계하여 상벌이 서로 정반대에 있음을 보여주기 위한 것일 뿐이다.……그러므로 『예기(禮記)』에서 말하기를, "거처할 때 태도가 엄숙하지 않은 것은 효도가 아니고, 임금을 섬길 때 충성스럽지 않은 것은 효도가 아니고, 관직에 있으면서 직사를 공경히 시행하지 않는 것은 효도가 아니고, 친구 사이에 신의가 없는 것은 효가 아니고, 전쟁터에서 용감하지 않은 것은 효가 아니다."라고 하였다.[185]

이 글에서 최한기도 효자를 포상하고 효자에게 관직을 수여하는 이유는 효를 권장하기 위해서라고 하였다. 그러나 효를 권장하는 이유가 봉양 즉 가족윤리로서 효를 장려하기 위해서가 아니다. "임금을 섬길 때 충성스럽지 않은 것은 효가 아니고, 관직에 있으면서 직사를 공경히 시행하지 않는 것은 효도가 아니다."라는 말처럼 효란 문무관원으로서의 자질을 포함하는 개념이기 때문이다. 따라서 본래적인 의미의 효렴 천거란 부모봉양의 태도를 평가하는 것이 아니라 이와 같은 전인적인 품성을 고찰하는 것이어야 하며, 반대로 효는 전인격의 표상이나 증거가 될 수 있는 것이다.

이와 같은 효에 대한 인식은 조선전기라고 예외는 아니었다. 성종 9년에 당시 유학(幼學) 신분이던 남효온은 효자, 순손의 천거를 통해 인재를 등용할 것을 주장하였다.

> 국가에서 인재를 등용하는 방법에는 과목(科目) 이외에 또 효자와

---

185) 최한기, 『인정』, 선인문1(選人門一).

순손을 찾아 구하는 것이 있습니다.186)

이것이 남효온의 독특한 생각은 아니었다. 이미 조선초기부터 효렴이 인재등용의 기준으로 사용되어 왔기 때문이다.

> 모든 백성들이 상하가 모두 이를 입게 되었으니, 이것은 모두 문익점이 준 것입니다. 백성에게 크게 공덕이 있는데도 응당한 보답을 받지 못하고 일찍 죽었습니다. 아들 문중용(文中庸)이 아비의 상을 당하여 3년을 시묘하고, 이어 어미의 상을 당하여 또 3년을 시묘하고, 상을 마친 뒤에 그대로 진양에 숨었으니, 부지런하고 조심하며[勤謹] 효렴하여 쓸 만한 선비입니다.187)

이 상소는 태종 원년 권근이 목화를 전래한 문익점의 공로를 참작하여 그 아들 문중용을 중용하기를 청한 상소이다. 태종은 이 건의를 받아들여 문중용을 사헌부 감찰로 특채했다.188) 이후 문중용은 정언으로 승진하여 경연관까지 되었다.189) 그런데 아무리 부친이 공로가 있다고 해도 문중용이 그만한 자질이 없다면 사헌 감찰이나 경연관 같은 요직에 함부로 등용할 수는 없는 것이다. 그래서 권근은 문중용이 '관료로 등용할 수 있는 선비(可用之士)'라는 사실을 강조하고 있다. 그런데 권근은 문중용이 쓸 만한 선비라는 증거로 그의 학문적 능력이나 다른 자질을 논하지 않고 그가 부모의 삼년상을 모두 수행한 효

---

186) 『성종실록』 권91, 성종 9년 4월 기축, "幼學南孝溫上疏曰 國家用人 科目之外 又有孝子順孫之搜訪."
187) 『태종실록』 권1, 태종 원년 윤3월 경인, "由此 廣布一國 凡民上下皆得以衣之 是皆益漸之所賜也 大有功德於民 而不食其報早逝 其子中庸 遭父喪 廬墓三年 仍遭母喪 又廬於墓三年終制 仍隱於晉陽 勤謹孝廉 可用之士也."
188) 위의 주와 같음.
189) 『태종실록』 권5, 태종 3년 3월 경진.

렴자라는 사실을 들고 있다. 이것은 그가 효렴 외에는 별다른 자질이 없는 인물이라는 의미는 아니다. 권근은 문중용의 자질에 대해 효렴이라는 덕목만 제시했으나 이 속에는 그가 관료로서의 자질이 있다는 권근의 보증이 포함되어 있고, 다른 사람들도 이렇게 이해했다고 보아야 한다.

또 단종 즉위년에 남부 교수관 윤통(尹統)에 대해 그가 풍수학을 담당하기도 했던 인물이어서 교수관으로 적합지 않다는 상소가 올라온 적이 있다. 이에 대해 단종은 윤통은 효행이 있는 인물이므로 사표에 적합하지 않다는 의견은 잘못되었다고 일축하였다.190)

다음으로 효렴 천거가 피천자의 관리로서의 재질, 실무능력을 검증하지 않는 제도이며, 이런 점에서 과거제와 대립되는 선거법이라는 견해에 대해 살펴보겠다.

관료등용에서 후보자의 능력을 검증하는 절차가 없다는 것은 상식적으로 불가능하다. 효렴 천거의 경우도 마찬가지였다. 한나라의 경우 효렴 천거로 천거되는 인물은 대부분 지방관의 막료인 연사(掾史) 출신들이었다. 그들은 사회적으로는 지방의 호족출신들이 대부분인데, 이들은 지방에서의 위상과 재력을 이용하여 먼저 지방관의 막료로 진출하고, 지방행정실무에 종사하면서 지방관으로부터 인품과 재질을 검증받고, 다시 지방관의 천거를 받아 중앙으로 진출하였다.191) 더욱이 그들은 수도로 올라온 뒤에 다시 시험을 보는 등의 검증절차를 거쳤다. 정약용은 『경세유표』에서 효렴자에 대한 시험제도에 대해 아래

---

190) 『단종실록』 권1, 단종 즉위년 6월 기축, "司諫院右獻納趙元禧將本院議啓曰 南部敎授官尹統, 以風水學就山陵, 且統本不合師表, 請改差. 議于大臣, 傳于元禧曰 統心志眞純, 但行止不中律耳, 然有孝行, 曾經監祭, 直講, 汝等以爲, 不合師表, 無乃晚乎 且風水之事, 則國家任之, 非自好之也."
191) 宮崎市定, 임대희 등 역, 『구품관인법의 연구』, 90~91쪽.

와 같이 정리하였다.

동진 원제(東晉元帝) 때에는 천하가 어지러웠으므로 백성을 위로하는 데 힘써서, 먼 지방에서 천거한 효렴(孝廉)과 수재(秀才)는 다시 책시(策試)하지 않고, 오는 대로 곧 벼슬을 제수하였다. 그후 천하가 조금 안정되자, 이에 조서하여 경서를 시험하고 과거에 합격하지 못한 자가 있으면 그 사람을 천거한 자사(刺史)와 태수(太守)를 면관(免官)시켰다. 그 후부터는 효렴과 수재과에 감히 함부로 천거하지 못했고, 경사(京師)에 보내온 자도 모두 병을 핑계하고 사퇴하였다.

송나라 제도는, 큰 고을에서는 해마다 두 사람을 천거하고 나머지 고을에서는 한 사람씩 천거하였다. 수재와 효렴으로 천거된 여러 고을 사람이 오면 모두 책시(策試)했는데 천자가 혹 친림(親臨)하기도 하였다.

북제(北齊)의 과시하던 법은, 중서(中書)는 수재를 책시하고 집서(集書)는 공사(貢士)를 책시하며 고공랑중(考功郎中)은 염량(廉良)을 책시하였다. 천자가 평상복 차림으로 여연(輿輦)을 타고 나와서 조당(朝堂) 복판에 앉아 있으면, 수재와 효렴으로 추천된 자는 각자 그 반열(班列)에서 글을 지어 바쳤다.192)

이 시험을 통과한 사람도 바로 실직에 임명하는 것은 아니었다. 한나라의 제도에서는 먼저 낭중직(郎中職)을 받아 대기하였다. 낭중은 300석의 봉록을 받는 관직이었지만, 실무가 없었다. 이것은 인물에 대한 재심사 내지는 평가 과정이었다고 생각된다. 낭중은 삼서(三署)에서 관리하다가 빈자리가 나면 이들 중에서 적절한 인물을 선정하여 관직에 임명하였다.

위·진시대에는 효렴과 수재는 사실상 과거와 유사한 형태로 변했

---

192) 『경세유표』 권1, 춘관 예조(春官禮曹) 제3, 예관지속(禮官之屬).

다. 책문 시험의 내용도 분화해서 수재는 논의를 보고, 효렴은 경의를 물었다. 그런데 관리등용책으로서 효렴 천거는 국가적인 입장에서는 지방의 신진인사를 등용함으로써 자칫 경직되기 쉬운 중앙의 정치구조를 희석하는 효과를 지닌다는 것이었다. 한대 이후로 효렴과 수재가 중시된 가장 큰 이유가 이것이었는데, 문벌로 천거될 수 없는 가문의 자제들 중 문학을 공부한 자는 수재에 응시하고, 경학을 배운 자는 효렴에 찰거되었다고 한다.[193]

효렴 천거를 통해서 지방의 인재를 등용하는 것은 귀족화한 중앙의 문벌귀족을 견제하는 외에 지방호족 또는 지방세력의 자제를 등용함으로써 지방세력을 회유하고 지방통치를 원활하게 한다는 의미도 있었다.[194] 이러한 정책은 조선에서도 사용되었다. 대표적인 사례가 태종 13년 제주도의 사족인 고득종(高得宗)과 문방귀(文邦貴)의 등용이었다.

두 사람은 제주도안무사(濟州都安撫使)였던 윤림(尹臨)의 천거로 효렴 천거자로 등용되었는데, 두 사람을 선정한 사연은 부친의 3년상을 지내 고을을 감모하게 하였다는 것이었다.[195] 이를 계기로 고득종과 문방귀는 출사했다. 고득종은 예조참판, 한성판윤, 동지중추원사까

---

193) 宮崎市定,『구품관인법의 연구』, 392~393쪽.
194) 조선 건국 이후부터 성종대까지 효자, 순손으로 천거되어 포상을 받은 인물을 보면 한양의 천거자는 전체 인원의 5%에 불과하다.『성종실록』에도 효우와 절의자는 지방에서 많이 배출되고 서울 출신자는 드물다는 기록도 있다 (『성종실록』권54, 성종 6년 4월 병오, 이상 정구선,『조선시대 천거제도연구』, 49~50쪽). 이러한 사례는 효렴 천거가 사회교화책이든 인재등용책이든 지방민과 지방통치와 관련되어 시행되고 있음을 반영하는 것이다. 이 역시 한의 효렴 천거제의 의미와 상통하는 부분이라고 하겠다.
195)『태종실록』권25, 태종 13년 6월 무오, "濟州都安撫使尹臨 啓孝子節婦可褒賞者 ― 前直長文邦貴 提控梁深 生員高得宗等 丁親喪, 廬墓側 始行三年之制 ―州感慕."

지 역임했으며, 문방귀는 예빈판관으로까지 승진했다. 두 사람은 당시 제주 출신으로는 거의 유일하게 고관에 오른 인물로, 고위관료로 출세하면서 자연스럽게 제주를 대표하는 인물이 되었다. 그들은 제주의 인재를 찾아 천거하는 권한을 장악했고,196) 조정의 제주 통치를 돕는 한편, 제주의 실상을 알리거나 제주민의 민원을 조정에 알리기도 하였다.197)

그런데 이들이 효행으로 천거되기는 했지만, 고득종은 제주의 토호 집안 출신으로서 그의 부친 때부터 중앙정부와 각별한 관계가 있었다.198) 그는 10살 때 부친을 따라 상경하여 서울의 학당에 다녔고, 과거에 급제하여199) 효자로 천거될 당시에는 이미 생원이었다. 이를 보면 그의 집안은 부친 때부터 제주를 대표하는 가문이었던 것이 분명하다. 그가 효자로 천거된 명분은 부친의 3년상을 지냈다는 것이지만, 실제로는 부친이 사망하자 효렴 천거를 통해 출사함으로써 자연스럽게 가문의 지위와 제주의 대표자로서의 역할을 잇게 된 것이다.

문방귀도 천거되기 전에 이미 과거에 급제하고 성균관에서 학습했으며, 직장을 역임했다. 그의 조부도 역시 상경종사했던 가문이었다. 그도 고득종과 마찬가지로 부친의 3년상을 마치자 바로 효자로 천거

---

196) 『세종실록』 권100, 세종 25년 6월 병신.
197) 당시 제주에 안무사와 수령이 파견되어 있음에도 불구하고 고득종은 제주 토관의 실상을 보고한다거나 제주도의 토지등급 문제, 목장문제 등을 진언하여 제주민의 민원을 해결해 주기도 하였다(『세종실록』 권29, 세종 7년 7월 임오 ; 권45, 세종 11년 8월 경자).
198) 고득종의 부친이 중앙으로 오게 된 사연은 정확치 않다. 그러나 을묘년 제주도에서 마적이 발생하여 만호를 해치는 사건이 있었는데, 이때 토관들이 정부에 협조해서 반란을 진압했다고 한다. 고득종의 부친도 이때의 공으로 상경종사하게 되었던 것 같다(『세종실록』 권65, 세종 16년 8월 임신, 전 참의 고득종의 상서).
199) 『세종실록』 권64, 세종 16년 6월 을해.

되어 금구현령(金溝縣令)에 임명되었다.200)

　문방귀는 나중에 모친이 사망하여 다시 3년상을 행했다. 이로 또 효행으로 천거되어,201) 예빈 판관으로 승진했다. 실록에서는 당시 제주에서는 3년상을 행하지 않는데, 이들이 모범을 보여 비로소 3년상이 전파되었다는 공로를 높이 들었지만,202) 실제로는 정치적 배려가 작용했다고 볼 수밖에 없다. 결국 이 같은 사례는 효자·순손의 천거가 추상적인 기준을 사용하는 비현실적이고 명분적인 제도가 아니라 실제로는 여러 가지 사정을 반영하며 유용하고 탄력적으로 운영될 수 있는 제도임을 보여준다.

　이와 같은 지방세력에 대한 회유책으로서만이 아니라, 신진세력의 등용문으로서, 보다 넓게는 정치 개혁적 의도로서 효렴 천거제도의 기능 역시 조선시대에 이미 충분히 인식되고 있었고, 여러 차례에 걸쳐 발생했다.203) 가장 대표적인 사례로 중종대 사림파에 의한 현량과(賢良科) 설치, 명종대의 사림진출을 들 수 있다.204) 조선후기에도 효렴 천거를 통해 주요 인물들이 등용되고, 이러한 인사가 당시의 정국운영에 상당한 영향을 미쳤던 사례를 발견할 수 있다. 정약용은 『경세유표』에서 중국의 제도를 고증하고 효렴 천거를 제도화하였고, 과거제의 폐단을 열렬히 비판했던 최한기도 효렴 천거의 시행을 강력히 주장하였다.

---

200) 『세종실록』 권31, 세종 8년 1월 경신.
201) 『세종실록』 권7, 세종 2년 1월 경신.
202) 위의 주와 같음.
203) 정구선, 『조선시대 천거제도 연구』, 초록배, 1995, 19쪽.
204) 이병휴, 최이돈의 앞의 책 ; 이홍두, 「중종초 사림파의 정치적 성격에 관한 연구」, 『홍익사학』 2, 1985 ; 정두희, 「조광조의 복권과정과 현량과 문제-16세기 조선 성리학의 성격에 관한 첨언-」, 『한국사상사학』 16, 한국사상사학회, 2001 ; 에드워드 와그너, 이훈상 옮김, 「1519년의 현량과-조선전기 역사에서의 위상-」, 『역사와 경계』 42, 부산경남사학회, 2000. 3.

그렇다면 이와 같이 본래적 의미의 효렴 천거를 시행하고자 하는 노력이 과연 16세기 이후에나 등장하였을까? 이 역시 그렇게 보기는 어렵다고 생각된다. 효렴 천거는 이미 한나라 때부터 시행되었고, 당·송의 제도에서도 유지되었다. 당·송의 제도는 고려시대 이전부터 연구되고 도입되었기 때문에 고려시대부터 효렴 천거제가 결코 효자를 찾아 포상하거나 '효자'를 관료로 등용하는 순진한 제도가 아니라는 사실은 충분히 알고 있었다고 보아야 할 것이다.

2) 조선 건국과 효렴 천거의 시행

가. 효렴 천거 규정과 방식

사회교화책으로서 효자, 순손의 포상은 고려시대에 여러 차례 시행되었다. 그러나 본격적인 인재등용책으로서 효렴 천거는 충선왕의 개혁정치에서 등장한다. 충선왕은 즉위교서에서 세가자제(世家子弟)에 편중된 정치구조를 개혁하기 위해 무재, 효렴, 방정지사의 천거를 시행한다고 하였다.[205]

여기서 주목할 사실은 일반적으로 천거제가 귀족제 혹은 기득권층에게 유리한 제도라는 선입견과 달리 효렴 천거가 세가자제의 관직독점을 저지하는 수단으로 거론되고 있다는 사실이다. 충선왕의 즉위교서는 지방관을 통해 지방의 인사를 등용함으로써 세가자제에게 편중된 중앙정계의 구성을 개선하려는 구상을 보여준다. 천거자의 항목도 무재, 효렴, 방정 등을 제시하고 있는데, 이 역시 충선왕과 이 정책의 추진자들이 한나라의 효렴 천거제도의 내용과 본질을 잘 알고 있었다는 증거이다.

사실 과거제는 재지사대부에게 유리한 제도이고 천거제는 귀족제

---

205) 『고려사』 권75, 지29, 선거3, 천거지제. 이 책 218쪽 참조.

에 유리한 제도라는 이해는 대단히 기계적인 이해방식이라고 할 수 있다. 과거제도 시행방법에 따라 얼마든지 보수적이고, 귀족제적인 제도가 될 수 있다. 그러므로 과거제이든 천거제이든 그 제도의 성격은 당시의 정치구조와 시행방법을 가지고 판단해야 한다.

충선왕이 시도한 효렴 천거가 어느 정도의 성과를 거두었는지는 분명하지 않다. 그러나 이 문제의식과 방법은 고려말의 개혁파 사대부에게 계승된 것은 분명하다.

> 임금이 일찍이 근신(近臣)에게 이르기를, "자고로 인군(人君)이 어질지 못하더라도 어진 신하가 많으면 나라가 잘 다스려지는 법이다. 지금 사람 쓰는 것을 보거(保擧)에 의하므로 비록 공정하게 선발하는 것 같으나, 대개는 세가(世家)의 자식이 많고, 기재(奇才)가 쓰이는 것을 보지 못하였다." 하였다. 대언(代言) 이조(李慥)가 대답하기를 "예전에 공사(貢士)의 법이 있었으니, 마땅히 각도로 하여금 현량(賢良)·방정(方正)·효렴(孝廉)한 사람을 천거하여 조정에 올리게 하고, 이조·병조로 하여금 시험하게 하여, 천거한 사람이 적당한 사람이 아니거든 죄를 주게 하면, 거의 인재를 얻을 것입니다." 하였다.[206)]

이 기사는 태종 8년의 일화로 태종 8년에도 태종이 관료 인사가 세가자제에게 편중되는 폐단을 지적하자 이조가 그에 대한 대책으로 현량·방정·효렴자의 천거제를 제시하였다. 더욱이 이 의논이 있은 후 의정부에서 정식으로 대책을 내놓았는데, 그 대안이 『경제육전』의 천거법 즉 태조대에 정도전·조준 파가 마련한 천거법을 다시 시행하자

---

206) 『태종실록』 권16, 태종 8년 11월 경신, "上嘗謂近臣曰 自古人主, 未必賢也, 然良臣多, 則國治矣. 今用人以保擧, 雖似公選, 然率多世家之子, 未見奇才之見用也 代言李慥對曰, '古有貢士之法, 宜令各道擧賢良方正孝廉, 升于朝, 令吏兵二曹試之, 所貢非其人, 則罪之, 庶幾得人矣'."

는 것이었다.207) 이 일화는 『경제육전』에 수록한 천거법의 목적이 권문세가의 권력독점을 방지하는 데에 주안점이 있었으며, 충선왕 즉위교서의 효렴 천거가 지향했던 문제 의식이 정도전·조준 파에게 계승되었고, 그것이 태종조까지 영향을 미치고 있음을 보여준다.

정도전은 『경제문감』에서 한나라의 인사제도에 대해 다음과 같이 말하였다.

> 옛적 한나라의 제도는 군현의 소중함을 알았다고 하겠다. 군수가 들어와서 삼공이 되고, 낭관이 나가서 백리를 다스렸다. 또 간대부를 내보내서 군리로 보충하였다. 치적이 있는 자는 옥새를 찍은 교서[璽書]로 장려하고, 금을 하사하고 품계를 높여 포상하고, 다른 직으로 쉽게 바꾸어 주지 않았다.……이런 사유로 한나라 때는 양리(良吏)가 많이 배출되었으니 진실로 중한 것이 무엇인지를 알았다고 하겠다.208)

이 기록은 정도전이 수령의 선임방법과 경외관순환제에 대해 논한 글로서 정도전은 이 부분에서는 한대(漢代)의 제도가 가장 우수했다고 높이 평가하였다. 그런데 한나라가 양리를 많이 배출한 원인에 대해서 정도전은 경외관순환제를 언급하고 있지만, 그 근원에는 효렴 천거가 있다. 한나라의 제도를 보면 지방에서 효렴 등의 항목으로 천거된 자들이 낭중으로 근무하다가 지방관으로 발령을 받고, 여기서 능력을 인정받은 자가 다시 경관으로 등용되는 것이 한나라 관료제의 핵심이었기 때문이다. 정도전이 이 사실을 무시하고 오직 경외관순환제에만 주목했다고 볼 수는 없다. 관료인사가 권문세족이나 훈구파와 같

---

207) 위의 주와 같음.
208) 정도전, 『삼봉집』 권6, 『경제문감』 하, 郡守民之本也, "昔漢之制 郡縣可謂知所重矣 郡守入爲三公, 郎官出宰百里 又出諫大夫 補郡吏 有治效者 璽書勉勵 賜金增秩而不輒遷也 故漢之良吏 於是爲盛 誠知所重也."

은 소수집단에게 장악된 상태에서는 경외관순환제를 시행하기도 어렵고, 의도하는 효과를 거둘 수가 없다. 이는 조선시대 수령제의 사례를 통해서도 실증적으로 증명된다.[209]

정도전·조준도 이 사실을 충분히 알고 있었다. 정도전이 구상한 경외관순환제는 재지사족의 등용과 순환을 목적으로 한 것이었다.[210] 그들은 고려후기 수령제의 폐단을 언급하고 개혁론을 제시할 때 수령의 인사에서 권문세가와 중앙 관사의 영향력을 단절시키는 것을 수령 문제 해결의 열쇠이자 개혁 과제로 파악했었다. 신진세력의 등용을 위해 이들이 천거제의 도입을 주장했으며, 후술하겠지만 효렴 천거 역시 신진세력의 등용문으로 이용하려고 했던 점 등을 종합적으로 감안하면, 정도전이 한나라의 수령 인사제도와 경외관순환제를 칭찬한 데는 효렴 천거와 이를 통한 신진세력의 등용이라는 부분과 그것이 지니는 효과 역시 감안한 결론이었다고 보아야 할 것이다.

정도전 파의 이러한 인식은 실제 정책으로 반영되었다. 그리하여 개혁파 사대부가 집권한 공양왕 2년 처음으로 이들에 의한 효렴 천거가 시행되기에 이른다.

---

209) 경외관순환제는 정도전계가 시도했다가 태종대에 폐지되었다. 세종 22년 (1440)에 다시 부활해서 한말까지 존속했다. 그러나 경외관순환제를 통해 지방사족을 등용하고, 외관직에서 능력 검증을 하고 경관으로 성장시킨다는 정도전계의 의도는 축소되었다. 훈구파가 성장하고, 관료군 운영이 폐쇄적이 되면서 인맥과 청탁으로 수령을 임명하는 사례가 증가했고, 경관 자원과 외관 자원이 분리되어 이원화하는 현상이 발생했다(임용한, 『조선전기 수령제와 지방통치』, 194~195쪽). 조선후기에는 수령직에 공신, 음서출신자의 진출이 더욱 늘면서 이원화가 더 심해져서 경외관의 순환에 일정한 패턴이 형성될 정도가 되었다(임용한, 「조선후기 수령 선정비의 분석」, 『한국사학보』 26, 2007. 2).
210) 임용한, 위의 책, 139~142쪽.

(공양왕) 2년 중국에서 응천부(應天府 : 남경)가 바로 중서성에 보고하는 그 관례와 마찬 가지로 본부(개성부)로 하여금 직접 도평의사에 보고하도록 하였으며, 또 효자·순손을 뽑아 관리로 임명하고 의부(義夫)와 절부(節婦)는 정문(旌門)을 세워 표창해 주었다.211)

이것은 공양왕 2년 개성부의 기능을 강화하고 직제를 개편할 때의 기사이다. 고려시대의 개성부는 수도의 행정기구로서 독자적인 행정체제나 기능을 지니지 못하였다. 수도의 행정기구를 독립된 기구로 편성, 강화하고 사법기능까지 부여한 것은 이때부터 시작된 것으로, 개혁파 사대부의 주요한 개혁 성과의 하나였고,212) 『경제육전』에도 수록되었다.213) 이렇게 독립행정기구로 발돋움한 개성부의 주요 업무의 하나가 효자·순손의 천거였다. 이것은 효자·순손의 천거 임무를 전국의 지방관에게 할당하기 위한 첫 단계였다고 보여진다.

이 기사에 의하면 효자·순손을 뽑아 관리로 임명하게 하고, 의부와 절부는 정표하여 표창하게 했다고 하였다. 일반적으로 효자·순손의 천거는 사회교화책의 하나로 이해하고 있다. 그 대표적인 사례가 정표정책이다. 관직을 하사하는 경우도 산직을 주거나 자급을 올려주어서 정표정책의 연장선인 경우가 많다.

그러나 공양왕 2년의 정책에서는 관리로 임용하는 경우와 정표의 대상을 명확히 이분하고 있다. 또 효자와 순손에 대해서는 관직의 하사라고도 표현하지 않고 명확하게 임용이라고 명시하였다. 물론 이것이 효자·순손은 모두 관료로 등용한다는 의미는 아닐 것이다. 정도전

---

211) 『고려사』 권76, 지30, 백관1, 개성부, "二年, 依中朝應天府, 直申中書省例, 令本府, 直報都評議司, 且擢用孝子·順孫, 旌表義夫·節婦."
212) 이홍렬, 「한성부의 사법상 지위」, 『향토서울』 28, 1966.
213) 임용한, 「조선초기 한성부의 기능강화와 주민재편 작업」, 『서울학연구』 3, 1994, 206~207쪽.

·조준 파의 집권기에 시행한 태조대의 효자·순손의 천거사례를 보아도 효자·순손 중에도 관료로 등용할 만한 자와 포상으로 그칠 대상이 섞여 있었다. 즉 효자·순손의 천거에는 관료등용책과 사회교화책이라는 두 가지 요소가 섞여 있었다. 이것은 공양왕 2년의 경우도 예외가 아닐 것이다. 그러나 어찌되었든 효자·순손의 천거가 사회교화적인 의미만 있었던 것은 분명히 아니며, 이것이 의부, 절부의 천거와는 분명히 구분되는 점이었다.

개성부가 효자·순손을 천거할 때 도평의사사로 직보하게 하였다는 부분도 주목된다. 정도전·조준 파는 수적으로 소수파여서 관료군의 대부분은 보수파나 온건개혁파로 채워져 있었다. 이런 사정으로 정도전·조준은 최상위 기구인 도평의사사를 겨우 장악하고, 도평의사사를 중심으로 개혁정책을 추진하였다. 그러므로 효렴 천거의 대상자를 도평의사사로 직보하게 하였다는 것은 곧 효렴 천거를 통하여 자신들의 지지세력을 증식하려는 절박한 시도였던 것이다.

조선 건국 후에 효렴 천거는 보다 정비되어 태조 즉위교서에 수록되었다.[214]

---

[214] 『세종실록』 권7, 세종 2년 1월 경신 ; 『단종실록』 권1, 단종 즉위년 5월 경술. 국왕의 즉위를 기념하여 효자·순손을 천거하는 관행은 고려시대부터 있었다. 그런데 고려시대의 기록을 보면 충렬왕과 공민왕의 즉위교서에서처럼 즉위를 기념하여 효자·순손의 포상과 천거를 천명한 사례도 있지만, 아예 언급이 없는 경우도 있고, 효자·순손에게 물품을 하사하거나 향연을 베풀어 주었다는 기록만 발견될 때도 있다. 이 경우도 전국의 효자·순손을 대상으로 한 경우도 있고, 개경의 毬庭에서 향연을 베풀었다고 하여 개경에서만 행한 것인지 전국적으로 행한 것인지 분명치 않은 경우도 있다. 대체로 문종~원종 때에는 거의 향연 기록만 나타나고 포상이나 천거령은 그 전후의 시기에 나타난다. 이상의 사례로 보면 고려시대에도 새로운 국왕이 즉위할 때마다 유학의 이념에 따라 효자와 순손에 대한 배려를 했던 것은 알 수 있지만, 조선시대처럼 효자·순손의 천거와 서용이 관례적으로 행해졌던 것인지는 확실하지 않다. 외형적으로 보아 고려와 조선의 효자, 순손의 천거제도

E1. 충신・효자・의부・절부는 풍속에 관계되니 권장해야 될 것이다. 소재 관사로 하여금 순방하여 위에 아뢰게 하여 우대해서 발탁 등용하고, 문려(門閭)를 세워 정표(旌表)하게 할 것이다.215)

3년 후인 태조 4년 7월에도 효자, 순손의 천거령을 내렸다.

E2. 상이 도평의사사에 명하기를 각도에 명령하여 효자와 순손, 의부를 천거하게 하고 이 중 실제 행적이 있는 자를 이름을 갖추어 계문하여 탁용에 참조하게 하였다.216)

이어 태조 6년에 간행한 『경제육전』에도 효자・순손의 천거제도가 수록되었다.

E3. 효자와 순손을 포상하는 법이 원전(元典)에 수록되어 있습니다.217)

E3에서는 이 법이 원전에 수록되었다는 내용만 전할 뿐 법전 조문의 구체적인 내용은 전하지 않는다. 그런데 태조 6년 이전에 내린 효자・순손의 천거교서로는 태조 즉위교서와 태조 4년의 교서가 실록에 기록되어 있다. 아마도 이 두 교서 중의 하나가 『원전』에 수록되었을

는 유사한 점이 많지만 실제로 시행한 횟수나 의미는 시대에 따라 변화가 있을 수밖에 없다. 그러나 고려시대에 이 제도의 구체적인 시행상황은 현재 사료가 부족하여 명확하게 단정할 수가 없다. 이에 대해서는 앞으로 보다 정밀한 연구가 필요할 것이다.
215) 『태조실록』 권1, 태조 즉위년 7월 정미, 태조 즉위교서, "忠臣孝子義夫節婦 關係風俗 在所獎勸 令所在官司 詢訪申聞 優加擢用 旌表門閭."
216) 『태조실록』 권8, 태조 4년 7월 정미, "上命都評議使司 令各道 擧孝子順孫義夫 有實行者 具名啓聞 以憑擢用."
217) 『세종실록』 권94, 세종 23년 10월 을유, "孝子順孫 褒賞之典 載在元典 而每降教旨 訪問中外 因此或旌門復戶 或除授官爵者 連書可考."

것이다.

두 교서를 비교하면 태조 즉위교서인 E1에는 충신·효자·의부·절부가 포상 대상으로 되어 있고, E2에는 충신과 절부가 빠지고, 순손이 들어갔다. 하지만 실록에 기록할 때 원문을 축약하는 경우가 종종 있어서 이 기록만으로는 태조 즉위교서(E1)에서는 순손이 빠졌다고 단정할 수 없다. 실제로 E2의 경우, 태조 4년 9월에 E2의 천거령에 따른 천거자가 보고되었는데, 이 명단에 기재한 항목은 효자, 순손, 의부, 절부로서[218] 절부가 들어가 있다. 다만 E1의 항목 중에 있는 충신은 여전히 빠져 있는데, 천거자 명단에서조차 충신이라는 항목이 없는 것을 보면 E2에서는 천거 항목에서 충신이 아예 빠졌을 가능성이 높다. 태조 즉위교서에 충신이 들어간 것은 개국초라는 특수한 상황 때문이었던 것 같다. 원래 충과 효는 동일한 덕목이라는 것이 효자 천거의 명분이었으므로 평소에는 충신을 별도로 설정할 이유가 없었다. 또 효자, 순손, 의부, 절부(열부)라는 항목은 고려시대부터 전해져 온 것이었다.[219] 따라서 태조 4년의 천거에서는 충신이 빠지고 효자, 순손, 의부, 절부가 되었던 것 같다. 이런 사정으로 보면 보다 보편성을 지닌 태조 4년의 수교(E2)가『경제육전』에 수록되었을 가능성이 높다고 생각된다.

효렴 천거를 시행하는 주체도 즉위교서에서는 소재 관사 즉 지방관으로 되어 있으나 태조 4년의 천거령에서는 도(道) 즉 관찰사로 바뀌었다. 태조 4년 9월의 천거자 보고에서도 역시 감사가 천거의 주체가 되어 있다. 이로 보면『원전』에도 감사가 보고하는 것으로 규정되었다고 보여진다.

그런데 이것이 감사가 직접 천거자를 물색해야 한다는 의미는 아니

---

218)『태조실록』권8, 태조 4년 9월 정미.
219)『고려사』권20, 세가20, 명종 15년 12월 ; 권38, 세가38, 공민왕1, 원년.

다. 실제 천거자의 선정이 이루어지는 과정을 보면 먼저 군현에서 지방민이 대상자를 찾아 천거하면 수령이 이를 감사에게 보고하는 방식으로 이루어졌던 것 같다. 이는 세종 2년에 향교 생도가 효행자를 수령에게 천거하는 사례가 있고,[220] 세종 23년에 의정부에서 실적이 없는 자를 천거한 사례가 발각되면 천거한 향리사람과 관리를 심문하여 처벌하자고 하는 건의[221] 등을 통해 확인할 수 있다. 그러나 이때도 개인의 추천보다는 가문이나 지역, 특정집단의 집단적 연명이 중요했다.[222]

감사는 군현의 천거자를 최종 심사, 검증하여 중앙에 보고하였다.-다만 감사도 천거권이 있어서 자신이 직접 천거하는 인물도 포함할 수는 있었을 것이다.-이때 굳이 감사가 정리, 검증하는 과정을 거친 것은 천거에 중앙세가나 지방세력가의 압력이 작용하는 것을 방지하려는 의도였다고 생각된다.

이러한 천거 과정을 구체적으로 보여주는 기록이 아래의 인용문이다.

> 전라도 고산현(高山縣) 향교 생도 지활(池活) 등이 현감에게 고하기를, "현리(縣吏) 석진(石珍)의 아비가 바람병이 나서, 날마다 한 번씩 발작하면 기절하여 오랜 뒤에야 깨어나게 되었다. 석진이 밤낮으로 울부짖으며 애절하게 기도하면서 널리 약을 구하더니, 어느 날 한 승려

---

220) 『세종실록』 권10, 세종 2년 10월 계축.
221) 『세종실록』 권94, 세종 23년 10월 을유.
222) 전국에 산재한 효자비나 정려 유적들에 대한 조사보고서를 보면 동족촌락, 지역의 토성집단, 유력 가문에서 연명을 추천하는 경우를 상당히 많이 발견할 수 있다. 다만 현존하는 유적들은 거의가 조선후기에서 한말의 유적들이어서 15세기와는 시간적 괴리가 있으나 조선전기에도 이와 같은 사례가 상당히 많았을 것이다.

이 찾아와서 말하기를, '들으니, 너의 아버지가 광질이 있다니, 참 그런가.' 하였다. 석진이 놀랍고 기뻐하여 증세를 자세히 말하니, 중이 말하기를, '그 병에는 산 사람의 뼈를 갈아 피에 타서 먹이면 나을 것이다.' 하였다. 석진은 곧 자기의 무명지를 잘라 피에 타서 드리니, 병이 조금 낫고, 두 번째 먹이니, 병이 다 나았다. 소윤(小尹) 서성(徐省)이 마침 이 고을에 있다가 그 일을 보고 전기를 지어 기록하였다.……생각하건대, 성상께서 효도로 나라를 다스리심으로 인하여 인민들이 감화하여 이러한 순진한 효자가 이 황벽한 지방에 났으니, 청컨대 조정에 보고하여 그 문에 정려(旌閭)를 세워, 성조(聖朝)의 효를 빛내고 자식된 사람의 마음을 격려케 하소서." 하였다. 도관찰사 신호(申浩)가 이것을 나라에 올리니, 명령하기를 "그 문려(門閭)에 정표(旌表)하고, 그 사람의 향리역을 면제하게 하라." 하였다.223)

이 기록은 효자, 순손의 천거 과정을 완전하게 보여주는 거의 유일한 사료인데, 처음에 향교 생도들이 연명으로 현감에게 향리 석진의 효행을 보고했다. 이것은 효행자의 선정에 지방의 유력세력이나 유력지역의 영향력이 작용할 수 있는 소지가 있지만, 그러면서도 연명제나 집단적 천거제를 도입함으로써 개인적으로 수령과 결탁하여 진행되는

---

223) 『세종실록』 권10, 세종 2년 10월 계축, "全羅道高山縣鄕校生徒池活等告于縣曰 縣吏石珎其父得風疾 每日一發 發則氣絶 久而乃蘇 石珎日夜呼泣哀禱 廣求藥餌 一日有僧踵門曰 聞 爾父有狂疾 信乎 石珎驚喜 具告病證 僧曰 碎生人骨 和血以飮則可愈 石珎卽折其無名指 和血以進 病小間 乃再進遂愈 小尹徐省適在縣見其事 作傳以記之 夫傷其身體 非孝之中道 然其孝行足以感動人心 關於名敎者有四 方其父之得疾也 四年之間 衣不解帶 食不甘味 至於羸瘦 一也 日以廣求醫藥爲事 雖鄕黨族人之會 未嘗與焉 二也 事父母 承顔順色 雖責以艱大之事 未嘗忤父母之心 三也 一邑稱其孝行 輒曰 此人子之常事 何足爲言 惟恐人知 四也 恭惟聖上以孝治國 人民感化 有如此純孝者 出於荒僻之地 請報于朝 旌表其閭 以光聖朝之孝 以勸人子之心 都觀察使申浩以聞 命旌表其門閭 蠲其吏役."

것은 견제하고 있음을 보여준다.

 그런데 생도들이 현감에게 보고하는 자리에 마침 서성이 있어서 이 이야기를 듣고 석진의 전기를 지었다. 석진의 사례가 중앙에까지 보고되고, 향리역 면제라는 커다란 포상까지 받게 된 데는 서성이 전을 지었다는 사실이 크게 작용했음이 틀림없다. 서성은 세종 즉위초에 병조정랑을 지낸 인물로 이때는 대마도 정벌에 종사관으로 종군하였다가 막 돌아온 때였으며, 이 직후에 사헌부 장령으로 발령받았다.

 그러나 서성의 영향력이 작용했다고 해도 석진의 사례는 서성을 통해 중앙에 전달된 것이 아니라 관찰사 신호를 경유하고 있다. 이것은 당시 수령-관찰사를 거쳐 중앙으로 보고되는 천거의 행정절차가 아주 엄격하게 지켜지고 있었음을 보여준다. 동시에 감사의 천거권이 효자·순손의 천거 과정에서 서성처럼 그 고을 출신 유력자를 통해 진행되거나 이들이 청탁을 받는 것을 견제하는 역할을 하고 있음을 보여준다.

나. 시행과 등용

 태조 4년 7월에 천거령이 내리자 두 달 후인 9월에 감사로부터 천거자의 명단이 도달하였다. 이 명단과 천거자에 대한 포상을 보면 공양왕 2년의 천거령과 마찬가지로 정치적 의미와 사회교화적 의미가 공존하고 있었음을 알 수 있다.

 먼저 사회교화적 정책으로 볼 수 있는 부분은 천거 대상에 의부, 절부가 포함되어 있고, 포상으로 정표, 복호 등이 시행되었다는 사실이다. 또 효자·순손으로 천거된 사람이 총 11명인데, 이 중에는 관리로 등용하기 곤란한 관노도 1명 포함되어 있었다. (다음 <표 9> 참조)
 관노의 천거는 분명 등용이 아닌 교화 목적의 포상이었다고 볼 수밖에 없다. 그러나 그것으로 모든 천거가 교화 목적의 천거라고 단정할 수는 없다.

<표 9> 태조 4년 효자·순손 천거자

성명	출신지	신분	사유
탁 신	광주(光州)	급제	부친 3년상
김사지	전의	전 서령	노모 봉양
공도지	아산	학생	부모 제향
임안귀	임주(林州)	불명	부모 8년상
손 희	청주	호장	왜구로부터 모친 구출
물 쇠	영주(寧州)	관노	부친 3년상
성 명	출신지	신분	사유
이영기	금화	전 산원	부모 봉양
양희현	강음(중국인)	전 부정	부모 봉양
이호생	광주(廣州)	전'만호	부친 구출, 3년상
이 조	수원	생원	모친 3년상
김계동	수원	전 별장	부모 봉양

효자·순손의 천거자 중에서 벼슬하기를 원하는 자는 상경시키라는 조치도 포함되어 있었고, 피천자 11명 중 관노 1명, 학생 1명, 호장 1명, 아무런 설명이 없는 1명을 제외한 나머지 8명이 품관이거나 급제, 혹은 생원으로 당장 현직을 받을 수 있는 자격자였다. 특히 광주에서 천거된 탁신은 3년 후인 정종 즉위년(1399)에 다시 효행으로 천거되어 우습유(右拾遺)로 임명되고,[224] 세종대에는 의정부 참찬에까지 이르렀던 인물이다. 이런 사례로 보면 효렴 천거에 인재 발굴과 등용이라는 의미가 포함되어 있었던 것이 틀림없다.[225]

---

224) 『정종실록』 권2, 정종 즉위년 9월 신미 ; 『세종실록』 권31, 세종 8년 1월 계축.

225) 그런데 정작 탁신은 이때 등용되지 못한다. 탁신의 졸기에 의하면(『세종실록』 권31, 세종 8년 1월 계축) 그가 등용된 것은 정도전 파가 몰락하고 정종이 즉위하면서 새로운 인재 천거령을 내렸을 때인데, 이때 다시 효자로서 천

천거 대상에 이처럼 관노 출신까지 섞이게 된 데는『원전』의 효자·순손의 천거법의 불완전성에 기인한 것이라는 사실을 지적해야 한다. 공양왕 2년 개성부의 천거령도 효자·순손은 등용, 의부·절부는 포상이라는 이중적인 구성을 지니고 있는데,『원전』의 법이 한나라의 효렴 천거와 같은 완전한 관리등용제도가 되려면 효렴 천거와 효자·순손, 의부·절부의 천거는 완전하게 분리되었어야 했다. 그러나 이후 세종때까지도 효렴 천거와 효자·순손, 의부·절부의 천거는 용어사용에서부터 늘 혼용되는 경향을 보인다. 바꾸어 생각하면 당시 전면적인 효렴 천거를 시행하기는 곤란했기 때문에 어떤 정치세력도 거부할 수 없는 명분을 지닌 효자·순손의 천거라는 외피를 차용할 수밖에 없었다고도 볼 수 있다. 그러나 결과적으로 보면 이것이 조선초기 효렴 천거의 성격과 효과를 혼란스럽게 한 중요한 요인이었고, 효렴 천거제의 한계였다고 하겠다.

그러나 어찌되었든 당시에는 효자·순손의 천거자 중 관리등용이 가능한 인물에 대해서는 상경 명령을 내려 이들을 수도의 호적에 편입시킬 정도로226) 적극적인 등용정책을 펼친 것도 사실이다. 이들을

거되어 사간원 우습유로 임명되었다. 이 기록을 보면 태조 4년의 천거령이 오히려 형식적인 것이 아니었겠냐는 의문이 든다. 그런데 탁신이 과거에 급제한 때는 위화도회군이 발생한 직후인 공양왕 원년이었다. 그러나 탁신은 부모가 늙었다는 이유로 귀향하여 고향에 은거하였다. 그러다가 정도전 파가 몰락한 후에 즉시 다시 효행으로 천거되어 바로 정6품 우습유라는 요직에 임명되었다. 이런 사실로 미루어 보면 그는 새로운 정권에 반감이 있었던 것 같다. 따라서 태조 4년에 효행으로 천거되고도 등용되지 않은 이유는 그가 종사를 거부했거나, 정도전·조준 파가 그를 꺼려했거나 아니면 후술하는 대로 탁신과 같은 인물조차도 등용될 수 없었을 정도로 당시 정도전 일파의 신진등용 정책에 대한 관료군의 저항이 거세었던 때문이었다고 생각된다.

226)『태조실록』권13, 태조 7년 2월 계사.

상경시킨 이유는 이들을 서용하기 위해서는 직접 면담하여 인물됨을 심사할 필요도 있었고, 일종의 예비관료군으로서 서울에 거주시키다가 빈자리가 났을 때 즉시 서용하려는 의도도 있었다고 보여진다. 이것은 한나라의 효렴 천거제와 유사한 방식이었다.

또 새 왕조를 창설하고 수도를 건설하면서 새 정권의 특혜를 받고, 지지하는 인물들을 수도 주민으로 유입하여 정권을 안정시키려는 의미도 중요하였다.227) 실제로 이러한 상경정책은 효렴 천거자뿐 아니라 수전품관, 한량관, 무재·유일 천거자 등 다양한 경로로 진행되었다. 이러한 상경책이 지속적으로 추진되어 상경종사한 등용대기자가 상당수에 달했으며, 그 중에서도 효렴 천거자는 주요한 비중을 차지하였다.

> F1. (태조 7년 2월) 경상도 도관찰사 이지(李至)가 상서하였다. "도내의 대소 품관으로서 이름이 서울에 사는 장적(帳籍)에 실려 있는 자가 왕복할 때에 말이 지쳐서 죽는 일이 많사온데, 지금 다시 날짜를 정하여 서울에 오라는 명령이 있기 때문에 가산을 기울여서 말을 사는 자가 있습니다.……효렴하며 재덕이 있어 탁용에 대비할 만한 사람을 제외하고는, 금년을 한하여 각각 그 시골에 편안히 있게 하여 농사에 힘쓰고 양병(養兵)하게 하소서."228)

---

227) 임용한, 「조선초기 한성부의 기능강화와 주민재편작업」, 『서울학연구』 3, 1994.

228) 『태조실록』 권13, 태조 7년 2월 계사, "慶尙道 都觀察使李至上書 道內大小品官 名載居京之籍者 往還之際 馬多困斃 今復有令 刻日赴京 故有傾家買馬者 臣切謂 當今無事之時 誠宜務農養兵 以備不虞 今若督責赴京 使人馬困耗 農事失時 殊爲未便 況本道前年失農 裹糧亦難 除孝廉茂才 可備擢用外 限今年 各安其鄕 務農養兵 上下都堂曰 到京孝廉茂才可用者 更加遴選 具名以聞 餘皆放還."

F2. (태조 7년 9월) "외방의 한량관이 효렴과 무재로써 서울에 있는 사람들이 서용되지 못하면서 세월만 오래 끌고 있으니, 폐단이 진실로 작지 않습니다. 원하옵건대, 임용할 만한 사람은 뽑아서 임용하고, 그 나머지 사람들은 각기 향리로 돌아가게 하소서." 이에 임금이 말하였다. "4품 이상의 관원은 잠정적으로 전례로써 이를 시행하라."229)

이 사료들은 지방에서 천거된 자들이 이미 서울의 장적에 이름이 올라 있으며, 강제적으로 일정 기간 서울에 거주할 의무가 부여되어 있었고, 이들의 상경과 녹적(錄籍)의 목적은 서용을 대기하는 것임을 말해준다. 또한 여러 경로로 올라온 상경자 중에서도 효렴자와 무재자가 서용에서 우선적인 고려대상이 되어 있음을 알 수 있다. 개혁파 사대부가 개성부(천도 후에는 한성부)의 기능을 강화하면서 효자·순손의 천거기능을 강화한 것도 이들을 상경시켜 수도주민으로 녹적(錄籍)하는 조치와 무관하지 않을 것이다.

그런데 이처럼 피천자들을 상경시켜 서울주민으로 장적에 등록까지 하였지만 이들의 서용은 지지부진하였다. 그래서 태조 6년에 정도전은 이들의 서용을 촉구하는 상소를 올리기까지 하였다.

봉화백 정도전이 왕에게 말하였다. "여러 번 교지를 내려 각지에서 효자와 순손, 공정하고 청렴한 선비를 천거하게 하여, 보고를 받았으나 즉시 서용하지 않았으니 후대에 권고하기가 곤란합니다. 경외의 관직에 서용하기를 원합니다."230)

---

229) 『태조실록』 권15, 태조 7년 9월 경인, "外方閑良官 以孝廉茂才居京者 不見叙用 淹延歲月 弊固不細 願擇可用者 用之其餘 各還鄕里 上曰 四品以上 姑以前例行之."
230) 『태조실록』 권12, 태조 6년 12월 신사, "奉化伯鄭道傳言於上曰 屢下敎旨 各

그러나 사료 F1, F2에 의하면 태조 7년까지도 이들의 서용은 지지부진했다. 도리어 이지의 상소가 있은 지 2달 후인 태조 7년 5월에 그간에 천거된 효렴과 무재를 면접하여 70명을 귀향시키는 조치가 행해졌다.

    도승지 이문화(李文和)에게 명하여 각도의 효렴과 무재를 불러 보고 그 실효가 없는 사람 70여 명을 내보냈다.[231]

그러다가 태조 7년 8월에 왕자의 난이 발생해서 정도전 파가 숙청되었는데, 왕자의 난이 발생한 바로 다음 달인 9월에 남아 있는 한량관이나 효렴자마저도 지방으로 돌려보내는 조치가 있었다. 그것이 사료 F2이다. 이 건의는 왕의 결재 과정에서 5품 이하의 관원에게만 해당하는 것으로 축소되었지만, 재야의 신진세력을 등용하려는 의도는 크게 훼손되었다.

그러나 태조 7년 12월, 정도전과 달리 숙청을 모면했던 좌정승 조준이 다시 한번 효자·순손의 등용을 건의하였다.

    효자와 순손, 의부 중에서 실효가 있어 등용할 수 있는 사람은 별도로 보고하게 하여 탁용에 빙고하게 하소서.[232]

이때는 정종의 즉위를 코 앞에 둔 시점으로서 태조대에 천거된 자들로서 남아 있는 자들의 등용을 권고하는 것인지, 국왕의 즉위를 맞아 새로운 천거령을 내리자는 것인지 분명하지 않다. 그런데 천거 대

    舉孝子順孫公廉之士 以聞而不卽叙用 難以勸後 願於京外叙用."
231)『태조실록』권14, 태조 7년 5월 계해.
232)『태조실록』권15, 태조 7년 12월 무신, "左政丞趙浚等 面陳時務三條······ 一. 孝子順孫義夫 有實效可用者 別具以聞 以憑擢用 上曰善."

상자에 의부(義夫)까지 들어간 것으로 봐서는 국왕의 즉위를 기념하는 새로운 천거령이 아닌가 싶다. 그러나 어느 경우든 이미 정권이 새로운 세력에게 넘어간 이상, 태조대의 효렴 천거가 지닌 정치적 의도는 상실될 수밖에 없었다. 그 상징적 사건이 탁신의 등용이다. 공양왕 즉위 이후에 낙향했고, 태조 4년에 효자로 천거되었으나 관직을 받지 못했던 탁신이 이때 또 다시 효행자로 천거되었는데, 이번에는 등용되어 우습유에 임명되었던 것이다.233)

3) 태종~세종대의 효렴 천거제

정도전·조준 파가 시도했던 효렴 천거와 등용정책은 왕자의 난으로 무위로 돌아갔다. 정종~태종대에도 효자·순손의 천거는 시행되었다. 효자·순손의 천거는 왕조의 정당성과 도덕적 권위를 위해서도, 사회교화를 위해서도 반드시 시행해야 하는 정책이었기 때문이다. 그러나 태종조의 효자·순손의 천거에서는 인재등용을 위한 적극적인 노력이 보이지 않는다. 태종조의 최초의 천거는 태종 5년 3월에 있었다.

> 효자·순손·의부·절부 등을 포상하도록 하교하고, 또 나이 80세의 노인과 환과고독(鰥寡孤獨)을 모두 구휼하도록 명하였으니, 강원도 관찰사의 청을 좇은 것이었다.234)

이 기사는 너무 간결해서 구체적인 상황을 알 수 없지만 본문에 '천거'라는 용어도 없고, 『태조실록』의 경우처럼 천거자를 심사한다거나

---

233) 『세종실록』 권31, 세종 8년 1월 계축, 탁신의 졸기.
234) 『태종실록』 권9, 태종 5년 3월 을묘, "下敎褒賞孝子順孫義夫節婦 又命八十老人 鰥寡孤獨 皆加存恤 從江原道都觀察使之請也."

이들을 경적(京籍)에 올렸다는 유의 기사가 전혀 발견되지 않는다.
 다음 해인 태종 6년에 다시 대사헌 한상경이 효자·순손의 포상을 건의했다.

> (대사헌 한상경)『맹자』에 이르기를, "사람마다 그 어버이를 친어버이로 여기고, 그 어른을 어른으로 여기게 되면 천하가 태평하여진다."고 하였습니다. 원컨대, 경중과 외방의 효자·순손·의부·절부를 살펴 물어 포상함으로써 풍속을 가다듬게 하소서.235)

이 상소는 효자·순손의 포상을 건의하는 일반적인 상소이다. 그러나『원전』의 효자·순손의 천거가 포상만이 아닌 인재 천거의 의미를 지니고 있었던 것을 감안한다면 한상경의 상소는 효자·순손의 포상에서 인재천거의 요소를 배제하고, 오직 사회교화책적 입장에서 이를 거론하고 있다. 이것은 태종조의 효자·순손 천거에 대한 관념을 잘 보여준다.
 태종 8년 의정부에서『원전』의 효자·순손의 천거법을 시행할 것을 건의한 적이 있었다. 이 역시 당시『원전』의 천거법이 시행되지 않고 있었다는 증거이다. 앞 장에서 이미 살펴본 대로 의정부에서 이런 건의를 한 이유는 태종이 관리인사가 세가자제에게 편중되는 문제를 걱정하자 대안으로 제시한 것이었다. 정도전·조준 파가 제거된 후로 정국은 급속히 반동화했다. 특히『원전』에서 채택한 관리등용책과 관료인사제도가 변형되면서 인사제도 전반에서 중앙세가와 기존 관료층의 특권을 강화하고, 신진이나 재지사족의 관계진출로가 급속히 경색되었다.

---

235)『태종실록』 권12, 태종 6년 윤7월 계해, "願京外孝子順孫義夫節婦 考問襃賞以勵風俗."

태종이 비록 이들의 지지를 받아 정권을 획득했지만, 정치구조와 관료군이 지나치게 경색되고 특권층이 성장하는 것은 경계해야 했다. 이 점에서는 의정부 대신들도 마찬가지였던 것 같다. 그래서 그 대안으로 『원전』의 천거법이 의정부에 의해 거론되었지만, 이 건의조차도 시행되지 않았다.

　그런데 그렇다고 해서 태종조에 효렴 천거에 의한 등용사례가 전혀 없는 것은 아니다. 앞서 살펴본 대로 태종 13년에 고득종과 문방귀를 효렴으로 등용한 사례가 있다. 그러나 이는 신진관료의 등용이라기 보다는 제주 통치를 위한 회유책으로서 태종조의 효렴 천거가 이처럼 가장 소극적이고 제한적인 용례로만 사용되고 있었음을 보여주는 사례라고 하겠다.

　이처럼 지지부진하던 효렴 천거는 태종이 양위하기 직전인 태종 18년에 가서야 비로소 등용을 전제로 한 효자의 천거가 시행된다.

> 　예빈시 윤(禮賓寺尹) 이진(李蓁) 등이 진언하였다. "옛부터 충신을 구하려면 반드시 효자의 문에서 거둔다 하니, 빌건대, 조야(朝野)에서 그 효행이 널리 소문나고 조용히 안거하여 영달을 구하지 않는 자를 천거하여 더욱 높이고 포장(褒獎)하소서."하니, 하교하였다. "여러 도에 행문이첩(行文移牒)하여 자세히 찾아 물어서 그 성명을 기록하여 아뢰어라."236)

　이 건의를 한 이진은 상산군(商山君) 이민도(李敏道)의 아들인데, 이민도는 원나라 사람으로 고려로 망명한 인물이다. 태조가 즉위하기

---

236) 『태종실록』 권36, 태종 18년 7월 경술, "禮賓寺尹李蓁等陳言 自古求忠臣 必收孝子之門 乞於朝野 擧其孝行著聞恬靜無求者 尤加崇獎 敎曰 行移諸道 備細訪問 錄其姓名以聞."

전부터 혁명에 참여했고, 그 공으로 개국공신까지 되었다.237) 이 정도 약력만으로는 그의 정치적 성향을 알 수 없지만, 태종대나 세종대에 거의 호군직과 외관을 역임하면서 권력의 중추로는 들어가지 못했다. 그러므로 좀 더 개방적인 정치체제를 바랐을 가능성이 있다고 생각된다.

보다 근본적인 이유는 이때가 태종의 양위를 목전에 둔 시점이었다는 사실이다. 태종대에 행해진 관료등용 및 인사제도와 관련된 법들은 거의가 『원전』의 개혁성에 반발하는 법들이었다. 그러다 보니 관료제 운영에 폐쇄성과 공신과 세가의 특권을 강조하게 되었다. 태종도 세가의 과도한 특권을 걱정할 정도였지만, 실제적인 조치는 하지 못했다. 그러나 이 문제의식은 태종대의 입법에 반대하는 신진관료들에게로 이어져서, 세종의 즉위를 맞아 태종대의 정책을 집약한 『속집상절』에 대한 비판이 강력하게 제기되었다.238)

이러한 변화의 결과인지 세종 때에는 효렴 천거자의 수효와 횟수도 증가하고,239) 이들을 서용하는 비율도 높아진다. 효렴자의 서용에 대해서는 정확한 기록은 찾아지지 않지만 세종 14년 예조판서 신상(申商)의 상소는 당시 효렴자의 서용이 전대에 비해 활발하게 진행되고 있었음을 보여준다.

---

237) 『태조실록』 권7, 태조 4년 3월 임인, "商山君李敏道卒 敏道中國河間人 元慶元路摠官公埜之子 以父死事 授同知涿州事 元朝多難 寓居外家明州 前朝使臣成準得回自張士誠所 敏道請與俱來 以醫卜見稱 往往有驗 授書雲副正 遷典醫正 以至慈惠府司尹 兼判典醫寺事 當上潛邸之日 陰有推戴之意 陳說歷代沿革 及上卽位 得與功臣之列 官至商議中樞院事 賜號推忠協贊開國功臣 以妻鄕尙州 封商山君 年六十卒 贈門下侍郞贊成事 諡直憲 子蓁."

238) 윤훈표, 「경제육전의 편찬주도세력」, 『경제육전과 육전체제의 성립』, 220~230쪽.

239) 박주, 『조선시대의 정표정책』, 일조각, 1990, 16쪽.

(세종 14년 11월) 예조판서 신상이 아뢰었다. "전조의 사민은 부모의 상을 지낼 때 날로써 달로 바꾸어 3년을 행하지 않는 자가 많았사오매, 만일 무덤에 여막을 짓고 3년을 지키는 자가 있으면, 세상에서 모두 아름답다 일컬어 정표하였습니다. 그러나 오늘날에는 모두 삼년의 상을 행하옵고, 여묘하는 자도 많이 있사오며, 혹은 손가락을 끊어서 병친에게 약으로 드리기도 하며, 혹은 불사를 행하지 아니하고 한결같이 가례에 따르옵는데, 이제 효자를 포장하라는 명을 내리시니, 상정소에서는 경중을 논하지도 아니하고 모두 정문을 세우고 관직을 제수하되, 등급도 분별하지 않사오니, 바라옵건대 1등은 서용하고, 정표하시고, 그 다음은 녹용하시며, 손가락을 끊은 일 따위는 비록 중용의 도에 지나친다 할지라도 지극한 정에서 나온 것이오니, 상등에 의하여 시행하여 주시기를 바라옵니다."240)

이 상소는 세종이 효자를 포장하라는 명령을 내렸고 상정소에서는 이들에게 포상하고, 정표를 하사할 뿐 아니라 관직까지 수여하고 있다는 사실을 말해주고 있다.241) 이에 예조판서이던 신상이 반대상소를 올렸던 것이다. 신상은 먼저 효자 선정의 기준이 불합리함을 지적했다. 실제로 세종 때에 피천자들의 사연을 조사한 연구에 의하면 효자·순손의 경우 이들이 천거된 이유로는 부모 병간호를 위한 단지(斷指)가 가장 많고 다음으로 주자가례에 의한 상제(喪制) 이행이 많

---

240) 『세종실록』 권58, 세종 14년 11월 계미, "禮曹判書申商啓 前朝士民 居父母之喪 以日易月 不能行三年者多矣 或有廬墳三年者 世皆稱美 以旌表之 今則皆行三年之喪 廬墓者比比有之 或折指以藥病親 或不作佛事 一從家禮 今下褒奬孝子之命 詳定所不論輕重 並令旌門除職 至爲無等 乞一等則敍用旌表 其次錄用 若割指等事 雖過中制 出於至情 乞依上等施行."
241) 서용 외에 포상의 경우에는 賞物하거나 정표를 세우는 방법을 사용했다. 세종대의 경우 상물의 경우 대개 米 5석 내지 10석, 또는 미두 10석이나 면포 20필을 하사하였다(정구선, 『조선시대천 거제도연구』, 40쪽, 주62)).

은 것으로 나타난다.242)

　하지만 정작 주목해야 할 부분은 상정소에서 이들에게 관직을 수여하고 있다는 것이다. 여기서 말한 상정소는 세종 10년 이후로 속전 편찬을 담당했던 의례상정소243)임이 분명한데, 세종조의 의례상정소는 원래는 법전과 의례를 편찬하는 기구였지만 실제로는 법과 제도를 기안, 시행하고, 이를 다시 법전에 수록하는 등 준재상기구적인 기능까지 수행하였다.244) 그러므로 이때 상정소에서 효렴 천거자를 모두 서용한다는 것은 상정소에서 효렴 천거자의 서용을 확대하고 이를 법제화하려는 작업을 진행 중이었음을 말해준다.

　그런데 효자·순손을 포상하는 규정은 이미 『원전』에 있었으므로 이때 상정소에서 논의한 것은 그 규정의 추가, 보완 규정이었음에 틀림없다. 그 내용이 무엇인지는 알 수 없지만 신상의 상소로 미루어 보거나 이후의 추이를 볼 때 포상자와 포상자의 서용을 확대하려는 시도가 내포되어 있었다고 생각된다.

　신상의 상소는 이런 상정소의 움직임에 대한 반대의견의 표현이었다. 반대론의 배경은 두 가지로 생각해 볼 수 있다. 하나는 효자·순손의 서용정책을 사회교화적 측면에서 파악하는 것으로 건국 이래 포상책이 효과를 거두어 삼년상이나 가례 사용이 보편화되어 예전처럼 그런 명목으로 일일이 포상하기가 곤란해졌다는 가정이다. 신상의 상소도 대략 이 같은 논지를 펴고 있다. 그러나 이것은 표면적인 이유라고 생각된다. 앞서도 살펴본 것처럼 효렴 천거라는 것이 명분은 이런저런 효행을 들고 있지만 그들을 서용할 때는 개인의 자질은 물론 사

---

242) 박주, 앞의 책, 36~37쪽.
243) 『세종실록』 권42, 세종 10년 11월 정축.
244) 임용한, 「조선초기 의례상정소의 운영과 기능」, 『실학사상연구』 24, 2002. 12, 101~103쪽/『경제육전과 육전체제의 성립』, 혜안, 2007, 373~375쪽.

회적, 정치적 요소까지 고려하고 행해졌다. 또 세종 때에는 일반 군사와 노비들에게까지 3년상이 보급되어[245] 3년상을 지내기만 하면 포상하는 방식이 불가능하다는 것은 이미 논의되고 검증된 사안이었다.[246]

그러므로 신상의 상소가 등장하게 된 진정한 이유는 효렴자의 서용에 대한 기성 관료층의 불만 내지는 위기감이었다고 보여진다.

> (허조가) 이조판서가 되어서는 매양 전주(銓注)할 때에, 고려 및 아조의 명신으로서 사절(死節)한 이의 후손과 중외에서 추천한 효자·순손을 모두 다 등용하니, 의논하는 자가 이르기를, "어찌 참된 효자·순손이 이같이 많겠소." 하였다.[247]

이것은 허조의 졸기의 일부분인데, 허조는 세종의 신임을 얻어 이조판서만 10여 년을 맡았던 인물이며, 예조판서와 의례상정소의 제조도 오래 역임하였다. 그가 이처럼 효렴자 서용에 적극적이었다는 것은 곧 세종조에 효렴자의 서용이 활발하게 시도되었으며 이것이 세종의 후원을 받았던 정책이었음을 알려준다. 그런데 위 기사는 또한 이에 대한 관료들의 비판도 만만치 않았음을 보여준다. 졸기에 의하면 허조

---

[245] 군사들이 삼년상을 지내는 문제는 조정에서도 논란이 되어 결국 태종 7년에 편찬한 『경제육전』 속집상절에서는 군사는 백일상만 지내도록 규정하였다 (『세종실록』, 권10, 세종 2년 10월 신해 ; 권43, 세종 11년 2월 임진).
[246] 세종 때 군사들과 노비 중에서도 3년상을 자원하는 자들이 나왔고, 48개월을 상을 하고 3년이 지나도 상복을 벗지 않는 등 법제에도 없는 예를 지내는 자들도 생겼다. 물론 군사나 노비 중에는 피역을 노리고 3년상을 자원하는 자들도 있었을 것이다. 실제로 이 때문에 조정에서도 여러 번 토의가 벌어졌다.
[247] 『세종실록』, 권87, 세종 21년 12월 임인, 좌의정 허조의 졸기, "爲吏曹判書 每當銓注 高麗及我朝名臣死節之後 中外所擧孝子順孫 盡皆敍用 議者謂焉 有眞孝子順孫 若是其多乎."

는 이 일로 해서 관료들로부터 '사정(私情)에 따라 등용한다'는 비난을 받기까지 하였다.248) 그리고 이러한 불만이 신상의 상소로 표출되었을 것이다.

등급을 정하여 녹용하자는 신상의 건의도 본의야 무엇이든 효자순손의 서용자를 축소하는 결과를 가져오는 것이었다. 그러나 상정소의 의지 또한 강력하였다. 그리하여 신상이 상소한 지 2개월 후인 세종 15년 1월에 상정소에서는 다음과 같은 건의를 하였다.

상정소에서 아뢰었다. "효자·순손·절부 등을 정문(旌門)하고, 서용하고, 복호함은 뒷사람을 권장하기 위함입니다. 마땅히 인도(人道)의 평상의 일로써 해야 할 것입니다. 비록 평상사라 할지라도 실로 다른 사람이 미치지 못할 것이 있습니다. 어버이를 도적에게서 구출한 것과 같은 것은 일이 비상시에 한 일이니 당연히 표창할 것이오나, **뼈를 분질러서 약에 타는 것과 6년 동안 묘에서 살고, 행하는 일이 궤격(詭激)하여 본받을 수 없는 것은 특이하다고 할 수 없습니다. 그 부모의 생전에는 효성을 다해 봉양하고, 죽은 뒤에는 예를 다해 상제를 행하는 자에게는 정문하고 복호하며, 만약 사족이면 아울러 서용함이 어떠하

---

248) 위의 주와 같음. 허조는 황희, 맹사성과 함께 세종의 유력한 신하로서 『속전』 편찬과 입법, 『세종오례의』의 편찬에 상당히 많은 활약을 했다. 『속전』에 수록된 법으로 그가 기안하거나 추진한 주요한 법은 외학제(『속집상절』), 경외관순환제, 부민고소금지법(이상 세조조의 『속육전』)이 있다. 이 법들은 모두 『원전』에서 추구했던 주요 정책들에 큰 타격을 주는 법들로 허조의 생각은 정도전·조준 계와는 분명한 차이가 있다. 그러나 그럼에도 불구하고 허조는 공신과 세가의 지나친 성장은 견제해야 한다는 입장이었던 것 같다. 이런 점에서 그는 세종의 생각과 확실히 상통하는 바가 있다. 그가 세종의 후원을 받아 효렴 천거제의 재생과 효렴 천거자의 서용을 추진했던 것이나, 허조의 사후 허조의 아들 허후와 허눌이 세조에게 희생되고, 그 이후로 가문이 현달하게 못했다고 할 정도로 그 후손들이 가혹하게 금고를 당했던 것도(허봉, 『해동야언』 권2, 세종기) 이런 사정과 관련이 있다고 생각된다.

겠습니까."라고 하니, 예조에 내렸다.249)

　상정소의 건의에서 신상의 안에 대해 전혀 언급이 없지만 내용을 살펴보면 상정소의 방안은 신상의 문제제기에 대한 답변이면서 그의 건의와는 아주 상반된 주장을 하고 있음을 알 수 있다. 상정소는 효자를 선발할 때는 특이하고 일회적인 행동이 아니라 부모 생전에 효성을 다하고 상을 당해서는 예를 다하는 사람을 포상해야 한다고 한다. 즉 평소의 행동을 고찰하여 포상해야 한다는 것이다. 이 답변은 3년상이 보편화되었는데, 3년상을 지내기만 하면 포상하니 효행 포상자가 너무 많아지고 기준이 형식화 된다고 하는 신상의 문제제기를 극복하는 동시에 포상자를 얼마든지 확대할 수 있는 길은 여전히 열어 놓은 것이었다.

　또 신상은 등급을 정해 그 중 뛰어난 효행을 한 자를 포상하자고 했다. 이 방안은 일종의 상대평가제로 소수에게만 관직을 주자는 것이었다. 신상이 손가락을 끊는 등의 일이 비록 중용을 벗어난 것이긴 하지만, 그래도 쉽지 않은 일이라 포상은 하자고 한 것도 효행의 등급을 나누려다 보니 이런 사례를 중시하지 않을 수 없었기 때문일 것이다.

　이에 대해서도 상정소는 특이하거나 예제에도 없는 기만적이고 지나친 행동은 포상할 수 없다고 못박았다. 이 역시 지극히 합리적인 답변으로 신상의 방법대로 등급제를 시행하면 사실은 이런 과격한 행동을 어느 정도는 허용하게 된다는 지적이다. 그러므로 상정소는 효행은

---

249)『세종실록』권59, 세종 15년 1월 임신, "詳定所啓 孝子順孫節婦 旌表門閭 絞用復戶 所以勸後也 當以人道平常之事 雖云平常之事 實有他人所不及者也 若救親於敵 事出非常 故當褒典 至於折骨和藥 六年居墓 爲行詭激 不可爲訓者 恐不可特異其科也 其父母生前盡孝奉養 死後盡禮行喪者 旌表門閭 復戶 若士人則幷絞用何如 乃下禮曹."

일회성이 아닌 평소 생활로 평가해야 한다고 주장함으로써 등급 내지는 상대평가에 의한 포상방식을 거부한 것이었다.

마지막으로 상정소는 효행자가 사족이면 서용하자고 건의하였다. 이것은 얼핏 서용자를 제한하는 신분제적 규정으로 느껴진다. 그러나 이전의 사례를 보아도 서용할 때는 관인으로서 자격이 있는가를 심의하고 서용했기 때문에, 사실상 효렴 천거로 서용되는 사람은 사인이었고, 사인 중에서도 서용되지 못하는 자가 많았던 것을 감안하면, 이 규정은 사인이 효렴으로 천거되면 다 관직으로 포상한다는 아주 적극적인 의미가 될 수 있었다.

그렇다면 이때 세종과 상정소가 중심이 되어 효렴 천거의 활성화와 서용확대를 추구한 이유는 무엇이었을까? 효렴 천거의 도덕적, 사회적 기능에 대한 세종의 열정도 주요한 이유가 되었을 것이다. 세종은 『삼강행실도』를 간행하면서 교화가 널리 행해지면 지치(至治)의 세상이 오리라는 기대를 표명하기도 하였다.[250]

그러나 그것만으로는 효렴 천거자를 관료로 등요하거나 요직으로 발탁하려는 시도까지 설명하기는 불충분하다고 생각된다. 세종이 이러한 시도를 한 이유는 역시 세가자제가 관직을 독점하는 폐단을 감소시키기 위해서였다고 생각된다. 효렴 천거제에 대한 상정소의 생각은 다음의 기록을 통해 엿볼 수 있다.

> 상정소에서 아뢰었다. "삼가 고증하여 보오니, 동한(東漢)에서는 조서(詔書)를 내려 시중(侍中)·상서(尙書)·중신(中臣)의 자제는 관리가 되어서 효렴을 안찰(按察)하는 직무를 하지 못하게 했습니다."[251]

---

250) 『세종실록』 권64, 세종 16년 4월 갑술.
251) 『세종실록』 권55, 세종 14년 3월 을유, "詳定所啓 謹按東漢詔 侍中尙書中臣子弟 不得爲吏察孝廉."

위의 기사는 효렴 천거제를 논의한 것은 아니고, 관료 인사에서 대신이나 고위관리의 상피제를 강화해야 한다는 주장 중에 나온 것이지만, "시중·상서·중신의 자제는 관리가 되어서 효렴을 안찰하는 직무를 못하게 했다"는 기술은 효렴 천거가 세가, 대신의 세력을 견제하는 방법이 된다는 인식을 지니고 있음을 보여준다.

태종이 집권하면서 관료선발제도나 인사제도는 건국 초기의 개혁파 사대부의 구상에 비해 세가자제나 기득권층에게 유리하도록 굴절되어 갔다. 세종대의 개혁정책도 전체적으로는 태종 때의 기조를 유지하면서 진행되었다. 특히 세종 이후로 충의위, 충찬위, 충순위 등 공신과 고위관료의 자제를 위한 병종과 이들에 대한 특혜가 확대되면서 중·하위직까지도 이들이 차지하는 비중이 높아졌다. 세종은 이러한 현상을 근본적으로 부정하지는 않았지만, 관료군의 고착화와 특권세력이 지나치게 성장하는 데 대한 위험성은 충분히 인식하고 있었다. 그리고 그 대책의 하나로서 효렴 천거의 효용을 기대했던 것이라고 보여진다. 또 이 시기 상정소에서 활약한 인물들도 황희, 허조, 맹사성, 변계량, 하연 등으로,252) 이들은 세종이 가장 신뢰했던 신하들이면서도 가문이나 정치적 성향이 전통적인 권문세가와는 약간의 거리가 있는 인물들이었다. 세종은 이런 신하들을 총애했고, 이들을 일선에 배치해서 국가체제가 경직되어 가는 것을 방지하려고 했다.253)

사실 국왕이 기존의 정치세력과는 이질적이거나 대립관계에 있는

---

252) 『세종실록』 권17, 세종 4년 8월 을미 ; 권42, 세종 10년 11월 정축.
253) 태종과 세조, 심지어는 세종의 정치를 공신, 세가의 세력에 대응하여 "왕권을 강화하려 한 것"으로 이해하게 된 것은 태종·세종대의 기록에서 이와 같은 제도나 노력이 부각되었던 때문이라고 생각된다. 그러나 이것은 태종~세종 때의 체제 개혁의 본질이 아니었다. 그 반대로 당시의 정치, 관료체제가 건국 초기의 구상에 비해 보수화, 특권화 됨에 따라 그 체제의 위험성에 대한 우려가 높아졌고, 안전장치의 마련이 요구되었던 것이다.

인물들을 기용해서 자신의 측근으로 삼고, 이들을 통해 권문세가나 공신집단의 지나친 성장을 견제한다는 구상은 어느 시대에나 사용되던 방식이었다. 문제는 그 방법의 건전성과 효용성에 있다. 이권이나 사적 경로를 통해 국왕의 측근을 등용하는 방식의 폐단은 이미 고려후기에 경험하였다. 조선의 관료들에게 그것은 고려를 망하게 한 주요한 원인의 하나로 인식되어 있었으며, 왕족의 서용은 『속집상절』에서부터 금지되었고,254) 내수소의 서제(書題)와 같이 사적인 관련을 지닌 인물을 등용하는 데 대해서 강력하게 반대하였다.255) 그래서 세종은 효렴 천거라는 전통적이고 분명한 당위성을 지닌 제도를 통해 이 문제에 접근했다고 생각된다. 이것이 효렴 천거가 지닌 특별한 장점이었고, 이후에도 사림파나 실학자들에 의해 지속적으로 제기될 수 있었던 이유였다.

이 같은 세종과 상정소의 노력은 어느 정도 효과를 보았다. 다음 달인 세종 15년 2월에 『삼강행실도』를 반포했고,256) 다음 해부터 효렴 천거를 활성화하면서 가능하면 피천자에게 관직으로 포상하는 사례가 두드러진다.257) 그러나 정작 서용자를 중앙정계로 유입하는 문제에 있어서는 별다른 효과를 보지를 못하였다. 세종대의 효렴자로 서용했다는 사람은 많으나 실제로 그들에게 준 관직이 무엇인지는 거의 언급되어 있지 않다. 이것은 그들을 서용한다고 해도 정치적 의미가 크지 않은 하급관직을 주었다는 방증이다. 관직을 알 수 있는 소수의 기록

---

254) 『문종실록』 권13, 문종 2년 4월 무자, "六典云 宗親尊位重祿 不任以事 以盡親親之道."(이것이 『속집상절』에 수록되었다는 근거는 연세대학교 국학연구원 편, 『경제육전집록』, 1993, 이전 종친부 참조).
255) 『문종실록』 권4, 문종 원년 11월 병오.
256) 『세종실록』 권59, 세종 15년 2월 무신.
257) 『세종실록』 권63, 세종 16년 2월 신해 ; 권63, 16년 3월 기해 ; 권64, 16년 6월 정사 등.

을 보아도 가문도 좋고 현관을 역임한 사람은 좋은 관직을 받거나 승진하지만258) 신진이나 지방민, 혹 명문가의 후손이라도 능력이 떨어지거나 하자가 있는 사람은 잘해야 능지기 정도였다.259) 양계의 인물에게는 토관을 제수하거나260) 향리는 향리역에서 면역시켜 주기도 했다.261)

　상정소의 건의가 관철되어 사족은 등용한다는 법안이 『경제육전』에 수록되었는지는 확실하지 않다. 그러나 그 후에도 손가락을 자르는 등 특이한 행동을 계속 포상하는 것을 보면 이날의 상정소의 건의를 법제화하는 데에는 실패한 것 같다. 결국 세종대의 서용 확대는 가례 사용을 장려하고, 지방사회에서 유가의 도덕과 관념에 충실한 산관층을 창출해 냄으로써 정권과 사회를 안정시키는 데 크게 공헌하였다고 할 수 있겠으나, 신진세력을 관료군으로 흡수하는 데에는 거의 성과를 보지 못했다고 하겠다. 이것은 앞서 허조의 일화에서도 볼 수 있듯이 기성세력의 저항이 그만큼 거셌기 때문일 것이다.

　한편 세종은 실직을 역임한 인사가 효렴으로 천거되면 그를 승진, 발탁하는 방법도 사용하였다. 그러나 이 방식에 대해서도 기성관료들은 예민한 반응을 보였다. 그 대표적인 사례가 김반(金泮)과 정환(鄭還)의 사례이다.

　세종은 재위 초반이던 세종 5년에 모친의 3년상을 위해 낙향해 있던 전 성균직강 김반이 효렴으로 천거되어 정표되자262) 그가 효행이

---

258) 『세종실록』 권86, 세종 21년 9월 임신, 중추원사 이정간(李貞幹)의 졸기.
　　이정간은 강원도 관찰사를 역임하고 이미 치사한 뒤에 100세가 넘은 모친을 효행으로 봉양한 공으로 중추원사로 임명되었다.
259) 『세종실록』 권83, 세종 20년 11월 병신, 청주인 崔混(최혼)의 사례 ; 권106, 세종 26년 10월 정사.
260) 『세종실록』 권52, 세종 13년 5월 신사 ; 권126, 세종 31년 11월 갑오.
261) 『세종실록』 권10, 세종 2년 10월 계축.

있다는 이유를 들어 사간원 우헌납으로 발탁하였다. 2년 후 경상도 영천(永川)에 거주하는 전 지대구군사(知大丘郡事) 정환이 김반과 비슷하게 부모의 상을 만나 48개월간 여묘살이를 하여 정문을 받았다.263) 이 소식을 들은 세종은 곧 김반의 근황을 신하들에게 물었다.

    임금이 말하기를, "김반이 효행으로 관직에 제수되었는데, 지금은 무슨 벼슬을 하는가" 하니, 여럿이 아뢰기를, "일찍이 헌납에 제수되었으나 이간(李侃)에게 뇌물을 받은 사건으로 정직되었습니다."라고 하였다. 김반이 비록 효행은 있었으나 괴상한 꿈 이야기를 하면서 사직에 호소하여 뇌물 받은 일을 변명하고자 하였는데, 임금이 그가 용렬한 사람임을 알기 때문에 이런 물음이 있었다.264)

김반은 강릉인으로 권근이 추천하여 관계로 들어선 인물로,265) 그후 성균관 대사성을 오래 역임하며 많은 학자와 관료들을 길러 경학삼김(經學三金)의 한 사람으로 불렸던 인물이다. 그러나 은퇴 후 집안이 가난해서 생계를 유지하지 못했다고 하고,266) 위의 인용문처럼 기성관료들은 그를 좋아하지 않는 사람이 많아서 그의 상소나 건의는 자주 묵살되고, 대우도 그리 좋지 않았다. 세종 6년 12월에 세종은 그런 그를 효렴 천거를 명목으로 성균직장에서 헌납으로 발탁했다.267) 그러나 헌납 재직 8개월 만인 세종 7년 윤7월에 이간(李侃)에게 표지

---

262) 『세종실록』 권22, 세종 5년 12월 임술.
263) 『세종실록』 권29, 세종 7년 9월 정미.
264) 『세종실록』 권29, 세종 7년 9월 정미, "上曰 金泮以孝行除職 今在何官 僉曰 曾拜獻納 以受贈於李侃停職 泮雖有孝行 乃說怪夢 訴于憲司 欲以辨受贈之事 上知其庸流 故有是問."
265) 『태종실록』 권10, 태종 5년 10월 기묘.
266) 『단종실록』 권4, 단종 즉위년 12월 병신.
267) 『세종실록』 권26, 세종 6년 12월 을사.

(表紙) 2권을 받은 죄목으로 좌천되었다.268) 그래서 다시 2달 후인 7년 9월 정환에게 정표할 때 세종이 김반을 떠올리고, 그의 근황을 물었던 것이다. 이에 대해 실록의 찬자는 그가 용렬한 인물임을 알았기 때문에 세종이 김반의 근황을 물었다고 했지만, 이것은 아무리 보아도 억지해석이다. 세종은 정환 같은 인물을 효렴 천거를 통해 발탁하려는 의도가 있었기 때문에 그 선례로서 김반의 사례를 물었던 것이고, 실록 찬자의 해석은 이와 같은 세종의 의도에 대한 반발의 표시이다.

위의 실록 기사에서 보듯이 효렴 천거와 등용에 대한 관료들의 저항은 거세었다. 김반은 금새 파직되어 성균관으로 돌아갔다. 그 후 성균관에서만 재직했을 뿐 다른 관직은 받지 못했다. 정환도 안동부사를 역임했으나,269) 경관으로서는 활약하지 못했다. 그것은 기성관료들이 이 같은 방식으로 새로운 세력이 관계로 유입되는 것을 경계했기 때문일 것이다.

또 하나의 유사한 경우로 엄간(嚴幹)의 사례가 있다. 엄간도 중앙세가가 아닌 상주 사족으로 봉상부녹사(奉常副錄事) 겸 성균학록(成均學錄)으로 있다가 효렴으로 승진하여 봉상직장(奉常直長) 겸 성균박사(成均博士)가 되었다. 그러나 순자법에 묶여 16년이 지나도록 거관조차 못했다고 한다.270) 이것은 포상으로 피천자를 서용했다고 해도 그가 세력가의 지원을 받거나 아니면 효렴 천거가 승진을 보장받을 수 있는 특별한 권위를 부여받지 않는 한, 그들이 승진하기는 쉽지 않다는 사실을 말해준다. 특히 김반과 엄간 같은 이는 과거급제 출신이고 학문적 능력을 인정받은 인재임에도 그러하였다.

이처럼 세종대를 통해 효렴 천거자의 서용은 증가하였지만, 대부분

---

268)『세종실록』권29, 세종 7년 윤7월 정사.
269)『세종실록』권49, 세종 12년 8월 무인.
270)『세종실록』권45, 세종 11년 9월 정묘.

은 하급관직에 서용되었고, 이들을 정계로 끌어들이려는 세종과 측근 신하들의 노력은 실패하였다. 세종 26년에야 비로소 효렴 천거자가 백신(白身)이면 종9품으로 제수하고, 원래 벼슬이 있는 자는 한 계급 올려주는 법안을 제정하는 데 성공한다.271) 세종 31년에는 효자·순손으로 판명난 사람이 일찍 죽으면 자손을 서용하게 했다.272)

세종 26년의 법안은 세종 15년의 상정소의 안보다 구체적이긴 하지만 의미상으로 보면 더욱 후퇴한 것이다. 종9품직은 한직이고, 품계를 올려준다는 것은 실제로 등용하는 것과는 더욱 무관한 것으로 서용이나 승진, 발탁이 아닌 가계(加階)라는 방식을 채택한 것이다. 그러나 세종 때부터 국가와 관료층이 안정됨에 따라 고품관이 증가하고, 관직이 부족하여 가계하는 방식이 남용되는 경향이 발생하고 있었으므로,273) 비록 법령은 제정하였지만 그 실질적 의미는 더욱 감소한 셈이었다.

4) 문종~성종 때의 서용확대 노력과 경국대전 규정의 성립

효렴 천거자의 서용을 확대하려 한 세종 때의 노력과 좌절에도 불구하고 이러한 시도는 그 후에도 계속되었다. 문종 원년에는 자손의 서용을 기존의 충신, 효자, 순손에서 열녀의 자손까지로 확대하였다.274) 특히 주목되는 때는 단종대로 실록의 통계에 의하면 세종의 재위 32년간 효자로 정표(旌表)한 자가 145명이었는데, 단종은 재위 3년이고 실제 권력을 장악했던 때는 그보다 짧은 데도 불구하고 무려 54

---

271) 『세종실록』 권106, 세종 26년 10월 경술, "傳旨吏曹 自今孝子除拜時 白身授 從九品 原有職者 升一階 永爲恒式."
272) 『세종실록』 권124, 세종 31년 6월 병자.
273) 이성무, 『조선초기 양반연구』, 92~93쪽.
274) 『문종실록』 권6, 문종 원년 2월 기축.

명을 정표하였으며,275) 이들을 서용하려는 노력도 각별하였다. 그래서 단종 때는 아주 특이한 제도가 시도되는데, 효렴 천거자의 할당제였다.

> (의정부에서) 이조의 정문에 의거하여 아뢰기를 "일찍이 교지를 내리시기를, '여러 도의 효자를 경기 3인, 경상도 8인, 전라도 6인, 모두 17인을 서용하라.' 하셨으나, 동서반에 결원이 없으니, 청컨대 산관직을 제수하고, 원래 벼슬이 있는 자는 가자하게 하소서." 하니, 그대로 따랐다.276)

이 기록은 단종이 지역별로 할당을 주어 효렴 천거자를 서용하려고 했으며, 이조가 이 조치에 반대하는 이유로 동서반에 결원이 없다는 이유를 드는 것으로 보아 이들에게 실직을 주고 등용하려고 했던 것을 알 수 있다. 이는 세종 26년 법의 종9품계를 주거나 가계하는 방식을 뛰어넘는 것이었다. 그러나 이러한 노력은 관료들의 반대에 부딪혔다. 이조는 대안으로 산관직을 제수하거나 가자(加資)하자고 했는데, 이는 기존의 세종 26년의 법을 따르자는 것이었다.

문종과 단종대에 효렴 천거를 확대하고 이들을 서용하려는 노력을 보인 것은 세종대를 거치면서 고위관료가 증가하고, 공신 및 집권층의 권력과 유대가 강화되어 간 것과 관련이 깊다고 생각된다. 특히 단종은 어린 나이에 즉위한 데다가 모친도 일찍 사망하고, 결혼도 하지 않아 정치적으로 대단히 고립된 상태였다. 짧은 재위기간에 비해 특이하게 효렴 천거가 많고 이들을 서용하기 위해 지역별 할당까지 한 것은

---

275) 박주, 『조선시대의 정표정책』, 15쪽.
276) 『단종실록』 권14, 단종 3년 5월 정묘, "(議政府) 據吏曹呈啓 曾降敎旨 諸道 孝子 京畿三人 慶尙道八人 全羅道六人 凡十七人敍用 然東西班無窠闕 請 授散官職 元有職者 加資並從之."

기성의 특권세력들을 견제하고 자신의 직할세력을 만들기 위한 노력이었다고 보여진다.

이 같은 추정은 단종을 몰아낸 뒤 외척과 훈구세력을 결속시키고 이들의 특권을 강화하면서 자신의 체제를 유지했던 세조대에는277) 효렴 천거가 급속히 줄어든다는 사정을 통해서도 확인할 수 있다.『세조실록』에는 효자를 포상한 기사가 단 1건만 나타날 정도로 감소했고,278) 이런 분위기 때문인지 지방관들이 효렴 천거를 소홀히 한다는 기사도 여러 번 나타난다.

> 의정부에서 의논하여 아뢰었다. "1. 효자·순손·절부 등을 포상하는 법전이 이미 법령에 나타나 있는데, 관찰사·수령이 게을리 하여 치의(致意)하지 아니하여 양법의 아름다운 뜻이 한갓 문구가 되었으니 지금 다시 중외에 포고하여 다 찾아 방문하되 양천을 논하지 말고, 그 소행이 탁이한 자는 계문하여 포상함으로써 그 나머지 사람을 권려하소서."279)

세조대에 실제로 효렴 천거의 시행사례가 적고 이전 시대에는 이런 기사가 거의 없는 것으로 보아 세조대에 효렴 천거가 위축되었던 것은 분명하다고 하겠다.

외척과 훈구파의 세력이 급속히 강화되고, 관료제가 경직되어 가는 세조대에 하필 이 같은 문제제기가 등장한다는 것도 주목할 필요가

---

277) 김태영,「조선초기 세조왕권의 전제성에 대한 일고찰」,『한국사연구』87, 1994. 12.
278) 세조 10년 충청도 예산(禮山) 사람 이개우(李開祐)가 손가락을 잘라 부친의 병을 치료한 공으로 정문, 복호하고 서용하게 한 것이 유일한 사례이다(『세조실록』권34, 세조 10년 9월 무진).
279)『세조실록』권12, 세조 4년 4월 경진 ; 권36, 11년 5월 병자.

있다. 실록마다 편찬태도나 중시하는 사건이 달라서 이 시기에도 효렴 천거가 이 정도로 감소한 것은 아니지만 실록에 제대로 기재되지 않았을 수도 있다. 그러나 설사 그렇다 하더라도 실록에 수록한 기사가 감소한다는 것은 최소한 『세조실록』의 편찬자들이 효렴 천거와 서용에 대해 그 의미를 낮게 평가했던 것을 반증하는 증거라고 하겠다.

이 같은 추세를 반영하듯 세조대에 『경국대전』을 편찬할 때는 『원전』은 물론이고, 세종조에 만들어 놓은 서용규정이 빠져버렸다. 현존하는 『을사대전』에 의하면 "효도, 우애, 절의 등의 선행을 한 자는 해마다 연말에 본조가 정기적으로 기록하여 왕에게 아뢰어 장권한다"[280]고 규정하여 천거자에 대한 포상방법이 아예 삭제되었다. 물론 포상규정이 없다고 해서 포상을 하지 않겠다는 의미는 아니었겠으나, 세종 때의 법안이 지향하는 바와 같은 적극적인 의미를 포기한 것은 분명하다.

그런데 아마도 이런 문제를 의식했기 때문인지 이 조문의 각주로 "상직(賞職)하거나 상물(賞物)하며 더욱 특이한 자는 정표하고 복호한다"는 규정이 첨부되었다.[281] 조선시대에 법전의 편찬범례에서 본문을 수정할 때는 각주로 기입하는 방식을 사용했던 것을 감안하면, 이 각주 부분은 나중에 추가된 것이 분명하다.[282] 그런데 각주 부분의 내

---

280) 『경국대전』 예전 장권, "孝友節義者 每歲初 本曹錄啓獎勸."
281) 『경국대전』 예전 장권, "賞職或賞物 尤異者旌門復戶 其妻守信者亦復戶."
282) 『경제육전』에서는 원문의 내용을 수정할 때는 원문을 삭제하지 않고 각주로 처리하게 했고(『태종실록』 권30, 태종 15년 8월 정축), 이것은 조선시대 법전의 표준적인 편찬범례가 되었다. 이렇게 보면 각주는 원문보다 나중에 만들어진 것이 분명하다. 다만 『경국대전』의 주는, 내용을 살펴보면 본문을 수정하는 경우도 있지만 보충 설명하거나 개념을 정의하는 경우도 있어서, 과연 모든 각주가 본문보다 나중에 만들어졌다고 단정할 것이냐는 부분은 의문의 여지가 있다. 『경국대전』에서는 각주 사용이 보편화됨에 따라 처음 편찬 때부터 각주를 이용해 보충설명이나 개념을 규정하는 방식을 사용했을 가능성

용이 성종 3년 기록에서 『대전』 조문으로 인용되는 것283)으로 보아 성종 2년에 간행한 『신묘대전』에 이 각주 부분이 존재했음을 알 수 있다.284) 최초의 『경국대전』인 『기축대전』은 세조대에 시작되어 예종 원년 9월에 완성되었고, 이 교정작업이 성종 1년 11월에 끝났다. 그렇다면 본문은 『기축대전』을 편찬하던 세조말~예종초에 작성되었고, 각주 부분은 성종 1년을 전후한 교정작업 과정에서 추가되었다고 보아야 한다. 즉 세조대에 『경국대전』에 수록한 효렴 천거 규정은 세종 26년의 법령마저도 폐기하고, 효렴 천거자에 대한 포상규정을 없애버렸고, 성종 초반에 『경국대전』을 교정하는 과정에서 각주로 포상규정을 다시 넣었던 것이다.

그러나 뒤늦게 추가한 각주의 내용도 효렴자의 서용이란 부분은 세종 26년의 법보다도 의미가 약화된 것이다. 『원전』에서부터 효자·순손·열녀 등에 대한 포상에서는 복호, 정표가 일반적이고 서용은 특수한 것이었다. 그런데 『대전』에서는 상직과 상물이 먼저 나오고 더욱 특이한 자는 정표·복호한다고 하였다. 상직이 어떤 것인지 구체적으로 언급하지는 않았지만 정표·복호보다 격이 떨어지게 설정했다는 것은 『대전』 편찬자들이 상직을 관료로의 등용이 아니라 산관직이나 기타 명예직을 수여하는 포상방식을 상정하고 있었다는 증거가 된다. 실제로 군사들에게 영직(影職), 노인직(老人職)과 같은 산직을 수여하는 방식은 이미 널리 사용되고 있었다. 그러나 그렇다고 해도 이 규정

도 있기 때문이다. 이 부분은 앞으로 보다 정밀한 연구가 필요하다고 생각된다.
283) 『성종실록』 권15, 성종 3년 2월 병신, "臣等參詳大典 勸奬條云 孝友 節義特異者 賞職 或賞物 尤異者旌門 復戶."
284) 『경국대전』의 판본에 대해서는 박병호, 「조선초기의 法源」, 『한국법제사고』, 법문사, 1974 ; 박병호, 「『경국대전』의 편찬과 계승」, 『한국사』 22, 국사편찬위원회, 1995 ; 윤국일, 『경국대전연구』, 사회과학연구원, 1986.

은 효렴 천거자를 서용해야 한다는 명분과 근거를 제공하는 조문으로 기능하는 것도 사실이었고, 그렇게 이용되었다.[285]

결론적으로 보면 각주의 조문은 전대에 비해서는 소극적이고 모호한 태도를 보이고 있지만, 그래도 본문의 조항에 비하면 구체적이고 적극적이다. 『경국대전』의 조문이 이렇게 구성된 이유는 세조~성종대의 정치적 상황과 긴밀한 관련이 있다.

『경국대전』의 편찬과정에서 효렴 천거 규정이 세종 때의 법제를 폐기하면서까지 적극성과 구체성을 결여하게 된 것은 세조대를 거치면서 훈구세력이 성장하고, 중앙의 집권층이 고착화, 보수화하는 현상과 관련이 있다. 특별히 이들이 천거제에 대해 보수적인 태도를 견지한 것은 효렴 천거를 비롯한 천거제가 세가자제의 특권을 제한하고, 신진세력들을 관료군으로 흡수할 수 있는 수단이 될 수 있다는 것을 인식하고 있었기 때문이었다.

그런데 이처럼 훈구파에 의한 권력독점이 노골화되었다는 것은 그 폐단에 대한 위기의식과 비판도 증가하는 결과를 낳았다. 그 결과 성종대 초반부터는 사림파에 의한 천거제 확대 운동이 어느 때보다 활발하게 일어난다. 성종 초반부터 사림파와 재지사류들은 훈구파의 권력독점을 비판하고, 자신들의 세력을 확대하는 방법으로 보거제(保擧制)의 폐지와 자대제(自代制)의 시행,[286] 유일 천거와 산림 천거를 통한 지방 인재의 등용을 주장하였다.[287] 특히 이 시기에 보거제에 대한 비판이 가중되었던 이유는 보거가 고위관료들이 서로 자신들의 친인

---

[285] 『성종실록』 권15, 성종 3년 2월 병신. 이날 예조에서는 이 조문을 근거로 효렴으로 천거된 표연말 등의 등용을 건의하였다.
[286] 『문종실록』 권4, 문종 즉위년 10월 경진, 박팽년의 상소.
[287] 최이돈, 「성종·중종조 사림의 천거제 강화과정」, 『조선중기 사림정치구조 연구』, 68~72쪽.

척을 보거하면서 자신들의 권력독점을 위한 도구로 사용되고 있었기 때문이다.288)

이에 비해 효렴과 유일 천거는 제도 자체가 지방의 인사들을 발탁하도록 되어 있었으므로 분명 보거제에 비해서는 개방적인 요소를 지니고 있었다.

이 같은 움직임과 비판의 결과가 『대전』의 효렴 천거 조항에 각주로 반영된 것이라고 생각된다. 비록 각주의 규정도 내용으로 보면 『원전』이나 세종 26년의 법보다 더 후퇴한 것이지만, 효렴 천거자의 등용 근거를 제공했다는 점에서는 의미가 있고 그렇게 사용할 수도 있었다.

실제로 『신묘년대전』에 이 각주를 삽입한 바로 다음 해인 성종 3년에 이 조문에 근거하여 나중에 무오사림의 일원이 되는 표연말(表沿沫) 등이 등용되었다.289) 그 외에도 성종 때에 사림세력을 형성하는 주요 인물인 경연(慶延),290) 강응정(姜應貞),291) 정성근(鄭誠謹),292) 박시명(朴始明), 정철견(鄭鐵堅), 곽순종(郭順宗), 김굉필(金宏弼)293) 등이 효렴으로 천거되거나 등용되었다. 이들의 정치적 비중이나 역할을 보면 법제적으로 서용을 보장했던 세종대보다도 더욱 활발한 진출을 보이는 셈이다.

---

288) 최이돈, 위의 글, 70쪽.
289) 『성종실록』 권15, 성종 3년 2월 병신.
290) 『성종실록』 권67, 성종 7년 5월 기사 ; 권69, 7년 7월 임인.
291) 『성종실록』 권69, 성종 7년 7월 임인.
292) 『성종실록』 권95, 성종 9년 8월 경술.
293) 『성종실록』 권290, 성종 25년 5월 정미. 강응정, 박시명, 김굉필 등을 효렴 천거자로 분류하는 데는 이의가 있을 수 있다. 은일지사(隱逸之士)라는 명목으로 천거되었지만 천거의 이유를 보면 거의 빠짐없이 효행이 부가되어 있다. 사실 유일 천거와 효렴 천거는 엄격하게 구분되는 것은 아니었다. 왜냐하면 효란 인재가 갖추어야 할 기본적인 덕목이었기 때문이다. 따라서 이들의 천거와 서용도 효렴 천거의 범주에서 생각할 수 있는 것이다.

이 시기에 이처럼 법제가 보수화하는 상황에서 오히려 효렴 천거가 비중 있게 진행된 이유는 무엇일까? 여기에 대해서는 성리학의 보급, 재지사족의 성장 등 여러 이유를 들 수 있을 것이다. 그러나 천거제 운영과 관련해서는 무엇보다도 훈구파 중심의 권력운영 체제에 대한 반성과 중앙집권층의 자기 분화라는 측면을 중시해야 한다고 생각된다.[294] 천거제란 현직 관료의 추천을 통해 등용하는 제도이므로 어떤 경우이든 기성관료층의 의지와 노력이 필요한 것이었다. 태조대의 효렴 천거가 실패한 것은 개혁파 사대부가 자기 세력을 확보하기 전에 권력을 상실했기 때문이었고, 세종~단종대의 노력이 결실을 보지 못한 것도 기성관료층의 지지를 끌어내지 못했기 때문이었다.

그러나 15세기를 거치면서 중앙집권층이 팽창하고, 특히 세조대에 외척과 공신들을 중심으로 특권세력이 형성되면서 중앙집권층과 기성관료층 내부에서도 이 같은 권력집중 체제를 비판하고 개선하려는 의식이 강화되었다. 그들이 천거제를 통한 신진세력의 등용을 주장하게 되면서부터 효렴 천거도 이전까지는 볼 수 없었던 실질적인 의미를 지니게 된 것이었다.[295] 이것은 예전부터 인식되어 왔듯이 효렴 천거

---

[294] 성종, 중종조의 사림파의 등장은 유향소 건립운동 등 재지사족층의 성장 및 중앙정계로의 진출과 맞물려 설명되어 왔다. 그러한 사실은 충분히 인정되지만 그들의 서용을 주장하고, 훈구파 중심의 정국운영을 개혁하고자 했던 인물과 기묘사림들이 현량과를 통해 등용했던 인물 중에는 중앙정계에 기반을 잡고 있던 가문 출신의 인사들이 많았다. 이에 대해서는 이미 앞선 연구가 있지만(이병휴, 『조선전기 기호사림파연구』; 윤정, 「조선 중종전반기 정국구도와 정책론」, 『역사와 현실』 25, 1997. 7), 이 시기 천거제와 관련해서는 이 같은 점을 주목해야 한다고 생각한다.

[295] 성종대에 이들을 천거하거나 지지한 인물은 임사홍(任士洪), 심원(深源), 남효온(南孝溫), 이창신(李昌臣) 등이었다. 이들은 재지사족 출신이라고는 할 수 없고 임사홍은 나중에 무오사화를 야기하는 장본인이 되기도 하지만 국왕의 편에 서서 당시의 훈구파의 득세나 정치논리에 대해 비판적인 견해를 보이기도 했다.

가 세가가 권력을 독점하는 폐단을 방지하는 주요한 방법이 된다는 것을 증명하는 것이기도 하였다.

제4장 인사고과제도

1. 고려시대의 고공법

　관료제의 정치적, 사회적 혹은 신분제적 의미를 파악하는데 있어 관리등용제도 못지 않게 중요한 것이 관료의 인사제도이다. 그중에서도 핵심적인 사안이 인사운영의 근거와 기준을 제공하는 근무평정제도라고 하겠다. 그러나 관리등용제도에 비해 인사고과제도에 대한 연구는 매우 소략하다. 그간의 연구는 대체로 순자법과 포폄법을 중심으로 진행되었는데, 고려시대에 비해 객관적이고, 합리적인 기준을 마련하려고 했다는 점이 강조되었다. 그러나 이 같은 고찰만으로는 관료제의 정치체제적 성격을 설명할 수 없다. 또한 포폄제도가 외관을 대상으로 발달하고 더욱 중요한 중앙관료에 대해서는 발달하지 않은 요인도 설명하기가 곤란하다. 이 장에서는 이와 같은 문제의식 하에 조선 초기 고공법의 성립과 변화과정을 살펴보고 조선의 고공제가 그와 같은 형태를 지니게 되는 이유와 관료제 및 정치체제에 대한 이해의 차이가 고공제에 어떻게 반영되는가를 파악해 보고자 한다.
　관리의 인사고과제도를 고공(考功)이라고 한다. 고공은 '고공과지법(考功課之法)'에서 유래한 용어이다. 원칙적으로 이 말은 고과(考課)와 같은 뜻이고, 같은 의미로 사용한 경우도 많다. 당제(唐制)에서도 고공사는 관리들의 출근관리와 포폄(褒貶)을 모두 담당했다. 포폄방식은

관리의 성적을 9등급으로 나누어 평가하였다.[1]

그런데 조선시대의 경우를 보면 인사고과제도의 기준은 출근성적과 포폄 두 가지였는데,[2] 고과는 포폄성적을 강조할 때, 고공은 출근관리를 강조할 때 주로 사용하는 경향을 보여준다. 하지만 고려시대에는 고공이 출근과 포폄 모두를 의미하였다.

고공제는 중국에서 시작된 인사제도로 육조시대(六朝時代)와 수대(隋代)를 거쳐 당제(唐制)에서 완비된 형태를 이루었다. 우리나라에 도입된 시기는 정확히 알 수 없지만, 당 고종 13년(662)부터 약 10년 간 사용된 사적(司績)이라는 용어를 쓴 것을 보면[3] 삼국시대에 도입되었을 가능성도 있다.[4] 그러다가 고려의 국가체제를 정비하던 성종 8년 4월에 관원에 대한 고과법을 시행했고,[5] 이 무렵 사적이 상서고공으로 바뀌었다. 이때부터 고공사라는 용어가 정착하기 시작한다.

문종 때에 고공랑의 관원은 정5품 낭중 2명, 정6품 원외랑 2명으로 정해지고,[6] 이속(吏屬)으로 주사(主事) 2인, 영사(令史) 4인, 서령사(書令史) 4인, 계사(計史) 1인, 기관(記官) 2인, 산사(算士) 1인, 도합 14인을 두었다.[7]

---

1) 『당령습유』, 고과령 제14.
2) 업무실적을 반영하는 경우도 있으나 이 경우는 재판과 같이 특수한 경우에 적용하였다(『경국대전』 이전 고과).
3) 『고려사』 권76, 지30, 백관1, 고공사, "考功司掌考覈官吏功過. 國初稱司績. 成宗十四年改尙書考功."
4) 임용한, 「고려시대의 고공사와 고공법」, 『실학사상연구』 25, 2003. 6 참조. 이하 고려시대 고공제에 대한 서술은 이 글에 의거하였다.
5) 『고려사』 권75, 지29, 선거3, 전주, 선법, "成宗八年 始令 京官六品以下 四考加資 五品以上 必取旨以爲常式."
6) 『고려사』 권76, 지30, 백관1, 고공사, "文宗定 郎中二人 秩正五品 員外郎二人 正六品."
7) 『고려사』 권76, 지30, 백관1, 고공사.

고려시대 고공사의 특징은 고공랑이 조선의 2명보다도 많은 4명이었고, 고공사가 독립된 아문이었다는 사실이다. 그러다 충렬왕 24년에 전조(銓曹)에 병합되었다.[8]

그러나 고려시대에 고공사가 독립관아였다고 해서 포폄제가 더 발달했거나 보다 강력한 기구였던 것은 아니다. 고려시대에 고공사를 독립시킨 원인은 재상기구와 재상의 업무영역이 폭넓게 발달하여 전체적으로는 육부(六部)의 기능이 약하고, 인사행정에서도 이부의 업무영역이나 기능이 확고하지 않았던 사정과 관련이 있다고 생각된다.

고려시대에는 조선시대의 속아문 제도와 같은 제도가 없어 모든 아문들이 제각기 독립적으로 존재했으며,[9] 때로는 도감(都監) 등과 같은 임시부서와 육부 및 기타 관서의 기능을 대신하기도 했는데,[10] 이는 기구의 독립성을 보존하기 위해서가 아니라 사실상 재상들의 권력이 육부를 포함하여 모든 행정분야에 폭넓고 자의적으로 영향을 미치고 있었기 때문이다. 그래서 육부의 권력과 업무영역도 확고하지 못했고, 독립아문의 설치와 폐지가 재상층의 권력구조에 따라 빈번히 행해졌던 것이다.

고공사와 관련시켜 생각해 보면 육부가 자립성이 약하고, 재상의 권력으로부터 자유롭지 않은 상태에서 고공사까지 이부에 속하게 되면 이부를 담당하는 특정 재상의 권력과 영향력이 커지게 된다. 특히 판이부서는 최고위직인 문하시중이 겸하는 자리였다.[11] 아마도 이런

---

8) 『고려사』 권76, 지30, 백관1, 고공사, "(忠烈王) 二十四年 忠宣 併於銓曹."
9) 고려의 도감 및 각색에 대해서는, 문형만, 「고려특수관부연구－제사도감각색의 분석－」, 『부산사학』 9, 1985 ; 변태섭, 「중앙의 정치조직」, 『한국사』 13, 국사편찬위원회, 1993 ; 이정훈, 「고려시대 도감의 구조와 기능」, 『한국사의 구조와 전개』, 혜안, 2000.
10) 이정훈, 위의 글, 251쪽.
11) 변태섭, 「고려재상고」, 79쪽. 고려시대에는 수상은 이부를 맡고 아상(亞相)은

구조 때문에 태생적으로 이부의 속사(屬司)일 수밖에 없고, 중국에서도 이부의 속사인 고공사를 고려에서는 독립기구로 분리시킨 것이라고 생각된다.

고공사의 고과업무는 문종 때까지도 출근관리와 서리에 대한 고과만 해당되었다. 문종 원년에 상서고공에 경관과 외관에 대한 전최업무가 최초로 시행되었다.[12] 고공랑이 조선보다도 많은 4명으로 증원되는 것도 이때의 일이다.

그러나 고려시대에는 관리의 공과는 기록하였지만 조선시대의 포폄법과 같이 통일된 항목과 점수화한 고과 및 인사규정을 갖추지는 않았던 것 같다. 그 이유는 역시 고려시대의 각 관서가 통일적이고 계통적인 체제를 갖추지 않고, 인사나 재정 운영에서 각사의 자율적 권한 내지는 그 관사를 주관하는 재상들의 독자적 권력이 보장되어 있었기 때문이라고 생각된다.[13] 그렇기 때문에 이를 일괄적으로 견제하며 모든 관서를 관통하는 일률적이고 점수화한 고과규정이 필요하지 않았던 것이다.

한편 출근관리는 고공사가 모든 관사의 관원의 출근을 직접 점검하는 것은 아니고, 관사에서 기록한 출근기록을 수합, 정리하는 것이었다. 출근관리는 평소에 관리의 기강을 잡고 관리한다는 기능도 있었다. 그러므로 고공사는 평소에 출근관리를 행할 뿐 아니라 휴가자와 복귀자, 결근자와 결근일수를 점검하여 장기결근자 및 관원의 총결근일수를 점검하여 한도를 넘어선 자를 적발, 처벌해야 했다. 고공사와 관련한 기록이 거의가 출근관리와 관련된 규정으로 채워져 있는 것도

병부를 맡았다.
12) 『고려사』 권75, 지29, 선거3, 전주 고과지전, "文宗元年八月制 尙書考功 職在考績百僚 今只按胥吏能否 自今可悉考中外見官 殿最."
13) 이 점에 대해서는 임용한, 『조선전기 수령제와 지방통치』, 25~30쪽 참조.

이러한 사정 때문이다.

결근은 유고결근과 무단결근이 있다. 유고결근은 병가와 초상만을 인정했다. 병가는 경외의 관리는 물론 주현의 향리까지도 1년에 100일까지 가능했다. 100일 이상을 결근하면 수조지를 몰수하고 파면했다.[14] 단 이 100일은 연속된 100일이 아닌 병가를 합산한 수치이다. 예종 때부터는 6품 이상 관리는 10일 단위로만 병가를 얻을 수 있게 했다. 7품 이하의 관리는 태의감의 진찰, 즉 의원의 진단서가 있어야만 병가를 얻을 수 있었다. 단 부모의 와병에서 독자는 200일을 얻을 수 있었다.[15] 나머지 아들은 50일 간을 얻었다.[16]

하지만 이처럼 현실적으로 200일 휴가제도가 존속하다 보니 재상과 같은 특별한 신하에게는 부모 병환이 아니라도 200일 휴가를 주는 사례가 발생하기도 했다.[17]

부모의 상에는 조선의 3년상제와 달리 100일 상제(喪制)를 적용했다. 대신 조선의 경우처럼 관직을 사임할 필요가 없었다.

이 같은 제도는 국가 및 관서의 운영에 상당한 지장을 초래했을 것이다. 결과적으로 고려의 제도는 관료기구의 효율적 운영이라는 부분보다는 기존 관료군의 권력이나 지위의 유지에 대해 법제적으로 보다 많이 배려하는 제도라고 할 수 있다. 그것은 흔히 귀족연합정권이라고 묘사될 정도로 고려의 국가운영층이 조선에 비해 협소하고, 혈연 및 지연으로 더욱 깊게 결속되어 있던 사정을 반영하는 것이기도 하다.

---

14) 『고려사』 권75, 지29, 선거3, 향직.
15) 『고려사』 권84, 지38, 형법1, 관리급가, "顯宗十一年判……諸文武官僚 父母 年七十以上 無他兄弟者 不許補外 其父母有疾 給告二百日護視."
16) 『고려사』 권84, 지38, 형법1, 관리급가, "文宗 二十三年判 外官之妻 在京身病者 給暇三十日 又外官身病者 限百日給暇 父母病 三子俱爲外任者 從父母願 一子給暇一百日 其餘子 各給暇五十日 其限滿者 並解官."
17) 『고려사』 권95, 열전8, 위계정(魏繼廷).

한편 무단결근자와 휴가일수를 어긴 관리에 대한 처벌규정이나 사례는 발견되지 않고 있다. 그 이유는 중국의 율령을 적용했기 때문이 아닌가 한다. 중국의 율 중에서도 어떤 율을 적용했는지는 확실치 않다. 시기에 따라 다른 율을 적용했을 가능성도 있다. 참고로 당률에서는 1일이면 태형10대에 처하고 10일마다 1등씩 가중하며 최고 도형 1년에까지 처하게 하였다. 또 이 기록을 인사 때 참조하여 반영하게 하였다.[18] 후기에 만든『대명률』의 규정도 이 수준에서 크게 다르지는 않았다.[19]

고공사는 각사의 출근부를 점검해서 무단결근자나 장기결근자, 휴가 후 미복귀자를 적발하고, 관원의 출근기록을 정리하여 인사고과 때에 제출하는 임무를 맡았다. 무단결근자나 장기결근자를 적발했을 때는 고공사가 직접 처리할 권한은 없어서 어사대에 보고하여 어사대가 탄핵하게 했다.[20] 그래서 고공랑중이 어사잡단(御史雜端)을 겸하기도 했다.[21]

이처럼 고려시대의 고공사는 고과와 출근관리 기능을 모두 지녔지만, 실제로 경관에 대해 고과를 시행한 사례는 발견되지 않는다.[22] 고

---

18) 『고당률소의(故唐律疏議)』 권9, 직제5, 관인무고불상(官人無故不上).
19) 형량으로 보면 후기에는 처벌이 약간씩 완화되었다. 『대명률』에서는 결근 1일 당 태10대를 치며, 3일마다 1등을 더하여 장80에서 그치고, 관원명부에 죄명을 부기한 후에 본직에 보내게 했다(『대명률직해』 권2, 이율 무고부조참공죄(無故不朝參公座)). 『경국대전』에서는 이보다 더 약화되어 『대명률』의 형량을 적용하되 반드시 수속하게 했다.
20) 『고려사』 권95, 열전8, 위계정, "繼廷入省視事 御史奏 繼廷寢疾 彌年不能視事數 請告 上待益厚 賜假二百日 假已盡 乃復遷延累旬 然後扶起入省 非大臣意. 請罷之 不許."
21) 『고려사』 권5, 세가5, 현종2, 현종 21년 3월, 권11, 세가11, 숙종1, 숙종 6년 12월.
22) 박용운, 「고려시대 관원의 승출과 고과」, 『고려시대 관계·관직 연구』, 고려대학교 출판부, 1997, 128쪽.

공사의 활동을 강조하던 현종~인종대에도 고공랑은 주로 거란이나 금나라로 파견하는 사신으로 이용되고 있다.23) 이것은 고공사의 기능이 처음부터 제대로 시행되지 않았다는 증거이다. 고공랑중이 어사잡단의 겸직제도도 항상 그랬던 것은 아니었다.

충목왕 복위 5년에 이제현은 정방의 혁파와 같은 인사제도 전반의 개혁을 요청하면서 고공사의 기능도 강화하여 고공사로 하여금 단순히 출근관리가 아니라 관원의 공과와 재능의 여부를 기록하게 하고, 도목정 때는 이를 기초로 출척(黜陟)하자고 주장하였다.24) 이외에 고공사의 출근관리의 강화,25) 순자법의 강화26) 등이 시도되지만 모두 잘 시행되지 않았다.

결과적으로 국가에서 관서·관직별로 거관, 승진, 고과에 대한 통일적이고 일괄적인 규정을 마련하고, 여러 부서의 관리들을 일원적으로 비교하고 인사조치를 할 수 있는 체제는 조선의 과제로 이양되게 되었다.

2. 조선전기 고공제도의 개편

1) 경제육전 원전의 고공법

조선에 들어오면 고공법은 더욱 강화되고 인사상의 비중도 높아진

---

23) 『고려사』 권4, 세가4, 현종 10년 7월 을미 ; 권12, 세가12, 예종 2년 6월 임술 ; 권21, 세가21, 신종.
24) 『고려사절요』 권25, 충혜왕 복위 5년(충목왕 즉위년) 5월, 이제현 상서 ; 『고려사』 권110, 열전, 이제현.
25) 『고려사』 권75, 지29, 선거3, 전주 고과지전(考課之典).
26) 『고려사』 권75, 선거3, 전주 선법, 공민왕 17년 12월 ; 『고려사절요』 권28, 공민왕 17년 12월 ; 박용운, 『고려시대 관계·관직 연구』, 119쪽.

다. 이러한 변화의 원인은 무엇이었을까? 출근관리제도가 너무나 당연한 제도라는 점을 감안하면 근무기강의 강화, 혹은 관료제에 대한 의식의 변화나 각성이라는 이유만으로는 설명이 부족하다고 생각된다.

그러므로 이러한 변화의 원인은 조선의 관료제 운영방식, 혹은 그것이 기초하고 있는 정치구조나 국가기구의 운영방식의 차이에서 찾아야 할 것이다.

원칙적으로는 고공법의 적용을 받는 모든 관리에 대해 고찰해야 하겠으나, 조선시대에는 모든 문무관료에서 시위군(侍衛軍), 이전(吏典), 내관까지 고공의 대상이 되었다.27) 대상이 너무 많고, 각각의 사정도 복잡하므로 조관과 녹사·서리로 대상을 국한하였다.

고려후기부터 논란이 되던 고려 인사체제의 문제는 조선 건국 후에 거의 수용되었다. 특히 각사별로 분산되어 있는 인사권을 수합하고, 각종 인사제도에 통일적이고 계측적인 인사, 승진 규정을 마련하는 것은 급진개혁파나 온건파의 입장 차이를 떠나 보편적으로 수용되었다.

구체적으로 살펴보면 관료인사에서 각사 천거나 재상들의 자의적인 인사나 천거를 제한하고, 제수제(除授制), 고과제, 순자제(循資制)와 거관법(去官法)을 정비했다. 관서의 인을 회수하여 상서사로 통합했으며, 모든 명령과 인사는 의정부나 육조를 거치게 하는 방법 등을 통해 행정과 인사관리에 대한 중앙집중체제를 강화했고, 인사권을 정조(政曹)로 귀속시켰다. 이 결과 15세기 중반 이후로 당하관의 인사는 전적으로 정조가 장악하게 되었다.28)

가장 중요한 변화는 순자법이었다. 상당히 오랜 시간이 걸리기는

---

27) 시위군 중 갑사에 대한 공좌부 관리와 고공규정에 대해서는 윤훈표, 「조선초기 갑사의 통솔체계」, 『실학사상연구』 17·18합집, 2000. 12 참조.
28) 남지대, 「조선초기 중앙정치제도연구」, 서울대학교 대학원 박사학위논문, 1993, 79쪽.

했지만, 관서·관직별로 거관, 승진, 고과 규정을 마련하였고, 이것이 관리인사의 기준으로 자리를 잡았다.

그런데 이처럼 순자법을 시행하고, 보편적이고 통일적인 인사관리 체제를 갖추기 위해서는 관리들의 인사고과에 적용할 공식적이고 일원적인 기준과 평가방식이 바탕이 되어야 했다. 인사고과의 두 기준은 출결과 근무평정이었는데, 양자 모두 이 같은 조건을 갖추어야 했다. 이 중 출결사항의 경우, 조선에서는 보다 정밀한 평가와 분류를 위해 차년법은 거의 혁파하고 일반 관리에게는 개월법을, 시위군인이나 당직 근무자에게는 도숙법을 적용했다.[29] 또 도숙법은 물론이고 개월법과 차년법도 실사(實仕)를 기준으로 평가하도록 했다.[30]

이를 위해서는 출결성적을 공정하고 엄격하게 평가해야 했으므로 국가 차원에서 출근을 매일 엄격하게 관리하고 공정성을 보장할 수 있는 제도와 방식을 구축해야만 하였다. 이를 위해서는 고공법도 정비가 필요하였다.

태조 즉위교서에서 반포한 백관의 직제에 의하면 이조에 정5품 고공정랑 1명과 정6품 고공좌랑 1명을 두었다. 이들은 이조정랑과 좌랑이 의례적으로 겸하였다.[31] 여기까지는 당이나 고려의 제도와 특별히 달라진 것이 없다. 오히려 고공랑을 2명으로 하여 고려 문종 때의 4명[32]보다도 축소되었다.

그러나 고공의 시행규정은 강화하였다. 태조 7년에 간행한 『경제육전』 원전에 수록한 고공법은 다음과 같다.

---

29) 이성무, 『조선초기 양반연구』, 158~159쪽.
30) 『세종실록』 권20, 세종 5년 6월 갑인 ; 『문종실록』 권13, 문종 2년 4월 정해.
31) 『태종실록』 권4, 태종 2년 7월 갑신.
32) 『고려사』 권76, 지30, 백관1, 고공사.

삼가 원전의 고공법을 보면 "대간, 정조 및 대소 각사에서 (관리들이) 사진(仕進)하고 사진하지 않는 것을 이조의 겸고공원(兼考功員)이 아일(衙日)마다 공좌부(公座簿)를 고찰하여 이유 없이 결근한 자나 병고로 결근한 일수가 100일이 된 자가 있으면 상서사(尙瑞司)에 이문(移文)한다. 또 연말에 도력장(都歷狀)을 복사하여 상서사로 전송하여 출척에 참고하게 한다"고 하였습니다.33)

이 조문의 내용과 의미는 다음과 같다.

첫째 대간(臺諫)까지 출근관리의 대상에 포함시켰다는 것이다. 전통적으로 고공이 면제되는 관원은 재상과 대간이었는데, 재상만을 남겨 놓은 것이다. 대간을 고공하는 조치를 처음 시행한 때는 공양왕 3년 4월이었다. 도당에서 마련한 대간 고공법은 한 번 결근하면 책벌하고 세 번 결근하면 삭직(削職)한다는 규정으로 일반관리보다도 더욱 엄한 규정이었다.34) 그것이 『원전』에서는 일반 관리와 동일한 규정으로 통합시켰던 것 같다.35)

대간도 고공하고, 심지어 일반관리보다도 가중처벌을 한다는 조치는 대단히 상징적인 의미가 있었다. 고려, 조선시대의 대간은 여러 가지 특별한 대접을 받았다. 대간은 포폄의 대상에서 면제되었으며, 외관으로 전직하지도 않았다.36) 이런 특권의 목적은 포폄이나 외관 파견

---

33) 『태종실록』 권30, 태종 15년 8월 무인, "勤按元典 考功之法 臺諫政曹及大小各司仕不仕 吏曹兼考功員 每衙日 考功座簿 無故不仕 身病百日已滿者 移文尙瑞司 又於年終 都歷狀開寫 傳送尙瑞司 以憑黜陟."
34) 『고려사』 권84, 지38, 형법1, 공식 직제, 공양왕 3년 4월, "三年四月 都堂請考臺省勤慢 一不仕者抵罪 三不仕者削職."
35) 이 조문으로만 보면 대간에게 특별히 엄한 규정을 적용한 흔적을 찾을 수 없다. 그러나 이는 고공사가 검열한다는 규정이고, 공양왕 3년 4월의 조문은 대간에 대한 별도 규정으로 존속했을 가능성이 있다.
36) 조선시대 대간의 특권과 이를 둘러싼 논란에 대해서는 최승희, 『조선초기 언

이 간언에 대한 보복행위가 될 수 있기 때문이었다. 대간은 국왕과 관리의 잘못을 검찰하고 규탄하는 직책이었기 때문에 만에 하나 대간에게 압력을 가하거나 부당한 제재를 가하는 수단으로 악용될 수 있는 제도라면 사전에 차단하려고 하였다. 세종 때에 경외관순환제를 시행하면서 대간을 외관으로 파견하기 시작했을 때에도 관료들이 반대했던 이유는 이 방법이 대간을 좌천시키는 방법으로 악용될 수 있다는 것이었다.[37]

대간에서 고공을 반대하는 또 하나의 이유는 대간은 각사와 동일하지 않으며, 대간의 주요 임무는 국왕과 시비를 다투고, 권귀를 견제하는 것이기 때문에 재상과 동격의 대우를 받아야 한다는 것이었다.

> 만일 천자의 득실(得失)과 생민(生民)의 이해와 사직의 대계로서 오직 듣고 보는 대로 하여 직사에 매이지 않는 것은 홀로 재상이 행할 수 있고, 간관이 말할 수 있으니, 간관이 비록 낮으나 재상과 대등(對等)합니다. 천자가 말하기를, '불가하다' 하면, 재상은 말하기를, '가하다' 하고, 천자가 말하기를, '그렇다' 하면, 재상은 말하기를, '그렇지 않다' 하여, 묘당 위에 앉아서 천자와 더불어 서로 '가하다', '불가하다' 하는 것은 재상이고, 천자가 말하기를, '옳다' 하면, 간관은 말하기를, '그르다' 하고, 천자가 말하기를, '반드시 행하겠다' 하면, 간관은 말하기를, '반드시 행하지 못한다' 하여, 전폐(殿陛) 사이에 서서 천자와 더불어 시비를 다투는 것은 간관입니다.
> 우리 성조(盛朝)에서도 또한 대간을 중히 여기어 총애를 달리 하는 것이 재상과 서로 대등하여, 백사(百司)·서부(庶府)가 감히 겨루지 못하니, 강기(綱紀)가 이것으로 말미암아 떨치고, 조정이 이것으로 말미암아 더욱 높아져서, 무릇 이 직책에 있는 자는 풍절(風節)을 격려하

관·언론연구』, 서울대학교 출판부, 1984, 19~22쪽.
37) 『세종실록』 권91, 세종 23년 12월 기축.

지 않음이 없어서 오로지 국가를 위하고 그 몸을 돌아보지 않는 것은 참으로 이 때문입니다. (중략)

　이 법이 행해지면 대간이 각사와 무엇이 다를 것이 있겠습니까? 어찌 예전에 재상과 대등하게 한 뜻이겠습니까? 하물며 남에게 제재를 받으면서 능히 남을 규찰하는 것은 이런 이치가 없습니다. 신 등은 생각건대, 대간의 권리는 권귀(權貴)에게 옮길 수 없습니다. 권세가 만일 한 번 옮겨지면, 장차 두렵건대, 대간을 진퇴(進退)시키는 것이 모두 전조(銓曹)의 손에 있을 것이니, 사람이 진취(進取)하기를 구하는 자가 분주하기에 겨를이 없을 것이니, 어찌 능히 전조(銓曹)의 밝고 밝지 않은 것을 탄핵하겠습니까? 성조(聖朝)에 있어서는 오히려 가하지마는 그 말류(末流)의 폐단을 어찌 다 말하겠습니까?[38]

　개혁파 사대부의 집권기에 이 같은 고공법을 시행했다는 사실은 공법의 중요성과 그만큼 강력하고 예외 없는 시행의지를 천명한 것이라고 하겠다. 그러나 대간 고공에 대해서는 관료들의 저항이 거세었던 것 같다. 조선 건국 후 태종 15년까지 24년간 이 규정은 시행되지 않았다고 한다.[39]

　두 번째로 매아일[40] 즉 백관의 조회가 있는 날마다 고공정랑과 고공좌랑이 관서의 공좌부를 점검하여 무단결근자와 병고 100일 이상 결근한 자를 적출하게 하였다. 휴가 기한을 넘긴 관원도 적발대상이었을 것이다. 고려시대에도 이런 관원은 파면하게 하였지만, 이를 적발하는 주체는 각 관서였다. 고공사는 연종도력 때나 이를 감찰할 수 있었던 것을 이제는 고공사에서 직접 매주 점검, 적발하게 한 것이다.

---

38) 『태종실록』 권30, 태종 15년 8월 무진.
39) 『태종실록』 권30, 태종 15년 8월 무진, "考功臺諫之法 雖立於太祖之元年 迨今二十四年之久 未聞有所擧行也."
40) 衙日은 六衙日이라고도 했는데, 고려 때는 1, 5, 11, 15, 21, 25일이 아일이었다. 조선시대에는 1, 6, 11, 16, 21, 26일로 바꾸었다.

실행력이란 차원에서 보면 전대에 비해 대단히 강력해진 방식이라고 하겠다.

세 번째로 병고는 100일로 기한하였다. 이는 『원전』 조문에서 유일하게 고려의 제도를 답습한 경우이다. 위의 기록에는 처벌규정이 없는데, 고려의 사례도 파직이고, 병고결근자에게 별도의 처벌을 할 수도 없으므로 파직이었을 것이다.[41]

그러나 고공사에 의한 관리, 적발체제가 강화되었음을 감안하면 꼭 답습이라고 할 수는 없겠다. 또 부모의 병 등을 칭하여 근친휴가를 얻는 경우, 이전에는 휴가를 주던 것을 관원이 서울을 떠날 때는 무조건 사직하게 하였다.[42] 이 법도 『원전』에 수록되었다.[43] 이는 유고결근에 대한 관리도 매우 강경하게 변한 것이다.

네 번째로 고공랑이 적발한 자는 고공사가 바로 처결하지 않고 상서사에 이문하여 처결하게 하였다. 상서사는 조선초기에 각사에 분산되어 있는 인사권과 행정명령권을 회수하기 위해 만든 기구이다.[44] 이를 위하여 각사에 나누어 주었던 인(印)을 상서사로 수합하였으며,[45] 관원인사에서도 상당한 권력을 행사하였다. 그래서 상서사를 정방의 후신으로 간주하기도 한다.[46]

고공사가 적발한 관원에 대해 직접 처리하지 못하고 상서사로 이문해야 하는 방식은 고려의 유제를 이은 것으로 여전히 고공사가 불완

---

41) 세종 때에 병고 100일자를 파면하는 사례가 있다(『세종실록』 권40, 세종 10년 4월 기축).
42) 『고려사』 권113, 열전31, 조준.
43) 『정종실록』 권2, 정종 원년 12월 정유, "經濟六典所載 凡仕于朝者 除父母奔喪外 不許出關 其事有不獲已 必辭職而後乃行 違者痛治."
44) 임용한, 『조선전기 수령제와 지방통치』, 109~110쪽.
45) 정도전, 『삼봉집』 권8, 『조선경국전』 하, 예전 부서(符瑞).
46) 김윤곤, 「여말선초의 상서사」, 『역사학보』 25, 1964.

전한 형태임을 보여주는 규정으로 볼 수도 있다. 그러나 이때가 혁명 초기이고, 상서사의 장이 개혁파의 리더였던 정도전이었던 사실을 감안하면 상서사로 이문하는 방식이 장기적으로는 바람직한 체제가 아니라도 당시에는 혁명 초기의 인사권을 독점하려는 시도와 함께 고공제의 강력한 시행을 보장하기 위한 조치였다고 볼 수 있을 것 같다.

『원전』조문에는 결근자에 대한 처벌규정이 없다. 이것은 『대명률』을 적용했다고 보여진다. 태조 즉위교서에서 『대명률』의 사용을 천명했으며,[47] 세종 13년에 결근한 관리에게 『대명률』을 적용하여 처벌하는 사례도 있다.[48] 『경국대전』에서도 용형은 『대명률』을 사용한다고 규정했고,[49] 『대명률』과 다르게 적용하는 규정만을 『대전』에 수록하였다.

결근자에 대한 『대명률』의 처벌규정은 다음과 같다.

> 무릇 대소관원으로 정당한 사유 없이 경관직에 있으면서 조참(朝參)에 나오지 아니하며 지방관으로서 공석에 나와 사무를 처리하지 않는 자와 휴가를 받은 관리가 기한이 끝났는데도 이유 없이 직역에 돌아오지 않은 자는 (결근) 1일 당 태(笞)10대를 치며, 3일마다 1등을 더하여 장80에서 그치고, 관원명부에 죄명을 부기한 후에 본직에 보낸다.[50]

---

47) 『태조실록』권1, 태조 원년 7월 정미, "凡公私罪犯, 必該大明律."
48) 『세종실록』권51, 세종 13년 3월 기묘, "下敎刑曹曰 官吏等將違犯條令者 論決之際 率多差錯 其顯然謬誤者 如一日闕仕官吏 依大明律 無故不朝參公座條 以一日笞一十論 其晩仕及早罷官吏 則依卯仕酉罷之法 以違令笞五十論 此則全闕仕者罪輕 而晩仕早罷者反重矣 又如通計前罪 以充後數 及已經訊杖笞罪 準減笞數之法已立 而至其照律之際 笞一二十之罪 不行準減官吏及杖已上之罪 不行通計官吏等 竝不計所入之數 槪以違令論罪 是則當輕而或重 當重而或輕 科罪失當矣."
49) 『경국대전』형전 용형.

그런데 『원전』과 『대명률』 모두 유고결근자에 대한 규정이 미약하다. 『대명률』에는 휴가 이외에 유고결근 규정이 없고, 『원전』에는 병고만 규정되어 있을 뿐 여타의 사유에 대해서는 전혀 언급이 없다. 후술하겠지만 이 점은 『경국대전』에서도 마찬가지다.

그런데 『경국대전주해』에 다음과 같은 내용이 있다.

> (『경국대전』의) '1주년 동안 병이 만30일 된 자'라는 조문은 공좌부를 통계해서 1주년 동안 병고가 30일이 된 자는 파직하여 그 나태하고 게으른 것을 징계한다는 것이다. 간혹 (여기서 말한 병이) 실병(實病)의 경우를 말하는 것인가 의심하는 자가 있다. 그러나 급가조(給暇條)의 주에 보면 이미 병든 자는 즉시 고쳐 임명한다는 문구로 미루어 보건대, 여기서 말한 병이 실제로 병든 경우를 지칭하는 것이 아님이 명백하다.[51]

'병고결근'에 대한 『주해』의 해석은 급가조 주에 관원이 병들어서 임무를 수행하지 못한다고 판단하면 즉시 개차한다고 했으니, 고과조

---

50) 『대명률직해』 권2, 이율(吏律) 무고부조참공좌(無故不朝參公座), "凡大小官員 無故在內不朝參 在外不公座署事 及官吏給暇限滿 無故不還職役者 一日笞一十 每三日加一等 各罪止杖八十 並附過還職." 그런데 이 처벌방식은 당률보다는 완화된 것이다. 당률에서는 1일 결근에 태형 40대로 3일마다 1등을 가중하여 장형100대에 이르며 100대를 초과하면 5일마다 1등씩 가중하여 도2년에서 그치는 것이었다. 고려시대에는 어느 율을 적용했는지 알 수 없으나 당률을 사용했다고 가정할 때 순수하게 율에 규정된 형량만을 따지면 고려시대의 규정이 더 엄했다고도 말할 수 있다. 그러나 그렇다고 해도 이 문제는 형량만으로 비교할 성질의 것이 아니라 관리체제, 포상규정 등 전체 인사관리체제 속에서 고찰해야 하므로 혹 고려시대의 형량이 더 강했다고 해도 고려시대의 고공제가 더 엄격했다고 말할 수는 없다.
51) 『경국대전주해』 이전 고과, "周年病滿三十日者 通計公簿病 一週年內 滿三十者 罷職懲其懶慢也 或有疑其謂實病者 以給假條註 已病卽改差之文觀之 知此非爲指實病也明疑矣."

에 있는 병고결근 조문이 반드시 실제 병이 들어야만 사용할 수 있는 것이 아니라는 의미이다.

이를 보면 법전에서 말하는 '병고'라는 사유가 여러 가지 유고 사유를 포함하는 개념으로 이해되고 사용되어 왔음을 알 수 있다. 즉 고려, 조선시대까지도 유고결근의 경우 각종 사유나 행정절차를 엄밀하게 규정하여 놓지는 않았던 것이다. 유독 병고만을 기록한 이유는 병고가 장기결근이 가능한 사유이기 때문이라고 생각된다. 따라서 법전에서는 가장 큰 문제가 될 수 있는 병고만을 기재하고, 다른 유고 사유는 병고를 칭탁하여 탄력적으로 운영하도록 한 것 같다.[52] 이런 점을 악용하여 병고를 칭탁해서 장기결근을 하는 폐단이 발생하기도 하였는데, 이런 부분은 아무래도 근대의 행정체제 보다는 느슨한 부분이라고 할 수 있겠다.

2) 속집상절의 개정안

『원전』의 규정은 1402년(태종 2)에 개정되었다.

> 고적(考績)하여 출척하는 법을 세웠다. 의정부에서 상소하여 말하였다. 전조 때에 고공사를 두어 내외 관원과 서리의 근만을 상고하여 출척의 근거로 삼았는데, 쇠퇴한 말년에 이르러 폐하고 해이해져서 행하지 않았습니다. 우리 태상왕께서 개국하시던 처음에 법제를 세우고, 폐하여 해이된 것을 고쳐 이조 정랑·좌랑 각각 한 사람으로 하여금 고공의 임무를 겸하여 맡게 하였으나, 예전 폐습을 그대로 인습하여

---

[52] 유고결근의 사유로 상(喪)이 있다. 그러나 고려, 조선시대 모두 상의 경우는 결근이 아니라 휴가로 처리하였다. 고려시대는 부모상의 경우, 관리와 군사 모두 100일 기복제를 시행하였다(『고려사』 권64, 지18, 예, 흉례 오복). 조선시대에는 삼년상을 강요하였지만, 군사의 경우는 100일 기복을 시행하였다.

봉행하는 것이 철저하지 못하기 때문에 경외의 직사가 점점 해이해졌습니다. 감히 조건을 기록하여 올리오니, 엎드려 바라옵건대, 이를 거행하여 항식(恒式)을 삼으소서.
1. 이조의랑 이하 각 1원이 고공랑을 겸하여 관원들의 근만을 고찰하고, 품지를 받아 축출한다.
1. 경중 각사의 공좌부를 무시로 고찰하여 연고 없이 사진하지 않은 자는 그 이름 아래에 동그라미를 쳐서 3번 이상 결근한 자는 해당 관서에 통보하여 그 노(奴)를 가두어 징계하고, 10번 이상 결근한 자는 부과(附過)하고 20번 이상 결근한 자는 계문하여 파직한다.53)

이 개정안은 1407년에 간행한 『속집상절』에 수록되었다.54) 지금까지의 연구에서는 이 기사에 근거하여 건국 초에 고공법을 만들었어도 시행되지 않다가 이때부터 비로소 시행되는 것으로 이해하였다.55) 그 이유는 "태상왕이 법제를 세웠으나 예전 폐습을 인습하여 봉행하는 것이 철저하지 못했다"는 말을 국초에는 규정은 느슨했고, 잘 시행되지 않아 이때에 이르러 새롭게 강화한다는 뜻으로 이해했기 때문이다. 또 태종 15년 대간 고공법을 두고 벌인 논쟁기사에서도 "처음으로 이조에서 대간을 고공하라고 명령하였다"는 구절이 있어서 이 같은 생각을 더욱 굳게 한다.

---

53) 『태종실록』 권4, 태종 2년 7월 갑신, "立考績黜陟之法 議政府上疏[疏]曰… ……一吏曹議郞以下各一員 兼考功 其勤慢承稟黜陟 一京中各司公座簿 無時考察 無緣故不仕者 圈其名下 三不仕以上 移關所司 囚其奴以懲之 十不仕以上附過 二十以上申聞罷職."
54) 『태종실록』 권28, 태종 14년 10월 정해, "六典 稱一日圈其名下 三日囚奴 二十日啓聞罷職 憲府之法太重." 이 조문은 『원전』에는 없고, 태종 2년에 세운 고적법과 내용이 같다. 그런데 태종 14년에는 『원전』과 『속집상절』만 있었으므로 태종 2년의 법이 『속집상절』에 수록되었음을 알 수 있다.
55) 최승희, 『조선초기 언관·언론연구』, 20쪽.

그러나 "예전 폐습을 인습하여 봉행이 철저하지 못했다"는 말의 의미는 문구상으로가 아니라 『원전』과 『속집상절』 조문의 비교, 검토를 통해 확인할 필요가 있다고 생각된다.

『속집상절』 조문 중 『원전』에 비해 강화되어 보이는 부분은 행정력이다. 태종 2년 정5품과 정6품이던 고공랑에 정4품인 이조의랑(吏曹議郞)을 추가하여 총 3명이 되었다.56) 그러나 태종 5년에 행한 육조 속아문의 정비 때 고공사의 관원은 다시 정랑, 좌랑 각 1명이 되었는데,57) 태종 7년에 간행한 『속집상절』에는 다시 태종 2년의 조치가 실렸다. 하지만 의랑을 고공랑으로 임명한 조치는 일시적이었고, 이후로 고공사의 관원은 정랑과 좌랑 2명으로 고정된 것 같다.

공좌부 고찰도 매아일에서 수시로 하도록 바꾸었다. 고공사에서 적발한 사항은 이전에는 상서사로 이문하게 했으나 이제는 왕에게 직보하여 품지를 받아 처결하게 했다. 이로써 고공사가 고공의 권한을 완전하게 확보하였다.

그렇지만 이조가 공좌부 고찰에서 처벌까지 전 과정을 장악했다고 해서 고공사가 이 업무를 홀로 처리한 것은 아니었다. 고공사의 역할은 결근일수를 고찰하여 정안(政案)에 표를 붙여서 문선사(文選司)로 보내는 데까지 였다. 계문 파직은 문선사의 몫으로 문선사에서 이것을 보고 왕에게 파직을 계청하였다.58) 이것은 이조 내에서도 인사권이 소수에게 집중되지 않고 상호견제하게 하려는 의도였다고 보여진다. 그러나 문선사도 이조의 속아문이고 이조의 정랑과 좌랑 1명이 업무를

---

56) 『태종실록』 권4, 태종 2년 7월 갑신.
57) 『태종실록』 권9, 태종 5년 3월 병신.
58) 『중종실록』 권15, 중종 7년 2월 무술, "領事成希顔曰 用人果難 古者朝士勤慢 考功司見官案 付標以送文選司 雖有名朝官不避 或啓請罷職 故皆畏忌飭勵."

보았으므로, 일반적으로는 두 부서가 공감대를 형성하고 유기적으로 움직였던 것 같다.

이처럼『속집상절』규정은 행정적인 면에서 진일보한 모습을 보인다. 그러나 처벌규정에서는 양상이 달라진다.『대명률』에서는 무단결근자에 대해 태10대에서 장80까지 집행하고 하루라도 결근하면 부과(附過)하도록 한 데 비해,『속집상절』에서는 10일까지는 차지수금(次知囚禁)하고, 10일 이상 결근하면 부과하게 했다. 이 법은 처벌규정을 대단히 약화시킨 것이다. 그래서 태종 14년에 사헌부에서는 결근 1일이면 종을 가두고 3일이면 부과하고 5일이면 파직하자는 개정안을 내놓기도 하였다. 그래서 결근자 처리문제를 둘러싸고 조정에서 논란이 벌어졌다. 이때 대체적인 평가가『육전』(『속집상절』)의 법이 너무 가볍다는 것이었지만 그래도 관리들이『육전』규정을 선호하여『육전』을 따르기로 결정이 났다고 한다.

결근자를 파직하는 법을 세웠다. 처음에 사헌부에서 아뢰어서 각사(各司)의 원리(員吏)가 출사(出仕)하지 않는 것이 1일이면 종[奴]을 가두고 3일이면 부과(付過)하고 5일이면 계문하여 파직할 것을 청하니, 명하여 이조와 여러 조(曹)에 내려 상량 의논하여 아뢰도록 하였다. 이조에서 "『대명률』에는 1일이면 태(笞)10대이고, 매 1일에 1등의 죄를 더하여 장(杖)80대에 그치고 부과하며,『육전』에는 1일이면 그 이름 아래에 권점(圈點)하고 3일이면 종을 가두고 20일이면 계문하여 파직합니다. 헌부의 법은 너무 무겁고『육전(六典)』은 너무 가볍고『대명률』은 또 파직하는 조문이 없으니, 마땅히 상재(上裁)를 기다립니다." 하였다.

옥천군(玉川君) 유창(劉敞)과 김승주(金承霔) 등은 성헌을 준수하는 것이 마땅하다고 하고, 황희는 율문(律文 : 대명률)에 따르는 것이 마땅하다고 하여, 의논이 오랫동안 결정되지 않았는데, 의논하는 자가

많이 『육전』에 따르기를 청하니, 임금이 그대로 따랐다.59)

이 논의를 보면 『속집상절』에서는 20일 이상 결근자는 계문 파직한다는 규정을 추가했다. 이 규정은 『원전』에 비해 단호해진 것으로 보인다. 그런데 이것도 처벌을 강화한 것은 아니다. 『대명률』의 규정을 보면 결근일이 3일 늘어날 때마다 형량을 높여 장80에서 그치고 원래의 직으로 돌려 보낸다고 했다. 태10에서 장80까지면 7등이 올라가는 것으로 21일을 결근하면 장80에 해당한다.

이 법대로라면 21일 이상 장기결근자는 더 이상의 가중처벌을 받지 않는 셈이 된다. 실제 관료제를 운영하면서 이렇게 불공정하게 운영했을 리는 없다. 그러므로 이 규정에는 처벌을 받고 본직에 돌아갈 수 있는 한계가 21일까지라는 의미가 숨어 있다고 생각된다. 그 이상의 결근자에 대해서는 파면하거나 인사상의 벌칙을 강화하는 것이 원칙 내지는 관행이었을 것이다.

물론 이 내용을 명시하지 않았기 때문에 집행에 일관성이 없었을 가능성은 있고, 『대명률』의 조문을 이렇게 해석할 소지가 있는 것은 사실이었다. 그러나 태종 14년에 헌부의 안과 『대명률』, 『속집상절』 조문을 두고 벌인 논쟁에서 이조가 『대명률』 조항에는 파직조항이 없다는 것을 단점으로 지적한 것은 아무래도 반대를 위한 논리였던 감이 없지 않다.

『속집상절』에 20일 이상 결근하면 파면이라고 명시한 이유도 『대명

---

59) 『태종실록』 권28, 태종 14년 10월 정해, "立闕仕罷職法 初司憲府啓請 各司員吏 不仕一日 囚奴 三日付過 五日啓聞罷職 命下吏曹與諸曹 擬議以聞 吏曹以大明律 一日笞一十 每三日加一等罪 止杖八十附過 六典稱 一日圈其名下 三日囚奴 二十日啓聞罷職 憲府之法太重 六典大輕[輕] 大明律又無罷職之文 宜侯上裁 玉川君劉敞及金承霔等 以爲宜遵成憲 黃喜以爲宜從律文 議久不決 議者多請從六典 從之."

률』에는 20일 이상 결근자에 대한 처벌이 실제로는 파면이라는 사정을 알았기 때문일 것이다. 그러므로 이런 규정은 시행착오를 통해 법조문을 개선하고 실행력을 강화한 부분이라고 평가할 수는 있겠으나, 20일 결근자는 파면이라는 형량이 전대에 비해 특별히 강화된 원칙은 아니었다. 전체적으로 보아『속집상절』의 규정은『대명률』의 형량까지 수정하면서 무단결근자에 대한 처벌규정을 약화시키고, 관원에 대한 직접적인 처벌방식을 간접적 처벌방식으로 전환한 것이었다.

태종 2년에 고공법이 제대로 시행되지 않는다는 문제를 제기하면서 결근자에 대한 처벌규정을 이렇게 완화한 이유는 무엇 때문이었을까? 첫째로는 이 시기의 개혁정책들이 일반적으로『원전』의 개혁정책에 비해 보수화하며 기성세력과 관료들의 특혜를 어느 정도 보장하는 경향이 있다는 점을 지적할 수 있겠다.[60]

또 하나의 이유는 신법을 적용하는 데 따르는 어려움도 감안해야 할 것 같다. 앞에서 살펴본 것처럼 고려 때에는 무단결근자의 적발과 처벌이 사실상 관서에 맡겨져 있었다. 보통 이런 경우 인정상 같은 부서의 관리에게 태형이나 장형을 집행한다는 것이 쉽지 않았을 것이다.

조선 건국 후에는 고공랑이 주기적으로 적발, 처벌하게 하는 방식으로 바꾸어 법의 집행력을 강화했다. 하지만 갑작스럽게 관원에게 태장형을 집행한다는 것은 여전히 쉽지는 않았을 것이다. 이때 관원의 품위를 생각해서 태장을 집행하지 않고 수속(收贖)으로 해결하는 방법이 있지만, 그렇다고 해도 수속으로 대체한다는 것이 보장되어 있는 것은 아니었다.

법이 실행력을 지니려면 집행기구나 행정체제도 중요하지만, 규정에 대한 공감대가 형성되어야 한다. 구성원들이 그 방식과 형량에 공

---

60) 임용한,『조선전기 수령제와 지방통치』및「경제육전속집상절의 간행과 그 의의」,『조선시대사학보』25, 2003. 6.

감하지 않을 경우, 서로 감싸거나 적발을 꺼리게 되므로 규정의 실행력이 오히려 떨어진다. 고공법에도 이런 문제가 생겼던 것 같다. 즉 결근일수에 따라 관원에게 태형과 장형을 집행한다는 방식이 출근부를 관리하는 관서의 관원이나 상사는 물론이고, 적발을 담당한 고공랑에게도 부담이 되어서 제대로 시행되지 않았을 가능성이 크다.

의정부에서 새 고공법을 올리면서 "예전 폐습을 인습하여 봉행하는 것이 철저하지 못하다."고 말한 것은 이런 사정을 의미하는 것은 아니었을까?

그래서 의정부는 『대명률』의 태형 규정을 관원들이 납득할 수 있고, 적발자에게도 부담이 적은 처벌방식으로 대체하여 이 규정의 실행력을 높이려고 했던 것 같다. 그래서 태장형이나 수속 대신에 관원의 종을 대신 수금하는 차지수금(次知囚禁)이란 방식을 도입하였다.

하지만 처벌규정을 완화, 대체한다고 해도 고려시대의 방식으로 돌아가거나 출근일수를 중시할 수밖에 없는 새로운 인사관리제도까지 포기할 수는 없는 것이었다. 20일 이상 결근자는 파면한다는 규정을 명시한 이유는 『원전』과 『대명률』의 규정이 분명하지 않은 것도 이유가 되었겠지만, 이 같은 원칙에 대한 의지의 표현이라는 의미도 있었다. 즉 결근자에 대한 처벌규정은 완화하지만 그렇다고 해서 장기결근을 용인하지는 않는다는 뜻인 동시에, 완화된 규정으로 인해 결근자가 늘어날 것을 우려한 조치였다고 생각된다.

고공랑에 정4품 이조의랑을 포함시킨 이유도 단순히 인원부족을 보강하기 위한 조치만은 아니었을 가능성이 있다. 결근자의 처벌방식에 대한 관원들의 저항과 반감이 컸기 때문에 고공랑의 권위를 격상시키려는 의도도 있었다고 생각된다.

유고결근자에 대한 규정은 별도의 언급이 없는 것으로 보아 『원전』의 100일 규정을 존속시킨 것 같다. 이 역시 무단결근자의 사례처럼 상서사에 보고하지 않고, 왕에게 계문하여 처리하는 방식으로 바뀌었을 것이다.

한편 태종 5년 육조 속아문의 정비 때 고공사의 임무도 재조정되어 문무관의 공과와 선악, 고과와 함께 명시(名諡)와 비갈(碑碣)의 일을 맡게 되었다.61) 명시와 비갈의 임무란, 이 역시 당제에서 유래한 것으로,62) 사망한 관리에게 내리는 시호나, 그의 비문과 행장이 사실에 맞게 작성되었는가를 검증하는 업무였다. 고공사는 평소에 관리의 근만과 고과를 관장하므로 이런 임무를 맡게 된 것이라고 보여지는데, 이것은 평소에 관리들에 대해 고공사의 권위를 높여주는 역할도 하였을 것이다. 이날의 조치도 『속집상절』에 수록되었다.63)

『원전』과 『속집상절』의 고공법에서 연속성을 보여주는 규정은 대간 고공법이었다. 태종 15년에 태종은 대간 고공법을 시행할 것을 명령하였다.

> 처음으로 이조에서 대간을 고공하라고 명하였다. "이조에서 대간을 고공(考功)하는 것이 『육전』에 실려 있다. 헌사(憲司)에서는 이제부터 다시(茶時)를 없애고 매일 일을 다스리고, 간원(諫院)에서도 또한 매일 제좌(諸坐)하라."64)고 하였다.

다음 날에 벌어진 논의를 보면 여기서 언급하는 『육전』규정이란

---

61) 이 임무도 당제에서부터 유래하므로 이전부터 이런 업무를 지녔을 가능성도 있다. 그러나 현재까지 기록상으로는 이렇게 나타난다. 또 실제로는 세종 23년까지도 고공사가 이 임무를 수행하지 않고 있었다.
62) 『세종실록』 권93, 세종 23년 8월 을해.
63) 연세대학교 국학연구원 편, 『경제육전집록』, 1993, 33~34쪽.
64) 『태종실록』 권30, 태종 15년 8월 무진, "初命吏曹 考功臺諫 上曰 吏曹考功 臺諫 載在六典 憲司自今除茶時 每日治事 諫院亦每日齊坐."

곧 『원전』의 대간고공법이다. 이 법은 오랫동안 시행되지 않았는데, 태종은 이 법이 태조의 성헌임을 내세워 시행을 강력하게 요구하고, 오랜 관행이며 대간의 독립성의 상징인 다시까지 폐지하고 사간원 관원도 매일 제좌(諸坐)하라고 명령하였다.65) 사실은 이 명령을 내리기 이전에 이미 대간 고공법을 시행하려고 하다가 이조와 대간이 충돌하는 사태가 발생했다. 이날의 명령은 태종이 대간 고공법의 시행의지를 다시 천명한 것인데, 사간원의 반대상소와 이어지는 논쟁을 보면 태종은 고공이 출근관리만이 아니라 고과까지 포함하는 규정이라고 생각했던 것 같다. 결국 태종은 『원전』을 상고한 뒤에 업무고과는 포기하고, 출근관리만을 시행하게 하였다.

3) 경국대전 규정의 성립과 그 성격

가. 고공사

고공사가 시호(諡號)와 비갈(碑碣)의 업무를 맡는다고 규정한 『속집상절』 규정은 잘 시행되지 않았다. 세종 23년에야 당제와 역대 중국의 제도를 본받아 고공사가 관원의 행장과 시호를 검토하게 하자는 의정부의 건의가 있었다. 세종은 이 논의를 따랐다고 하는데,66) 그 후의 추이는 알 수 없다.

『경국대전』에서 고공사의 임무는 다시 정비되었다. 고공사의 업무는 문관의 공과(功過), 근만(勤慢), 휴가(休暇), 여러 관사의 아전의 근무일수, 향리자손을 분별처리하는 일을 맡는 것으로 확정되었다.67)

---

65) 다시(茶時)는 대간 간원의 모임을 말하는데, 특별한 회합이 아니라 독자적인 업무모임이었던 것 같다. 즉 대간들은 일반 관원과 같은 출근 규정에 얽매이지 않고 출근과 모임을 독자적으로 운영하면서 출근에 해당하는 모임을 다시라고 불렀던 것 같다.
66) 『태종실록』 권30, 태종 15년 8월 무진.

『경제육전』단계에서는 고공사가 문무관의 고공을 함께 맡았으나, 『경국대전』에서는 문관과 아전의 고공만 담당하게 되었다. 이것은 이조와 병조의 업무분담을 명확하게 한 것이다. 언제부터 시행된 것인지는 알 수 없다.

당제의 취지에 따르면 고공사가 시호 업무를 맡는 것이 원칙적으로 옳고, 그것이 세종 때에 내린 결론이었다. 그러나『경국대전』에서 시호는 고훈사(考勳司)의 소관업무가 되었다. 고훈사로 이관한 시기와 이유는 명확하지 않다. 고과업무가 일이 많고 중요성이 높았기 때문에 고공사의 업무에서 빼 주었을 가능성이 있다고 생각된다.

나. 고공법 개정과 이원화

고공법의 시행규정도 세종 때부터 새롭게 정비되었다.

이 시기의 가장 중요한 변화는 조관과 녹사·서리에 대한 규정이 분리되었다는 것이다.

먼저 조관의 경우를 살펴 본다.

세종 때에 병고 결근일수를 만100일에서 만30일로 감축하였다.[68] 세종 5년에 급가법도 새로 만들어 부모 병고나 근친(覲親), 소분(掃墳)으로 인한 휴가는 3년이나 5년에 한 번 받을 수 있게 했다.[69] 휴가일수도 크게 축소하여『경국대전』에서 영친, 영분, 분황, 혼가에는 7일, 처나 처부모의 장례에는 15일로 규정되었다.[70]

무단결근자에 대한 처벌규정은『속집상절』의 방식을 버리고『대명

---

67) 『경국대전』이전, 경관직, 정이품아문 육조.
68) 『세종실록』권101, 세종 25년 7월 갑인, "司諫院提調啓 凡朝官每年兩都目 以褒貶等第黜陟 又一歲內 病滿三十日者 悉皆罷職."
69) 연세대학교 국학연구원 편,『경제육전집록』, 52~54쪽.
70) 『경국대전』이전 급가.

률』로 돌아갔는데,71) 녹사·서리의 경우는 무단결근 30일, 유고는 만 100일이면 파면이었다.

> (세종 10년 4월) 이조에서 예조의 관문에 의거하여 계문하였다. "봉상시 재랑(奉常寺 齋郎) 등은 무단결근 30일, 유고결근 100일이 되는 자라도 논죄한 뒤에 도로 출사할 수 있는 까닭에, 비록 여러 해를 출사하지 않은 자라도 또한 출사할 수 있게 되어 성중관의 예에 위배됩니다. 또 사계절의 대향(大享)을 당할 때마다 임무를 맡을 사람이 부족하오니, 청하건대 지금부터는 무단결근 30일, 유고결근 100일이 되는 자는, 각사 이전(吏典)의 예에 따라 그 전의 벼슬을 삭제하여 아래 직위에서부터 봉직하게 하소서." 하니, 그대로 따랐다.72)

이 기록은 봉상사 재랑에게도 일반 성중관과 같은 규정을 적용하자는 건의로 세종 10년 경에 이미 성중관과 각사 이전에 대해 무단결근 30일, 병고 100일이면 파직하는 법이 세워져 있음을 보여준다.

『속집상절』의 규정과 유사하지만 무단결근의 한계일수를 20일에서 30일로 늘렸다. 성중관, 이전의 경우는 조관과 달리 『속집상절』보다도 완화시켰다는 것이 이 변화의 중요한 특징이다.

그렇다면 『속집상절』 규정을 이렇게 개정한 시기는 언제일까? 세종 10년 경에 이미 서리에 대해서는 조관과 분리하여 새로운 법을 적용하고 있었다. 세종 13년에 무단결근자에 대해서 『속집상절』의 규정을 폐기하고 『대명률』을 적용하는 사례가 있다. 그러므로 최소한 세종 13

---

71) 『세종실록』 권51, 세종 13년 3월 기묘.
72) 『세종실록』 권40, 세종 10년 4월 기축, "吏曹據禮曹關啓 奉常寺齋郎等 無故滿三十日 有故滿百日者 論罪還仕 故雖累年不仕者 亦得還仕 有違成衆官之例 且每當四時大享 所任不足 請自今無故滿三十日 有故滿百日者 依各司吏典例 削其前仕 從下復屬 從之."

년 경에는 조관에 대한 규정도 개정되어 있었다고 보여진다.

그런데 세종조에 『속집상절』에 대한 개정작업을 시행한 때는 세종 4년부터였다. 이때부터 『신속육전』의 편찬을 시작해서 세종 8년에 간행했고,73) 세종 10년74)과 15년75)에 거듭 개정판을 간행했다.

또한 세종의 신임을 얻고 세종 조의 『속전』 편찬에 깊이 간여했던 황희는 무단결근자의 처벌에 대해 태종조부터 『속집상절』 대신 『대명률』을 사용하자고 주장했던 전력이 있다.76) 이런 제반 상황을 감안하면 세종조의 새로운 고공규정은 세종 8년의 『신속육전』 편찬 때 함께 개정했을 가능성이 높다. 혹 그렇지 않더라도 세종 13년이면 분명히 조관에 대한 규정도 『속집상절』과는 달라져 있었다. 그러므로 늦어도 세종 10년 이직(李稷)의 『신속육전』이나 세종 15년의 『신찬경제속육전』에서는 새 법이 수록되었던 것이 확실하다.

세종의 개정안들은 『경국대전』으로 계승되었다. 『경국대전』의 규정은 아래와 같다.

① 1주년 동안에 30일을 병으로 결근한 자와 의친(議親)·공신(功臣)으로 10악 이외의 죄를 다섯 번 범한 자는 모두 사전(赦前)을 가리지 않고 계문하여 파직한다.77)

② 녹사나 서리(書吏)로 유고로 근무하지 못한 날이 100일이 차거나 무고하게 출근하지 않는 날수가 30일이 찬자는 근무일수를 삭제

---

73) 『세종실록』 권34, 세종 8년 12월 임술.
74) 『세종실록』 권42, 세종 10년 11월 정축, 신속육전진전(新續六典進箋).
75) 『세종실록』 권59, 세종 15년 1월 무오.
76) 『태종실록』 권27, 태종 14년 3월 정해.
77) 『경국대전』 이전 고과, "周年病滿三十日者 議親功臣 十惡外五犯罪者 並勿赦前 啓聞罷職."

파출하며, 29일 이하인 자는 수속하고 임용한다. 파출된 자가 뒤에 도로 그 자리에 취직하기를 원하는 자는 들어 준다.78)

세종조의 규정이 대략적인 내용만 전할 뿐이어서 정확히 비교할 수는 없지만, 내용상으로 보아 이 규정들은 세종조의 규정과 거의 다름이 없다고 하겠다. 다만 이때까지도 관원과 서리에게만 고공법을 적용하였는데, 1543년(중종 38)에 간행한『대전후속록』79)에서는 내관(內官)에게로 확대하여 사알(司謁), 사륜(司鑰), 사방색(書房色)도 병고 30일 결근이면 조관의 예로 파출한다는 규정을 수록하였다.80)

『경국대전』에도 조관 무단결근자에 대한 내용은 빠져 있다. 그 이유도 역시『대명률』을 적용했기 때문이다. 하지만 녹사와 서리에 대해서는 무단, 병고 두 경우를 다 기재했는데,『대명률』에는 녹사, 서리에 대한 별도 규정이 없기 때문이었다.

그런데 세종조에 조관에 대한 처벌방식이『대명률』로 돌아갔지만, 그렇다고 해서『원전』의 방침과 같아진 것은 아니었다. ②의 규정을 보면 무단결근일수가 30일 미만인 자는 파출하지 않고 속전을 징수하고 임용한다고 했다. 즉 ②의 조문은 무단결근한 자에 대해『대명률』의 형량을 적용하지만,『대명률』에 기재한 태장형(笞杖刑)을 실제 집행하지 않고, 반드시 수속(收贖)으로 대체할 것을 명시한 것이다.

②의 규정은 녹사, 서리에 대한 규정이지만 녹사, 서리도 반드시 수속하도록 했는데, 조관에게 형을 집행했을 리가 없다. 여전히 조관에 대해서는 차지수금(次知囚禁) 같은 별도의 처벌 방식을 사용했을 가

---

78)『경국대전』이전 고과, "錄事書吏 有故不仕 滿百日 無故滿三十日者 削仕罷黜 二十九日 二下者 收贖還仕 罷黜後 願還仕者 聽."
79) 전봉덕,「조선왕조법전해제」,『대전속록, 후속록』, 아세아문화사, 1983.
80)『대전후속록』이전 고과, "司謁司鑰書房色等 病滿三十日 則依朝官例罷黜."

능성도 있지만, 그렇다면 『경국대전』에 기재했을 텐데 『경국대전』이
나 『속록』 등에도 이런 규정이 없는 것으로 보아 반드시 수속(收贖)한
다는 규정은 조관에게도 적용하는 규정이었다고 보아야 한다.
　수속으로 처리하는 방식이 세종조부터 시행된 것인지, 『경국대전』
을 편찬할 때 추가한 것인지는 확실하지 않다. 그러나 이 법들이 세종
조에 시작되었고, 세종조에 수속법이 대거 정비되고 활용되었던 정황
으로 보아 세종조에 만들어졌을 가능성이 높다고 생각된다.
　결과적으로 말하면 무단결근자에 대한 세종조 이후, 혹은 『경국대
전』 단계의 법은 『대명률』을 형량의 기준으로 적용했지만, 내용적으
로 보면 처벌방식은 관원에 대한 직접적인 처벌은 피한다는 태종대의
원칙을 살려 차지수금을 수속으로 대체한 것이라고 할 수 있겠다.
　물론 『원전』 단계에서도 관원에 대해서는 수속하는 사례가 많았을
것이다. 그러나 같은 수속이라도 세종 이후로는 그 액수가 크게 감액
되었다. 형량에 따른 수속액의 산정 기준은 『대명률』이었는데, 『원전』
을 사용하던 태조대에는 동전 1관(貫)을 오승포 15필로 환산했다.[81]
태종 6년 3월에 동전 1관을 오승포 10필로 수정했고,[82] 고공법을 정비
하던 세종 13년을 전후하여 다시 5필로 감액했다.[83] 『원전』 당시의 액
수에 비해 1/3 정도로 줄어든 셈이다.
　그러므로 『경국대전』 단계의 고공법은 병고자에 대한 규정은 대거

---

[81] 『태종실록』 권11, 태종 6년 3월 정유, "國初因前朝之舊 以銅錢一貫 准五升
布十五匹 至戊寅年(太祖 7) 刑曹受教 杖一百徒三年者 當贖銅錢二十四貫
准例贖布 五百四十匹."
[82] 『태종실록』 권11, 태종 6년 3월 정유, "若以銅錢一貫 准五升布十匹 庶得輕
重之宜 從之."
[83] 『대명률직해』 명례(名例), 오형(五刑) 태형(笞刑), "(笞贖) 五十 銅錢三貫 准
折五升布十五疋." 현존하는 『대명률직해』는 세종 13년의 개정판이다. 그래
서 여기에 수록된 수치는 세종 조에 수정된 액수로 기록되어 있다.

강화했으나, 무단결근자에 대한 규정은 특별히 강화된 것은 아니라고 하겠다.

지금까지 살펴본 고공 규정의 시기별 변화를 표로 작성하면 다음과 같다.

<표 10> 조선초기 고공법의 변화과정

법 전	구 분	무고		병고(유고)	
		기간	처벌	기간	처벌
원전	조 관	23일(추정)	태10~장80	100일 한	파직
	녹사 서리	〃	〃	〃	〃
속집상절	조 관	20일	次知囚禁, 附過	100일 한	파직
	녹사 서리	〃	〃	〃	〃
신속육전 및 경국대전	조 관	23일(추정)	태10~장80(수속)	30일 한	파직
	녹사 서리	30일까지	태10~장80(수속)	100일	파직(복직가)

* 무단결근자는 기간이 넘으면 파직.
* 파직을 당하지 않아도 인사상의 불이익이 부가됨.

『경국대전』에서도 녹사와 서리에 대한 규정은 조관과 분리되었으며, 이들은 결근일수를 넘겨 파직한 후에도 본인이 원하면 복직하게 함으로써 이들에 대한 특혜는 더욱 커졌다. 조선시대의 법이 녹사보다는 조관을 우대하는 것이 일반적이었던 점을 감안하면 고공법에서 유독 녹사·서리에게 더 큰 특전을 주는 것은 매우 특이한 사례라고 할 수 있다.

이것은 당시 녹사·서리의 거관제도가 거의 유명무실한 상태에 빠져 있었던 데 원인이 있다고 생각된다. 세종~성종조를 거치면서 성중관의 적체가 심각한 문제가 되어서 거관제도나 체아직 제도로는 이들의 근무의욕을 고취시킬 수 있는 방법이 없다시피 하게 되었다.[84] 반

---

84) 한영우, 「조선초기의 상급서리와 그 지위」, 『조선전기 사회경제연구』, 을유문화사, 1983, 354~357쪽.

대급부가 미약한 상황에서 일방적으로 엄한 처벌을 강요할 수도 없었다. 또한 거관자의 적체가 심각했으므로 가능한 녹사, 서리의 신규채용을 줄이고, 수효를 고정시켜야 했을 것이다. 그렇기 때문에 결근일수 초과로 해직한 자조차도 다시 취직을 원하면 들어주고 다만 이전의 근무일수를 삭제해 버리는 방식을 사용할 수밖에 없었던 것이라고 생각된다.

한편 이렇게 고공법을 정비하자 엉뚱한 문제가 발생했는데, 그것은 체아직 때문이었다. 체아직은 보통 6개월 정도만 근무하고 작산(作散)하기 때문에 1년에 30일이라는 규정에 해당되지 않는다는 해석이 발생한 것이다. 그래서 전의감·관상감·사역원·혜민서 등 체아직 아문에 근무하는 관원들은 임기말에 녹봉만 받으면 바로 병고를 칭탁하고 남은 기간을 출근하지 않아 버리는 일이 발생하였다.[85]

그래서 성종 2년에 이들은 6개월에 15일을 병고로 결근하면 후등취재의 응시를 제한하는 법을 세웠다.[86] 그러나 이 법은 『대전』에는 수록되지는 않아서 시행여부는 명확하지가 않다.

이 사례는 일반적인 통념과 달리 조선시대의 법치주의와 준법정신이 고지식할 정도로 완고하고 철저했음을 보여주는 좋은 사례이기도 하다. 그러나 이 같은 법률해석이 발생한 원인을 법규정의 미비나 완고함만으로 설명하기는 부족하다고 생각된다. 『대전』규정을 근거로 해서 체아직 관리의 결근일수는 6개월에 15일과 같이 근무기간에 따라 환산하여 적용하는 방식은 상식적으로 쉽게 생각할 수 있는 일이다. 그러므로 이 같은 해석이 발생한 진정한 원인은 이들에게는 적절한 처벌규정을 마련하기가 쉽지 않다는 사정 때문이 아닌가 한다. 녹사·서리와 마찬가지로 체아직원들은 심하게 적체되었다. 관직을 수

---

85) 『성종실록』 권12, 성종 2년 윤9월 임인.
86) 위의 주와 같음.

354

령한다고 해도 더 이상 승진할 희망은 거의 없었고, 실직이 없는 고위 관직자가 증가하면서 체아직마자도 이들의 차지가 되었다.[87] 이런 상황에서 파면이란 처벌을 가하기가 어려웠을 것이다. 이 또한 조선전기에 시행한 고공법의 강화가 관리인사 및 승진제도의 정비와 직접적인 관련이 있으며, 또한 그같은 보장이 주어진 한에서만 실효와 추진력을 얻을 수 있는 것이었음을 보여주는 사례라고 하겠다.

---

87) 이재룡,「조선초기의 체아직」,『조선초기 사회구조연구』, 42~44쪽.

결 론
: 관리등용제도로 본 조선초기의 개혁론과
경국대전 체제의 성격

　지금까지 과거제, 문음제, 천거제, 그리고 인사고과제도를 고려후기의 상황과 창왕 즉위년부터 태조 7년까지 활약한 정도전·조준 파의 개혁론 그리고 태종대 이후 『속전』과 『경국대전』에 반영된 관리등용제도를 비교하고 성격을 분석해 보았다. 이 장에서는 각 파의 관리등용제도를 종합하여 정리해 보도록 하겠다.
　정도전·조준 파는 과거제에 있어서는 왕안석 및 명나라의 과거제 개혁안을 받아들여 학교제와 결합한 과거제 개혁을 구상하였다. 이러한 구상은 공민왕 5년(1356) 이색의 상소에서 처음 제시되었다. 이색은 학교 생도에게만 과거 응시를 허용하는 방안을 제시하였다. 학교 교육은 경학을 강조하여 사장 교육을 폐지하자고 하였으며, 성균관 졸업자는 대과에 낙방하더라도 급제자격을 부여하자고 하였다. 과거에서 학교 교육의 중시는 관인의 교육을 강화하고, 관인은 도학자이어야 한다는 주자성리학의 이념을 계승한 것이었다고 하겠다.
　그러나 이색은 과거의 혁신성은 두려워하여 고려의 전통적인 지배질서와 정치체제가 훼손되는 것은 방지하려고 하였다. 그래서 생각해 낸 방법이 학당과 향교 생도가 바로 성균관으로 진학하는 것이 아니라 12공도를 거쳐 가는 향교(학당)→ 12공도→ 성균관으로 이어지는 체제였다. 학교와 과거를 통해 신진세력이 정계로 진출하더라도 반드시 12공도를 거치게 함으로써 과거를 통해 배출되는 신진세력들을 기성의 문벌귀족의 휘하로 편제함으로써 고려전기의 안정된 정치체제를 그대로 유지하고자 하였다. 이와 같은 체제를 구상했기 때문에 이색은 좌주·문생 제도를 끝까지 지지하였다.

그러나 이색의 건의는 시행되지 않았다. 고려후기의 과거제 개혁은 공민왕 16년에 성균관이 재건되면서 생원시가 설치되고 학교 교육의 질적 향상이 이루어졌고, 공민왕 18년에는 과거삼층법이 시행되는 선에서 마무리되었다. 그나마 과거삼층법은 우왕대에 다시 혁파되었다.

정도전·조준 파는 조선 건국 후에 새로운 과거제를 시행하였다. 이들의 방안은 태조 즉위교서에서 기안되었고, 태조 4년의 개정법안이 『경제육전』 원전에 수록되었다. 이들의 방안은 이색의 방안을 대체로 받아들였지만 12공도와 좌주·문생 제도는 폐지함으로써 과거제의 혁신성을 살렸다. 그 내용을 구체적으로 살펴보면 소과는 진사시를 폐지하고 생원시로 일원화했다. 성균관 생원은 9재를 단계적으로 수학한 후에 관시를 거쳐, 대과에 응시할 수 있었다. 9재를 승재할 때, 관시와 대과에 응시할 때는 모두 강경으로 시험하며 예조 관원과 대간을 파견해서 성균관 교관과 함께 시험하였다. 고강치부법이라고 불린 이 시험은 평가에 오랜 시간이 걸렸는데, 그만큼 엄밀하고 정확한 선발을 하기 위해서였다. 마지막 전시는 책문으로 시험보았다. 정원은 전통적인 33명을 유지했는데, 상위급제자 10명은 바로 등용하고, 나머지 사람도 다 실직을 수여하게 했다. 또 대과에 2번 떨어진 사람은 급제를 주는 일종의 수료제도를 시행했다.

학당과 향교 생도는 공생(貢生)이 되어 성균관에 진학하거나, 문과 초시에 해당하는 한성시나 향시에 응시한 뒤 문과 복시에 응시할 수 있었다. 문과 초시는 이들만 응시할 수 있었다.

『원전』의 과거제는 한마디로 학교제와 과거제를 일치시킨 왕안석과 명나라의 과거제를 수용한 것이었다. 경학 교육을 강조하고 강경 시험방식을 채택한 것도 학교 수업의 충실화를 위해서였다. 이처럼 학교제를 이용하는 것은 학교 교육을 통해 경의만이 아니라 치술을 교육하고, 인재를 장기간에 걸쳐 평가할 수 있다는 장점이 있었다. 물론 학교 교육과 강경 시험은 정도전·조준 파가 자신들의 개혁론을 교육하고, 자신들의 이념에 동조하는 인재들을 정가로 등용할 수 있는 방법도 되었다. 또한 전국의 향교를 군현 단위로 활성화하고, 이곳에서 생도를 공생하게 함으로써 일종의 지역할당제의 기능도 수행할 수 있었다. 이렇게 함으로써 정도전·조준은 중앙세가의 관료제 상의 특권을 제약하고, 재지사족을 지속적으로 등용하는 시스템을 마련하여 관료제의 개방성을 유지하고자 하였다.

이와 같은 과거제 개혁안을 시행하기 위해서는 그 바탕이 되는 전국의 향교를 재건하고, 우수한 교관을 파견하여 교육의 수준을 높이는 일이 중요하였다. 먼저 양계를 제외한 5도에 도 유학교수관을 설치하여 도내의 학교행정을 전담하게 했다. 정도전·조준은 관찰사제를 실시하여 도의 행정을 전적으로 관찰사에게 일임하게 했는데, 유독 학교행정만은 도 유학교수관제를 통해 분리시켰다. 이것만으로도 이들이 학교제를 얼마나 중요하게 생각했는가를 알 수 있다.

군현 향교에 대해서는 향교 재정을 독립시키고, 군현마다 향교를 세우고 교관을 파견하게 했다. 향교는 기숙사 제도로 운영하려고 했던 것 같다. 이 사업을 지원하기 위해 수령의 임무인 수령오사에 학교흥(學校興)을 넣어 수령의 우선적인 임무로 자리잡게 했다. 대신 지방에 개인들이 세워 운영하는 사숙을 일체 철폐하게 하였다. 그 이유는 이들이 교육이 부실하고, 사장을 위주로 가르치며, 군역의 회피수단이 된다는 것이었다. 그러나 근본적인 이유는 향교가 지방의 인재를 선발해서 관리로 공거하게 된 만큼 군현에서 사적 인맥이 형성되는 것을 방지하기 위한 조치였다고 생각된다.

또한 이들은 군현 향교에 유학교육만이 아니라 병율, 서산, 의약, 상역(象譯)과 같은 과목도 설치하여 서리·기술관을 양성하게 했다. 고려후기 이래 사족가문의 성장과 등용이 과거만으로 이루어지는 것이 아니라, 서리·기술관 등을 통해 점진적으로 이루어져 왔다는 사실을 감안하면 이 제도가 지니는 관료제 상의 의미도 결코 작지 않은 것이었다.

도 유학교수관과 향교 교관은 지방에 은거해 있는 사족을 등용하여 임명하였다. 도 유학교수관은 참상직으로 설정했다. 확실하지는 않지만, 군현 향교의 교관도 6품직으로 설정했던 것 같다. 정치적으로는 이 새로운 관직을 통해 재지사족을 등용하고, 이들이 지방의 교육과 인재선발을 담당하게 함으로써 정계를 개편하고, 지속적으로 신진세력을 유입하는 체제를 구축하고자 하였다. 대신 사적 인맥의 형성을 저지하기 위해 군현 교수관은 자기 고향에서는 근무하지 못하게 했다.

태종이 집권하면서 『원전』의 과거제는 폐기되었다. 학교 생도만이 아니라 모든 사람에게 과거가 개방되었다. 성균관 생원도 관시만이 아니라 한성시나 향시에 응시해서 대과에 진출할 수 있었다. 권근의 주장에 의해서 시험방식도 강경과 제술을 혼용하게 되었다. 그러나 강경법의 핵심이라 할 수 있는 고강치부법은 폐지되었다. 이와는 별도로 기존의 관료를 대상으로 하는 중시와 정시가 신설되었다. 이 시험들은 모두 제술을 사용하였다.

태종 11년 외학제가 시행되었다. 그러나 이는 이름뿐인 외학제이고, 실제는 외학이라는 명목으로 서울의 사부학당에 대한 특혜를 강화한 것이었다. 이때부터 학당생도의 승보규정이 활성화되었는데, 2품 이상

고위관료의 자제는 문음승보의 덕을 보아 사서일경 중 1서를 조통만 해도 성균관으로 진학할 수 있게 되었다. 이 때문에 문음승보자가 크게 증가하자 일반 생원과 문음승보자의 정원을 반반으로 하였지만, 『경국대전』에서는 이 제한마저 없어졌다.

그럼에도 불구하고 조선전기 과거급제자의 47% 정도는 생원들이 차지했다. 하지만 이는 『원전』의 구상에 비하면 턱없이 낮은 것이고, 문음자제나 고관 자제의 특권이 강해진 결과이다. 대신 유계자의 비중이 34% 규모로 증가하였다. 이들은 급제하면 성적에 따라 4~1계를 올려 받을 수 있었다. 이것은 과거제가 특권층과 기존 권력층 중심으로 기능하는 것을 보여준다.

성균관 생원의 비중은 높았지만 성균관 교육의 질은 크게 낮아졌고, 생원들도 재학의 필요성을 느끼지 못해 『원전』이 추구한 교육은 달성할 수 없었다. 강경도 원래의 의도와 달리 임문 방식을 통한 외우기 시험이 되어 굳이 성균관에서 기숙하며 배워야 할 의욕을 느끼지 못했다. 그래서 태종대에 권우의 건의로 성균관 생원의 집에 요역을 면제하는 우대조치와 성균관의 복지정책을 추진했으나 이나마 대부분이 거부되었다. 마지막으로 나온 방안이 원점제를 부활하는 것으로 태종 17년에 원점 300을 받아야 문과에 응시할 수 있게 했다. 『경국대전』의 과거법은 대체로 태종~세종대의 조치를 기반으로 한 것으로 16세기에 성균관이 부실해지는 단서가 되었다.

지방의 향교 정책에서도 태종대에 과거 응시를 학교 생도에게로 제한하는 정책이 취소되면서, 군현 향교에 교관을 파견하는 정책도 취소되었다. 서산, 의약과 같은 기술관 교육 역시 취소되었다. 교관제는 현지인을 임명하는 학장제로 바뀌었다. 학장은 무보수에 관직도 아니어서 과거의 사숙 수준으로 되돌아 간 것이다. 재정지원책도 형편없어져 교관에게 식사조차 제공하지 않게 되었다. 그러나 이것은 향교를 고사

상태에 빠트릴 위험이 있었으므로 태종 16년 경에 군현 등급에 따라 학전과 학노를 마련, 지급하고, 군현 향교에는 생원, 진사를 교도로 파견하는 정책을 수행하였다. 세종 때에 이 정책은 목 이상에는 종6품 교관을 파견하고, 정도전의 아들 정진의 건의로 500호 이상의 군현에는 훈도를 파견하게 되었다. 그러나 군현 훈도의 질은 크게 떨어져 생원, 진사출신으로 임명하게 되었다. 나중에 나이를 40세 이상자로 제한하였다. 이로써 향교는 과거교육기관으로서, 또한 관료공급기관으로서 기능과 능력을 상당히 상실하게 되었다. 대신에 향교의 기능은 사회교화나 유학보급, 보다 현실적으로는 지방사족들이 재지적 특권을 확보하는 수단으로 이용되기 시작했다. 그렇기 때문에 16세기부터 향교가 피역처가 되기 시작하고, 지방사족들이 수령의 통제를 받는 향교보다는 서원을 그들의 거점으로 이용하기 시작한 것은 어쩌면 당연한 귀결이었다고 할 수 있을 것이다.

문음제에 있어서 정도전·조준 파는 문음제 자체를 부정하지는 않았다. 장상, 대신들에 대해서는 그들의 공로를 보답하고, 자제들은 부친의 특별한 교육과 경험을 전수받으므로 등용할 만한 가치가 있다고 보았다. 『원전』에 수록한 문음법을 보면 문음의 자격은 실직을 기준으로 하며, 정·종3품 이상 고관의 자(子)에 한하며, 부친의 품계에 따라 7품에서 9품을 주게 하였다. 단 아들이 유고할 경우 손자에게 전수할 수 있는데, 그때는 한 등급을 낮추게 하였다. 둘째 아들에게도 문음은 주어지는데, 이때도 한 등급을 낮추게 하였다. 문음에도 취재를 도입하여 사서오경 중 1경을 시험하게 하였다. 문음을 받을 수 있는 나이도 제한을 두었는데, 이 부분에서는 구체적인 나이를 제시하지 못하고 유취자제로 정의하였다. 이는 당시의 정치적 상황과 관련이 있다고 생각된다.

태종 12년에 편찬한 『속집상절』에서는 초입사의 나이가 18세로 확정하는 외에는 수정이 없었다. 그러나 실제 운영 상에서는 문음취재가 형식적이 되는 등 문음이 활성화되었다. 태종 16년에야 문음법을 개정했는데, 그 내용은 2품 이상 자손서제질은 무조건 명단을 비치했다가 수시로 등용하여 쓰고, 3품 이하와 대간·정조(政曹) 역임자의 자제는 시·서·산을 시험보아 녹사로 등용하고, 4품부터 각품 관원의 자는 취재를 거쳐 군직에 등용한다는 것이었다.

이것은 동서반의 관직부터 녹사, 무반직까지 문음자제에게 개방하되, 부친의 품계에 따라 분배한다는 것이었다. 무엇보다도 2품 이상의 고관에게 엄청난 특혜를 부여하였다. 이것은 녹사 및 하위군직에까지 조직적으로 문음자제를 투입함으로써 고려후기의 경우처럼 지방의 사족, 향리, 하위관료의 자제들이 서리직이나 군직을 통해 상경종사하고, 성장하는 것을 방지하기 위한 조치였다. 이는 군현 향교의 서리, 기술관 양성을 철회한 것과도 연결되는 것이었다. 반면에 이 규정은 고관의 문음특권을 크게 개방함에 따라 이들이 전 관리군을 지나치게 점령하는 것을 방지하는 의미도 있었다.

세종대에 문음법은 다시 개정되어 세종 17년에 완성한 『신찬경제속육전』에 정리되었다. 초입사의 나이가 20세로 올라가고, 문음자격자는 2품 이상관의 자손서제질, 3품 이상의 자손, 대간, 정조 역임자의 자로 규정되었다. 2품 이상관도 『원전』의 방식대로 문음취재를 보게 하고, 태종 16년 법의 품계별로 초음직을 구분하는 방식을 폐지하고, 2품 이상은 사온서직장동정직을, 나머지는 사온서부직장동정직을 받게 하였다. 이는 지나치게 확산된 문음자격자를 다시 줄이고, 초음직 수여에 형식적 평등을 달성하였다는 의미가 있다.

그러나 내용적으로 보면 태종조에 제시한 방향을 세련화하고, 고위관료의 특권을 더 강화한 것이었다. 초음직으로 동정직을 주는 것은 일종의 예비과정으로 동정직은 순자법의 구애를 받지 않으므로 인사담당자가 자유롭게 선발할 수 있었다. 녹사와 서리직에 문음자제를 투입하는 방법은 지속적으로 시행되었다. 군직의 경우는 문음 수혜자 규정에 맞추어 충의위와 충순위를 설립하여 해결하였다.

『경국대전』에서는 문음 수혜자가 더욱 늘었다. 이번에는 도총부, 선전관 등 서반직이 증가했는데, 이는 고위관료가 증가하면서 이들의 자제들이 서반직으로도 진출하게 되고, 여기에 대항해서 국왕도 서반직을 통해 근신과 측근을 양성하게 되었던 것이 원인인 듯하다. 그러나 이는 특권층의 두 형태로서『원전』의 이상과는 거리가 있는 것이었다.

충의·충순위에 이어 충찬위가 설립되고, 충훈부는 매년 문음자제를 수령직에 천거할 수 있는 권한까지 얻었다. 문음취재는『경제육전』의 규정보다 더 완화되어 사서 중 1서, 오경 중 1서 중 원하는 것 하나만을 임문으로 강하는 것으로 바뀌었다. 가장 특별한 변화는 문음자제의 초입사 규정이 아예 사라져 버렸다는 것이다.

『원전』의 관리등용책에서 과거제 못지 않게 주목할 만한 변화와 시도의 하나가 천거제였다. 일반적으로 천거제는 과거보다는 후진적이고 주관적인 제도로 알려져 있으나 실제로는 그렇지 않았다. 천거제는 인재를 찾아낸다는 의미도 있지만, 인사제도로서의 천거제도 중첩되어 있었다. 천거제는 이 두 기능을 이용해서 천거제는 과거, 문음출신 등 입사로를 통과하고도 관직에 등용되지 못한 인물을 등용하여 과거제, 문음제의 한계를 보정해 주는 역할을 할 수 있었다. 특히 천거제의 모델이 된 한(漢)나라의 천거제는 중앙에서 폐쇄적이 되고 비대해진 귀족제를 견제하는 것이었다. 이러한 인식은 이미 고려후기 충선왕의 개혁정치에서 드러나고 있다.

개혁파 사대부 역시 한대(漢代)의 천거제를 연구하였고, 정도전은

『경제문감』에서 한대의 천거제에 기초한 경외관순환제가 가장 훌륭한 관료제도였다고 칭찬하였다. 이러한 인식은 이들의 정책에도 반영되었다. 이들은 지방관의 항상적인 천거 임무를 규정하여『원전』과『조선경국전』에 모두 수록하였다. 여기에는 유학자만이 아니라 군관, 서리, 기술관 등 7과의 모든 관리가 대상이 되었다. 또한 정도전·조준파의 군현학교 정책과 연결지어 생각하면 이 천거는 단순히 숨은 인재를 발굴한다는 형식적 의미가 아니라 학교를 통해 양성하고, 지방사회에서 능력을 검증한 7과의 인재를 천거한다는 의미가 있었다. 이와 같은 조직적 구조가『원전』의 천거제가 지닌 가장 중요한 특징이었다.

정기인사 때 문무관원 중 관료후보자를 천거할 수 있는 자격자를 동서반 6품으로 설정하여 전국의 수령과 교수(도는 도 유학교수관)에게 인재를 발굴, 천거할 수 있는 자격을 주었다.

이어서 정도전·조준 파는 유일 천거, 효렴 천거를 통해 선발한 지방의 한산관을 서울로 상경시키고 경적에 편입시켜 한성주민 및 관료예비군화하였다. 이를 통해 정계를 개편하고 개혁정책을 추진할 정치적 기반을 창출하고자 했다.

이러한 목적을 위하여 보다 적극적으로 추진된 상경정책이 숙위제의 정비였다. 고려말에 양산된 첨설직과 각종 산관층의 정비책으로서 정도전은 궁성숙위부를 창설하고, 재지한산관을 선발하여 숙위군으로 삼자고 하였다. 이 정책은 과전법 개혁과 함께 추진되어 5결에서 10결의 군전이나 하위급의 과전을 받은 수전품관층이 창출되었다. 수전품관 중에서도 군전 수수자는 군역의 의미가 강했지만, 과전 수수는 경기에 거주하며 국왕을 호위한다는 개념으로 주어진 토지였다. 하지만 숙위는 군사적 임무를 수반하는 것은 아니었고, 상경하여 한성에 거주하면서 한성 주민이자 관료예비군으로 기능하도록 한 것이었다.

정도전과 조준은 이들의 상경종사를 여러 번 시도했으나 수도 천도가 늦어지고, 천도 후에도 이들의 거주지가 부족하다는 등의 이유로 상경책이 잘 이루어지지 않고, 이들을 상경시킨 후에도 등용은 제대로 시행되지 않았다. 태조 6년과 7년에 보다 대규모적인 상경과 등용이 시도되었으나 실패하고, 왕자의 난이 발생하면서 이들도 귀향조치 되었다.

태종~세종대에 천거제는 세 가지 변화를 겪는다. 먼저 『원전』의 유일 천거제는 군현학교 정책의 철폐와 함께 체계적 의미를 상실하고, 숨은 인재를 발굴한다는 형식적 의미의 천거로 전락했다. 하나는 천거의 대상과 자격자를 축소하는 것이다. 천거 자격자는 동·서반 6품에서 동반 6품과 서반 4품으로 축소되었다. 천거자도 매년 2번의 인사에 반영하던 것을 명단을 비축했다가 3년에 1번씩 그 중에서 적당한 자를 선발하는 것으로 바뀌었다. 『경국대전』에서는 동·서반 3품 이상이 3년마다 춘맹월에 3명씩 천거하는 것으로 다시 축소되었다.

반면 천거자 중에서도 문음자제나 고위관료의 자제를 위한 천거규정은 증가했다. 대표적인 것이 태종 5년에 제정한 이직(李稷)의 전선법으로 이 법안에서는 문음의 특혜를 받지 못한 자제들을 천거한 뒤 취재하여 등용하는 방안이 제시되었다. 이는 『속집상절』에 수록되었다. 『경국대전』 단계에서는 이러한 법이 빠졌지만, 이때는 이미 중앙세가의 위치가 확고해져서 천거나 보거가 모두 일가친척과 친우, 청탁자 위주로 진행되고 있었다. 보거에 대한 거주연좌제도 태종 12년에 패상과 장죄를 저질렀을 경우에만 처벌하게 하도록 개정되었고, 이것이 『경국대전』에도 수록되었다. 그러나 이 법은 거의 시행되지 않았다.

천거제와 숙위제를 이용한 재지사족의 상경종사 정책도 철회되었다. 유일·효렴 천거로 상경한 인물은 왕자의 난 직후 바로 귀향조치가 행해졌다. 문제는 숙위를 구실로 과전을 받고 상경한 수전품관이었다. 과전을 무조건 몰수할 수 없었으므로 신집권층은 이들을 실제 병종인 수전패로 전환함으로써 해결하려고 하였다. 수전품관 중에는 군무에는 적당치 못한 인물도 많고, 그들의 직역이 숙위에서 군역으로 전환하는 것에 반발하여 상당한 저항이 발생했다. 그러자 정부는 모두에게 과전소유를 허용하는 대신 한성에서 수전패로 복무하거나 고향으로 귀향할 수 있게 했다. 상경종사는 포기하는 대신 과전을 보유하고 지방에서 면역계층으로 특권을 누리며 살아가는 것은 허용하는 방법이었다. 이 방법이 성공하여 수전품관의 낙향이 달성되고, 수전품관은 시간이 흐른 후 자연히 소멸하고 수전패는 도성위를 거쳐 실제 병종으로 전환되어 갔다.

유일 천거와 함께 천거제에서 가장 오래되고 중요한 위치를 차지하는 것이 효렴 천거이다. 일반적으로 효렴 천거는 관리등용제도라기보다는 효행을 장려하는 사회교화책이며 유학의 명분과 도덕성에 입각해서 정부의 통치와 정당성을 과시하는 정책으로 이해되고 있다. 여기에는 효행이 관료등용 기준으로서는 부적합하다는 생각도 주요한 원인이 되고 있다.

그러나 효렴은 단순한 효행을 보는 것이 아니라 관료로서의 품성과 자질에 대한 총체적 기준이다. 또 막상 선발을 할 때는 관리로서의 실무능력도 파악하고, 때로는 시험을 부과하기도 했다. 이것은 한나라 때 이후 중국의 역대 제도에서도 그러했으며, 고려·조선에서도 효렴 천거의 이와 같은 기능은 인식되어 있었다. 특히 효렴 천거는 지방으로부터 신진세력을 유입하여 세가, 훈구세력들이 국가를 장악하는 것을 방지하는 방안으로 인식되었다.

조선 건국을 주도한 개혁파 사대부는 효렴 천거의 이러한 기능에 주목하였다. 관계에 기반이 약했던 그들은 자신을 지지하는 새로운 세력을 창출하는 것이 최대의 현안이었는데, 효렴 천거는 지방의 인사들을 발탁하는 제도일 뿐 아니라 그것이 유가적 명분에 기초한 것이므로 주기적으로 시행하지 않을 수 없는 제도라는 장점이 있었다.

그리하여 이들은 건국 당일부터 여러 차례 효렴 천거를 실시하고, 관찰사가 효자·순손·의부(義夫)·절부(節婦)를 천거하는 규정을『원전』에 수록하였다. 실제로 이 규정에 의한 효렴 천거가 행해지고 등용이 시도되었다. 그러나 이 규정은 효렴 천거로 독립한 것이 아니라 효자·순손·의부·절부의 천거라는 사회교화책적인 의미가 있고, 절부와 같이 근본적으로 등용이 곤란한 인물의 천거와 섞여 있다는 문제가 있었다. 이것은 효자·순손의 천거의 시행에 반대할 수 없는 명분을 주지만, 등용문으로서 기능하는 데는 한계가 있었다. 실제로 천거된 인물을 보면 과거에 급제하고 낙향 중인 선비도 있지만, 노비와 같이 단순히 표창을 전제로 한 인물도 있었다.

그럼에도 불구하고 정도전·조준 파는 사족 중에서 천거된 자들은 상경시켜 한성의 호적에 등록하고 거주하게 하였다. 하지만 이들의 시도는 쉽게 성공하지 못했고, 태종의 쿠데타로 정도전 파가 몰락하면서 상경거주하던 이들도 귀향조치 되었다. 다만 제주도와 같은 특수한 지역에서 중앙과 지방을 연결하고, 지방통치를 원활하게 하기 위한 정치적 목적으로 유력 가문의 자제를 등용하거나 계승하는 방안으로 효렴 천거를 이용하였다.

효렴 천거가 다시 활발해지는 것은 세종 때였다. 태종~세종 연간에 걸쳐 권력층이 성장, 안정되어 감에 따라 관계에서 이들의 특권도 확대되고 관료군은 고착되기 시작하였다. 세종은 이에 대한 대책으로 효렴 천거 및 이들의 서용을 대폭 확대하였다. 특히 세종 15년『삼강행실도』를 간행하던 때를 전후해서 상정소를 통해 이들을 사족이면 무조건 서용한다는 새로운 법을 제정하려고도 하였다. 이후로 효렴 천거자를 서용하는 사례가 크게 증가한다. 그러나 이들은 대개 하급관직이나 산관직을 받고 중앙으로 진출하지는 못하였다. 세종은 기존의 관료 중에서 효렴으로 천거된 자가 있으면 경관을 주거나 요직으로 발탁하기도 하였으나, 이들도 대개 중도에 파면되거나 승진이 적체되어 기대하던 효과를 보지 못하였다. 사족의 서용을 보장하려던 시도도 좌절되었다. 세종 31년에 효자, 순손자가 죽으면 자손도 등용하는 법을 세우고, 26년에 효렴 천거자가 백신(白身)이면 종9품직을 주고, 관직이 있는 사람은 품계를 올려준다는 법을 제정하지만 이것은 관료로 등용하기에는 부족한 법이었다.

문종~단종 때에 효렴자를 서용하려는 시도는 계속되었다. 문종은 열녀의 자손까지 서용하게 하였고, 단종대에는 짧은 재위기간에 대대적인 효렴 천거와 포상을 실시하고 지방별로 서용할 인원을 할당하기도 하였다. 그러나 세조 집권 후, 공신과 외척을 중심으로 국정을 운영하면서 효렴 천거는 극히 위축되었다. 이것은 세조 말년에 편찬한 『기축대전』에도 반영되어 최초의 조문에서는 효렴자의 명단을 기록한다고만 할 뿐 이들에 대한 포상규정마저 빠져버렸다.

그러나 성종대에 훈구파의 과도한 성장에 대한 반성과 견제가 시작되면서 효렴자의 포상에 대한 규정이 성종 2년에 간행한『신묘대전』에 각주로 삽입되었다. 각주 규정도 서용이 정표나 복호보다도 못한 포상으로 되어 있어, 적극적인 등용보다는 산관직이나 하급관직을 주어 지방의 사족층을 양생하는 방식을 염두에 둔 것으로 보인다. 그러나 이 규정은 어떻든 효렴자의 서용을 추진할 수 있는 근거를 마련해 준다는 데 의미가 있었다. 결과적으로『경국대전』의 조문은 효렴 천거에 대한 상이한 태도가 조합된 규정이 되었다. 이것은 곧 이 시기의 정국운영에 대한 대립된 이해관계와 갈등을 상징하는 것이었다.

그리하여 성종대에는 이 규정에 근거하여 지방의 사족을 서용하는 시도가 행해지고, 성종대 내내 후일의 사림파의 주요인물들이 효렴으로 천거되고 일부는 등용되었다. 훈구파의 입지와 기반이 강해지는 시기에 오히려 효렴 천거가 활용된 것은 훈구파의 세력이 강해지고 중앙의 권력층이 자기분화를 함에 따라 기성세력과 관료군 중에서도 이러한 체제에 대한 반성과 개혁의지가 높아졌기 때문이다. 천거제란 기성 관료의 추천과 지원이 필요한 것이므로 그 어느 때보다도 오히려 성종 때에 효렴 천거가 상당한 성과를 이루어 낼 수 있었다. 결국 이러한 전통과 역사적 경험이 중종대의 사림을 중심으로 한 현량과(賢良科) 설치 시도나 그 이후의 천거제 활용방안으로 이어졌다.

관리등용제도에서 또 하나의 중요한 제도가 관리의 인사고과와 승진 규정이다. 입사로만이 아니라 인사관리 규정 역시 관료제의 성격과 구성을 결정하는 데 중요한 역할을 하기 때문이다. 관리의 고과를 맡는 고공업무는 통일신라 때부터 당제를 수용하여 고려로 이어졌다. 고려의 고공법은 고공사에서 담당했다. 이들의 업무는 출근관리와 인사관리를 모두 담당하는 것이었다. 그러나 관원에 대한 고공은 잘 이행되지 않았다. 성종과 문종 때에 관제정비를 할 때마다 고공사의 임무 강화를 시도했으나 잘 되지 않앗다.

고공사는 독립된 관청으로 고공랑 4원을 두었다. 고공랑은 예조낭관이나 어사잡단을 겸직했는데, 이는 고공사가 직접적인 처벌이나 인사권은 없기 때문에 장기적으로 결근하거나 잘못을 저지른 관원은 어사대에 탄핵해서 처벌하는 방식을 사용했기 때문이다. 그러나 고려의 출근규정은 100일에서 200일까지 결근을 허용할 정도로 느슨하였다. 게다가 고려중기 이후 고공사는 기능이 약화되고 고공랑은 임무와 무관한 사신업무에 동원되기도 했다. 이것은 고공랑의 출근고과 업무를 포기하는 것으로 고공사의 기능상실을 보여주는 사례이다.

이처럼 고공사가 무력해진 것은 고려의 관서는 각사별로 독립된 인사권과 재정권을 지니고 있어서 일괄적인 통제가 어려웠기 때문이다. 고려의 순자법에서 불합리한 차년법을 사용한 것도 인사고과가 객관적인 점검과 평가보다는 관서 단위로 서열순으로 시행되는 것이 일반적이었기 때문이다. 공민왕 때에 관직개편과 함께 순자법을 강화하려는 시도를 행했지만 이 시도는 성공하지 못하고 조선의 과제로 이어졌다.

조선은 건국 후에 고려의 분산적이고 다원적인 정치제체와 국가운영방식을 개혁하고, 순자법과 거관법, 도목법을 통해 관료인사의 중앙집중화와 관리체제의 강화를 시도하였다. 이를 위해서는 인사고과 자료의 기준인 출근관리를, 일원화되고 합리적인 기준에 의해 정비해야 했다. 또한 전통적으로 느슨한 출근관리 역시 강화할 필요가 있었다.

조선을 건국한 개혁파 사류는 고공사를 정비하고 고공법을 새로 마련하여 『원전』에 수록하였다. 고공사의 외형은 고려시대와 별로 달라진 것은 없으나 운영규정은 대폭 강화하여 『원전』에 수록했다. 그것은 고공사가 주기적으로 공좌부를 점검하게 하고, 예외 없는 강력한 시행을 위해 대간도 고공하게 할 뿐 아니라, 이들에겐 더 엄한 규정을 적용하였다. 무단결근자의 처벌은 『대명률』의 규정을 적용하고, 병고결근은 100일로 한정하였다.

이 시기에 고공사는 적발한 사항을 직접 처리하지 못하고 상서사로 이관하였다. 이것은 혁명 초기의 상서사를 통해 관료들의 저항을 누르고 보다 강력하게 시행하려는 의도였던 것으로 보이나 장기적으로 보아 바람직한 구조는 아니었다.

태종 2년에 『대명률』 대신 새로운 규정을 만들어 3일 이상 결근자는 차지수금하고, 10일이면 부과하고 20일이면 파직하는 법을 세워 『속집상절』에 수록했다. 이것은 『원전』보다 약화된 것으로 이 시기의 보수화 경향과 함께 신법에 대한 관료들의 저항감을 완화시켜 법의 실천력을 높이자는 의도에서 시도한 것이었다.

한편 태종대에는 고공사가 이조의 속아문으로 자리잡고, 고공사가 고공을 수행하면 그 결과를 문선사로 보내어 계문, 파직하게 하는 행정절차를 마련함으로써 고공의 처리를 이조 내에서 자체적으로 처리하는 체제가 성립하였다.

세종대에 고공법은 조관과 녹사·서리에 관한 규정이 분리되었다. 이것은 세종 8년에서 15년 사이에 간행한 세종조의 『속전』 편찬과정에서 수정되고, 수록된 것으로 보인다. 이 법은 대체로 『경국대전』에 계승되었다.

이때의 규정의 특징은 조사의 병고가 30일로 줄어들고, 무단결근자의 처벌방식도 『대명률』로 돌아갔다. 다만 조관 무단결근자에 대한 처벌은 『대명률』로 돌아갔지만, 반드시 수속으로 처리하게 하고, 수속액도 1/3로 감함으로써 『원전』보다는 완화된 조치를 취하였다.

녹사·서리에 대해서는 오히려 조관보다 완화된 조치를 취했다. 이는 조선시대의 다른 법규와 비교할 때 매우 특이한 현상인데, 그 이유는 세종 때부터 이들이 심하게 적체되면서 이들에 대한 반대급부가 미약한 상황에서 강한 처벌을 가할 수 없었고, 가능하면 이들의 총수를 억제하기 위해 파면 대신 사일(仕日)을 삭제하고 다시 근무시키는 방법을 채택했던 것으로 보인다.

이 또한 조선전기 고공제의 강화가 단순히 관료제 운영의 합리화나 기강 강화를 위해서가 아니라 관료제 운영방식의 변화와 관련하여 이루어졌고, 운영될 수 있는 것이었음을 증거하는 사례라고 하겠다.

이상의 결론을 총괄하면 『원전』에 수록한 정도전·조준이 주도한 개혁과 사대부의 관리등용제도는 과거, 문음, 천거제를 막론하고 고려의 경직된 관료체제의 폐단을 인식하고, 보다 개방적이며 순환적인 관리등용제도를 추구한 것이었다. 구체적으로는 재지사족을 광범위하고 고르게 등용하는 등용제도를 갖추고, 이 구조가 지속적으로 순환될 수 있는 구조를 갖추는 것이었다. 이를 위해서는 중앙집권층의 특권도 제약해야 했지만, 지방의 사족들이 지방단위로 결합하거나 지방사회의 특권층으로 존재하는 것도 방지해야 했다. 지방의 사숙 설립을 금지하고, 한량관을 색출하여 군역이나 숙위, 또는 교관직에 종사하게 한 것은 그러한 정책의 일환이었다.

태종의 집권으로 이러한 정책은 변화를 맞게 된다. 과거, 문음, 천거제 모두에서 재지사족의 등용문은 축소되고, 공신·세가, 기성 관료층의 특권이 증가하였다. 그 중에서도 공신과 고관층의 특권은 과도할 정도로 강화되었다. 한편 학교제나 천거, 숙위와 같은 몇몇 부분은 관리등용제도로서의 기능이 약화되는 대신 사회교화책으로서의 기능이 강조되게 되었다. 특히 주목할 부분이 재지사족에 대한 대우인데, 이들의 입사로를 줄이는 대신 지방사회에서의 특권을 용인하는 정책을 사용하게 되었다. 15세기 후반 이후 지방사회에 운영에서 수령을 대표로 하는 국가의 공권력과 사족, 향리층 간에 권익분배적 행태가 만연하게 되는 것은 이와 같은 정책의 결과였다.

세종대의 정책도 사실상 대부분은 태종대의 조치를 수용한 것이었다. 다만 세종대에는 법조문이나 제도의 운영상이 보다 공정하고 세련된 형태를 취하게 되었다는 것이 주요한 특징이자 발전이었다. 개별 제도별로 보면 문음제는 법적으로는 보다 공정하고 『원전』과 『속집상절』의 내용을 종합한 형태를 띠었으나, 실제로는 고위 관료층의 특권이 크게 강화되었다. 반면에 효렴 천거와 같은 부분에서는 오히려 「원전」의 취지를 되살리려는 시도를 보인다. 이는 일견 모순된 정책으로 보이지만, 과거·문음·천거제가 서로 대립적인 제도가 아니라 그 총합으로서 관리등용제와 관료제를 구성한다는 입장에서 보면 이러한 차이는 서로 간의 기능과 비중을 재조정하는 시도로서 이해할 수 있다.

　한편 태종~세종 때에는 이 같은 체제의 폐단에 대한 경계심 내지는 보완책으로서 국왕의 견제 기능과 권력에 대한 논의도 활발해진다. 이것이 그동안 왕권강화를 태종·세종대의 국가체제 내지는 정치체제 개혁의 주제이자 목표로 설정하게 된 원인이었다고 생각된다. 그러나 왕권 문제는 이 시기 관리등용제도 및 정치체제 형성과정에서 나타나는 요소이며, 그 체제 하에서 국왕의 기능과 역할에 대한 설정의 문제일 뿐이다.

　『경국대전』체제는 대체적으로 세종조의『경제육전』을 기반으로 하고 있지만, 고관층의 특권이 더욱 증가하고, 그 견제 장치로 마련한 조문들조차 사라져 버리는 현상이 나타나고 있다. 이러한 변화는 때로 미묘하게 보이는 경우도 있지만, 당시의 정국 구성이 태종~세종 연간에 비해 훈구세력이 질적, 양적으로 크게 증가했다는 점을 감안하면 그 영향과 폐단은 상당한 것이었다. 이런 점에서『경국대전』의 관료제는『경제육전』속전의 관료제에 비해서도 완성도가 크게 떨어지는 것이며, 이것이『경국대전』체제가 지니는 가장 심각한 한계였다.

　그 결과 성종대에는 국왕도 이에 대한 대책을 강구하고, 경중의 공신가나 세가자제 중에서도 현 체제에 대해 비판적인 행동이 출현하게 되었다. 그런데 이때도 세종조와 마찬가지로『원전』의 과거제나 문음제의 개혁안보다는, 효렴 및 유일 천거와 같은 천거제 강화운동이 먼저 대안으로 표출하였는데, 이것은 매우 흥미로운 현상이라고 생각된다.

참고문헌

자료

『삼국사기』　　　『고려사』　　　　『고려사절요』
『通典』　　　　　『唐六典』　　　　『故唐律疏議』
『唐合拾遺』　　　『조선왕조실록』　　『신증동국여지승람』
『승정원일기』　　『경국대전』　　　　『대전속록』
『대전후속록』　　『대전회통』　　　　『대명률직해』
『청장관전서』　　『대동야승』　　　　『고려명현집』
『삼봉집』　　　　『양촌집』　　　　　『동문선』
『국조인물고』　　『사마방목』　　　　『국조방목』
『경세유표』

저서

宮崎市定, 『九品官人法の研究』, 1956/임대희 등 역, 『구품관인법의 연구』, 소나무, 2002.
김광철, 『고려후기 세족층 연구』, 동아대학교 출판부, 1991.
김당택, 『원간섭기의 고려정치사』, 일조각, 1998.
김용선, 『고려음서제도연구』, 일조각, 1991.
김운태, 『조선왕조행정사(근세편)』, 박영사, 1982.
김의규 편, 『고려사회의 귀족제설과 관료제설』, 지식산업사, 1985.
김인호, 『고려후기 사대부의 경세론 연구』, 혜안, 1999.
김창현, 『조선초기 문과급제자연구』, 일조각, 1999.
김태영, 『조선전기 토지제도사연구』, 지식산업사, 1983.
김태영, 『조선성리학의 역사상』, 경희대학교 출판국, 2006.

도현철,『고려말 사대부의 정치사상연구』, 일조각, 1999.
박병호,『한국법제사고』, 법문사, 1974.
박용운,『고려시대 음서제와 과거제 연구』, 일지사, 1990.
박용운,『고려시대 관계·관직 연구』, 고려대학교 출판부, 1997.
박재우,『고려국정운영의 체계와 왕권』, 신구문화사, 2005.
박주,『조선시대의 정표정책』, 일조각, 1990.
박홍갑,『조선시대 문음제도연구』, 탐구당, 1994.
변태섭,『고려정치제도사연구』, 일조각, 1971.
傅樂成 저, 신승하 역,『중국통사』, 우종사, 1981.
西嶋定生,『秦漢帝國』, 講談社, 1997.
송준호,『조선사회사연구』, 일조각, 1987.
신채식,『송대관료제연구』, 삼영사, 1981.
연세대학교 국학연구원 편,『중세사회의 변화와 조선건국』, 혜안, 2005.
연세대학교 국학연구원 편,『경제육전집록』, 다은, 1993.
오영교 편,『조선 건국과 경국대전 체제의 형성』, 혜안, 2004.
오영교 편,『조선후기 체제변동과 속대전』, 혜안, 2005.
원영환,『조선시대 한성부연구』, 강원대학교 출판부, 1990.
유승원,『조선초기신분제연구』, 을유문화사, 1987.
윤국일,『경국대전연구』, 사회과학연구원, 1986.
윤훈표,『여말선초 군제개혁연구』, 혜안, 2000.
윤훈표·임용한·김인호 공저,『경제육전과 육전체제의 성립』, 혜안, 2007.
이경식,『조선전기 토지제도연구』, 일조각, 1986.
이병휴,『조선전기기호사림파연구』, 일조각, 1984.
이상백,『이조건국의 연구』, 을유문화사, 1949.
이성무,『한국의 과거제도』, 집문당, 1994.
이수건,『한국중세사회사연구』, 일조각, 1984.
이수건,『조선시대지방행정사』, 민음사, 1989.
이재룡,『조선초기 사회구조연구』, 일조각, 1984.
이정훈,『고려전기 정치제도 연구』, 혜안, 2007.
임용한,『조선전기 수령제와 지방통치』, 혜안, 2002.
정두희,『조선초기 정치지배세력연구』, 일조각, 1983.
정재훈,『조선전기 유교정치사상연구』, 태학사, 2005.
周藤吉之,『高麗朝官僚制の研究』, 法政大學出版局, 1980.

中樞院調査課 編, 『李朝法典考』, 朝鮮總督府 中樞院, 1936.
최승희, 『조선초기 언관・언론연구』, 서울대학교출판부, 1984.
최승희, 『조선초기 정치사연구』, 지식산업사, 2002.
최이돈, 『조선중기사림정치구조연구』, 일조각, 1994.
한영우, 『정도전 사상의 연구』, 서울대학교출판부, 1973.
한영우, 『조선전기 사회경제연구』, 을유문화사, 1983.
한영우, 『조선전기 사회사상연구』, 지식산업사, 1983.
한우근 등, 『역주경국대전』, 정신문화연구원, 1986.
한충희, 『조선초기 육조와 통치체제』, 계명대학교 출판부, 1998.
허흥식, 『고려과거제도사연구』 일조각, 1981.
홍영의, 『고려말 정치사 연구』, 혜안, 2005.

논문

김광수, 「고려시대의 서리직」, 『한국사연구』 4, 1969.
김구진, 「대명률의 편찬과 전래-경국대전 편찬의 배경-」, 『백산학보』 29, 1984,.
김명우, 「조선시대의 향교교관」, 『중앙사론』 10・11합집, 1998.
김용선, 「고려시대의 음서제도에 대한 재검토」, 『진단학보』 53・54합, 1982.
김윤곤, 「여말선초의 상서사」, 『역사학보』 25, 1964.
김의규, 「고려조음직소고」, 『유홍렬박사화갑기념논총』, 1971.
김인호, 「김지의 주관육익 편찬과 그 성격」, 『역사와 현실』 40, 2001.
김인호, 「여말선초 육전체제의 성립과 그 전개」, 『동방학지』 118, 2002.
김인호, 「고려시대 정치사의 시각과 방법론 연구」, 『역사와 현실』 66, 2007. 12.
김창현, 「조선초기의 문음제도에 관한 연구」, 『국사관논총』 56, 1994.
김창현, 「조선초기 문과의 운영실태」, 『사학연구』 55・56합집, 한국사학회, 1998. 9.
김태영, 「조선초기 세조왕권의 전제성에 대한 일고찰」, 『한국사연구』 87, 1994.
김한규, 「고려시대의 천거제에 대하여」, 『역사학보』 73, 1977.
남지대, 「조선초기 중앙집권제론의 재검토」 『국사관논총』 26, 1991.
남지대, 「정치체제의 변동으로 살펴본 조선 건국의 의의」, 『중세사회의 변화와 조선건국』, 혜안, 2005.
도현철, 「남송, 원 주자학자의 왕안석 인식과 고려말 사대부」, 『동방학지』 116, 2002.
도현철, 「조선의 건국과 유교문화의 확대」, 『동방학지』 124, 2004.
麻生武龜, 「朝鮮中央地方及制度沿革史」, 『朝鮮史講座』, 1923.
麻生武龜, 「李朝の建國と政權の推移」, 『靑丘學叢』 5, 1931.
末松保和, 「朝鮮議政府攷」, 『朝鮮學報』 9, 1965.
문형만, 「고려특수관부연구-제사도감각색의 분석-」, 『부산사학』 9, 1985.
박병호, 「경국대전의 편찬과 계승」, 『한국사』 22, 국사편찬위원회, 1995.
박용운, 「고려시대 과거의 고시와 체계에 대한 검토」, 『한국사연구』, 61·62 합집, 1988/『고려시대 음서제와 과거제 연구』, 일지사, 1990 재수록.
박천규, 「문과 초장 강경시비고」, 『동양학』 6, 단국대부설동양학연구소, 1976.
박홍갑, 「조선전기의 선전관」, 『사학연구』 41, 1990.
박홍갑, 「조선전기 무반음직연구-부장을 중심으로」, 수촌박영석교수화갑기념논총간행위원회, 『한국사학논총(상)』, 1992.
박홍갑, 「조선초기 문음의 성립과정」, 『국사관논총』 39, 1992.
변태섭, 「고려재상고」, 『고려정치제도사연구』, 일조각, 1971.
변태섭, 「중앙의 정치조직」, 『한국사』 13, 국사편찬위원회, 1993.
서신석, 「15세기 성균관의 기능연구」, 『한국학논집』 2, 1982.
서신석, 「조선초 관학의 학규정비 과정연구」, 『한국학논집』 5, 1984.
송준호, 「이조 생원진사시의 연구」, 『국회도서관』 10, 1970.
송준호, 「조선시대의 과거와 양반 및 양인」, 『역사학보』 69, 1976.
신천식, 「조선전기의 향교직관 변천고」, 『관동대 논문집』 6, 1978.
신천식, 「조선초기 성균관 운영과 교육개혁에 관한 연구」, 『관동사학』 3, 1988.
에드워드 와그너, 이훈상 옮김, 「1519년의 현량과-조선전기 역사에서의 위상-」, 『역사와 경계』 42, 부산경남사학회, 2000. 3.
유호석, 「고려시대 국자감시에 대한 재검토」, 전북대학교 석사학위논문, 1983.
유호석, 「무인집권기 과거제의 운영과 천거제」, 『전북사학』 14, 1991.
유호석, 「고려시대 과거제의 운영과 변천에 관한 연구」, 전북대학교 박사학위논문, 1993.
유홍렬, 「麗末鮮初の私學」, 『靑丘學叢』 24, 1936.
유홍렬, 「朝鮮において書院の成立」, 『靑丘學叢』 29·30, 1937.

윤　정, 「조선 중종전반기 정국구도와 정책론」, 『역사와 현실』 25, 1997. 7.
윤훈표, 「경제육전의 편찬과 주도층의 변화」, 『동방학지』 121, 2003.
이광린, 「선초의 사부학당」, 『역사학보』 16, 1961.
이범직, 「조선전기 유학교육과 향교의 기능」, 『역사교육』 20, 1976.
이범직, 「조선초기의 교생신분」, 『한국사론』 3, 서울대, 1976.
이병휴, 「여말선초의 과업교육」, 『역사학보』 67, 1975.
이성무, 「선초의 성균관 연구」, 『역사학보』 35·36, 1967.
이성무, 「조선초기의 향교」 『이상옥화갑기념논총』, 교문사, 1970.
이성무, 「경국대전의 편찬과 대명률」, 『역사학보』 125, 1990.
이우성, 「고려조의 吏에 대하여」, 『역사학보』 23, 1964.
이익주, 「고려 충렬왕대의 정치상황과 정치세력의 형성」, 『한국사론』 18, 서울대, 1988. 2.
이익주, 「고려말 신흥유신의 성장과 고려건국」, 『역사와 현실』 29, 1998.
이정훈, 「고려시대 도감의 구조와 기능」, 『한국사의 구조와 전개』, 혜안, 2000. 11.
이종일, 「조선후기의 사마방목 분석」, 『법사학연구』 11호, 한국법사학회, 1990. 12.
이홍두, 「중종초 사림파의 정치적 성격에 관한 연구」, 『홍익사학』 2, 1985.
이홍렬, 「한성부의 사법상 지위」, 『향토서울』 28, 1966.
임용한, 「조선초기 한성부의 기능강화와 주민재편작업」, 『서울학연구』 3, 1994.
임용한, 「여말선초의 수령제 개혁론」, 『인문학연구』 1, 경희대 인문학연구소, 1996.
임용한, 「여말선초의 학교제와 과거제」, 『한국사의 구조와 전개(하현강교수정년기념논총)』, 혜안, 2000.
임용한, 「조선초기 의례상정소의 운영과 기능」, 『실학사상연구』 24, 2002. 12.
임용한, 「경제육전속집상절의 간행과 그 의의」, 『조선시대사학보』 25, 2003.
임용한, 「고려시대의 고공사와 고공법」, 『실학사상연구』 25, 2003. 6.
임용한, 「조선전기의 효렴 천거에 대하여」, 『호서사학』 35, 2003. 9.
임용한, 「조선전기 인사고과제의 정비와 운영─고공사와 고공법을 중심으로─」, 『사학연구』 72, 2003. 12.
임용한, 「조선후기 수령 선정비의 분석」, 『한국사학보』 26, 2007. 2.
임용한, 「원천석이 본 지방현실과 수령제」, 『지방지식인 원천석의 삶과 생각』

(이인재 편), 혜안, 2007.
임현숙, 「왕안석의 과거제 개혁에 대한 일고찰」, 이화여자대학교 대학원 석사학위논문, 1982.
장병인, 「조선초기의 관찰사」, 『한국사론』 4, 서울대, 1978. 3.
정구선, 「조선전기의 유일천거제」, 『경주사학』 8, 1989.
정구선, 「조선초기의 천거제」, 『동국사학』 23, 1989.
정구선, 「중종조 천거제의 시행과 사림파의 성장」, 『동국사학』 24, 1990.
정구선, 「조선전기의 효행천거제」, 『경주사학』 11, 1992.
정구선, 「조선후기 천거제와 산림의 정계진출」, 『국사관논총』 43, 1993.
정구선, 「최한기의 관리등용제도 개혁안-천거제론을 중심으로」, 『동국사학』 27, 1993.
정구선, 「고려시대의 현관천거제」, 『동국사학』 33, 1999.
정구선, 「고려시대의 유일천거제」, 『경주사학』 18, 1999.
정두희, 「고려말기의 첨설직」, 『진단학보』 44, 1978.
정두희, 「세종조의 권력구조」, 『세종조 문화연구』 1, 1982.
정두희, 「조선건국기 통치체제의 성립과정과 그 역사적 의미」, 『한국사연구』 67, 1989.
정두희, 「고려말 신흥무장세력의 성장과 첨설직의 설치」, 『이재룡박사환력기념한국사학논총』, 1990.
정두희, 「조광조의 복권과정과 현량과 문제-16세기 조선 성리학의 성격에 관한 첨언-」, 『한국사상사학』 16, 한국사상사학회, 2001.
조계찬, 「조선 건국과 윤이, 이초사건」, 『두계이병도박사구순기념한국사학논총』, 지식산업사, 1987.
조성을, 「정약용의 과거제도 개혁론」, 『역사학보』 157, 1998.
조원래, 「실학자의 관리등용법개혁론연구」, 『백산학보』 23, 1977.
조좌호, 「여대의 과거제도」, 『역사학보』 10, 1953.
조좌호, 「科擧 講經考-近朝鮮 初期의 士風에 對하여-」, 『曉城趙明基博士華甲記念 佛敎史學論叢』, 1965.
조좌호, 「이조식년문과고(상)」, 『대동문화연구』 10, 1973,.
주웅영, 「여말선초의 사회구조와 유교의 사회적 기능」, 경북대학교 박사학위논문, 1993.
주채혁, 「원 만권당 설치와 고려유자」, 『손보기박사정년기념한국사학논총』, 지식산업사, 1988.

차문섭, 「선초의 충의·충찬·충순위에 대하여」, 『사학연구』 19, 1969. 11.
천관우, 「여말선초의 한량」, 『이병도박사회갑기념정년논총』, 1956.
최이돈, 「16세기 사림파의 천거제 강화운동」, 『한국학보』 54, 1989.
최진옥, 「조선시대 생원 진사 연구 : 사마방목의 분석」, 한국정신문화연구원 한국학대학원 박사학위논문, 1994.
한동일, 「조선시대 학교 교육제도의 연구」, 성균관대 교육학과 박사학위논문, 1982.
한동일, 「조선시대 향교 교육 퇴폐의 원인에 관한 연구」, 『대동문화연구』 19, 1985.
한영우, 「조선초기 사회계층과 사회이동에 관한 시론」, 『동양학』 8, 1978.
한영우, 「여말선초의 한량과 그 지위」, 『한국사연구』 4, 1983.
한영우, 「조선초기의 상급서리와 그 지위」, 『동아문화』 10, 1971.
한충희, 「조선초기 의정부연구」(상·하), 『한국사연구』 31·32, 1980·1981.
한충희, 「조선초기 육조 속아문의 행정체계에 대하여」, 『한국학논집』 10. 1983.
한충희, 「조선초기 육조연구 첨보-육조와 통치기구와의 관계를 중심으로 -」, 『대구사학』 33, 1987.
한충희, 「조선전기(태조~선조24년)의 권력구조연구-의정부, 육조, 승정원을 중심으로-」, 『국사관논총』 30, 국사편찬위원회, 1991.

찾아보기

【ㄱ】

감무 131
감생 90
감시(監試) 35, 42, 43, 45, 50, 93
감시 혁파 72
갑과 41
강경 72, 76, 78
강경법 102
개월법 331
거유일(擧遺逸) 223
거인(擧人) 84
거주연좌 238
결근 327
『경국대전주해』 337
『경세유표』 278
경시위패 272
경외관순환제 285, 286
『경제육전』 285
『경제육전원전』 17
경제이전 174
경학(經學) 58
경학박사 215, 216
고강치부법 103
고공(考功) 323, 324
고공랑 325, 329, 331
고공법 339, 343, 350, 353

고공법의 변화 352
고공사 325, 326, 328, 329, 335, 345, 346
고과(考課) 323, 328
고득종(高得宗) 280, 281, 301
『고려사절요』 256
고려시대 음서 165
고시관 79
고훈사(考勳司) 347
공거(貢擧) 73
공거제(貢擧制) 71
공상잡례 244
공음(功蔭) 177
공좌부 334, 337, 339
과거 15, 60, 206, 210, 212
과거삼층제(科擧三層制) 67
과거시험과목 39
과거제의 개방성 15, 16
과업(科業)기능 55, 126, 129
과전 250, 252, 263, 266
과전법 249
관시(館試) 36, 82, 83, 197
관시 정원 113
관학 125, 128
교관 134, 151, 161
교도 146, 162
교수 146
교수관 79, 148, 150, 162

교수관 천거 231
9재(齋) 75
구품관인법 207, 208
구품중정법 207
국왕권 125
국왕중심체제 25
국자감 49, 215
국자감시 43, 45, 46, 49, 50, 51, 52, 95
군전(軍田) 249, 251
궁성숙위부 247, 248, 252, 254, 256
권근 104, 106
권근 상소 100, 101, 155
권문세가 92, 220
권우 110, 112, 114, 118
근세사회론 206
근친(覲親) 347
급가법 347
기선군관 247
김반(金泮) 311, 313

【ㄴ】

남행 89
남효온 276
낭중(郎中) 273, 285
낭중직(郎中職) 279
내료(內僚) 244
녹명소(錄名所) 38
녹사 188, 203
농민교화책 127
능력본위 15, 16

【ㄷ】

대간 고공법 332, 339, 345
대과(大科) 34, 47, 82

『대전후속록』 350
대증광시 33
덕행 210
도감(都監) 325
도목정(都目政) 205, 227
도성위(都城衛) 267, 271
도숙법 331
도총부 201
도회소 79
동당 45, 48
동당감시 46, 49, 50, 51, 52
동당 복시 35
동당시(東堂試) 35, 46, 47, 49
동당 향시 35
동서학당 215
동정직(同正職) 166, 193, 195, 204
동진사 87

【ㅁ】

만호 238
명경 215
명경과(明經科) 273
명나라 과거제 84
무단결근 341, 348
무단결근자 350
무수전패 266, 267, 271, 272
무재(茂才) 218, 273
무재효렴자(茂才孝廉者) 222
『문공가례』 97
문과 34, 47
문방귀(文邦貴) 280, 281, 301
문벌귀족 187
문사 외관 134
문선사(文選司) 340
문음 17, 28, 189

문음법　192, 193
문음승보　114, 116
문음자제　120, 178, 179, 185, 188, 190, 204
문음제　167
문음출신　104, 175
문음취재　175, 181, 183, 191, 192, 194, 203
문중용　277
미야자키 이치사다[宮崎市定]　15, 206

【ㅂ】

박사제자원과(博士弟子員科)　273
방정(方正)　218, 284
배극렴(裵克廉)　138, 223
백문보　219
별시　33
병가　327
병고　335, 347
병과(丙科)　41, 87, 89, 119
보거제(保擧制)　95, 97, 229, 238, 319
복시　35, 37, 38
봉의대부　245
부과(附過)　341
부장　201
부정기시　33
부정기 천거　206
부화무실지도(浮華無實之徒)　76

【ㅅ】

사공학　59
사림　25
사림파　212, 282, 319
사마시(司馬試)　35, 42

사숙(私塾)　101, 106, 130, 146, 156
사숙 철폐　155
사온부직장동정　192
사온직장동정　192
사장(詞章)　55, 76
사적(司績)　324
사학(私學)　125, 128
산림 천거　212, 319
『삼강행실도』　310
삼관　104, 105
삼관권지　41, 119, 163, 206
삼관원의 거관　105
삼군도총제부(三軍都摠制府)　254, 256
삼사법(三舍法)　108
삼장제　72
상서고공　324
상서사(尙瑞司)　228, 335
상재(上齋)　114
상재생　116
상정소　303, 308
상직(賞職)　317
생원　197
생원시　35, 37, 42, 45, 67, 72, 83, 122
생원 한성시　111
서리　178
선전관　201
성균관　40, 41, 57, 63, 64, 67, 118, 122, 123
성균관의 쇠퇴　122
성종　215
성중관　185, 188, 190
세가자제(世家子弟)　66, 218, 238, 283, 300, 308
세종조 문음법　196
소과(小科)　34
소분(掃墳)　347

『소학』 97
속아문 325
『속육전』 문음조 192
속전(贖錢) 230
『속전』 17
수령 238
수령권차법 231
수속(收贖) 230, 239
수재 207, 279
수재과(秀才科) 273
수전패(受田牌) 263, 267, 271
수전품관 256, 263, 266, 269
숙위 241, 253
숙위제 231, 242, 247
순자법 330
승보시 78, 93, 96, 111, 115
승음자제(承蔭子弟) 175
승재(升齋) 75
승중(承重) 172
시부(詩賻) 210
시위군 244
식년시 31, 33
식민사학 20, 125
신권 26, 27
신권론 14, 18, 21, 25, 202
신명색 47
신상(申商) 302, 305, 307
실사(實仕) 331
십운시(十韻詩) 94
12공도(公徒) 57, 61, 64, 65, 70
12도 56
12목 215

【ㅇ】

아쇼[麻生武龜] 19

아시아적 전제군주론 22
애마 244, 266
양온서 193
어사대 328
어사잡단(御史雜端) 328, 329
어숙권 43
연사(掾史) 278
염치 252
예부시 46, 49
예의염치 168
오벽고체지사(汚僻固滯之士) 76, 77
오부학당 79, 97, 108, 160
왕권 22, 23, 27, 183
왕권강화 23, 127, 187, 202
왕권과 신권의 조화 21
왕권론 14, 18, 21, 28
왕안석(王安石) 58, 85, 108
외교관 163
외교관 취재 163
외학제 99, 107, 109, 116
원육전 문음조 171
『원전』의 과거법 89, 91, 95
『원전』의 효자·순손의 천거법 295, 300
원점 40, 121, 197
원종공신 199
유계자(有階者) 87, 97, 117, 119
유고 348
유고결근 337, 338
유고결근자 344
유약자제 169
유일(遺逸) 천거 138, 205, 223, 231, 319
유취자제(乳臭子弟) 174, 181
유학교수관 140, 141, 143, 147, 150, 154
육조직계제 25
을과 41, 87, 88, 119
음서 167

임용한

연세대학교 사학과 졸업, 연세대학교 대학원 사학과 졸업(석사), 경희대학교 대학원 사학과 졸업(박사), 경희대, 공군사관학교, 광운대 강사, 충북대학교 중원문화연구소 연구교수.

논저 | 『조선전기 수령제와 지방통치』, 『경제육전집록』(공저), 『경제육전과 육전체제의 성립』(공저), 『조선국왕 이야기』(1・2), 『전쟁과 역사』(1・2), 「고려후기 수령의 사법권 및 행형범위의 확대와 그 성격」(『고려시대의 형법과 형정(한국사론 33)』, 2002), 「경제육전등록의 편찬목적과 기능」(『법사학연구』 27, 2003), 「경세육전속집상절의 간행과 그 의의」(『조선시대사학보』 25, 2003) 외 다수.

조선전기 관리등용제도 연구

임 용 한

2008년 3월 20일 초판 1쇄 발행

펴낸이・오일주
펴낸곳・도서출판 혜안
등록번호・제22-471호
등록일자・1993년 7월 30일

㉾ 121-836 서울시 마포구 서교동 326-26번지 102호
전화・3141-3711~2 / 팩시밀리・3141-3710
E-Mail hyeanpub@hanmail.net

ISBN 978-89-8494-341-4 93910

값 27,000원

효자·순손의 천거 276, 287, 289, 294, 300
효제(孝悌) 215, 273
훈구 25
훈구파 123, 319
훈도(訓導) 146, 162

체아직 190, 353
초등음직 177
초상 327
초시 35, 37
초음직 166, 189, 193, 195, 204
초입사 190
초장 37
최승로 215
최한기 209, 211, 275, 276
춘추과시 104
출근관리 326, 329
충선왕 218, 283, 285
충순위 196, 197, 200
충신 290
충용 244
충의위 116, 196
충찬위 116, 197, 200
충훈부 199, 200
취재 185
7과(科) 171, 225, 226, 232

【ㅌ】

탁신 294, 299
태의감 327
태조 즉위교서 69, 288
태종 16년의 문음법 188

【ㅍ】

패상 239
포폄(褒貶) 323

【ㅎ】

하륜 98, 105, 106

하재(下齋) 114
하재생 116
학교 55, 138
학교제 56, 66, 77, 124, 129
학당 111, 115
학장 158, 159
학전(學田) 144, 160
한거유업자(閑居儒業者) 145, 147
『한고관외사(寒皐觀外史)』 43
한량관 79, 147, 222, 249, 251, 256, 266
한성시 36, 82, 83, 97, 112
한성시 정원 113
한치의 173
한치인 173
향거리선제(鄕擧里選制) 208
향교 79, 115, 124, 130, 131, 133, 137, 164
향교 교관 158, 162
향교재정 144
향시 35, 36, 83, 111
향시 정원 113
향천법(鄕薦法) 212
허조(許稠) 107, 109, 305
허형 58
현량(賢良) 222, 284
현량과(賢良科) 212, 282
홀지 244
홍문관 201, 202
회시(會試) 35, 84
효렴(孝廉) 207, 209, 218, 273, 279, 284, 311, 313
효렴(孝廉) 천거 205, 295, 310
효렴과(孝廉科) 273
효렴자의 서용 302, 305
효렴 천거자의 할당제 315
효렴 천거제 309

찾아보기 385

음서제(蔭敍制) 60
음자제조 198
응양위(鷹揚衛) 266, 267
의례상정소 304
의부 290, 293, 295
의업 215
의정부 서사제 25
의학박사 215, 216
이곡(李穀) 132, 133
이과(吏科) 152, 178
이색(李穡) 53, 56, 64, 65, 95, 107
이익(李瀷) 212
이제현(李齊賢) 63
이직(李稷) 232, 234
이직(李稷)의 상서 177
이직의 전선법 235, 237
이화(李和)의 공신녹권 177
임문고강(臨文考講) 38
임박(林樸) 67
임자제(任子制) 164
입관보리법(入官補吏法) 171, 178, 224

【ㅈ】

자대제(自代制) 319
자천제(自薦制) 217
장무녹사 153
장원 40, 41, 91
장원급제 119
장죄 239
재상 325
재상권 26
재상중심체제 25
재지사족 80, 92, 122, 222, 233, 251, 256
전시(殿試) 39, 68, 72, 85
전함품관 251

절부(節婦) 290, 293, 295
정곤(鄭坤) 111, 112
정기 천거 206, 227
정도전 70, 71, 138, 167, 246, 256
정려(旌閭) 292
정방(政房) 62, 228
정시(庭試) 32, 104
정안(政案) 340
정약용 209, 278
정운경 131
정진(鄭津) 161
정체론 125
정표(旌表) 287, 293, 311, 314, 317
정환(鄭還) 311
제술 101
조준 138, 142, 169, 223, 244
조준 상서 174
조흘강(照訖講) 38
종장 37
좌주(座主)·문생(門生) 39, 61, 64, 70
죄급거주(罪及擧主) 229, 230, 239
중시(重試) 32, 33, 104
중앙집권층 92
중장 37
증광시 32, 33
지방호족 207
진사 197
진사시 35, 37, 42, 122

【ㅊ】

차년법 331
차지수금(次知囚禁) 341, 344, 350
천거제 17, 205, 254
첨설직 178, 246, 248
첨설직 혁파 244, 251